全国优秀教材二等奖
教育部2009年度普通高等教育精品教材
普通高等教育"十一五"国家级规划教材
高校工程管理专业指导委员会规划推荐教材

房地产开发

（第四版）

丁烈云　主　编
毛鹤琴　主　审

中国建筑工业出版社

图书在版编目（CIP）数据

房地产开发/丁烈云主编. —4版. —北京：中国建筑工业出版社，2014.8（2022.2重印）

教育部2009年度普通高等教育精品教材. 普通高等教育"十一五"国家级规划教材. 高校工程管理专业指导委员会规划推荐教材

ISBN 978-7-112-16941-2

Ⅰ.①房… Ⅱ.①丁… Ⅲ.①房地产开发-高等学校-教材 Ⅳ.①F293.3

中国版本图书馆CIP数据核字（2014）第116752号

本书以房地产开发项目为对象，系统地介绍了房地产开发全过程的有关理论知识和实务。主要内容包括：房地产开发的有关概念、程序，开发项目的策划和可行性研究，开发用地的取得，国有土地上房屋征收与补偿，开发项目的资金筹集，项目的规划设计及其评价，工程招标与投标，房地产开发合同，工程建设管理，房地产销售，房地产开发信息化等。

本书为普通高等教育"十一五"国家级规划教材，全国高校工程管理专业指导委员会审定的工程管理、房地产经营管理本科专业教材，亦适合设置房地产专业方向的土地管理、经济管理等相关专业作为教材选用，还可供从事房地产开发与经营管理的人员参考。

为更好地支持相应课程的教学，我们向采用本书作为教材的教师提供教学课件，有需要者可与出版社联系，邮箱：jckj@cabp.com.cn，电话：（010）58337285，建工书院 http://edu.cabplink.com。

* * *

责任编辑：张　晶　王　跃
责任设计：赵明霞
责任校对：张　颖　党　蕾

教育部2009年度普通高等教育精品教材
普通高等教育"十一五"国家级规划教材
高校工程管理专业指导委员会规划推荐教材

房　地　产　开　发
（第四版）

丁烈云　主　编
毛鹤琴　主　审

*

中国建筑工业出版社出版、发行（北京西郊百万庄）
各地新华书店、建筑书店经销
北京红光制版公司制版
北京君升印刷有限公司印刷

*

开本：787×1092毫米　1/16　印张：24¾　字数：616千字
2014年9月第四版　2022年2月第三十六次印刷
定价：48.00元（赠教师课件）
ISBN 978-7-112-16941-2
（25724）

版权所有　翻印必究
如有印装质量问题，可寄本社退换
（邮政编码　100037）

第四版前言

本书第一版于1999年出版，第二版于2004年出版，第三版于2008年出版，第四版在第三版的基础上，主要对如下内容做了修订：

根据新颁布的有关房地产开发的法律、法规及规章，适应房地产开发理论和实践的发展，对相关章节进行了修订，如第五章，第八章第一节、第三节，第九章第三节、第四节，其他章节也作了相应的调整。

敬请读者批评指正。

2014 年 6 月

第 三 版 前 言

《房地产开发》(第三版)是教育部确定的普通高等教育"十一五"国家级规划教材,高校工程管理专业指导委员会规划推荐教材。本书第一版于 1999 年出版,第二版于 2004 年出版,第三版在第二版的基础上作了较大的修改,增加了房地产开发策划和房地产开发信息化两章内容,补充了房地产开发可持续发展、房地产周期、房地产开发投资信托以及房地产开发项目可行性研究案例等内容。

本书以房地产开发项目为对象,以相关政策法规为依据,系统地介绍了房地产开发全过程的有关知识和实务。全书共分十二章,第一章为本书的导论,讨论了房地产开发的基本概念、程序、开发模式、法律体系和作为房地产市场主体的房地产开发企业及其制度;第二章和第三章探讨了房地产开发项目策划、房地产开发项目可行性研究的内容与方法,这是房地产开发在决策阶段的重要工作;第四~七章对房地产开发前期阶段的土地获取、拆迁安置、项目筹资以及规划设计等重要内容作了详尽论述;第八~十章介绍了开发项目在工程建设阶段的业务知识,即招标投标、工程合同、工程建设管理等;第十一章是房地产销售,这也是房地产开发程序最后一个阶段的主要工作;由于信息化已成为当今社会经济发展的重要特征,第十二章从房地产产品、企业和市场等方面介绍了信息技术的应用。

本书由华中科技大学丁烈云主编。参加编写的人员有:丁烈云(第一、三、七、九章),华中科技大学骆汉宾(第四、五、八章,第十一章的第二、三节),广州大学谭建辉(第二章),同济大学闵华(第六章),广州大学陈怡(第六章第二节的房地产开发投资信托),华中科技大学蒲建明(第十章的第二、三、四节),东南大学张星(第十章的第一节),东南大学张建坤(第十一章的第一、二节),华中科技大学叶砚彬(第十二章),广州大学陈琳、谭建辉等(第三章的第六节)。

书中不足之处,敬请读者批评指正。

2008 年 12 月

第二版前言

《房地产开发》(第二版)是建设部确定的"十五"规划教材、高校工程管理专业指导委员会规划推荐教材。

本书的第一版于 1999 年出版,《房地产开发》(第二版)是在第一版的基础上,主要对如下内容作了修订:

根据国家三年来新颁布或修改完善的一系列有关房地产开发的法律、法规(总数在 20 部以上),对相关章节进行了修订,如开发用地的取得、房屋拆迁补偿与安置、工程招标、房地产开发过程中的各类合同等,并在第一章第五节增补了房地产开发法律体系内容;增加了反映我国房地产开发的理论和实践不断丰富和发展的有关内容,如房地产开发模式,土地储备制度等;补充了房地产客户关系管理,反映信息技术在房地产开发中的应用。

敬请读者批评指正。

2004 年 11 月

第 一 版 前 言

《房地产开发》是房地产经营管理专业的主干课程之一。本书按照全国高校建筑与房地产管理学科专业指导委员会制定的房地产经营管理本科专业培养方案及其房地产开发课程的基本要求编写。同时，根据国家教育部调整专业结构、拓宽专业面的改革精神，本书的编写既注意与工程管理专业其他相关课程中教学内容的联系，又力求使其在内容上相对独立和结构上相对完整，以便其他设置房地产专业方向或开设房地产系列课程的有关专业作为教材选用。

鉴于房地产开发具有综合性、政策性和操作性强等特点，本书以房地产开发项目为对象，以相关政策法规为依据，系统地介绍了房地产开发全过程的有关知识和实务。全书共分十章，第一章为本书的导论，讨论了房地产开发的基本概念、程序和作为房地产市场主体的房地产开发企业及其制度；第二章探讨了房地产开发项目可行性研究的内容与方法，这是房地产开发在决策阶段的重要工作；第三～六章对房地产开发前期阶段的土地获取、拆迁安置、项目筹资以及规划设计等重要内容作了详尽论述；第七～九章介绍了开发项目在工程建设阶段的业务知识，即招标投标、签订工程承包合同、工程建设管理等；第十章是房地产销售，这也是房地产开发程序最后一个阶段的主要工作。

本书由华中科技大学丁烈云主编，重庆大学管理学院毛鹤琴主审。参加编写的人员有：丁烈云（第一、二、六、八章），华中科技大学骆汉宾（第三、四、七章，第十章的第二、三节），同济大学闵华（第五章），华中科技大学蒲建明（第九章的第二、三、四节），东南大学张星（第九章的第一节），东南大学张建坤（第十章的第一、二节）。

由于我国房地产业是一个新兴行业，房地产管理理论与实践正在不断地完善和健全之中，加之编者水平有限，书中难免不足之处，恳请读者及同行批评指正。

本书的编写过程中，参考了有关作者的论著和研究成果，并得到东南大学土木系社训教授、中国人民大学土管系林增杰教授、华南建设学院潘蜀健教授以及建设部人事教育司高教处的领导和同志们的关心和帮助，在此表示诚挚的谢意。

1999 年 4 月

目 录

1 导论 ·· 1
  1.1 房地产开发的涵义与特点 ··· 1
  1.2 房地产开发的程序 ·· 6
  1.3 房地产开发模式 ··· 11
  1.4 房地产开发企业及其制度 ··· 13
  1.5 房地产开发法律体系 ··· 22
  1.6 我国房地产开发业的形成与发展 ····································· 27
  复习思考题 ·· 34

2 房地产开发策划 ··· 35
  2.1 房地产开发策划的涵义、特征与原则 ······························ 35
  2.2 房地产开发策划的类型 ·· 41
  2.3 房地产开发策划的程序 ·· 44
  2.4 房地产开发项目前期策划案例 ·· 46
  复习思考题 ·· 51

3 房地产开发项目可行性研究 ·· 53
  3.1 房地产开发项目可行性研究的内容与步骤 ······················· 53
  3.2 房地产市场分析 ··· 57
  3.3 房地产开发项目的费用测算 ··· 71
  3.4 房地产开发项目的财务评价 ··· 80
  3.5 房地产开发投资的风险分析 ··· 88
  3.6 房地产开发项目可行性研究案例 ···································· 94
  复习思考题 ··· 114

4 房地产开发用地的取得 ·· 117
  4.1 房地产开发用地的类型 ··· 117
  4.2 房地产开发用地选择 ·· 121
  4.3 房地产开发用地的取得方式 ·· 125
  4.4 开发建设中的农地征用 ··· 135
  复习思考题 ··· 138

5 国有土地上房屋征收和补偿 ··· 139
  5.1 房屋征收工作程序 ·· 139
  5.2 房屋征收补偿 ··· 142

  5.3 房屋征收工作中应注意的问题 ········· 146
  复习思考题 ········· 147

6 房地产开发资金的筹集 ········· 149
  6.1 房地产开发资金筹集的基本概念 ········· 149
  6.2 房地产开发资金的筹集方式 ········· 154
  6.3 房地产开发资金筹集规划 ········· 181
  6.4 房地产开发资金筹集案例分析 ········· 189
  复习思考题 ········· 203

7 房地产开发项目的规划设计及其评价 ········· 205
  7.1 房地产开发项目的规划设计 ········· 205
  7.2 开发项目规划设计的组织与控制 ········· 215
  7.3 房地产开发项目规划设计方案的经济因素分析 ········· 218
  7.4 房地产开发项目规划设计方案的评价 ········· 226
  复习思考题 ········· 240

8 房地产开发工程招标与投标 ········· 241
  8.1 开发工程招投标概述 ········· 241
  8.2 开发工程监理招标 ········· 243
  8.3 开发工程施工招标 ········· 245
  8.4 设备与材料购置的招标 ········· 253
  8.5 开发工程勘察与设计招标 ········· 256
  复习思考题 ········· 259

9 房地产开发工程合同 ········· 261
  9.1 概述 ········· 261
  9.2 房地产开发工程承包合同 ········· 263
  9.3 施工合同 ········· 266
  9.4 勘察、设计合同和监理合同 ········· 289
  9.5 合同谈判 ········· 294
  复习思考题 ········· 298

10 房地产开发项目的工程建设管理 ········· 299
  10.1 房地产开发项目工程建设的组织与管理方式 ········· 299
  10.2 房地产开发项目工程建设进度控制 ········· 301
  10.3 房地产开发项目工程建设投资控制 ········· 316
  10.4 房地产开发项目工程建设质量控制 ········· 329
  复习思考题 ········· 345

11 房地产销售 ········· 347
  11.1 房地产收益的获取方式 ········· 347
  11.2 房地产促销 ········· 350

11.3　商品房租售 ··· 356
　　复习思考题 ··· 362
12　房地产开发信息化 ·· 363
　　12.1　网络经济与房地产行业信息化 ······································· 363
　　12.2　房地产开发产品信息化 ··· 366
　　12.3　房地产开发企业信息化 ··· 374
　　12.4　房地产市场信息化 ··· 383
　　复习思考题 ··· 385
参考文献 ·· 386

作为本书的导论,本章讨论了房地产开发的涵义、特点,一般过程与程序,开发模式,房地产开发法律体系,以及作为房地产市场主体的房地产开发企业及其制度。

1.1 房地产开发的涵义与特点

1.1.1 房地产开发的涵义

房地产又称不动产,英文中常用 real estate 和 real property 表示。前者指其物质实体,即土地以及与之相连的建筑物、构筑物和基础设施;后者则在此基础上,强调附带的各项权益。开发即开拓和发展之意,原指为了充分利用荒地、矿山等自然资源,采用人力和物力对其进行改造的活动。房地产开发是以城市土地资源为对象,在依法取得国有土地使用权的土地上进行基础设施、房屋建设的行为。

房地产开发提高了土地使用的社会经济效益。土地是社会经济活动的承载体,作为资产,土地是建筑物赖以存在的基础;作为资源,土地是一切存在的源泉。随着城市化的进程,人类对于以土地为基础的空间的数量和质量需求与日俱增。这是因为城市集聚了大量生产要素,因而产生了聚集效益,使得城市具有多种功能,吸引了更多的生产要素和人口流入城市,进而增加了对土地的需求量。又由于土地是一种非再生性的自然资源,因此解决城市土地供求矛盾的有效办法是通过房地产开发(包括城市土地的内涵开发和外延开发),合理增加土地的使用强度,提高土地的使用价值,使土地发挥更高的社会经济效益。

房地产开发是开发企业的投资活动。市场经济条件下的房地产开发与计划经济模式下的房屋建设不同,前者是开发企业自身的经济活动,后者则更多地带有政府的行政行为。房地产开发既然是投资活动,就要追求投资收益。注重开发项目的经济效益是房地产开发企业投资行为的基本准则。无利可图或投资效益不好的开发项目,是不被企业接受的。

房地产开发是城市规划的实施过程。城市规划是城市发展的目标和城市建设的依据，房地产开发则是城市发展目标的实施过程。房地产开发必须服从城市规划，服从城市社会经济发展的需要，这是从城市建设与发展的全局利益出发考虑的，同时也保证了房地产开发的社会效益、经济效益和环境效益的统一。任何仅追求企业的经济效益，而忽视甚至有损社会效益和环境效益的房地产开发，是不被政府所批准的。一项切实可行的房地产开发，必须在政府与开发企业之间寻求结合点。

房地产开发是以房屋和土地为主要内容的综合开发。房地产开发的主要内容是房产开发与地产开发。房产是建设在土地上的各种房屋，它们具有各自的使用性质和功能，共同发挥其作用；地产是土地及其包括给水、供热、供电、供气、排水等地下管线以及地面道路等基础设施的总称。房产和地产密不可分，一方面，房屋必须建在土地上；另一方面，地下的各项设施都是为房屋主体服务的，是房屋主体不可缺少的组成部分。因此，房地产开发必须综合考虑各种房屋使用功能的配套以及房屋与基础设施的协调，实行综合开发，才能发挥其应有的功能。

综上所述，房地产开发是房地产开发企业按照城市规划的要求，通过投资，建设适应城市社会和经济发展需要，满足用户要求的房屋建筑、配套设施及空间环境，并以此实现企业经营目标和提高土地使用的社会经济效益的活动。

1.1.2 房地产开发的特点

与其他商品相比，房地产有其特有的性质，如不可移动、产品唯一、使用年限长和价值高等。由此，影响到房地产开发投资活动所表现出的特点。了解这些特点，便于作出正确的开发投资决策。

就投资角度而言，房地产开发具有如下特点：

1. 开发成本高，投资量大

与存款储蓄、保险、股票债券买卖、期货交易等投资活动相比，房地产开发投资量最大，一栋几千平方米的房屋，仅建筑安装工程造价就高达几百万甚至近千万元。这就涉及两个重要问题：一是房地产作为商品，如此高昂的价格使得许多人无法进入房地产市场。一方面，需要改善住房条件的需求者比比皆是；另一方面，由于昂贵的价格和购买能力的矛盾，一些需求者却无法成为住房商品的实际买者，因而无法形成房屋的有效需求。即使是进入房地产市场的购房者，也必须依赖长期的负债以取得住房。二是房地产开发项目的投资如此之大，使得开发企业面临着如何筹集资金的难题。一般地，开发项目所需的大部分资金主要通过银行信贷来解决。因此，房地产市场受融资成本的高低及房地产抵押贷款是否容易取得两因素所影响。由于融资成本和借款资金的取得与资金市场息息相关，通常当资金宽松时，贷款利率下降，融资较易，则房地产市场趋向景气；反之，当银根趋紧时，利率上升，则房地产市场趋向收缩。

2. 开发建设期长，投资周转慢

房地产开发活动是从购置土地的使用权开始的，然后经过规划设计、征收安置、土地开发、建筑施工、竣工验收等过程，最后还要通过房屋销售或出租收回投资。就房地产开发建设期而言，规模小的项目往往需要三年左右，规模大的项目则费时更长。由此导致决策时不容忽视的两个问题：投资周转慢和投资风险较大。一般地，股票买卖的资金求现大约需要2~4天，期货交易的资金求现约需5天，而房地产的资金求现时间则要以年计。

由于投资量大且周转慢，因此在项目的在建期内，开发企业要承担巨大的资金压力。同时，在工程施工过程中，往往会碰到各种各样的问题，致使工程延期。有些原因由施工单位引起，其损失由施工单位赔偿。但是，有些是由开发企业本身引起的，如变更设计和不可抗拒原因引起的工期延长，则由开发企业自认。显然，工程延期导致贷款利息增加，变现时间延长，甚至失去难得的经营时机。

3. 市场具有地区性和分散性

房地产位置的固定性，决定了房地产市场的地区性。由于房地产不能移动，一个地区的土地短缺不能由另一土地富余的地区来补偿；一个地区的住房紧张不能由另一住房有剩余的地区来解决。不同地区的房地产市场，其价格也存在着地区差异性。房地产的地区价格差异不仅表现在不同城市之间，而且也表现在同一城市的不同地段之间。在同一城市的不同地段，由于其区位条件的差异，各位置的使用价值和价值也存在着明显的差异，从而为其使用者带来不同的收益。故此，房地产开发必须依据地区的特定环境和条件，以满足一定地区的房地产需求为出发点。

房地产位置的固定性，还决定了房地产市场的分散性。即整个房地产市场是由许多个分散于各地的地方市场所组成，而且各市场间大多自成体系，彼此相对隔绝，市场信息流通不充分。所以房地产市场是一个不完全竞争的市场。在某一特定时点，房地产交易不存在所谓的公认价格，大多数交易是在不充分信息状况下透过议价的程序来完成的，其成交价格可能高于或低于完全竞争市场下的成交价格。

房地产开发企业能否获得预期的利润，关键在于能否将房屋按预期价格销售，由于房地产的成交价格在某一范围内具有不确定性，这就为制定房地产订价策略提供了某种便利条件。

4. 需求具有稳定性

住是人的最基本需求，学习、工作和娱乐也是人的基本行为。房地产为人们的生活、工作、学习和娱乐提供了必不可少的活动空间。而且房地产的需求弹性低，即不会随着价格的波动而大幅度地变化。这就意味着房地产有着稳定的市场需求。随着住房制度改革的深入，这种需求量将会逐步扩大。

房地产的需求前景看好还在于其保值、增值作用。由于土地资源有限，土地的供给与需求矛盾日益突出，以致房地产价格具有与物价水平同步上涨的特性，亦即房地产具有对抗通货膨胀的能力。这种保值和增值功能，刺激了房地产购买者把购买房地产作为一种投资，而不仅仅为了使用。这表明房地产有着潜在的需求前景。

5. 涉及面广，综合性强

房地产开发是一项涉及面很广的城市建设活动。涉及的部门有规划、勘察、设计、施工、市政、供电、电信、商业、服务、房管、人防、文教、卫生、园林、环卫、金融以及基层行政等十几个部门，上百个单位；涉及的专业知识有城市规划、建筑学、土木工程、经济、管理、法律、心理学、社会学、市场学、气象、地质等方面；涉及的法律法规有《民法》、《公司法》、《城市规划法》、《土地管理法》、《城乡房地产管理法》、《合同法》、《继承法》、《婚姻法》、《城镇国有土地使用权出让和转让暂行条例》、国家和地方政府颁布和规定的各种税法以及其他各种有关规定和条例等。

1.1.3 房地产开发分类

受复杂环境中各种因素的影响,房地产开发可分为多种不同的类型。

1. 根据开发项目所在的位置,可分为城市新区房地产开发和旧城区房地产开发。城市新区房地产开发是在城市现有建成区以外的一定地段,进行集中成片、综合配套的开发建设活动,体现了城市空间形态向水平方向发展。与旧城区相比,城市新区房地产开发具有征收安置量小,但配套建设投资大的特点。旧城区房地产开发是在原有的城市建成区内,为满足城市社会经济发展的需要,保护城市优秀的历史文化遗产和传统风貌,充分利用并发挥现有各项设施的潜力,根据城市的实际情况和存在的主要矛盾,有计划、有步骤、有重点地对旧城区进行充实和更新。所以,保护、利用、充实和更新构成了旧城区房地产开发的完整概念。与城市新区房地产开发相比,旧城区房地产开发具有地价高、征收安置量大、开发难度大等特点。

2. 根据开发的规模,可分为零星地段的房地产开发和成片小区开发。零星地段的房地产开发,指在旧城区内的某地段上所进行的单一功能的房地产开发,如写字楼、商场、文化娱乐设施等。由于只涉及单一的用地功能,因而在较小面积的独立地段上便可以进行。但是单一功能的发挥往往与其他功能存在着依赖关系,如大型的商业建筑和高层写字楼的功能受其地区的基础设施条件的限制,因而,土地开发强度不能超过其环境容量。成片小区房地产开发,指在城市新区或旧城区的较大面积的土地上,围绕某主要用地功能建设较为系统的综合配套设施的开发活动,如居住小区、工业区和度假村开发等。这种开发涉及多种用地功能,必须在较大面积的小区内进行用地平衡,注意增强小区内功能相对平衡的能力,完善与主要功能相关的其他功能,如居住小区需要有商业活动及休闲设施来支持;工业区需要匹配相应的仓储和市政设施。

3. 根据开发项目的使用功能,可分为居住房地产、工业房地产、商业房地产、办公用房地产、旅馆用房地产、餐饮用房地产、娱乐用房地产、特殊用途的房地产等。不同使用功能的房地产,其需求对象、风险大小和收益水平也不尽一样。

4. 根据开发的深度,可分为土地开发和房屋开发。土地开发是将生地变为"三通一平"或"七通一平"的熟地开发;房屋开发则在土地开发的基础上进行房屋建设的综合开发活动。随着时间的推移,原有的已开发项目若不能满足城市社会经济发展的需要,还可能出现对原项目改造的再次开发。

5. 根据开发的方式,可分为定向开发、联合开发、合作开发和单独开发。定向开发是面向企事业单位或被征收户,为其代建房屋,开发企业按每平方米建筑面积收取一定比例的管理费。虽然盈利不太大,但开发企业基本无风险,作为新成立的开发企业,可采用这种开发方式。联合开发是几家开发企业共同出资开发商品房,并按投资比例共同承担风险,共同获利。合作开发是一方出地,另一方出资,按协商的比例分房或进行利润分成,新成立的开发企业或缺乏经验的开发企业,可采用这种开发方式。单独开发是开发企业独家出资开发,自负盈亏,从购置土地使用权、征收安置、规划设计、建设到销售服务全部由该企业组织完成,经验丰富、技术力量较强、资金雄厚、管理水平较高的开发企业,可采用此种开发方式。

1.1.4 房地产开发对城市建设的作用

1. 推动城市规划的实施与完善

传统体制下的房屋建设资金来源单一，各单位按各自的投资渠道，见缝插针，分散建设，而市政工程、附属工程以及配套工程往往无人负责，造成城市布局混乱，景观单调，房屋与基础设施的容量不协调，使建设项目不能发挥应有的功能，严重地影响城市规划的实施。实行房地产开发，可有效地避免这些弊端。房地产开发必须在城市规划的指导下完成，城市规划目标的实现也必须通过房地产开发来进行。通过新区开发和旧城改造等活动，有利于按照城市规划的要求配套建设，提高城市的基础设施水平；有利于建成布局合理、功能完善、环境优美的城市，增强城市的综合功能；也有利于按照城市规划的要求实现城市社会、经济的发展目标。房地产开发的过程也就是城市规划的实施与完善的过程。

2. 有利于减少投资成本

（1）节约用地

房地产开发以土地有偿使用为前提，开发企业从提高开发项目的经济效益出发，最大限度地发挥土地的使用效益，避免了采取行政划拨用地方式所出现的多征少用、征而不用等严重浪费土地的现象。

（2）缩短工期

实行房地产综合开发，可统筹施工，组织大的平行流水、立体交叉作业，加快建设速度。同时，房地产开发企业与施工企业的经济关系以经济合同作保证，施工企业必须在合同规定的工期内完成项目，提前交工有赏，拖延工期受罚。这样，刺激了施工企业缩短工期。

（3）降低造价

房地产综合开发，集中实行统一的征用土地、征收安置、规划设计以及施工管理，减少了综合管理费用，并通过招标投标，严格控制了工程造价，降低了工程成本。克服了过去预算大于概算，决算大于预算的不正常现象。

（4）节省人力和物力

就甲方而言，开发企业统一开发建设，代替了大大小小的多个甲方；就施工单位而言，由于大面积地承包施工，施工区域相对稳定，人员与机械设备的流动性相对减少，暂设工程建的少，有利于施工单位提高劳动生产率，降低工程成本。

3. 为城市社会、经济、政治、文化活动以及人民生活提供载体

房屋是人类社会赖以生存和发展必不可少的生产和生活资料，同时也是城市正常运行的载体。房地产开发为城市提供了大量的住宅、基础设施以及服务设施，使人们的生产、生活得到保障，使城市的政治、经济、文化活动得以顺利进行。房地产开发也能改善城市生活环境，促进城市更新，为城市社会经济活动提供良好的环境。

4. 为城市政府财政提供资金来源

实行房地产开发后，开发企业直接参与城市建设，使得城市环境面貌得到较大改善。在房地产开发的过程中，城市政府将土地的使用权有偿出让给开发企业，从中可以收取土地使用权出让金，征收各种税费，这些构成了各级政府财政收入的重要来源，从而为城市建设和维护提供了资金保障，形成了城市建设的良性循环。

5. 为城市大型基础设施建设提供融资途径

城市大型基础设施的建设可以改善城市面貌和投资环境，促进城市区域土地增值和城市社会经济的发展。大型基础设施的资金融通往往又成为制约基础设施建设的瓶颈。实行房地产开发后，将房地产投资与大型基础设施建设相结合，即实行统一规划、联合开发的模式，通过大型基础设施对邻近土地的外部效益，增加周围地块的收益。政府通过出让大型基础设施周围地块的土地和增加税收的方式，为大型基础设施建设提供了融资途径。

1.2 房地产开发的程序

房地产开发要按一定的程序进行。这是因为：其一，房地产产品的形成有其内在的规律性，如从设计、施工到房屋销售服务，从土地开发到房屋开发等，其次序不能颠倒，开发工作必须遵循房地产产品形成的规律有条不紊地进行。其二，由于房地产开发所具有的投资大、风险大的特点，开发企业不能盲目地、仓促地上开发项目，必须按照一定的科学程序，先作充分的论证，再决定上什么项目，建多大规模的项目，从而减少投资风险，并对项目的实施过程作精心的设计、周密的安排，使开发项目顺利进行。其三，为了使房地产开发符合城市规划，促进城市的社会经济发展，保护广大房屋消费者的利益，城市政府制定了审批制度，以便对房地产开发进行引导、监督和管理。

一般地，房地产开发可分为可行性研究、前期工作、建设实施、房屋营销和服务等四个阶段（如图1-1所示）。

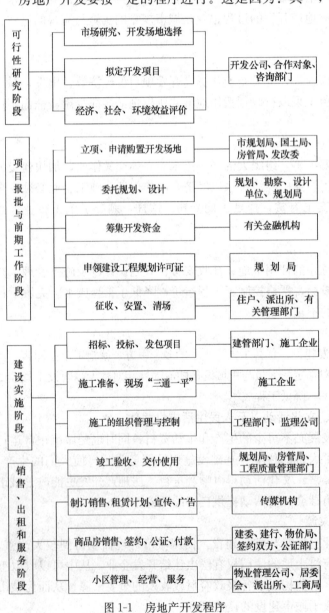

图1-1 房地产开发程序

1.2.1 可行性研究阶段

可行性研究阶段是房地产开发的首要工作阶段。在此阶段，要进行市场调查和市场分析，寻求投资机会；要对开发项目进行策划，确定开发什么性质的项目，该项目建在何处、规模多大、投资额多少、投资来源能否落实、市场前景如何；该项目在经济上是否合理、技术上是否可行、财务上是否盈利等等。

市场调查和市场分析的重点在于拟投资开发项目的需求强度和竞争环境的分析。根据市场分析的结果和企业的开发能力以及经营目标，提出开发项目的规划大纲和方案，并在此基础上对开发项目进行技术经济论证，计算开发项目的收益率，并以所得的结果与期望收益率比较来判定该投资项目是否可行。此外，对投资风险也要进行估计，分析面临的风险与收益率是否在投资者所接受的范围内。

需要说明的是房地产开发项目可行性研究必须与开发场地的选择相结合。由于房地产位置的固定性，特定位置的土地，有着特定的规划设计条件、特定的需求对象、特定的工程地质条件和建设条件，因此，房地产开发可行性研究必须针对具体的开发场地而言。开发场地的选择是房地产开发项目可行性研究的重要内容，是进一步对开发项目进行策划和技术经济分析的前提。

只有经过技术经济论证并确认该项目可行，才能进入开发项目的前期工作阶段。但投资决策者必须了解的是，在对开发方案的技术经济论证过程中，由于各种影响因素的限制，开发方案需要做某些修改。因此，开发项目可行性研究过程不是一个简单地对投资项目做接受或拒绝的过程，而是对投资项目进行修正、完善和重新评价的过程。

1.2.2 开发项目的前期工作阶段

房地产开发项目前期工作阶段是具体落实开发方案，为开发项目建设实施作准备的阶段。主要工作有：立项、购置开发场地、筹集资金、征收安置、项目报建与委托设计。由于我国各城市的机构设置不大一样，如土地管理部门与规划管理部门，有的城市是独立的两套机构，有的城市则合二为一或采取一套机构两块牌子。因此，各城市对房地产开发项目前期工作的审批程序也就不尽一样。

1. 开发项目立项

根据国家政策，房地产开发项目应纳入固定资产投资计划，应根据城市规划、年度建设用地计划和市场需求，经计划管理部门批准立项。立项时要提交可行性研究报告和项目建议书。项目建议书的主要内容有：项目提出的必要性和依据；项目的规模、建设地点和初步方案；建设条件分析；投资估算；资金筹措初步方案；项目进度；综合效益等。房地产开发项目确定后，再向城市规划主管部门申请定点，由城市规划管理部门核发《建设用地规划许可证》。

2. 申请《建设用地规划许可证》

由《城乡规划法》规定：房地产开发项目确定后，必须向城市规划主管部门申请定点，由城市规划主管部门核发《建设用地规划许可证》。

首先由开发企业向城市规划主管部门提出选址定点申请，并提交项目的立项批文、企业的资信证明、营业执照、法人代表委托书等文件和证件。

城市规划主管部门根据城市规划的要求，参照开发企业的申请，考虑房地产开发项目的性质、规模，初步选定项目用地的具体位置和界线，并提出规划设计条件。

规划设计条件是开发项目总图规划设计的依据，开发企业应委托规划设计院按规划设计条件编制规划设计总图。然后报城市规划主管部门审核规划设计总图，核定用地面积，确定用地红线范围，发给开发企业用地规划许可证。

接下来，便可办理土地的出让手续。

3. 申请土地开发使用权

城市规划主管部门对土地的管理只是土地的利用方式管理，土地的使用权属管理则由土地主管部门负责，开发企业购置土地应向土地主管部门提出申请。按我国法律，城镇土地归国家所有，因此，开发企业购置土地，是指其使用权，而不是所有权。

为了使土地的出让符合城市规划，与建设项目相结合，具备基础设施配套和征收安置条件，避免盲目出让土地而产生的问题，同时规范开发企业的行为和加强对开发项目的管理，《城市房地产开发经营管理条例》规定，房地产开发项目用地的土地使用权出让或划拨前，城市规划行政主管部门和房地产开发主管部门应组织对项目的性质、规模、开发期限、规划设计、基础设施和公共设施的建设、基础设施建成后的产权界定、征收补偿安置等提出要求，并出具书面意见。其内容应作为土地使用权出让或划拨的依据之一。

开发企业取得土地使用权的途径，是按照政府有关规定，通过土地市场取得的，即通过出让取得土地使用权。土地使用权出让是指国家以土地所有者的身份将土地使用权在一定年限内让与土地使用者，并由土地使用者向国家支付土地使用权出让金的行为。此外，若以行政划拨方式取得的土地进行商品房开发，必须向政府申请，补交地价，取得土地使用合同书，即把土地从无偿使用转为有偿使用，从无限年限转为有限年限后，方可开发。

土地使用权出让的方式有协议出让、招标出让、拍卖出让和挂牌出让等方式。不同的出让方式，其出让程序也不一样。

4. 领取《房地产开发项目手册》

开发企业提出的土地使用权出让申请经城市政府及其土地主管部门批准后，双方签订土地使用权出让合同。然后，开发企业到房地产开发主管部门备案、领取《房地产开发项目手册》。

由《城市房地产开发经营管理条例》规定的申领《房地产开发项目手册》制度，是为了加强对房地产开发项目的动态管理而制定的。在房地产开发项目的实施过程中，开发企业就项目的进展情况填写《房地产开发项目手册》，并定期报送房地产开发主管部门备案，就可以使主管部门及时了解和掌握房地产开发项目的进展情况，实施对开发项目的跟踪管理，如开发项目是否按城市规划要求建设；是否按要求完成征收安置；工程进度、质量是否符合预售条件等等。

5. 征收安置

开发企业取得了开发场地后，要对该场地上现有的建筑物和构筑物进行征收，对现有的住户进行安置。以便进行项目的规划、勘察、设计和施工。

房屋征收安置的当事人双方分别为征收人和被征收人。所谓征收人是指取得房屋征收许可证的单位；被征收人是指被征收房屋的所有人。

征收安置是一项政策性很强的工作，其依据有国务院、建设部分别颁发的条例和规定，以及各地方城市政府结合本地的实际情况制定的房屋征收管理办法。征收人应根据国家和地方政府的法令法规，贯彻执行既保证建设需要，又要对被征收人给予合理补偿和安置的原则。被征收人必须服从城市建设需要，在限期内完成搬迁。政府的征收管理部门按照规定要对房屋征收工作实施监督管理，各有关单位应积极协助征收管理部门做好房屋征收工作。

6. 筹集开发资金

房地产开发需要大量的资金，仅靠开发企业的自有资金是远远不够的，必须通过其他途径筹集资金，如向金融机构申请贷款、发行投资债券、寻找合作投资开发伙伴、制订合理的预售计划和措施以加快资金的回收等等。房地产开发的资金筹集在可行性研究阶段就要考虑，要认真研究资金的筹措策略，制订资金来源安全性好、成本低的筹资计划。在开发项目的前期工作阶段，则要进一步落实资金的到位计划，与有关单位签订资金到位的合同。资金筹集可与其他前期工作平行进行。

7. 项目规划设计与报建

房地产开发项目必须通过规划设计成果反映出来，合理的规划设计不仅充分体现投资者的意图，而且是对投资决策方案的完善和补充。因此，为了保证规划设计成果的质量，开发企业应做好规划设计的组织与委托工作。

在开发项目的可行性研究和土地使用权购置的申请过程中，已提出规划设计方案，该方案只是粗略地反映开发项目概况，不能作为施工的依据。项目报建是在原规划设计方案的基础上，由开发企业委托规划建筑设计单位提出各单体建筑的设计方案，并对其布局进行定位，对开发项目用地范围内的道路和各类工程管线作更深入的设计，使其达到施工的要求。用于报建的建筑设计方案经城市规划管理部门和消防处、抗震办、人防部门、环卫部门、供水供电管理部门审查通过后，可进一步编制项目的施工图和技术文件，再报城市规划管理部门及有关专业管理部门审批。其具体步骤为：

（1）开发企业在取得土地使用权后，根据城市规划管理部门提出的设计要求，委托建筑设计院编制设计方案。并将设计方案报城市规划管理部门审批。如果是高层建筑，还要征求消防管理部门的意见。

（2）方案审查通过后，委托设计院进行项目的初步设计（对高层建筑）。并将初步设计报城市规划管理部门，由规划管理部门组织抗震办、人防办、环卫、供水、供电等部门对初步设计进行会审。

（3）初步设计审查通过后，委托设计院进行施工图设计。并将施工图报城市规划管理部门，由规划管理部门发建筑核位红线。

（4）到城市规划管理部门领取《建设工程规划许可证》。

一旦开发企业取得了城市规划管理部门颁发的《建设工程规划许可证》，便可办理开工手续。至此，房地产开发将进入建设实施阶段。

1.2.3 开发项目建设实施阶段

开发项目在建设实施阶段的投资支出最大，所占的时间最长。因此，加强开发项目建设实施阶段的管理，对于开发企业实现预期的开发效益是非常重要的。在此阶段，开发企业的主要工作有：办理开工审批手续；选择施工企业；以投资者、组织者、监督者的身份进行项目工程管理与控制；竣工验收。

1. 办理开工审批手续

开发企业编制年度开发建设计划，报建设主管部门审查批准后，持《建设工程规划许可证》、投资许可证、资金审计文件、水电供应及排污审批文件，以及其他有关文件资料，到建委工程管理部门申办开工登记手续。经管理部门审查，签署同意开工意见后，建设工程方可开工。

2. 选择施工企业

开发项目的建设实施，是由建筑施工企业完成的，施工企业是开发项目建设实施的直接指挥者和生产者。因此，选择承担项目施工的企业是极为重要的工作。为了在预期的投资限额内，保证工程质量和工期，一般采取招标投标方式选择施工企业，即初步选定若干个施工企业，通过报价竞争，从中选择最为合适的施工企业按工程承包合同承建工程项目。

3. 开发项目工程管理与控制

开发项目施工管理，是由建筑施工企业对开发项目进行施工的生产管理。这里所述的开发项目工程管理与控制，则是开发企业为了保证项目施工顺利进行所从事的有关管理工作，包括配合施工企业做好各项施工准备工作，如按时腾出施工场地，完成场地的三通一平，及时提供设计图纸和订购有关设备等；对项目的费用、进度和施工质量进行控制；合同管理；有效地协调各类关系，如设计与施工的关系，土建施工与设备安装的关系，施工与材料、设备供应的关系。

根据我国现行建设管理体制的要求，建设工程项目要实行监理制，即委托专业化、社会化的监理公司对项目的建设进行监理。当前，我国建设监理的重点在工程施工阶段，并积累了一些经验。因此，开发企业应委托监理公司根据工程承包合同对工程施工进行监理。

4. 项目的竣工验收

当项目完工后，要对项目进行验收。项目验收分预验收和综合验收。预验收是指在综合验收前，开发企业与监理公司对工程质量进行全面检查，包括隐蔽工程验收资料、关键部位施工记录、按图施工情况等。根据检查结果，提出需返工的工程及其修竣期限。综合验收是在预验收的基础上，由开发企业申请，联合有关部门和机构完成的竣工验收。对于某些规模大的开发项目，其中的单项工程竣工后，可分别进行竣工验收，开具竣工验收书，在综合验收时作为附件。经验收合格后，项目方可交付使用。

1.2.4 房屋营销和服务阶段

实际上，房屋的销售工作并非在房屋竣工验收后进行。为了缩短房地产开发的投资周期，在可行性研究阶段就要研究房屋的销售计划，从选择场地开始，开发企业已开始寻找购房者或承租人；在开发项目的施工过程中，应通过各种媒介做好项目的销售广告和宣传工作；当项目施工进行到一定程度时，应及时进行房屋的预售工作；竣工验收后申请办理房地产产权登记。

如果房地产开发企业进行房地产开发是为了长期投资，即开发房地产是为了出租，那么在项目竣工验收后便要开始出租。为了逐渐收回投资并获得利润，房地产开发企业必须确定合适的租金，制订好出租经营计划。

房地产销售或出租后，应做好销售或出租后的服务和管理工作。如果开发项目是住宅小区，应成立或委托物业管理公司完成。如果是单幢建筑，可组织大楼管委会。无论何种形式均需与当地派出所、居委会、绿化、环卫等部门联系，办理门牌号码、户口迁入、绿化、环卫和治安等事项。

至此，房地产开发企业对于某个项目投资开发的经营活动基本上就结束了。

尽管上述程序是一个理论程序，但基本上概括了大多数开发项目的主要实施环节。

1.3 房地产开发模式

房地产开发模式，有多种不同的划分方法。这里，根据房地产开发企业核心业务过程的不同，将房地产开发模式归结为多元化开发模式和专业化开发模式。

1.3.1 多元化开发模式

房地产开发作为一种提供满足消费者（或投资者）需求的空间和服务的活动，具备多元化发展的特点。对规模经济、降低风险和可持续性发展的追求，将在很大程度上促进多元化开发经营。

1. 混业开发

混业开发，指开发企业跨行业的互动发展，包括金融投资行业、建筑材料行业、建筑施工及装饰装修行业等。以涉足金融投资行业为例，这种经营方式，适应开发资金量大的需要，有效改善开发项目的现金流。

建筑技术在房地产开发业竞争中发挥着越来越重要的作用，开发企业涉足建材、施工行业，将促进房地产新技术、新工艺、新产品（房屋用品及建材）的研发和应用，从而提升开发项目的科技含量和房屋性能质量，降低开发成本。开发企业在这方面的工作及成果是企业核心竞争力的重要组成部分。

2. 综合项目开发

综合项目是指诸如融居住、商业、旅游观光于一体的主题社区，集旅游、保健、高尔夫为一体的综合度假区，具备购物、餐饮、综合服务、休闲娱乐等功能的集合式商业经营地产项目等一类开发项目。

在综合项目开发经营中，多种物业功能和经营方式相互支撑，可提升房地产开发效益水平，保持收益的稳定性，有利于可持续发展。

深圳华侨城主题公园项目及香港迪斯尼乐园项目，都是非常典型的综合项目，投资者采取地产与旅游品牌互动发展策略，推进投资经营。其中，具有典型的与旅游互动特点的地产项目是酒店项目。

商业地产项目，也是一种重要的综合项目，商业地产是指包括百货店、会员店、购物店、便利店等，商业地产开发更倾向标准化和规范化。

3. 纵向一体化开发

纵向一体化开发，是指开发企业实行房地产开发建设与物业资产管理并重的经营方式。从国内外的经验看，拓展房地产投资及与之相关的房地产资产管理业务，构筑房地产开发与管理密切结合型企业，是房地产开发企业实施可持续发展的重要途径之一。

房地产与物业资产管理贯穿房地产项目建成后的全寿命周期过程，其目标就是使房地产价值最大化。

从发展趋势看，房地产市场将无疑会从提供增量供给为主向保持存量供给为主转变，物业资产管理会成为企业的主要业务。

1.3.2 专业化开发模式

房地产物质形态的多样性，产品分布的地区性，以及开发经营过程的阶段性、高风险性和不确定性，使得专业化开发模式成为开发企业的重要选择。

在专业化开发模式下，开发企业的投资经营活动集中在相对小的范围内，有利于房地产产品建设、经营与管理技术的成熟化和在此基础上的创新，有利于减少产品更新换代的成本。同时，由于专业化开发企业的经营管理技术与方法、管理流程及产品设施、材料特性接近，使房地产开发项目的质量管理、计划管理、资源供应管理和成本管理等工作更易于实现标准化、制度化，为开发企业的信息化创造了较好的条件，从而有助于降低管理成本，提高管理效率。

1. 特定物业类型开发

开发企业根据对自身资源（包括资金、实力和经验）的评估以及对所处市场的独特认识，可以选择某类物业作为企业相对专一的开发对象，实施专业化开发。

特定物业类型开发，可以在某一特定地域上进行，也可以在广泛地域上进行，甚至进行国际性开发。具体方式的选择依赖于开发企业的经营方针。

2. 特定业务领域开发

这是一种非一体化的、非全能型的开发方式，它围绕开发过程中某种业务领域来进行开发经营。这种业务领域的选择与确定，同样依赖于多种因素的综合评估。在大多数情况下，这些业务领域是开发企业的核心业务领域。

特定业务领域开发，可以采取土地整理、以开发流程管理为纽带的协作型房屋、基础设施建设等开发方式。

协作型开发方式的实质就是开发企业专注于自己最擅长的业务或必须的核心业务，然后购买其他社会化专业机构提供的最擅长业务服务，如市场专业咨询、报建专业代理、工程管理咨询、专业营销策划服务等，从而形成高协作性的开发流程，使开发机构超脱一般的协调和技术细节，专注战略管理和资金管理。毫无疑问，购买服务，不单纯是最低成本的追求，重要的是，获取开发品质与成本控制曲线中的最优解。

协作型开发方式的发展，是开发产业提升的标志之一。

3. 服务集成式开发

这种开发方式是指开发投资企业，以房地产服务集成商业的形式，提供专业房地产服务来推进房地产开发项目。这种服务涉及开发项目全寿命过程。

服务性开发也是房地产开发业发展方向之一，包括以下方面内容。

（1）房屋个性化订制与服务

房屋个性化订制与服务是一种类似"戴尔"式的开发方式（服务的对象是市场客户），开发企业按客户的订制需求开发土地，进行房屋个性化设计、建造和经营。整个过程中的互动环节在网络平台上进行，开发商在后台通过生产与组织为客户订制房屋。

（2）房地产开发项目管理与服务

房地产开发项目管理与服务通常可认为是一种"虚拟"开发方式（服务对象是其他开

发企业），即开发企业通过品牌授权，输出管理与规模模式，推动当地开发项目的实施。

开发企业还可提供一种纯咨询服务，通过提出开发项目解决方案，实施业务活动，贯穿房地产开发项目始终。

1.3.3 网络经济环境下的房地产开发

网络经济是以计算机网络特别是 Internet 为主要载体的经济形态。网络本身具有的开放性、实时性、互动性、低成本和高效率等诸多特点也成为网络经济的内在特征。网络经济的历史进步性，将持续推动传统经济形态的升级与优化。

任何行业的发展都背离不了时代背景，房地产开发业也不例外。网络经济对房地产开发经营的影响，至少包括两个方面：促进开发企业的信息化；促进行业结构调整和优化。

1. 开发企业经营管理信息化变革

信息处理的产业化和社会化，有利于形成理性的期望，降低开发风险，并促使房地产开发流程的衔接更顺畅，而且有利于资金、物流、人流达到最佳组合。具体事项有以下几点：

基于大规模收集潜在客户信息条件下的市场细分及有针对性的项目定位；

基于虚拟社区，完成交互式、个性化的项目订制；

基于柔性开发模式，应对小规模、多样化的个性市场需求。

毫无疑问，在网络条件下，通过业务流程再造，实施企业差异化需求的整合能力和高弹性的建设组织能力，将形成房地产开发企业的核心竞争力。

2. 开发企业结构调整及优化

由信息技术带来的便捷信息交换及有效数据管理，推动开发企业结构优化升级。优化组合战略伙伴开发服务平台，开发材料采购服务电子商务平台、行业管理电子政务平台，冲击行业传统的经营理念、管理模式和运作方式，给房地产开发经营管理带来积极影响。

战略伙伴开发服务平台，整合行业开发商、地产商、建造商、设计和投资资源，实现强强联合、优势互补，实现最优匹配，降低竞争风险。

材料采购服务电子商务平台，实现系统成员集体采购建筑、装饰材料，降低成本，保障数量。材料采购电子商务平台，也可以成为战略伙伴开发服务平台上的一部分。

行业管理电子政务平台，提升政府管理服务水平，实现对行业的有效监督，提供房地产开发良好管理环境。

1.4 房地产开发企业及其制度

房地产开发企业是房地产开发经营活动的主体。依法成立房地产开发公司，取得政府有关管理部门审定认可的房地产开发资质，是从事房地产开发经营的必备条件。建立产权明晰，权责明确，政企分开，管理科学的现代企业制度是企业真正成为市场主体和构建房地产市场的基础。

1.4.1 房地产开发企业及其类型

企业是一个法律概念，是由法律赋予的人格化的民事行为主体。企业要依法成立，经主管部门核准登记，取得法人资格，从法律上确认企业法人的地位和规范企业法人的民事权利与责任。

法人指依法成立具有一定财产，能以自己的名义从事民事（含经济）活动并独立承担民事责任的社会组织。法人的民事权利能力和民事行为能力，从法人成立起产生，到法人终止时消失。法人包括机关、事业单位和社会团体法人以及企业法人，它们都是由法律赋予的人格化的民事行为主体。

企业法人作为经济团体，应有符合国家规定的资金数额、技术力量、明确的经营方向，有组织章程、组织机构和场所，能够承担民事责任，独立核算、自负盈亏和自主经营。因此，作为企业法人的房地产开发企业，是指自负盈亏，实行独立核算，从事房地产开发经营的具有法人资格的经济实体。确定房地产开发企业法人地位及行为的法律依据有《中华人民共和国公司法》和建设部颁布的《房地产开发企业资质管理规定》以及各城市结合本市的实际制定的有关办法。

房地产开发企业可分为如下类型：

1. 按产权关系划分

（1）全民所有制房地产开发企业

全民所有制房地产开发企业是指在原统建办公室基础上成立的市属和区属城市建设综合开发公司，各市局或总公司下属的开发公司，中央和地方集资成立的开发公司，以及一些大型的建筑施工企业成立的房地产开发部或开发公司。这类房地产开发企业在整个开发企业中占主导地位，其中由统建办演变的城市建设综合开发公司与政府部门联系密切，城市土地的成片开发和基础设施建设多由综合开发公司完成。这类公司在法律上是具有独立地位的法人企业，但由于历史的原因，有的企业在管理体制上有待于理顺政企关系。

（2）集体所有制房地产开发企业

集体所有制房地产开发企业即由集体单位开办的房地产开发公司，经济上实行独立核算、自负盈亏、自主经营。

（3）中外合资形式的房地产开发企业

中外合资形式的房地产开发企业即由外商或外国企业与中方合资开办，且在国内取得法人地位的房地产开发公司。双方按比例共同投资、联合经营、共同承担风险、共同分享收益。

（4）中外合作经营的房地产开发企业

中外合作经营的房地产开发企业即由外商或外国企业与中方按国内的有关法律，通过签订合同而建立的契约式或非股权式的合营企业。双方分担的投资与风险，收益分配和管理权限完全按合同规定。

成立合资企业和合作企业，有利于利用外资，沟通国内外信息，开发外销房地产。合资企业与合作企业的区别是：①合资企业的投资折算成股份，双方按股权比重分配收益；合作企业的合作者的投入不折算股份，不按股金比例分取收益，而按合同或协议的约定分配收益。②合资企业是独立的法人；合作企业不涉及股份，只是一种合伙关系，双方需各自纳税。③合资企业一般吸收外资数额较大，经营期限较长而且比较固定，合资房地产开发公司一般是专营公司；合作企业经营期限一般较短，往往是为开发某一项目而成立的，因此合作经营的房地产开发企业一般是项目公司。

(5) 外商独资的房地产开发企业

外商独资的房地产开发企业即经我国政府批准，在我国境内由外商独自出资、开发和经营房地产的开发公司。这类房地产开发企业目前较少，这是因为外商对国内情况一般不大熟悉，当他们在国内投资房地产时，往往在国内寻求合作伙伴，与国内熟悉情况的开发公司合作，成立合资房地产开发公司。

2. 按经营业务范围划分

(1) 专营公司

专营公司即专门从事房地产开发的公司，如中国房地产开发总公司及其各省市的分公司、各城市的城市建设综合开发公司等，这类企业资金雄厚，技术力量强，有的可以承担土地开发任务。

(2) 兼营公司

兼营公司即从原来的经营范围扩大到房地产开发的企业，如非生产型综合公司、信托投资公司、建筑公司等从事房地产开发经营的企业。

(3) 项目公司

项目公司即从事单项房地产开发经营的企业，这类企业的经营对象只限于批准的项目，项目的开发、经营完毕后，企业的开发经营资格也相应地到期，如需延长，则要重新办理报批手续。因此，这类公司又称为项目公司。国家规定，后两类从事房地开发经营的企业，原则上应在已开发的土地上从事房屋开发。

3. 按企业的资质等级划分

按企业的资质等级可分为四个等级的房地产开发公司。

1.4.2 房地产企业制度

企业制度指企业的产权归属形态、组织和管理形式，其内涵包括产权制度、责任制度和组织管理制度。市场经济在其数百年的孕育和发展过程中，逐步形成了三种基本的企业制度：个人业主制企业、合伙制企业和公司制企业。

个人业主制企业是指由业主个人出资兴办且直接经营的企业。个人业主制企业是最早的企业形式。这类企业的特点是建立和歇业程序易行，产权能够实行比较自由的转让；业主享有企业的全部经营所得，同时对企业的债务负有完全责任；企业内部管理机构简单，经营方式灵活，决策迅速。但由于企业规模小，财力有限，难于从事需要大量投资的经营活动。

合伙制企业是指由两个或两个以上的个人联合经营的企业。这类企业的特点是合伙人共同分享企业的经营所得，同时对企业的债务共同负有完全责任；企业可以由部分合伙人经营，其他合伙人仅出资并共负盈亏，也可由所有合伙人共同经营；与个人业主制企业相比，由于合作人共同承担偿还责任，减少了银行贷款风险，因而筹资能力有所提高。但是由于企业是根据合伙人之间的契约建立的，如有合伙人退出或接纳新合伙人，需要重新确立合伙人的关系，造成法律上的复杂性；企业的重大决策需要所有合伙人同意，容易造成决策上的延误；由于所有合伙人对企业债务负有无限清偿责任，这就使那些不能控制企业的合伙人面临很大的风险。因此，在英美等国家，对以无限责任公司形式出现的合伙制企业，不承认为法人组织。但在德、法、日等国家，承认这类企业为法人组织。

在工业化初期，由于投资主体单一，生产规模较小，因而企业的组织形式比较简单。随着社会分工进一步深化和扩大，资本的集聚加速，以及企业经营环境等方面的变化，创办新企业和扩大原企业生产规模、改进生产技术所需的资金，已不是独资和合伙所能支撑。因此，由个人业主制企业和合伙制企业逐步发展到公司制企业。由于公司经营所需资本额巨大，出资者仅能以其出资额对公司承担有限责任，所以，股份有限公司和有限责任公司成为现代最普遍采用的公司形式。现代企业制度就是指股份有限公司和有限责任公司的公司制度。

有限责任公司又称有限公司，是指由两个以上股东共同出资，每个股东以其认缴的出资额对公司行为承担有限责任，公司以其全部资产对其债务承担责任的企业法人。有限责任公司不对外公开发行股票，股东的出资额由股东协商确定。对交付股金的股东，公司出具股权证书，作为股东在公司中所拥有的权益凭证，这种凭证不同于股票，不能自由流通，须在其他股东同意的条件下才能转让，并要优先转让给公司原有股东。

股份有限公司又称股份公司，是指注册资本由等额股份构成，并通过发行股票筹集资本，公司以其全部资产对公司债务承担有限责任的企业法人。股份有限公司的资本总额均分为每股金额相等的股份，以便根据股票数量计算每个股东所拥有的权益。在交易所上市的股份公司，其股票可在社会上公开发行，并可以自由转让，出资购买股票的任何人都可以成为股东。股东成为单纯的股票持有者，他们的权益主要体现在股票上，并随股票的转移而转移。

在计划经济体制下，我国国有企业为国家所有，国家直接经营管理企业，政企不分，国有资产流动困难，经营效果缺少客观的评价标准，经营风险意识淡薄。确切地说，传统的计划经济体制下并不存在市场经济意义上的"企业"，实际上只有工厂和车间，其管理的职能、组织和方法是由计划经济的运行规则所决定的。当转向市场经济，形成真正意义上的企业后，必须建立与社会主义市场经济体制相适应的企业制度。公司制企业与个人业主制企业和合伙制企业相比，更适应投资的多元化和企业规模的扩张，更能分散投资的风险。因此，公司制企业是我国国有大中型企业（包括国有房地产开发企业）进一步转换经营机制，建立现代企业制度的主要形式。

以股份公司为典型形式的现代企业制度具有如下特征：

1. 产权明晰

在以股份公司为典型形式的现代企业中，将产权分为出资者所有权和法人财产权。

出资者所有权是指提供财产或经营的出资者拥有的原始所有权或股权。出资者以其出资额对企业承担有限责任，并享有如下权利：资产受益权，即出资者以其出资额形成的股份获得企业经营的红利和股息，以及公司终止后公司剩余财产索取的期待权；共益权，即对所信托的公司经营者选择和对公司重大决策的投票表决权，这是一种非财产物权的权利，只对行使企业财产实际支配权的企业经营者产生组织内的制衡作用；股份转让权，即股权随信用制度的建立和证券市场的形成，转化为有价证券，便可以依法在市场中流通转让的权利。

法人财产权是企业对出资者授予其经营财产享有的权利。在股份公司条件下，出资者出资设立公司后退居股东地位，从而出现一个具有独立法人资格的企业法人组织，于是公司资产的支配权就转入企业法人组织手中,这一资产支配权即法人财产权。法人财产权包括如下权利:财产占有权和处分权,即企业对出资者授予其经营财产享有的实际控制权和依法进行处置的权利;财产使用权,即企业对财产具体运用,自主选择经营形式和进行生产经营活动的权利;财产收益权,即企业对经营财产获得收益,保证企业财产的保值和增值,并依法决定税后留利中的资本公积金、盈余公益金等各项基金的提取比例及用途,以及依法自主确定工资制度及具体分配形式的权利。

我国在深化经济体制改革和企业改革过程中,提出所有权与经营权的两权分离,基本的意义应该是指出资者资产所有权与包括经营权在内的法人财产权的分离。经营权是与财产所有权相关的财产权,而不是一种行政管理权。我国《民法通则》在关于"财产所有权和财产所有权有关的财产权"一节中规定:"全民所有制企业对国家授予它经营管理的财产依法享有经营权,受法律保护"。显然,《民法通则》是把经营权列入"与财产所有权有关的财产权"的范畴,这是因为:经营权是所有权派生出来的一种财产权利,它是以所有权的存在为前提的;经营权的客体一般也是所有权的客体;经营权的内容不过是从所有权权能中分离出来的部分权能。法人财产权是经营权与法人制度的结合,我国国有房地产开发企业只有建立起以法人产权制度为核心的现代企业制度,才能使企业产权关系明晰,使企业真正成为自主经营、自负盈亏的独立法人实体。

2. 权责明确

在以股份公司为典型形式的现代企业中,能在如下两个方面做到权责明确。

一是有效地实现出资者所有权与企业法人财产所有权的分离。即企业的出资者按投入企业的出资额享有所有权的资产受益、重大决策、选择管理者及转让股份的权利;企业拥有包括国家在内的投资者形成的法人财产权,依法享有民事权利,承担民事责任,以及对出资者承担保值、增值的责任。

二是企业以其全部法人财产对企业债务承担有限责任,而不是无限责任。最早出现的个人业主制企业和合伙制企业是自然人企业,出资者集所有权与经营权于一身。因此,当经营不善,企业资产不足以清偿债务时,出资者对企业债务负无限清偿和连带清偿责任。这种对债务负无限责任的制度不利于保护投资者的利益。在公司制企业中,企业规模大,出资者众多,不可能直接经营企业。因此,出现了所有权与经营权分离,企业成为独立的法人,拥有法人财产权。它们实行有限责任制度,即企业破产清算时,出资者以其投入公司的出资额对公司债务承担有限责任。有限责任制度的建立,有利于保护投资者利益,促进资本集聚,分散投资风险。

3. 政企分开

这是相对国有企业而言的。政府作为社会经济生活的管理者和国有资产所有者,其职能是不同的。政府作为社会经济生活的管理者,其职能主要是行政职能,即以国家的社会和经济发展为目标,制定各项政策,创造良好的经济环境和法律环境,监督市场运行和维护平等竞争,调节社会分配和完善社会保障体系,保护自然资源和生态环境。政府作为国有资产的所有者,按照政府管理职能与所有者职能分开的原则,通过组建国有资产管理机构和国有资产经营公司,按《公司法》的规定和现代企业制度的运作机制管理国有资产和监督国有资产的经营。政府不直接干预企业的生产经营活动。

4. 管理科学

现代企业制度是以明晰的产权关系为基础，建立与企业法人制度相适应的一整套分层级的组织结构，包括公司的权力机构、决策机构、执行机构和监督机构，形成权责明确、各司其职、相互制衡的企业内部的纵向集权与授权、分权的组织和领导体系。以股份公司为典型形式的现代企业组织结构，如图 1-2 所示。

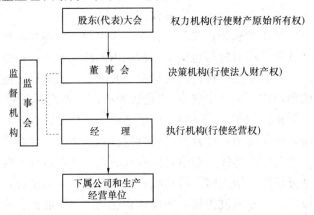

图 1-2　公司制企业的组织结构

股东（大）会由股东或其委托代理人通过一定程序选举产生。有限公司因股东人数少，不产生股东会；股份公司股东人数众多，产生股东大会。股东（大）会是公司的最高权力机构，其职权有：决定公司的经营方针和投资计划；选举和更换董事，决定有关董事的报酬事项；选举和更换由股东代表出任的监事，决定有关监事的报告事项；审议批准董事会的报告；审议批准监事会或者监事的报告；审议批准公司的年度财务预算方案、决算方案；审议批准公司的利润分配方案和弥补亏损方案；对公司增加或者减少注册资本作出决议；对发行公司债券作出决议；对股东向股东以外的人转让出资作出决议；对公司合并、分立、变更公司形式、解散和清算等事项作出决议；修改公司章程。其中，对股东向股东以外的人转让出资作出决议和对公司变更公司形式作出决议这两项职权，适应于有限公司的股东会。股东（大）会表决的基础是股份，一股一票，而不是一人一票。

董事会是由股东（大）会选举产生的股东（大）会闭会期间的常设权力机构和决策机构。董事会设董事长，董事长为公司的法定代表人。董事会的职权是：负责召集股东（大）会，并向股东（大）会报告工作；执行股东（大）会的决议；决定公司的经营计划和投资方案；制订公司的利润分配方案和弥补亏损方案；制订公司的年度财务预算方案、决算方案；制订公司增加或者减少注册资本的方案；拟订公司合并、分立、变更公司形式（适用于有限公司的董事会）、解散的方案；决定公司内部机构的设置；聘任或者解聘公司经理，根据经理的提名，聘任或者解聘公司副经理、财务负责人，决定其报酬事项；制定公司的基本管理制度。

经理是由董事会聘任的主持公司的生产经营管理工作的公司代理人。经理的权力受董事会委托范围的限制，董事会一般只是把部分经营权委托给经理并设置聘用、解聘以及与绩效挂钩的激励机制。经理会是公司经营决策的执行机构，对董事会负责，行使的职权是：主持公司的生产经营管理工作，组织落实董事会决议；组织实施公司年度经营计划和投资方案；拟订公司内部管理机构设置方案；拟订公司的具体规章；提请聘任或者解除应由董事会聘任或者解聘以外的负责管理人员；提请聘任或者解聘公司副经理、财务负责人；公司章程和董事会授予的其他职权。

监事会是公司经营决策、经营行为的监督机构。监事会由股东代表和适当比例的职工代表组成，具体比例由公司章程规定。董事、经理及财务负责人不得兼任监事。监事列席董事会议，其职权有：检查公司的财务；对董事、经理执行公司职务时违反法律法规或者公司章程的行为进行监督；当董事和经理的行为损害公司的利益时，要求董事和经理予以纠正；提议召开临时股东大会；公司章程规定的其他职权。

现代企业制度的特征之一是管理科学。科学的企业管理制度不仅体现在上述的组织管理结构上，而且包括开发、质量、营销、财务和信息管理等方面。建立现代企业制度，要求把粗放管理变为精细管理，建立起以计算机为基础的企业管理系统网络。

从以上分析可知，公司制企业具有产权明晰、权责明确、政企分开和管理科学的特点，因而是我国国有大中型企业进一步转换经营机制的主要形式。对于设立房地产开发企业，应当依据《中华人民共和国公司法》登记为有限责任公司或股份有限公司，使房地产开发企业成为规范化的公司。

1.4.3 房地产开发企业的设立

房地产开发企业的设立是创办房地产开发公司，使其取得法人资格的行为。《城市房地产开发经营管理条例》规定，设立房地产开发企业，除应当符合有关法律、行政法规规定的企业设立条件外，还应当具备下列条件：有 100 万元以上的注册资本；有 4 名以上持有资格证书的房地产专业、建筑工程专业的专职技术人员，2 名以上持有资格证书的专职会计人员。省、自治区、直辖市人民政府可以根据本地方的实际情况，对设立房地产开发企业的注册资本和专业技术人员的条件作出高于前款的规定。对外商投资设立房地产开发企业的，除应当符合上述规定外，还应当依照外商投资企业法律、行政法规的规定，办理有关审批手续。

按照公司法规，提出设立公司的申请，认购公司股份，对公司设立承担责任的公司创办人称为公司发起人。法人和具有行为能力的，符合创办公司条件的自然人都可以充当发起人。发起人是由于发起行为而处于设立中状态的公司的原始构成人，是使设立中公司完成必备事务的执行机关和代表机关。因此，发起人的行为就是处于设立状态的公司机关的行为，以后如果公司依法成立，取得法人资格，发起人转为公司的股东，其行为产生的权利与义务转为公司承担。如公司最终不能成立，发起人应承担其行为的法律责任。

设立公司发起人应向主管部门提交设立公司的申请书、可行性研究报告和公司章程。

申请书是表达设立公司意愿的文件，其内容包括：发起人的名称、住所、法定代表人；公司的名称、住所、目的及宗旨；公司的资金投向、经营范围；公司设立方式、总投资、股本总额、发起人认购比例；股份募集范围及途径；公司的股份总数、各类别股份总数、每股面值及股权结构；发起人基本情况、资信证明（原有企业改组为公司的，应说明改组理由）；其他需要说明的事项；提出申请的时间、发起人的法定代表人签名并加盖发起人单位公章。

设立公司的可行性研究报告不同于房地产开发项目的可行性研究报告。设立公司的可行性研究报告申明的是公司设立的背景及可行条件。其内容包括：公司名称、住所；发起人的生产经营情况、资信状况和投资能力（原有企业改组为公司，还应包括近三年生产经营、资产与负债、利润等情况）；公司总投资、股本总额、股份溢价发行测算、所需供货资金、净资产占总资产比例；资金投向、规模、建设周期与费用估算；公司产品或经营范围、发展方向及市场需求状况；经济效益预测；其他需要说明的事项。

公司章程是法律赋予公司法人地位而规定的公司基本行为规则。它对内规定了公司的组织原则、业务活动范围和方式，对外向社会公众申明公司的宗旨、资本数额、权利以及一系列为公众了解的必需内容。公司章程的内容一般可分为绝对必要说明的事项，相对必要说明的事项和任意说明的事项。公司章程的草案由发起人拟订，交公司创立大会通过成为正式章程，经政府授权部门批准后成为具有法律约束力的文件。《公司法》对有限责任公司和股份有限公司的公司章程的内容分别作了规定。

公司的设立方式可分为发起设立和募集设立。募集设立方式又可分为定向募集设立和社会募集设立。发起方式设立指公司全部股份由发起人认购，不向发起人以外的任何人募集股份；定向募集方式设立指公司发行的股份除由发起人认购外，其余股份不得向社会公众公开发行，但可向其他法人发行部分股份，经批准也可向本公司职工发行部分股份；社会募集方式设立指公司发行的股份除由发起人认购外，其余股份应向社会公众公开发行。采取发起方式设立或定向募集方式设立的公司，统称为定向募集公司；采取社会募集方式设立的公司称为社会募集公司。设立公司方式应在符合国家有关规定的前提下，由发起人自行选择。

设立公司，要按一定的程度进行。

首先，由发起人或全体股东对公司设立进行可行性研究，编制可行性研究报告，拟订设立申请书，制订作为组织行为准则的章程。

第二，确定股东。如采取发起方式设立，则股东或发起人认购公司的全部股份；如采取募集方式设立，必须向国家证券管理部门提出募股申请，经审核批准后才能向社会公开招募股份，但发起人认购的股份不得少于公司股份总数的35％。

第三，确定出资。这是公司存在的物质基础。股东或发起人须足额缴纳公司章程中规定的各自应缴纳的出资额。以工业产权、非专利技术作价出资的金额，不得超过公司注册资本的法定比例，即20％。

第四，设置机构。发起人主持召开创立大会，召集股东选举公司董事会和监事会成员，通过公司章程。

第五，设立登记。在设置机构后的一定期限内，向公司登记机构申请设立登记，并提交登记申请书、公司章程、验资证明等文件以及行业主管部门的审批文件。公司登记机构审批合格后，发给营业执照，营业执照签发日期为公司成立日期。

按《城市房地产开发经营管理条例》规定，房地产开发企业按上述《公司法》规定领取营业执照后的一个月内，应当到公司登记机关所在地的房地产开发主管部门备案，且必须提交以下文件：公司的营业执照复印件（加盖登记机关公章）；公司章程；公司的验资证明；公司法定代表人及总经理的任职文件及个人资料；经济、技术专业人员的资格证书、任职文件及聘用合同；主管部门规定的其他文件。房地产开发主管部门对设立公司手续完备的颁发《房地产开发企业资质等级证书》；对不符合公司设立条件的，提请工商行政主管部门处理。

按发起设立和募集设立的房地产开发企业的程序如图1-3所示。

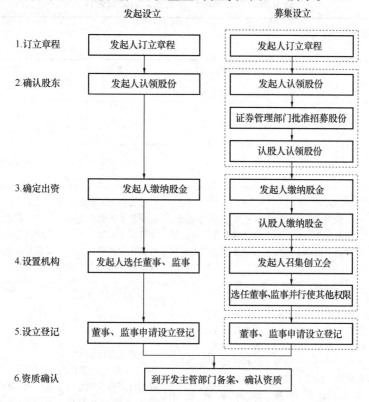

图1-3 发起和募集设立房地产开发企业的程序

1.4.4 房地产开发企业的资质等级

由于房地产开发具有资金密集和技术密集的特点，房地产管理法规定了设立房地产开发企业必须有足够的技术人员和与项目投资相适应的资金，而技术人员和资金与房地产开发企业承担的任务有关，因此，有必要对房地产开发企业的资质进行分等定级，并据此确定企业承担开发项目的规模大小。

建设部在1989年颁发了《城市开发公司资质等级标准》。在此基础上，1993年又颁发了《房地产开发企业资质管理规定》。《房地产开发企业资质管理规定》对原有的《城市开发公司资质等级标准》进行了较大的修改和补充：将城市综合开发公司改为房地产开发公司；对房地产开发企业应具备的基本条件作了规定；改原来的四个等级为五个等级；针对房地产开发的特点，大幅度提高了开发公司自有流动资金的要求，降低了对人员数量的要求；增加了对近两年出现的兼营公司和项目公司从事房地产开发的资质要求；增加了处罚条款。为了进一步加强对房地产开发企业的资质管理，建设部于2000年又对1993年颁布的《房地产开发企业资质管理规定》进行了修改。新的标准将从事房地产开发的专营企业的资质由原来的五级修改为四级（表1-1）。

房地产开发企业资质等级实行分级审批。一级房地产开发企业由省、自治区、直辖市建设行政主管部门初审，报建设部审批；二级以下企业由省、自治区、直辖市建设行政主管部门审批。资质审查合格的企业，由资质审批部门发给《房地产开发企业资质证书》。

各资质等级的房地产开发企业的必备条件　　　　　　　　　　表 1-1

条件 资质内容＼级别	一级企业	二级企业	三级企业	四级企业
注册资金	5000 万元以上	2000 万元以上	800 万元以上	100 万元以上
专业管理人员	≥40 人	≥20 人	≥10 人	≥5 人
其中中级职称以上管理人员	≥20 人	≥10 人	≥5 人	—
持有资格证书的专职会计人员	≥4 人	≥3 人	≥2 人	≥2 人
人员资质要求	工程技术、财务、统计等业务负责人具有专业中级以上职称	工程技术、财务、统计等业务负责人具有专业中级以上职称	工程技术、财务等业务负责人具有专业中级以上职称，统计等其他业务负责人具有专业初级以上职称	工程技术负责人具有专业中级以上职称，财务负责人具有专业初级以上职称
房地产开发经历	5 年以上	3 年以上	2 年以上	1 年以上
经营实绩	近 3 年房屋建筑面积累计竣工 30 万 m² 以上，或累计完成与此相当的房地产开发投资额，连续 5 年建筑质量合格率 100%，上一年房屋建筑施工面积 15 万 m² 以上，或完成与此相当的房地产开发额	近 3 年房屋建筑面积累计竣工 15 万 m² 以上，或累计完成与此相当的房地产开发投资额，连续 3 年建筑质量合格率 100%，上一年房屋建筑施工面积 10 万 m² 以上，或完成与此相当的房地产开发额	房屋建筑面积累计竣工 5 万 m² 以上，或累计完成与此相当的房地产开发投资额，连续 2 年建筑质量合格率 100%	已竣工的建筑工程质量合格率达 100%

各级公司承担任务范围的限制，由各地房地产开发主管部门自行制定。有的省市根据地方的实际情况对各等级房地产开发企业的资质标准也作了具体规定。

1.5　房地产开发法律体系

房地产开发业的发展和管理，必须依靠健全的房地产开发法律体系。房地产开发法律体系的架构由法律、行政法规、部门规章、规范性文件和技术规范等构成，它由国家制定或者认可，用于调整在房地产开发经营管理和服务过程中发生的房地产物权关系、债权关系、房地产开发经营权益关系以及房地产开发管理关系。房地产法律体系保障房地产开发业的健康、有序发展。

1.5.1　房地产开发法律体系

从立法层次和房地产开发法律内容讨论房地产开发法律体系。

1. 按照房地产开发立法层次划分

（1）房地产开发法律

房地产开发法律是国家制定或认可的用于调整房地产开发活动中相关关系的法律规范的总称。由全国人民代表大会或其常务委员会制定和发布，在整个房地产开发法律体系中居于最高地位。主要包括《中华人民共和国城乡房地产管理法》、《中华人民共和国土地管理法》、《中华人民共和国城乡规划法》和《中华人民共和国建筑法》等。

（2）房地产开发法规

房地产开发法规包括房地产开发行政法规和房地产开发地方法规，房地产开发法规在整个房地产开发法律体系中仅次于法律。房地产开发行政法规，由国务院以"条例"的形式制定和颁布，主要用于具体贯彻房地产开发法律。房地产开发行政法规主要包括《城市房地产开发经营管理条例》、《国有土地上房屋征收与补偿条例》等。由各省、自治区、直辖市、省会市、国务院批准的较大城市人民代表大会及其常务委员会制定的房地产地方性法规，也是房地产开发法律体系中房地产开发法规这一层次中不可缺少的重要组成部分，如《广东省房地产开发经营管理条例》、《上海市物业管理条例》等。

（3）房地产开发规章

房地产开发规章的制定与房地产开发法规的制定是密切联系的，法规颁布后，就需要有一些规章作"细则"，以便于法规的实施。

房地产开发规章包括房地产开发行政规章和房地产开发地方性规章，房地产开发规章在法律效力上次于房地产开发法规的规范文件。房地产行政规章应由国务院所属的部委以"办法"的形式制定和颁布，起实施细则的作用，如《商品房销售管理办法》、《房地产开发企业资质管理规定》等。

此外，由各省、自治区、直辖市、省会市、国务院批准的较大城市人民政府制定的地方性规章，如《广东省土地管理实施办法》等，也是房地产开发法律体系中不可或缺的组成部分。

房地产开发法律、房地产开发行政法规和房地产开发规章在中华人民共和国管辖区域内皆具有法律效力，而房地产开发地方性法规和地方性规章只在本行政区域内有效力，不能应用于其他区域。

（4）房地产开发其他相关法规

在房地产开发过程中，会涉及其他相关的法律规范，这对规范房地产开发活动起着重要的补充作用，如《合同法》、《公司法》等。

以立法层次划分的房地产法律体系，还包括最高人民法院对房地产开发过程中存在问题所作的一些司法解释，如《最高人民法院关于审理房地产管理法施行前房地产开发经营案件若干问题的解答》、《最高人民法院关于审理商品房买卖合同纠纷案件适用法律若干问题的解释》等。

2. 按照房地产开发法律的内容划分

（1）房地产开发的基本法律规范

房地产开发的基本法律规范是调整房地产开发活动中相关关系的最主要的规范性文件，包括房地产开发基本法律，如《中华人民共和国城市房地产管理法》、《中华人民共和国土地管理法》等；房地产开发基本法规，如《城市房地产开发经营管理条例》、《房地产开发企业资质管理条例》等。

(2) 房地产前期阶段的法律规范

房地产前期阶段的法律规范主要包括房地产开发用地的法律规范、房地产开发拆迁过程中的法律规范、房地产开发规划设计阶段法律规范等。房地产开发用地的法律规范，是主要用于调整房地产开发供地方式的规范性文件，如《中华人民共和国土地管理法实施条例》、《协议出让国有土地使用权规定》等。房地产开发拆迁过程中的法律规范，主要用于指导城市房屋拆迁工作，如《国有土地上房屋征收与补偿条例》等。房地产开发规划设计阶段法律规范，用于指导房地产开发过程中规划、设计活动，使之符合城市发展的要求，如《建筑工程设计招标投标管理办法》、《建设工程勘察设计管理条例》等。

(3) 房地产开发建设阶段法律规范

房地产开发建设阶段法律规范主要包括建设施工法律规范和监理法律规范。建设施工法律规范用于指导项目建设施工活动，如《房屋建筑和市政基础设施工程施工招标投标管理办法》、《建筑工程施工许可管理办法》等。建设监理法律规范，是用于调整、规范建设过程中监理服务的规范性文件，主要有《建设工程监理范围和规模标准规定》、《工程监理企业资质管理规定》等。

(4) 房地产开发交易服务阶段法律规范

房地产开发交易服务阶段法律规范包括房地产交易法律规范和物业管理的法律规范。房地产交易的法律规范是调整房地产产品进入市场的一系列规范性文件的总称，如《城市房地产转让管理规定》、《城市商品房预售管理规定》等。物业管理，是指业主通过选聘物业管理企业，由业主和物业管理企业按照物业服务合同约定，对房屋及配套的设施设备和相关场地进行维修、养护、管理，维护相关区域内的环境卫生和秩序的活动。物业管理的法律规范，是用于调整上述管理和服务行为的规范性文件，如《物业管理条例》、《城市房屋修缮管理规定》等。

(5) 房地产权属登记管理的法律规范

房地产权属登记，是法律规定的管理机构对房地产权属情况进行的持续的记录。房地产权属登记管理的法律规范，包括《城市房屋产权产籍管理暂行办法》等。

我国现行主要房地产开发法律规范如图1-4和图1-5所示。

1.5.2 房地产开发基本制度

中国房地产业的发展主要得益于三项重要制度和体制的改革，即城镇住房制度改革、城市土地使用制度改革和城市建设方式的改革。这些制度的完善与发展，也相应地健全了我国房地产开发的一些基本制度。下面主要从房地产开发流程来介绍房地产开发过程中应遵循的一些基本制度。

1. 房地产开发经营管理制度

《城市房地产管理法》、《城市房地产开发经营管理条例》及相关法律法规对房地产开发经营的指导原则、管理机构、开发企业的设立、开发项目的审批、开发项目的经营管理、房地产经营活动及管理等做了明确的规定，并确定了几项基本制度，主要有项目资本金制度、两书（即质量保证书和使用说明书）制度、项目手册制度和预售许可制度等。

项目资本金制度，规定了房地产开发企业承揽项目必须有一定比例的资本金。《城市

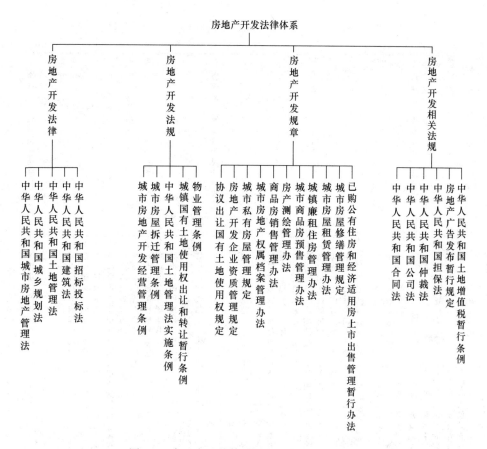

图 1-4 房地产法律体系图：按立法层次划分

房地产开发经营管理条例》规定："房地产开发项目应当建立资本金制度，资本金占项目总投资的比例不得低于 20%。"项目手册制度，要求房地产开发企业应当将房地产开发项目建设过程中的主要事项记录在房地产开发项目手册中，并定期送房地产主管部门备案。

2. 建设用地房屋征收管理制度

《中华人民共和国宪法》和《土地管理法》对我国现行土地的使用、管理制度作了规定，明确指出，国家对土地的使用、管理实行土地登记制度，国有土地有偿有期限使用制度，土地用途规定制度以及保护耕地制度等。

《国有土地上房屋征收与补偿条例》等法律规范对城市房屋征收的管理体制、审批程序、补偿安置原则、法律责任等重要问题作出了规定，提出城市房屋征收须符合城市规划和有利于城市旧区改造，并建立了房屋征收的申请批准制度和征收许可制度等管理制度等。

3. 城市规划设计管理制度

城市规划管理是指城市人民政府按照法定程序编制和审批城市规划，并依照国家和各级政府颁发的城市规划管理的法规和具体规定，对批准的城市规划，采用法制的、行政的、经济的管理办法，对城市规划区内的各项建设进行统一的安排和控制，使城市的各项建设用地和建设工程活动有计划、有秩序地协调发展。《中华人民共和国城乡规划法》对城市规划的一些基本制度作了明确规定。

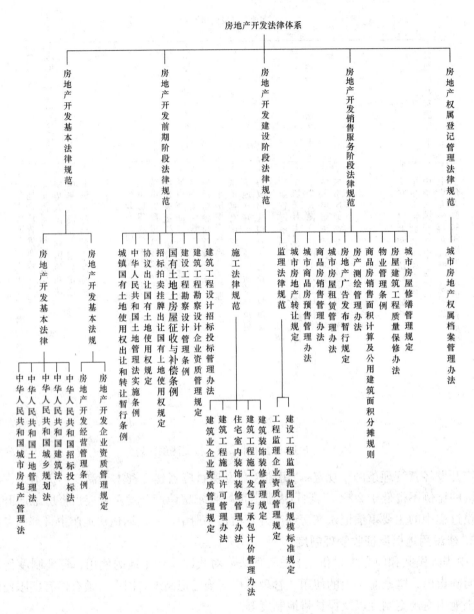

图1-5 房地产开发法律体系图：按开发程序划分

4. 工程建设管理制度

根据《建筑法》、《建设工程勘察设计管理条例》及其他相关法律法规规定，房地产建设工程勘察、设计活动应符合勘察设计单位的资质管理规定、勘察设计市场管理规定、勘察设计招标发包制度、勘察设计监督制度和注册建筑师制度。对建设项目勘察设计、监理服务、施工过程等实行招标投标管理制度；对招标代理机构实行资格认证制度；对建设过程的各阶段实行建设监理管理制度等；对施工阶段实行项目报建制度、施工许可制度、质量管理、质量保修竣工验收管理制度等。

5. 房地产交易管理制度

房地产交易管理是指政府设立的房地产交易管理部门及其他相关部门以法律的、行政的、经济的手段，对房地产交易活动行使指导、监督等管理规定，它规定了房地产交易的条件、程序等。按照《城市房地产管理法》及《城市房地产转让管理规定》的规定，房地产交易应符合房地产价格评估人员资格认证制度、房地产权属登记发证制度等。

6. 物业管理制度

《物业管理条例》及相关法律规范对物业管理活动中的基本内容、实施细则、物业管理企业、物业管理的收费原则、维修基金等作了较为完善的规定，这对规范物业管理活动，维护业主和物业管理企业的合法权益发挥着重要作用。

1.6 我国房地产开发业的形成与发展

1.6.1 我国房地产开发业的形成

我国房地产开发业的形成和发展，主要取决于三个条件：一是住房制度改革；二是城市土地使用制度改革；三是在房屋统建基础上发展起来的综合开发。我国房地产开发形成的过程，也是上述三个条件成熟和完善的过程。

1. 住房制度改革为房地产开发开辟了广阔市场

在高度集中的计划经济模式下，房屋的建设、分配与使用完全实行国家计划管理。生产性用房，由国家计划投资建设并无偿划给企业使用；非生产性用房和居民住房，则由国家包下来，统一建设、统一分配使用。这使我国城市房地产需求与社会经济状况发生矛盾，特别是与普遍存在的低薪制工资制度发生矛盾，因而不得不采取的福利性住房政策。其结果使得房地产只有投入没有产出，"以租养房"难以维持。旧的管理体制割断了城市房地产生产与流通两个环节的正常联系，使得房地产业难以形成。

20世纪80年代初，根据邓小平同志提出的有关住宅商品化的构想，开始了住房制度改革的理论研究和实践探索。在理论上，统一了城市住宅具有商品性的认识，有关"住宅商品化"、"土地有偿使用"等理论被确认；在实践中，以烟台市"提租发券，空转起步"的房改制度迈出了第一步，并逐步加大房改的步伐，进入住房自有化，居者有其屋的新阶段。住房制度改革使住房纳入商品经济的轨道，将住房作为商品，通过市场交换进行住房的配给，这就为房地产开发开辟了住房需求市场，使房地产开发者能够将商品房通过市场交换，获得收益，并进行商品房的扩大再生产，从而形成房地产开发的良性循环。

2. 城市土地使用制度改革为住房商品化铺平了道路，并为房地产开发提供了必不可少的空间资源

同住房制度一样，在产品经济模式下，我国实行的是"由国家以指令性计划划拨、企事业单位无偿无限期地使用"的城市土地使用制度。这种土地使用制度排斥价值规律和市场机制的作用，由于用地单位可以无偿无限期地从国家取得土地使用权，一方面，大量出现"多占少用"、"早占晚用"、"占而不用"、"占优劣用"的现象；另一方面，由于用地单位一旦从政府部门取得土地，就垄断了国家土地所有权的收益，"城市土地国家所有"实际上变成了"单位所有"，使本来就稀缺的城市土地资源显得更加奇缺，一些急需发展的项目却因找不到场地而延缓或不能上马。因此，旧的土地使用制度阻碍了城市建设和开发的健康发展。

从20世纪80年代初起,我国逐步开始了土地使用制度的改革。首先在沿海城市开始收取土地使用费的试点工作,继而发展到建立和开放土地市场,这些实践取得了显著的成效。土地使用制度改革的巨大突破是在1988年。该年7月,全国七届人大一次会议对我国《宪法》作出修改,将土地不得出租的规定,增加了"土地使用权可以依照法律的规定转让",这样在法律上肯定了土地使用权可以有偿转让。同年9月,国务院发布《中华人民共和国土地使用税暂行条例》,规定从1988的11月1日起对城市国有土地征收土地使用税。至此,我国城市土地使用制度由"无偿无限期使用并不得出租、转让",改为"有偿有限期使用并且可以依法转让"。这就使得土地作为生产要素纳入社会主义市场经济的轨道成为现实,使城市建设和开发体制发生了根本性的变化。

土地有偿使用制度对房地产开发的积极影响至少有三点是可以肯定的:

(1) 由于土地与房屋不可分割,土地若不能有偿转让,实行住房商品化就是一句空话。土地有偿使用制度的改革,使得土地使用权可以连同房屋所有权一起转让,从而为住房商品化铺平了道路。

(2) 土地使用制度和正在建立、完善的土地市场,有利于调整土地的供求关系和优化土地使用结构,提高土地资源利用率,土地资源的重新配置,使房地产开发者有可能从市场上取得土地。

(3) 土地具有增值效应,开发者在土地上投资开发,必然享有开发的收益,这样就刺激了开发者的积极性。

20世纪90年代中期,国内部分城市开始试行了土地储备制度。1996年,上海市建立了我国第一家土地收购储备机构——上海市土地发展中心。1997年8月杭州市成立了市土地储备中心。2001年4月,国务院颁布的《关于加强国有土地资产管理的通知》中指出"为增强政府对土地市场的调控能力,有条件的地方政府要对建设用地试行收购储备制度。"目前全国有超过1000个市、县在实施土地储备制度。2007年11月,国土资源部,财政部,中国人民银行联合颁布《土地储备管理办法》,城市土地储备制度的建立,将对我国城市土地使用制度的改革产生一定的影响。

土地储备,是指市、县人民政府国土资源管理部门为实现调控土地市场、促进土地资源合理利用目标,依法取得土地,进行前期开发、储存以备供应土地的行为。土地储备工作的具体实施,由土地储备机构承担。土地储备机构应为市、县人民政府批准成立、具有独立的法人资格、隶属于国土资源管理部门、统一承担本行政辖区内土地储备工作的事业单位。

土地储备实行计划管理。市、县人民政府国土资源管理、财政及当地人民银行相关分支行等部门应根据当地经济和社会发展计划、土地利用总体规划、城市总体规划、土地利用年度计划和土地市场供需状况等共同编制年度土地储备计划。年度土地储备计划应包括:年度储备土地规模;年度储备土地前期开发规模;年度储备土地供应规模;年度储备土地临时利用计划;计划年度末储备土地规模。

城市土地储备制度的运作主要包括土地收购、土地储备和土地供应三个环节。在城市土地征购中,土地储备机构通过征用、收购、置换、转制、回收等方式,把土地从分散的使用者中集中起来,储备机构对收购的土地再进行开发,通过征收、平整后,将地块变成熟地，然后，将这些地块编号、储备，准备投放市场。土地储备机构根据城市土地出让年度计划，通过招标、拍卖等方式将储备的土地有计划地供应给土地市场。

土地储备制度的实施，必定会对房地产开发产生影响。实行土地储备后，从土地储备机构供应的土地是可直接用来从事房屋建设的熟地，对房地产开发商而言，大大缩短了地块开发周期，降低了地块的周转成本，同时增加了投资针对性，减低了投资风险。由于实行土地储备后，土地以招标、拍卖等方式进入土地市场，有利于形成一个公平竞争的市场环境，使一批真正有实力的开发商来参与城市建设，从而促进了房地产业的健康发展。但同时也要注意到土地储备制度中可能存在的一些问题。一方面，由于采用招标、拍卖等方式出让地块，通常会引起土地出让价格大幅上涨，增加房地产开发商的开发成本，从而影响房地产的价格。另一方面，土地储备运作涉及多家金融机构，动辄数以亿计的贷款，同时考虑到房地产市场的复杂性，应当有完善的措施，保障土地储备中心具有足够的操作能力。

3. 综合开发是房地产开发的基本模式

我国城市综合开发是在房屋统建的基础上发展起来的。所谓统建，是针对缺乏统一规划、投资来源不一、千家分散建房的城市建设活动提出来的。统建思想形成较早，1963年，《中共中央、国务院第二次城市工作会议纪要》中指出："今后在大中城市中新建和扩建企业、事业单位，要把住宅校舍以及其他生活服务和有关市政设施和投资，拨交所在城市实行统一建设、统一管理，或者在统一规划下，实行分建统管"。到1978年，我国第三次城市工作会议更加强调统一建设、统一管理方向，会议指出，在民用建筑中，逐步推行统一规划、统一投资、统一设计、统一施工、统一分配和统一管理的"六统一"方针。

从统建过渡到综合开发，是在党的十一届三中全会以后。1980年12月，国务院在批准转发《全国城市规划工作会议纪要》中指出："实行综合开发和征收城镇土地使用费的政策，是用经济办法管理城市建设的一项重要改革，它有利于按照城市规划配套地进行建设，节约用地，充分发挥投资效果；有利于合理解决城市建设和维护资金来源"。同时，《纪要》还明确指出："对新建小城市、卫星城，现有城市新建区、段和旧城成片改造地区，都应考虑组织开发公司，实行综合开发。开发内容，包括开发区的勘测、规划、设计、征地、征收、安置、土地平整和所需道路、给水、排水、供电、供气、供热、通讯等工程建设。有条件的地方，还可以包括住宅、生活服务设施、公共建筑、通用厂房等等。建成后成套出售建筑物，并按土地面积和设施水平向使用单位收取开发费。开发公司实行企业化经营。开发基金，即开发公司的周转资金，可以从国家和地方基本建设投资中预拨，或由建设银行贷款，也可向用户预收定金。开发所需统配材料、设备，应列入国家和地方物资分配计划，能够在市场采购的，就在市场选购"。根据上述精神，1981年，由国家建工总局和中国人民建设银行组建了中国房屋建设开发公司，各城市在原建委统建办公室的基础上，也成立了城市建设开发总公司，进行基础设施和住宅小区的统一开发，从而使综合开发成为房地产开发的基本模式。

房地产开发企业是房地产市场的主体。1984年10月，国家计委、建设部发布了《城市建设综合开发公司暂行办法》，规定"城市建设综合开发公司是具有独立法人资格的企业单位，实行自主经营，独立核算，自负盈亏，对国家承担经济责任"。"开发公司的主要任务是：经营城市土地开发和房地产业务。城市用于建设的土地，由地方政府统一审批、统一征用和统一管理，由开发公司进行土地开发建设。开发公司接受当地人民政府的委托或投标中标，承担开发任务。开发公司要按照城市建设总体规划制定开发区的具体规划，搞好市政、公用、动力、通讯等基础工程和相应配套设施的建设。然后将经过开发的地皮有偿转让给其他单位兴建工程项目，也可以直接组织兴建住宅和其他经营性房屋进行出售"。《暂行办法》还提出：大中城市、新开发的城市和有条件的工矿区，都要积极组建开发公司。现已建立的开发公司要尽快成为经济实体。为了鼓励竞争，防止垄断，提高经济效益，中等以上城市应组织两个以上的开发公司。

1.6.2 我国房地产开发业的可持续发展

1. 我国房地产开发历程

1992年，邓小平同志南巡讲话，提出了大改革、大开放的战略思想，使房地产开发进入了新的阶段。如：各城市旧城改造步伐加快；投资渠道向多元化发展；进入房地产市场的开发企业迅速增加等。

在1992年下半年到1993年上半年，由于市场机制不健全，市场规则不完善，以及政府缺乏宏观调控的经验和手段等原因，出现了"房地产热"。在此期间，全国出让土地面积比前43年出让土地面积的总和增加11倍，房地产开发投资额成倍增长，开发区设置过多，且因房地产价格上涨过快所产生高额利润驱动作用，不少投资者盲目进入房地产市场，致使后来出现较高的商品房空置率。

从1993年6月开始，我国对国民经济加强了宏观控制，严格土地出让审批，控制和压缩固定资产规模，房地产开发过速增长得到了有效控制。特别是加强了房地产市场和房地产法规体系的建设，使房地产进入了相对平稳和健康的发展时期。

房地产市场是房地产经济运行的基础。党的十四届三中全会作出了建立健全社会主义市场经济体制的决定，并明确提出房地产市场是社会主义生产要素市场的重要组成部分。建立和完善房地产市场规则和市场机制是房地产业改革的核心内容。

首先，为了规范房地产市场行为，我国房地产主管部门相应建立了房地产交易管理制度，如房地产成交价格申报制度、房地产价格评估制度、商品房屋预售管理制度、房地产抵押登记制度以及房屋租赁登记备案制度等。这些制度的建立，为保证当事人合法权益，保证国家税费收入起到积极作用。其二，滞后于房地产开发的物业管理和中介服务体系逐步形成和完善，如物业管理公司，房地产咨询、评估机构和经纪人代理发展较快。其三，我国政府加强了对房地产市场的宏观控制，针对曾一度因房地产发展过热而对社会、经济带来的一些不良影响，本着房地产业发展必须与国民经济发展相协调的指导思想，政府通过控制土地资源、资金供应和其他有关措施对房地产市场进行宏观控制，使过快的房地产开发投资增幅平稳回落，市场秩序逐步建立。

房地产法规体系是房地产健康发展的保证。1994年7月，全国人大通过并颁布了《城市房地产管理法》，这标志着我国房地产管理走上了法制轨道，为依法管理房地产市场奠定了法律基础。此外国务院和建设部还颁布了一系列有关房地产市场管理和房地产开发的行政法规和部门规章，如《国有土地上房屋征收与补偿条例》、《城市房地产转让管理规定》、《城市房地产开发经营管理条例》、《城市商品房预售管理办法》、《城市新建住宅小区管理办法》、《城市房地产开发企业资质管理规定》以及《住宅小区竣工综合验收办法》和

《商品房销售面积计算及公用建筑面积分摊规则》等规范性文件和技术规程。法规建设以建立基本制度、明确行为规范、规定管理程序为核心,从开发投资、交易管理、中介服务、产权登记、物业管理等多方面,建章立制,从而使房地产管理有法可依、有章可循。

住房建设是房地产开发建设的主体。房地产分为居住用房地产和非居住用房地产,居住用房地产占每年房地产开发中的大部分比重。同时,住房建设是关系到改善人民群众居住条件、促进社会稳定与发展的大事,因此,住房建设是房地产开发的主体。为了加快住房建设的发展,国家建设主管部门采取了一系列措施:一是实施"安居工程"。"安居工程"是国家实施的一项政策性示范工程,对于解决城市低收入居民住房,加快解危解困和旧城改造,具有重要指导意义。1995 年"安居工程"在全国 59 个城市正式启动,取得了显著的效果。随着住房制度改革的逐步深入,全国实施住房分配货币化以后,停止了住房实物分配,促进了住宅市场的发展。在取消实物分配的现阶段,住房供应体系分为三个部分,即对高收入者如外资中方雇员、企业中高层人员、私营企业主等,通过住宅市场获得住房,而对中低收入者可以通过购买经济适用房或安居工程房获得住房,对极低收入者如下岗职工、不景气企业职工,主要通过廉租房形式解决住房问题。现阶段,由于我国处于经济转型期,在"安居工程"中,经济适用房是住宅市场供给最主要的部分。二是开展城市住房小区试点,促进住房建设整体水平的提高。到 1996 年底,由国家建设主管部门推行的全国城市住宅建设试点小区已达 381 个,面积达 8000 万平方米。经过十多年的探索,城市住宅小区建设试点工作积累了有益的经验,在相同造价或略高造价的情况下,通过精心规划、精心设计、精心施工和科学管理,使住宅小区的施工质量、功能质量、环境质量、服务质量明显提高,探索出一条住宅小区开发建设的新路子。三是实施 2000 年小康型城乡住宅科技产业工程。小康型城乡住宅示范项目,是建设部和国家科委联合抓的国家重大科技产业工程和"九五"国家科技攻关项目,目的在于为 21 世纪人民群众居住条件进一步改善,住区发展迈上一个新的台阶,提前进行技术和产品开发,探索住宅产业现代化的途径。该项目科技含量高,导向性强,能带动住宅产业和相关产业的发展,全国已有 57 个示范小区规划设计方案通过评审,15 个示范小区开工建设。四是积极探索培育住宅产业形成新的消费热点和新的经济增长点。困扰住房发展的一个症结是,住房潜在需求大,但市场有效需求不足,大量的商品住宅空置。因而要着力培育住房市场,盘活存量,搞活流通,坚持以住房商品化为主线,加快住房制度改革步伐,开辟抵押贷款等多种融资方式,建立针对不同对象的住房供应体系,采取租售并举等多种流通形式促进居民住房消费,使住房成为新的消费热点和新的经济增长点,带动国家经济持续稳定增长。

2. 我国房地产开发业的可持续发展

1987 年挪威首相布伦特兰夫人在她任主席的联合国世界环境与发展委员会的报告《我们共同的未来》中,把可持续发展定义为"既满足当代人的需要,又不对后代人满足其需要的能力构成危害的发展",这一定义得到广泛的接受,并在 1992 年联合国环境与发展大会上取得共识。

可持续发展的原则为公平性、持久性、共同性。公平性原则表现为代际公平和代内公平。代际公平是指当代人的发展,不要剥夺后代子孙发展的权利。而代内公平,则是指当代人之间,每一阶层都有生存发展的空间。持久性发展,是指发展的延续性,不是一朝一夕的发展,而是永续发展。只有资源共享,和平相处,珍惜有限的资源,才能做到持久的发展。共同性原则,表明发展不是某一部分人的目标,而应该是全社会的共同目标。

因此,走可持续发展之路已经成为当今国际社会的共识,作为国民经济重要产业之一的房地产开发业也必须走可持续发展的道路。

(1) 房地产开发业可持续发展的内涵

房地产开发业可持续发展,是指房地产开发业发展的可持久性,以及房地产开发业发展赖以支撑的资源环境的可持久性。它包括两方面的含义:一是指满足当前社会对住房以及其他房地产产品的需求;二是要保持房地产开发业与国民经济其他产业协调发展,维护和建设良好的生态环境。其核心是:房地产开发业发展必须与经济基础、人口规模、资源配置、环境建设相协调。

基于以上认识,我们可以将房地产开发业可持续发展定义为:既要满足当代人对房地产的各种需求,又要合理利用土地资源,保护生态环境,为后代人的生产生活创造必要的空间发展条件,是房地产经济与人口、资源、环境、社会协调发展的结果。

(2) 房地产开发业可持续发展的技术途径

1) 实施基于生态的土地开发利用规划

一方面要以人口密度、资源潜力、环境容量与生态承受力允许的限度,规划城市各项用地,确定合理的土地利用强度及建筑物的高度;另一方面要调整现有城市土地利用格局,包括调整能源结构及利用方式、工商业和住宅布局,实现合理的功能分区,保持城市经济活动与服务设施之间的平衡。同时,利用保护性绿地包围所有分散的城市各功能区,维持城市生态经济系统的合理空间秩序,保护农地和郊外风景自然环境,以及城市和农村的整体生态平衡。

因此,在城市房地产开发过程中,无论是旧城改造还是新区建设,都要充分提高土地的使用价值。要通过人为的保护、治理,建立一种比原来自然生态环境更为合理的人工生态环境,使已遭受破坏的资源和生态环境系统得以迅速恢复,谋求将土地的"线式新陈代谢利用"改变为"循环式新陈代谢利用",以减少资源的损耗,并使其永续利用。

2) 实施多维空间利用

在城市多维空间上,进行房地产开发活动,对城市进行立体开发,将缓解人们对房产品的无限需求与土地有限供给的矛盾。由于城市土地资源的稀缺性,使得土地利用方式的改变显得尤为重要。在人类的无限需求与土地的有限供给的矛盾日益突出的情况下,房地产开发向空间和地下拓展已成为挖掘城市用地潜力的有效途径。因此,可以利用现代信息科技手段,为城市的规划建设提供必要的技术支持,科学制定城市多维空间利用规划,使城市形态呈地面、地上和地下立体协调发展的综合空间,从根本上改变城市空间结构,为城市创造活泼、有序、协调的生存空间。

3) 实施科技创新

利用高新技术改造传统的房地产开发业,推动房地产性能的革命是知识经济时代的房地产开发业可持续发展的客观要求。其内涵实质是应用现代高科技去改造、渗透、提升房地产开发业,使之能更快适应市场经济规律和符合现代化发展要求,更好地促进其产业结构高级化。通过提高产品的技术含量和知识含量,倡导清洁、绿色、高效、低耗、无害开发,实现可持续发展。

房地产开发业实施科技创新,可以在提高房地产产品质量的同时,增加房地产产品的科技含量和附加值,表现为:改善环境,减少污染,提高资源的利用率;利用新技术、新材料、新能源,突破传统发展的限制,取得高效益;促进与交通、信息等其他配套设施的协调,提高人与自然的亲和力。

(3) 房地产开发业可持续发展政策措施

1) 加强土地的规划与管理,提高城市规划的科学性

土地的规划与管理,直接影响着房地产业的可持续发展。一方面,要改革城市土地管理制度,特别是着重改革城市土地使用上的行政划拨制度,严格界定行政划拨供地范围,逐步提高竞争性土地出让的比例;另一方面,要健全房地产开发用地计划供应制度,房地产开发用地必须符合土地利用总体规划和年度计划。

2) 完善房地产金融体系

房地产金融的可持续发展是房地产业可持续发展的基础。我国房地产开发业进一步发展一直面临资金来源、期限错配、资金流动性等约束,应完善房地产金融体系,建立房地产市场与资本市场的联系,从根本上解决房地产可持续发展的资金来源问题。

房地产金融体系是房地产经济运行过程中房地产资金供求双方运用金融工具进行各类房地产资金融通的组织系统。它是统一的社会资金融通体系的一个组成部分,是通过现代通信设施建立起来的组织机构体系、金融工具体系和融资活动的配套体系及其相互关系的集合。

完善房地产金融体系。应重点做好房地产贷款结构的调整,丰富房地产金融工具,增加消费贷款比重,研究建立住房抵押贷款二级市场,实施抵押贷款的证券化,从而有效分散银行贷款风险,提高房地产金融的市场化程度和效率。

3) 健全房地产相关法律法规

房地产经济可持续发展离不开政府对公平、高效的外部环境的创造。一方面,政府应减少房地产开发过程中的政府行为,根除腐败,杜绝暗箱操作,严格执法,取消不合理收费。另一方面,完善现有房地产经济法律法规,包括制定各项明细的实施规则,尽量做到法律、条令、规则之间能相互配套,创造一个公平、透明的市场环境,依靠市场原则优胜劣汰,提高开发商的素质,使房地产开发项目与人口、资源、环境相协调,与市场需求相协调,将房地产开发的短期行为和投机减至最低程度。同时要加强房地产市场统计工作,完善房地产市场信息系统,建立健全房地产市场预警预报体系。

4) 建立和推行技术评估制度

在房地产开发实施之前,应先进行环境、社会容量的预测,根据各类用地性质测定适当容量,划定环境的各项物理标准,并编制统一的土地生态循环图。在实施房地产开发计划时,把由于开发可能造成的污染、破坏生态平衡的影响,以及采取可行的克服办法等,事先进行技术论证、调查和定量分析,作出房地产开发效益与环境效益的损益对比。在对房地产开发对生态环境影响预测评估的基础上,参照现有人口分布、财政、就业、住宅、河流、交通、自然条件、社区等情况,重新确定土地开发的规模、区位的选择以及最佳的开发方式。

房地产开发是一项复杂的系统工程,房地产开发业走上可持续发展道路将是一个长期而艰巨的过程,需要全社会共同努力,解决好眼前利益和长远发展的关系,局部利益和整

体利益的关系,经济利益和社会利益的关系,可持续发展与可持续增长的关系,最终实现房地产业的可持续发展。

复习思考题

1. 房地产开发的涵义、特点和作用是什么?房地产开发分为哪几种类型?
2. 试述房地产开发的程序。
3. 简述房地产开发的模式。
4. 网络经济条件下房地产开发的特点是什么?
5. 试述房地产开发法律体系结构。
6. 试述房地产开发业可持续发展的途径。
7. 什么是现代企业制度?现代企业制度有哪些特征?

2 房地产开发策划

房地产开发策划是指在房地产开发项目投资、营销等过程中,根据房地产开发项目的具体目标,以客观的市场调研为基础,以准确的项目定位和独特的概念设计为核心,综合运用各种资源与手段,按照一定程序对房地产开发项目进行创造性的规划,并以具有可操作性的房地产开发策划文本作为结果的活动。是房地产开发中一项复杂而高度专业的工作。本章主要介绍房地产开发策划的涵义、特征、原则,房地产开发策划的基本类型和策划的程序等。

2.1 房地产开发策划的涵义、特征与原则

2.1.1 房地产开发策划的涵义

1. 策划的涵义

今天,"策划"已进入人们生活的方方面面。大到申办奥运会,小到新商品促销都离不开策划。那么,什么是策划呢?

哈佛大学企业管理丛书编撰委员会认为:策划是一种程序。在本质上是一种运用脑力的理性行为。策划是针对未来要发生的事情做当前的决策,是预先决定做什么、何时做、如何做、谁来做等。策划的步骤是以假定的目标为起点,然后定出策略、政策,以及详细的内部作业计划,以求实现目标,最后还包括成效的评估和反馈,而返回到起点,开始了策划的第二次循环。一般而言,策划具有未来性、程序性、目的性和创造性等特征。

2. 房地产开发策划的涵义

房地产业是我国一个朝阳行业,房地产开发项目策划更是这个行业的一个新鲜事物,理论界对此有一些探索。有学者认为:"条条大路通罗马,最近的毕竟只有一条,策划,就是寻找这条路"。这个理解形象地反映了房地产开发策划的功能特征,那就是对多种方案进行优化、组合,寻找出项目开发最优解的功用。有学者认为:"策划是激发创意,有效地运用项目有限资源,选定可行方案,达到预定目标,解

决难题的过程。"这个定义反映了策划的创造性、整合性、系统性、目标性等特征。还有学者则将房地产开发项目策划理解为"从开发商获得土地使用权开始,到市场调查、消费者行为分析,再到物业管理全过程的策划",偏重于策划的全程性特征。

本书使用的房地产开发策划的定义是指在房地产开发项目投资、营销等过程中,根据房地产开发项目的具体目标,以客观的市场调研为基础,以准确的项目定位和独特的概念设计为核心,综合运用各种资源与手段,按照一定程序对房地产开发项目进行创造性的规划,并以具有可操作性的房地产开发策划文本作为结果的活动。

上述定义包含以下几层意思:

第一,房地产开发策划具有明确的目的性。房地产开发项目本身就是一个相互联系、相互影响的多目标体系,系统内各目标之间还必须保持一定的均衡性和合理性。这些目标可能包括项目建设进度目标、成本控制目标、销售进度目标以及盈利性目标、企业或项目品牌建设目标等等。项目策划应在理解目标体系内在逻辑性的基础上,围绕着如何实现这些目标而展开。

第二,房地产开发策划是在市场调研的基础上进行的。房地产开发项目面临纷繁复杂的市场环境,所以扎实、准确的市场调研是策划的前提与基础。脱离了市场环境、主客观限制因素谈策划就如同在空中建楼阁一样虚无缥缈、不着边际。

第三,项目定位与概念设计是房地产开发策划的核心环节。在房地产开发中,项目定位和概念设计往往是成败的关键。如何通过广泛深入的调研、对自身资源的理解和竞争环境的清醒认识,提出能表达项目特殊竞争优势的定位和独特主题,是房地产开发项目策划,尤其是项目前期策划的核心内容。

第四,房地产开发策划是一项综合性工作,需要运用各种资源与手段。将策划文案上的概念变成实际,并非易事。它需要策划人员综合运用各种知识、技术手段,充分利用各种资源合力。有些手段、知识来自房地产领域内,如投资策划、项目产品设计等;有些则需要利用其他领域的知识和技能。

第五,房地产开发策划是一项创造性工作。创造是所有策划活动的灵魂,房地产开发项目策划也不例外。开发项目概念的提出、定位的选择都要经过从无到有、从模糊到逐步清晰的过程。在此过程中,需要策划人员打破陈规,不断创新。

第六,房地产开发策划报告书或策划提案是策划活动的一项重要输出。很多情况下,策划的结果需要形成具有可操作性的策划报告书或策划提案。

2.1.2 房地产开发策划的地位和作用

1. 房地产开发策划的地位

房地产开发策划是房地产开发项目成功开发的指南针、路线图。策划人员在开发中扮演着重要的角色,体现在项目从选址到物业落成、交付使用的每一个环节中。

2. 房地产开发策划的作用

(1)房地产开发策划能提高项目决策准确性,避免运作出现偏差

房地产开发策划是一种按照规范程序进行的、理性的行为,为决策提供参考,可以在很大程度上避免决策的盲目性和随意性。严密的目标体系和操作计划便于实际运作中检验、调整,避免出现重大的运作误差。

(2) 房地产开发策划能增强项目竞争力

房地产开发竞争的加剧,潜在购房者购买动机多样性以及需求品位的提高,都要求开发项目具有更大的独特性。这种情况下,房地产开发策划有了用武之地。通过研究市场、精心策划、规范运作,可以整合项目资源,发掘项目竞争优势,提升竞争能力,创造项目价值,使之在激烈的竞争中立于不败之地。

(3) 房地产开发策划可以增强团队管理创新能力,打造学习型组织

房地产企业要赢得市场,管理创新是重要一环。项目策划的过程也是以问题为导向,遵循科学策划流程,进行管理创新探索的过程。很多成功的企业和团队,就是在项目策划过程中,找到了适合本企业、团队的管理运作模式。同时,由于房地产开发策划涉及大量新的知识、技能,客观上也推动了房地产行业中学习型组织的建立。

2.1.3 房地产开发策划的特性

房地产开发策划具有地域性、创造性、市场性、系统性、超前性、可操作性、科学性和艺术性的结合等特征。

1. 地域性

房地产开发策划的地域性特征,是区别于其他行业所独有的,是由房地产位置固定性的特征决定的。

(1) 房地产开发项目所在地的区域特征

我国幅员辽阔,各地的地理位置、自然环境、社会经济发展水平都不同,有相当大的差异性。其中,区域经济因素是研究的重点。一个地方成功的策划经验运用到另一个地方,不见得也能获得成功。

(2) 项目所在地的房地产市场状况

房地产市场只能是区域性市场,项目营销主要受区域内类似房地产开发项目的供需因素影响,故房地产开发策划需要密切关注区域市场的发展动向、供求矛盾、消费者行为特征等。

(3) 项目周边区位状况

如区域各种设施状况、规划前景、街区成长历史研判及功能分析等。

2. 创造性

策划是创造性的思维活动。创造性思维是一种复杂的辩证思维过程,它具有不同于其他思维的特性,主要体现在:积极的求异性,创造性思维往往表现为对常见的现象和权威理论持怀疑、分析的态度,而不盲从轻信;敏锐的洞察力,在观察过程中分析把握事物的特征,发掘事物之间的必然联系,从而做出创造性的发明;创造性的想象,这是创造性思维的重要环节,它不断创造性地提出新设想,且赋予抽象思维以独特的形式;全面而独特的知识结构,是创造性思维的基础;活跃的灵感,以此突破关键,产生意想不到的效果。策划过程实际上就是创造性思维及其行动过程。创造性思维是策划生命力的源泉,它贯穿策划活动的各个方面与全过程。失去了创造性的策划活动就不能称之为策划。

对于房地产开发策划而言,创造性就是要有新意,做到原创而不雷同。不同的房地产开发项目都有其自身的独特性,简单复制别人的模式很难取得成功。要做到创新,首先是概念上的创新、主题上的创新。只有概念、主题有新意,才能使项目有个性。其次是策划方法手段上的创新，灵活运用各种手段和方法以期望获得出其不意的效果。

3. 市场性

所谓房地产开发策划中的市场性，就是策划要做到以市场为导向，以顾客为关注的焦点。顾客是项目赖以生存的基础，顾客是否认可更是检验策划成败的唯一依据。对于市场性的理解可以分为以下三个层次：第一，房地产开发项目策划要研究市场的规律，顾客的偏好，建造出满足客户现实需要的房子；第二，市场是变动的，顾客的消费观念也会发生改变，策划要因应这些变化做出适时的调整；第三，在对顾客和市场有了深入认识之后，需要把握规律、提前布局、引导消费、创造市场、激发需求。

4. 系统性

房地产开发策划要遵循系统性原则，使策划活动的各个组成部分、各个子系统相互协调统一，以保持策划工作具体和策划目标的最优化。房地产开发项目开发要经过市场调研、概念形成、财务可行性研究、规划设计、建筑施工、营销推广等若干阶段，每个阶段分别构成策划的子系统，系统之间又有相应的接口。各子系统功能上相互独立又有关联，所以，如何利用系统的原理整合各子系统，达到效率最高、绩效最大是房地产开发策划人员需要特别关注的。

5. 超前性

房地产开发策划是一项立足现实，为未来事件的产生和目标的实现而开展的，具有超前性的系列工作。具体地说，需要在项目理念上具有超前性、运作手段上具有预见性。房地产开发项目周期短则两三年，长则达到十数年之久，以今天的产品满足未来的需要，没有一定的超前性显然不能满足要求。所以，在房地产开发策划的各个阶段，都要运用超前的思维方式。如在市场调查阶段，不但要看现在的供求关系，更要预测当项目投放市场时的竞争状况；在投资分析阶段，要基于合理的假设测算项目实施的投资现金流、销售及租赁收入现金流等；在产品设计阶段，则要根据潜在购房者现在及未来的需要和期望进行设计，在规划、园林、建筑风格、平面设计等方面体现未来居住的趋势；在营销推广阶段，则要带着预判的眼光选择适当的时机，制定有竞争力的价格策略。只有每个环节都做到了适度超前，才能保证项目步步领先，不会陷于被动。

6. 可操作性

房地产开发策划要具有可操作性。美好的蓝图要与客观条件结合起来，要做到环境许可、方法有效、易于执行。任何脱离实际、超出项目运作者能力的方案，最终都不能落到实处。

7. 科学性和艺术性的结合

房地产开发策划活动同时包括了科学和艺术两个方面，是两者的优美结合。这里的"科学"是指，为实现目标解决问题而进行的系统分析、逻辑推理和运用数学工具。这里的"艺术"是指，运用理论和方法的技巧、丰富的想象力。房地产开发策划既具有科学性，也具有艺术性，是两者的结合。其中艺术性是以科学性为基础的，是对科学理论和知识方法的创造性运用。

2.1.4 房地产开发策划的原则

1. 独创原则

如果房地产开发项目的定位、建筑设计的理念、策划方案的创意、营销推广的策略，没有独创、毫无新意，要在市场竞争中赢得主动地位是不可能的。独创就是独到、创新、差异化、有个性。独创具有超越一般的功能，它应贯穿房地产开发策划项目的各个环节，使房地产开发项目在众多的竞争项目中脱颖而出。房地产开发策划要达到独创，应满足策划观念独创、主题独创和手段独创等三方面要求。

2. 定位原则

何谓"定位"？按照《定位》一书的作者里斯·特劳特认为："定位的对象不是产品，而是针对潜在顾客的思想，是你对未来的潜在顾客心智所下的功夫……要为产品在潜在顾客的大脑中确定一个合适的位置。"

在房地产开发策划中，项目定位就是依据市场细分及目标市场的选择，针对目标购房群体对产品属性、特征、功能的需求，对项目产品各种特征所作的具体规定，强有力地塑造房地产开发项目个性形象，并把这种形象传递给目标购房者，从而吸引顾客，占领市场的过程。

定位是否准确往往是项目成败的关键。如广东顺德碧桂园，起初销售情况并不乐观，后来在策划中，提出与名校合作办学的构想，并辅以高规格的生活配套设施，提炼出"给您一个五星级的家"的项目定位，可谓动一子而全盘皆活，一举打开了局面，并迅速建立了品牌。

要做到准确定位，须注意以下几点：

第一，要从"大"、"小"两方面入手，处理好"大"和"小"的关系。"大"的方面是房地产开发项目的总体定位，包括开发项目的目标、宗旨，项目的指导思想，项目的总体规模，项目的功能身份，项目的发展方向等。"小"的方面是房地产开发项目的具体定位，包括主题定位、市场定位、目标客户定位、建筑设计定位、广告宣传定位、营销推广定位等。房地产开发项目的总体定位确定了项目的总体位置和方向，对项目的具体定位有指导、约束作用；房地产开发项目的具体定位是在总体定位下进行的，具体定位是对总体方向的分解，各个具体定位要符合总体定位的方向。

第二，把握各项定位内容的功能作用。要做到这一点，策划人员首先要全面掌握定位内容的内涵，深入其中间去，确定其定位的难易点，有的放矢地找准目标。其次，每项定位内容的具体功用是不一样的，要把它们整合好，利用好，为整个项目的总体定位服务。

第三，要熟练地运用项目定位的具体方法和技巧。在项目定位过程中，方法和技巧运用得好，往往会达到事半功倍的效果。

3. 整合原则

整合原则是房地产开发策划中一条重要的原则。在房地产开发项目中，客观存在着多种不同的资源，按是否明显易见，可分为显性资源和隐性资源两类；按其具体形式可分为主题资源（或称概念资源）、社会资源、人文资源、物力资源、人力资源等多类。在没有策划整合之前，这些资源往往是松散的、凌乱的，没有中心，但经过整合、配置后，逐步凝聚成有机的整体，形成合力，为项目开发所用。

为了有效地整合好房地产开发项目的客观资源，必须做到以下几点：第一，要把握好整合资源的技巧。在整理、分类、组合中要有的放矢，抓住重点，使客观资源合力加强，达到 $1+1>2$ 的效果。第二，整合好的各个客观资源要围绕项目开发的主题中心，远离主题中心的资源往往很难达到目的。第三，要善于挖掘、发现隐性资源。如创新、独到的主题资源大都是隐藏起来的，不易被人发现，需要策划人聪慧的头脑去提炼、发掘甚至创造。

4. 客观原则

客观原则是指在房地产开发策划运作的过程中，策划人通过各种努力，使自己的主观意志自觉能动地符合策划对象的客观实际。要遵循客观原则做好房地产开发策划，必须注意以下几点：实事求是进行策划，不讲大话、空话；做好客观市场的调研、分析、预测，提高策划的准确性；在客观实际的基础上谨慎行动，避免引起故意"炒作"之嫌；策划的观念、理念既符合实际，又有所超前。

5. 可行原则

可行性原则是指房地产开发策划运行的方案是否达到并符合切实可行的策划目标和效果。可行性原则就是要求房地产开发策划行为应时时刻刻地为项目的科学性、可行性着想，避免出现不必要的差错。贯彻房地产开发策划的可行原则，可从以下几方面着手：

(1) 策划方案是否可行

在房地产开发策划过程中，确定方案的可行性是贯彻可行原则的第一步。从房地产开发策划的本质特征可以看出，在多种策划方案中选择最优秀、最可行的方案是项目成功的基础。有了可行的方案以后，还要对方案的实施过程进行分析，使方案符合市场变化的具体要求，这是贯彻可行原则的第二步。

(2) 方案经济性是否可行

策划方案的经济性是指以最小的经济投入达到最好的策划目标。这也是方案是否可行的基本要求。其次，投资方案的可行性分析也是一个不可忽视的重要因素。投资方案通过大量的论证和分析，可以确定策划方案是否可行，为项目的顺利运作保驾护航。

(3) 方案有效性是否可行

房地产开发策划方案的有效性是指房地产开发策划方案实施过程中能合理有效地利用人力、物力、财力和时间，实施效果能达到甚至超过方案设计的具体要求。策划方案要达到有效、可行，一是要用最小的消耗和代价争取最大的利益；二是所冒的风险最小，失败的可能性最小，经过努力基本上有成功的把握；三是要能圆满地实现策划的预定目标。

6. 全局原则

是从整体、大局的角度来衡量房地产开发策划的兴衰成败，为策划人提供指导的原则。房地产开发策划可以分为若干阶段，每个阶段都与全局有密切的联系，每个局部的运作好坏都会对全局造成影响。

(1) 房地产开发策划要从整体性出发，注意全局的目标、效益和效果。在整体规划的前提下，部分服从整体，局部服从全局。在市场调研阶段，如果图省事，不深入了解当时的市场状况、竞争态势、对手强弱，以及宏观政策等问题，盲目上马项目，可能会造成惨重的失败。

(2) 房地产开发策划要从长期性出发，处理好项目眼前利益和长远利益的关系。

(3) 房地产开发策划要从层次性出发，总揽全局。房地产开发策划是个大系统，任何一个系统都可以被看成是一个全局。而系统是有层次性的，大系统下有子系统，子系统下还有子系统，层次分明。因此，考虑下一个层次的策划时，应该同上一层次的战略要求相符合。

(4) 房地产开发策划要从动态性出发，注意全局的动态发展。房地产市场是变化莫测的，变化发展有时会影响全局。这时，策划人要善于抓住市场的动态规律，掌稳全局，避免市场变化触动全局的根基。

7. 文化原则

做策划离不开文化，好的策划都有其独特的文化内涵。所谓文化，英国人类学家泰勒定义为"就其广泛的民族学意义来说，乃是包括知识、信仰、艺术、道德、法律、习俗和任何人作为一名社会成员而获得的能力和习惯在内的复杂整体。"美国学者克鲁柯亨和凯利进一步指出："文化是历史上所创造的生存式样的系统，既包含显性式样又包含隐性式样，它具有为整个群体共享的倾向，或是在一定时期中为群体的特定部分所共享。"在房地产开发策划中，把握文化就是要把握在特定社会历史条件下，人们形成的思想、生活习惯、风俗和宗教信仰等社会思想对房地产产品需求的影响。位于广州番禺的丽江花园用"一方水土一方人，美善相随丽江人"广告语谱写了文化住区的生活剧本，打动了无数求真、求善的高层次购房者；同样是在广州的云山诗意花园，则以传统文化为号召，建筑风格上大量采用岭南建筑元素，广告中体现和谐、中庸的传统文化精髓，强调三代同堂的大家庭生活模式，激发了很多在"修齐治平"儒家文化熏陶下成长起来的中年购房者的购买热情。具体操作中要注意以下几点：首先，要对我国传统文化有较深入的认识；第二，要利用人口统计学知识，把握目标群体特征；第三，根据人群特征，选择文化主题、元素；第四，将精心筛选的文化元素渗透、融合到项目的方方面面；最后，不断积累、强化品牌建设。

8. 应变原则

所谓应变就是随机应变，它要求房地产开发策划要在动态变化的复杂环境中，及时准确地把握发展变化的目标、信息，预测事物可能发展变化的方向、轨迹，并以此为依据来调整策划目标和修改策划方案。

房地产开发策划的应变原则是完善策划方案的重要保证，它的具体要求是：

(1) 增强动态意识和随机应变观念。

(2) 时刻掌握策划对象的变化信息。策划对象信息是策划的基础材料和客观依据，这个基础和依据变化了，策划也应该随之变化，否则，其策划就失去了准确性、科学性和有效性。必须不停地广泛了解、全面搜集和及时分析并加工处理这些信息，为策划提供具有真实性、时效性、系统性和可靠的信息资料。

(3) 预测对象的变化趋势，掌握随机应变的主动性。

(4) 及时调整策划目标，修正策划方案。当客观情况发生变化影响到策划目标的基本方面或主要方面时，要对策划目标作必要的调整，自然也就要对策划方案进行修正，以保证策划方案与调整后的策划目标相一致。

2.2 房地产开发策划的类型

2.2.1 按照策划所处开发周期阶段分类

根据不同的开发阶段，策划可分为项目开发前期策划、销售/招租策划以及物业管理策划。

1. 项目开发前期策划

项目开发前期策划指从获取土地起到进入建筑施工之前的这一阶段的策划，包括了土地使用权获取研究，项目市场调查、消费者行为分析，房地产开发项目市场细分、目标市场选择与市场定位、房地产开发项目的产品策划等内容。

（1）土地使用权的获取研究

一般说来，项目的前期策划都是从土地使用权获取开始的。开发商及其策划人员首先在对城市规划和当地房地产市场较充分把握的基础上，通过初步测算，研究哪个区域、哪些地块具有开发价值；对特定用地，研究获得土地使用权的最佳方式、策略等。

（2）房地产开发项目市场调查及消费者行为分析

房地产开发项目市场调查是指运用科学的方法，有目的、有计划、系统地收集房地产市场状况方面的各种情报资料，通过整理、分析资料来判断和把握市场现状与未来发展趋势，为项目建设的必要性、充分性、建设指标、形式、规模、档次、时机及开发经营方式等决策提供可靠的依据。市场调查的内容包括环境调查、房地产供需情况调查和开发场地调查等。市场调查的方法根据研究假设是否充分和所处的阶段，可分为探索性调查（如焦点小组座谈、深度访谈等）、描述性调查（如问卷调查、观察法等）和因果性调查（如试验法）三类，如果结合对未来趋势的判断，则还有预测性调查。

消费者行为分析是建立在深入的市场调查基础上的，对消费者心理行为模式进行探讨。包括购房者个性心理分析、社会文化等因素对购房决策的影响、购买行为模式的分析等内容。

（3）房地产开发项目市场细分、目标市场选择与市场定位

通过市场调查，进行项目市场细分，选择目标市场和确定项目的市场定位。同时，策划人员还要根据消费者的心理与行为，考虑导入什么样的概念，以适应目标买家的爱好和习惯。

（4）房地产开发项目的产品策划

房地产开发项目的产品策划即项目的规划设计，一般是由开发商委托设计单位来做。在设计单位进行具体的规划设计之前，开发商及其策划人员要依据市场调查的结果和项目的市场定位，给设计人员提出具体的建议和指导。设计方案出来后，策划机构或人员要站在市场角度提出专业的意见，不断修改完善。

以上四项内容构成了项目开发前期策划，也有学者将其归纳为投资决策环节、深度市场调研环节、定位策划环节、产品策划环节、产品设计环节等五个环节。

2. 销售/招租策划

无论是概念提炼还是产品设计，都不是策划的最终目的，它们都是为项目能销售/出租出去，获得理想经济回报服务的。所以，进入销售、招租阶段，就要开展相应的策划活动。其中包括制定项目的价格策划，项目的广告策略和项目的销售推广策略等。

（1）房地产开发项目的价格策略

房地产价格策略是定价者为实现一定营销目的而协调处理各种价格关系的活动。价格

策略制定是房地产销售策划的重要环节，不仅包括价格制定、定价技巧的运用，还包括根据项目营销需要实时调整的安排等。

（2）房地产开发项目的广告策略

房地产广告策略是根据开发商的营销策略，按一定程序对广告活动的总体战略进行前瞻性规划的活动。这其中包括广告目标、广告费用预算、广告媒体选择、广告频率、广告设计以及广告效果评价等。

（3）房地产开发项目的销售推广策略

在开盘之前，开发商或策划人员面临着一系列选择题和问答题，如开发商要考虑项目是自行销售，还是委托代理？项目推向市场时，是以什么样的形象展现给消费者？其次，销售处怎样布置，售楼书怎样制作？楼盘正式开卖前，要不要搞一个内部认购，试探一下市场的反应？楼盘销售中，如何营造卖场气氛？如果要自行销售，开发商要考虑销售人员的培训问题。由于项目的销售要经历较长时间，制订出一个完整的销售计划是必不可少的。而在销售过程中，诸如销售进度的控制与节奏如何安排，尾盘如何销售，用什么样的促销方式吸引购房者，房地产开发项目销售中，如何处理好与社会大众的关系等新的问题又会出现，都是需要策划人员认真考虑的。

3. 物业管理策划

随着消费者日渐成熟，现在购房不仅仅看产品，更看重未来的使用，尤其对于商业物业，这种考虑更多一些，物业管理也就成了项目营销需要重点考虑的因素。策划人员应根据项目特点，选择适当的介入时机，制定出完善的物业管理方案，甚至为购房者量身定做物业服务，有些时候，在产品设计阶段物业管理的前期策划就要介入，以保证产品能充分考虑日后的使用与管理。

2.2.2 按照策划工作的关注点来划分

在不同时期，房地产开发策划的关注点也不相同，据此，有学者将策划区分为若干模式。

1. 房地产战略策划模式

战略策划是为企业发展或项目开发设计总谱，并帮助企业从全局的需要出发，有效整合专业性操作，使其在统一的平台上，协调一致地实现总体目标。战略策划模式适用于须从宏观战略的高度来策划的项目，尤其适合大型项目或者在项目投建初期，各种条件和限制还不明确的时候，为项目定出基本开发思路。但是，战略策划模式对策划人各方面的素质要求很高，具有哲理型、思想型、创新型素质的策划人才能胜任。

2. 房地产全程策划模式

房地产全程策划，简单地说就是对房地产开发项目进行全过程的策划，即从市场调研、土地取得、投资分析、项目定位、规划设计、建筑方案、建筑施工、项目形象、项目营销、品牌培植以及物业服务等各个方面都进行全方位策划，最大限度提升项目的开发价值。由于这种策划模式需要关注的点很多，时间上覆盖整个项目投资建设期，较适用于中小型项目开发。

3. 房地产品牌策划模式

品牌就是差异，就是个性。品牌标志着商品的特殊身份，将自身与其他类商品区别开来。每一个品牌都有自己特定的内涵。房地产品牌就是房地产开发项目具有区别于其他项目的个性，有独特的目标市场和共同认知的目标客户群，它具有较高的知名度、美誉度和忠诚度。房地产品牌策划是对房地产品牌的内涵进行挖掘、发现和推广，使商品房赢得人们的信赖，创造新的生活方式和新的需求。这种策划模式的最大特点是不仅仅着力打造项目的内在品质，还强调项目品牌的推广。通过工地包装、现场销售包装、电视报纸广告造势、样板房推动、软性新闻宣传、公关活动介入等，把不知名的楼盘短时间内变得家喻户晓，吸引客户购买，从而达到品牌策划的目的。品牌策划模式对一些内部资源略显不足、品质稍差的项目来说，效果是很好的，通过快速推广，使项目赢得人们的认同。但是，如果在推广时片面追求造势、炒作，对产品不进行精雕细琢，即使取得开盘成功，但后几期还会卖不动。因此，在快速推广的同时，也不能忘了打造品牌的内在品质。

4. 房地产产品策划模式

所谓房地产产品策划，顾名思义是对房地产产品进行调研、定位、设计、营销以及物业管理等内容的谋划和运筹，以适应人们对房地产产品不断变化、提高的要求。这种策划模式属于战术层面的策划，适用面广，也比较容易把握，运用得当，较容易取得预期的效果。但是，过分强调产品本身，而缺乏对大势的把握、竞争环境的深入研究、全程的参与，对品牌的推广等策划理念不重视，甚至不屑一顾，很容易患上营销近视症，同样会遭遇到失败，这是人们交学费总结出来的真理。

战略策划模式、全程策划模式、品牌策划模式和产品策划模式是从不同的角度来进行策划的。战略策划模式侧重从宏观大势上来把握房地产开发项目的策划；全程策划模式侧重从项目开发的全过程和价值提升来把握房地产开发项目的策划；品牌策划模式侧重从项目的品质和推广来把握房地产开发项目的策划；产品策划模式侧重房地产产品定位和设计来把握房地产开发项目的策划。

这些作为目前房地产开发策划的流行模式，在实际操作中都有是否适用的问题，在选择时应根据策划人员的水平、能力和项目的具体情况选用。随着房地产开发策划的不断深入和发展，房地产开发策划模式也会不断地完善和发展。

2.3 房地产开发策划的程序

2.3.1 房地产开发策划程序的涵义

房地产开发策划是按一定的程序进行的。所谓策划程序，就是指一个项目在进行策划的行为中按其内在联系排列出的先后工作顺序。通俗地讲，房地产开发策划程序就是要完成一项房地产开发策划工作从头到尾应该做哪些工作，应当先做什么，后做什么。因此，透过房地产开发策划程序，可以看出策划一个房地产开发项目的全过程，也可以了解一个房地产开发策划项目的各项具体工作之间的内在联系。

房地产开发策划是一项复杂、专业性较强的活动，应当有一套科学严谨的工作程序。按照科学严谨的策划程序开展策划工作可以使策划工作有计划，避免不必要的反复和浪费，提高策划工作的效率；可以使策划工作规范化、精细化，保证策划工作的质量。在房地产开发策划程序中，每一阶段的工作内容很多，很琐碎，需要策划主持人制定周密的计划，执行者认真地落实、执行。

2.3.2 房地产开发策划程序内容

房地产开发策划多数情况下是开发商委托专业的房地产开发策划代理机构完成，以下站在策划代理机构的角度谈谈常规的策划作业流程。

1. 项目洽谈阶段

这一阶段的工作主要是落实策划代理机构的业务来源问题，也是决定策划代理机构是否存在的一个主要环节。这一阶段的工作如果做得不好，后面的其他工作就无从谈起，更谈不上策划代理机构的业务发展了。业务的来源可以是主动联系开发企业、关系人介绍获得以及开发商自己找上门。无论哪种形式，经过一段时间洽谈，达成共识，都须签订策划合同以明确各方权利和义务，明了委托方的需求。

2. 组建机构阶段

这一阶段工作是保证委托代理的业务在人员配备、工作计划、时间安排以及业务经费上得到落实，以便为下一步开展业务做好一切精神和物质的准备。经常有这样的问题，在没有配备好人员的情况下，仓促上阵，欲速而不达，影响了整个计划的进行。所以当策划代理业务落实以后，组建策划项目小组就成了重要环节。根据项目特点的不同、介入时机的差异、工作内容和要求不同、经费多寡，在组建班子时也有所取舍。对人员的选择主要考虑知识背景、经验、工作能力与工作态度等方面。

3. 项目调研阶段

这一阶段是整个策划代理工作的重头戏，也是策划成果的主要内容。在项目调研阶段，最能反映一个策划师或策划机构的能力和水平。另外，这一工作阶段也是最辛苦的。策划人员为了取得大量的项目调研资料，走访许多政府部门、业务机构、项目现场，为的是取得项目调研的第一手真实资料；同时策划人员还要翻阅大量的资料和文件，以取得项目调研的书面资料。没有深入第一线的钻劲，策划人员不可能获得客观、真实的材料，更不能为以后工作打下良好基础。市场调查在第三章有专门的介绍，此处不再赘述。

4. 提炼创意成果阶段

在策划人员经过调研取得了大量的资料以后，紧接下来就是针对项目进行研究、讨论、论证、创意的时候了。这一阶段工作的好坏，直接影响到策划方案的质量和可操作性问题。这个阶段通常采用碰头会的形式进行头脑风暴，以擦出创意"火花"。通过大家认真研究、反复论证，往往能产生策划创意成果。

5. 提交报告阶段

通过项目策划小组一段时间的积极努力，将进入编写报告、向委托方提交策划成果的阶段。这一阶段的重点是保证策划成果的质量，如果在编写时感到策划结果没有达到预期效果，还要再一次回到上面的调研和研讨阶段，直至得到满意结果为止。提交策划报告，通常需要向委托方作详细的讲解，同时回答委托方的提问和质询，还要根据反馈情况作必要的修改和完善。

6. 实施方案阶段

策划方案或报告得到了委托方的肯定后,将进入实施方案阶段。如果代理公司与委托方所签合同的工作范围不包括执行,策划工作也并不是到此结束,因为还需对实施的效果进行监测。监测的结果如果达不到方案的目的,还要分析原因,找出解决问题的办法,交与委托方加以及时修正。

如果代理公司与委托方所签合同的工作范围还包括执行(不是配合),则这一阶段对策划代理机构而言就至关重要了,它关系到策划代理机构的策划成果是否产生效益,也关系到策划代理机构是否得到更好的报酬。

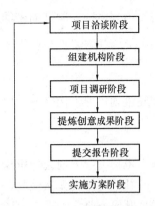

图 2-1　房地产开发策划程序

以上六个阶段环环相扣,相互搭接,如图 2-1 所示。

2.4　房地产开发项目前期策划案例
——TX 地块项目定位与产品设计建议报告

2.4.1　项目研究背景

受某房地产开发公司委托,项目组于 2006 年 3 月起对位于某市 BY 区的 TX 地块的商业开发进行前期策划研究工作。

2.4.2　项目宏观经济环境分析(略)

2.4.3　项目区域环境分析(略)

2.4.4　项目所在区域规划分析

1. 重点规划项目

(1) BY 新城项目。BY 国际机场搬迁后,原 BY 国际机场地块将建起一全新的 BY 新城。BY 新城以会议展览为主要功能,建成后将是区域的重要经济带动点之一。

(2) 商业步行街。商业步行街项目是 BY 区政府的重点规划项目,该项目将成为区域性的购物中心,立足于多元化、综合性的商业组团。现阶段,远景路商业街建设已如火如荼,不少商业设施已经建成使用,是日后 BY 区的重点商区所在,对周边经济发展有着极其重要的带动作用。

2. 交通规划

(1) 未来将有大量规划路贯穿东西。针对过去道路多数只能连通南北,区内东西互连不顺的格局,BY 区交通局规划了多条东西向道路来改变这种情况。2007 年 1 月通车的 BY 一线就是其中的一条。BY 一线道路长度 2.2km,规划路宽为 40m,双向 6 车道。改造后,TX 立交将顺利开通,大大改善了 TX 地区的交通环境,拉近了 TX 和规划新区 BY 新城的距离。日后待 BY 二线、BY 三线等线路相继开通,BY 区东西两极间的交通将会很好相连，同时南北向交通长期阻塞的问题也可望得到解决，这对 BY 区商业发展是一个重要利好信息。

（2）周边交通改造项目的启动。目前，进出本地区的交通拥堵情况很严重。旨在改善周边地区交通环境的多个项目已经或即将动工，将为这个区域提供一个相对完善的路网，有效缓解目前出行难的问题。

（3）地铁等轨道交通建设。规划中的地铁八号线将在该地区设站，为这个区域带来更多高素质客流、人流，街区价值将大大提升，居住氛围更好。

2.4.5 项目地块及周边竞争环境分析（略）

2.4.6 项目的 SWOT 分析

1. 优势分析（Strength）

（1）项目地块周边交通方便。

（2）地块取地成本低，在开发上具有价格优势。

（3）地块周边社区较为成熟，形成了较为稳定的社区环境。地块周边的小区形成时间较早，社区认同感比较强。这些因素有利于聚集人气，也有利于调查当地的消费习惯和日常生活习惯，使项目的定位更为准确。地块周围有不少娱乐、超市以及有特色的餐饮等商业设施，这些设施多为满足附近居民消费需求。

（4）项目开发者实力雄厚，具备综合资源优势。项目开发商是大型国有企业，实力雄厚。良好的声誉和公共关系使项目方案更容易获得政府有关部门的批准；强大的资金实力保证了项目的顺利推进。整合公司各项资源，可以为项目带来从规划设计、项目立项、报建、营建、项目多目标控制、后期经营管理等方面的综合竞争优势。

（5）地块周边饮食氛围浓郁，开发餐饮业具有现实和潜在的消费市场。调查发现，项目地块周边餐饮生意绝大多数经营状况良好，特别是那些中高档的餐馆很火爆，入座率高。餐饮业良好的经营态势显示了周边饮食业的氛围，也显示了周边具有巨大的消费潜力。

2. 劣势分析（Weakness）

（1）地块面积较小，形状狭长，地势较低，不利于开发建设和利用。项目地块为南北宽约 30m，东西长约 170m 的狭长地块；地块东面临街，由于道路修建，使得地块低于道路标高约 1.5m。由于地块狭长，既不利于开发上规模、围合式的住宅小区，也不利于开发大型的商业物业，此外，临街面窄、进深过大也不利于临街商业和超市的开发。

对策：地块狭长、下陷的状况无法改变，但可以通过选择适合的商业，如对进深敏感度比临街店铺弱的商业物业，例如餐饮、超市、休闲场所等。鉴于地块目前地势较低的情况，建议因势利导，修建地下停车场，使项目的底层地坪标高与路面标高看齐，既解决了地势低洼、商业布置不利的劣势，又能很好解决商业经营和居住停车的需要。

（2）地块周边商业布局缺乏规划，形象不佳。项目地块沿主干道区域临街商业分布比较混乱，以经营五金、石材和门窗等建筑材料的档口及大排档为主。这种布局使街道的景观不如人意，不利于提升整个区域的商业档次。但这也显示了当地产业分布、商业业态和居民的生活、消费习惯。地块周边宵夜非常兴旺，这充分显示了当地各种不同层次的餐饮业的兴旺情况。

对策：在规划中处理好与周边商业设施的合与分的关系，具体而言，有利于提升项目形象、带来需求的，如休闲中心，拉近距离；对项目不利的，做好分隔。

（3）项目东临高架桥，噪声等污染严重，对商业开发不利，西边为铁路，不利于区域的行车分流。地块东边临近高架桥，由于高架桥的存在，会对所开发的商业造成严重的景观和噪声影响，这对商业开发是不利的。

对策：由于地块进深很长，本项目商业部分可以用退缩方式，同时在临街前建一个小型的广场，布置一些绿化和小品，这样就可以减缓高架桥对项目开发的不利影响。地块的西面（约为500m）有一条铁路，这对于整个区域的行车分流来说是不便的，对本项目的影响也不小，但随着周边路网的完善，车的分流会更为合理，不利影响会减少。

（4）地块面积偏小，与周边建筑紧邻，交通组织问题存在困难。由于地块狭小，周边建筑紧贴地块，停车以及交通组织上存在困难，尤其做餐饮，车辆比较多，解决停车问题和交通组织问题存在一些困难。

对策：可以采用半地下停车，并进行分区管理。即小区的停车分东西两部分，靠西部分是小区内部居民专用的停车场，靠东部分为商业用途停车场。

（5）旁边有加油站，带来不稳定因素，对项目商业开发造成不良影响。加油站的存在给项目开发造成一定不利影响，如气味、景观等，但最重要的是对目标客户带来心理上的压力。针对这一点，建议项目注意退缩，利用小广场及绿化规避这一问题。

3. 机会分析（Opportunity）

（1）项目周边有不少餐饮店，如东江大酒店、周记茶餐厅等等。此外，远景路也有许多特色的餐馆。这些餐饮店的集中容易形成积聚效应，吸引周边区域的消费人群。

（2）地块边有大型休闲会所SPA，将对项目产生带动效应，可以实行联合开发，形成互补。地块周边休闲会所SPA的开发一方面为周边带来较高收费的消费人群，另一方面也提升了项目周边的商业氛围。本项目的开发应和休闲会所SPA形成联动效应，共同促进开发。

（3）临近商业街的开发将带动和促进项目区域价值的提升。商业街项目是本区重点项目，政府的投入和扶持都很大，能有效促进项目区域价值的提升，为区域和本项目带来更多的人流。

（4）"BY一号线"等规划上有利好，有助于项目商业开发。规划中将开通的BY一号线沟通了BY区东西两翼，而项目地块位于该交通线附近，这会使区域的交通更为便利，同时带来更多的人流和区域环境的改善。

（5）本区域内的多个住宅区和写字楼相继落成，有利于周边商业氛围的形成和提升，同时也将聚集更多的高素质消费人群，这种积聚效应将产生强大的辐射力，进而也会带动本项目所在区域的开发。

4. 挑战/威胁分析（Threat）

（1）周边餐饮较多，竞争激烈。项目如何在激烈的竞争中获得胜利，这是项目开发成败的一个重要关键。项目的前期研究将进行详细的市场研究，找出本项目与其他项目的差异，为本项目进行正确的定位，这样能形成差异化的竞争优势。

(2) 项目对面地块用途不明，可能对本项目造成威胁。项目地块有一块临街空地，长（临街面）约 50~80m，宽（进深）约为 12m，根据部分资料反映其为棠景街城中村村民的自用地，但用途尚不明朗。从地块的状况看，这里不适合做餐饮，但其他用途就不清楚了，应该继续了解该地块的用途和性质，以便为项目的定位和营销方案作依据。

2.4.7 项目定位及项目规划建议

1. 项目地块定位的可能性分析

（1）超市经营分析

地块附近的超市大多比较小型，没有品牌，不成规模，并且经营状况一般，附近居民购物一般会选择易初莲花或好又多等大超市。本地块面积较小，从客观上来说难以做成大型品牌超市，另外地块周边没有成规模的大型住宅小区，难以支撑一个大型的品牌超市。因此，超市这种商业形态，项目组认为不予考虑。

（2）休闲设施经营分析

地块南侧，与地块紧贴的地方有一块大小约 3 万 m^2，正在兴建的大型商业项目，该项目未来将会建成一大型的休闲娱乐设施，并且周边已经存在有三家比较大型的休闲设施。本项目如果继续建成休闲娱乐类商业形态，会和周边形成恶性竞争，并且由于地块本身较小，难以在规模上胜人一等，因此休闲娱乐类商业形态本项目组认为也不予考虑。

（3）餐饮业项目分析

地块附近有大量的餐饮设施，且生意普遍不错，因此项目组对于附近的餐饮分布情况、经营状况等，进行了专门的、较深入的调查。餐饮这一商业形态，经营状况普遍优良，上座率平均达到 50％以上。通过分析发现，主要有以下几种类型经营状况较好：

粤式海鲜中高档酒楼。附近代表为某海鲜大酒店，餐饮面积有三层（二层、三层和六层，其余为客房），达到 $2000m^2$ 以上，包房在 30 间以上，三层小房的最低消费为 588 元，六层小房的最低消费为 1500 元，酒楼后面有个停车场，车位有 46 个，酒楼门口也能停放大约 20 辆车左右。东江晚上的生意最火爆，上座率达到 90％以上。

茶市。附近代表为某茶楼，面积大约是 $400m^2$，主营功夫茶和点心，不设炒菜，名点居生意很不错，营业时间从早上七点直到凌晨，下午茶时间的入座率达到 95％以上，晚饭时间也在 60％以上。

湘菜馆。附近代表为某湘菜餐厅，面积大约在 $500m^2$ 左右，晚饭时间生意极其火爆，上座率达到 100％。地块周边的地方菜系餐馆除了粤菜外，主要为湘菜和川菜，经营状况普遍不错。

韩式餐厅。附近代表为某韩式餐馆，面积 $350m^2$ 左右，是一家较专业的韩式料理餐厅，中餐生意不错，晚餐时略显冷清，上座率在 30％左右。据了解，远景路周边地区仅韩式料理馆就有 40 多家，经营状况和该餐厅类似，都是中午时段生意较好，但是由于竞争比较激烈，上座率不是太高。

低端的粤式海鲜餐厅。代表为某粤式餐馆，面积在 $1000m^2$ 左右，有两层，包房有 15 间，不设最低消费，营业到凌晨三点，晚餐的上座率达到 90％左右。

（4）旅馆业项目分析

在对酒店分布基本情况的摸查中发现地块附近有四家酒店，档次都不高，其中最好的为一家三星级酒店，调查时正值交易会，酒店入住率较高，房价也比平时高出一倍多。

1）酒店的主要消费客户群

商务人士：离地块步行大约10分钟的路上分布有一写字楼，因此商务人士为地块附近的主要消费群。

交易会客人：本市每年两次的交易会，都吸引大量的外地商人。调查期间正值交易会，发现地块附近的四家酒店生意都很不错，进一步询问发现四家酒店内的标准间基本都已定完，而且还不断有大量客人进来询问订房，其中很大一部分为外籍客人。

2）地块应建设的酒店类型

根据之前对地块情况的调查发现，首先，地块附近并没有重要的旅游景点，因此不考虑建设主题酒店等针对度假旅游者的酒店类型；其次，地块附近各种物业类型的档次均不高，地块本身难以承受高档次、高消费的场所，而且地块面积较小，因此不考虑建设豪华型酒店，主要考虑经济型酒店；再次，地块如果建酒店，主要的消费人群应该为商务人士，因此建议建设商务酒店；最后，从酒店业的发展趋势来看，连锁型酒店将成为未来发展的主要方向。因此建议地块发展连锁式商务经济型酒店。

连锁式商务经济型酒店，一般布点在大中城市的繁华路段、商业娱乐中心或交通枢纽，这是国内目前经济型酒店发展的主流，如锦江之星、7天、如家、家园等。商务经济型酒店市场特征：定位于对价格敏感的普通消费大众，尤其是国内消费群体，价格适中，市场规模大，需求服务稳定；服务特征：提供相对中高档饭店全套服务（Full-service）中的有限服务（Limited-service），主要体现在以提供住宿服务为主，同时有规范化、专业化的酒店服务，如标准化的服务制度和服务流程，这是与现存大量的社会旅馆的本质差别；组织特征：人员配置非常精简，通常是一人多岗；经营特征：投资额不高，通常是一二千万元人民币的投资，重视设备的简单实用，经营活动在低成本的前提下进行。

3）旅馆业实施具有一定市场空隙，可作为项目备选定位方案

根据上述研究，周边旅馆业尚不发达，但市场需求较大，有一定市场缝隙。特别是随着周边办公区的兴起，商务经济型酒店将会有较好的发展前景，故建议作为项目定位的备选方案。

2. 项目定位

通过以上调查及分析，并结合地块自身状况，项目组认为本项目可定位于：满足当地居民需要的、贴心的餐饮服务设施；

功能上：首选餐饮业；

档次上：考虑中、高档；

经营特色上：粤菜为主，含茶市。

对于小区内部的底层商业，项目组建议不予考虑，原因在于项目周边经营日常生活用品的小型超市或便利店基本已经处于饱和状态，并且地块狭长，离主要道路远，不适合开发底层商业。

3. 项目规划及开发建议

结合项目的定位具体布局建议，特做出如下规划建议：

(1) 充分利用地下空间，解决区内交通和停车问题。

(2) 商业临街（靠东面），住宅在里（靠西面），如果建餐饮，商、住之间要有一定的

分隔。

（3）建筑后退一段距离，预留一个小型的广场，利于提高酒店档次和分散人流、车流。中高档的酒店应设有停车场，根据地块本身的情况（比道路标高低 1.5m 左右且狭长），可考虑设一层地下停车场。

（4）商业面积在 $1500m^2$ 以上，最好能做到独立配建，初步考虑建 2 层或 3 层为宜。但如果报建确有困难，也希望能集中在首、二、三层裙楼布置。

（5）居住部分相对独立布置，利于营造较好的内部小环境；住宅出入口与商业设施入口分开布置，避免相互影响。

（6）因为优先考虑商业部分做餐饮，所以在设计中要充分考虑餐饮业的需求，柱网布置宜疏一些，还要考虑消防、环保的有关要求。以使用者为导向，可以在项目深化设计阶段与意向客户接洽，根据其具体要求调整设计方案。

（7）旅馆业为备选方案，当项目餐饮招租不顺利或者经营出现困难时，可以考虑转变为此用途。所以规划设计中要注意商业部分的灵活性，最好能做到可拆分、组合。

复习思考题

1. 房地产开发策划的内涵、特征和作用是什么？
2. 房地产开发策划应遵循哪些原则？
3. 房地产开发策划的分类原则有哪些？在各种分类原则下，分别有哪些类型？
4. 房地产开发策划的程序是什么？
5. 参照本章案例，针对一个具体的房地产开发项目进行前期的策划与分析研究。

3 房地产开发项目可行性研究

可行性研究是在建设项目的投资前期,通过对项目的投资环境和条件调查研究,对各种建设方案、技术方案以及项目建成后的生产经营方案实施的可能性、技术先进性和经济合理性进行分析和评价的过程。

房地产开发项目可行性研究是房地产开发过程中首要的和最关键的工作。本章主要介绍房地产开发项目可行性研究的内容、市场分析、费用测算和经济评价。

3.1 房地产开发项目可行性研究的内容与步骤

3.1.1 房地产开发项目可行性研究的作用

1. 为投资决策提供依据

房地产开发具有投资量大、涉及面广、建设期长等特点,因此,在投资前,为了避免和减少投资决策的盲目性,提高开发项目综合效益,应在市场预测和投资环境分析的基础上,对拟建项目在技术上是否先进适用、经济上是否合理、财务上是否盈利、建设上是否可能等进行综合论证。通过可行性研究,明确该开发项目是否可行,从而为投资决策提供科学的、可靠的依据。

2. 作为资金筹措的依据

房地产开发所需的巨额资金一般通过银行信贷、保险公司投资、企事业单位集资以及发行建设债券和股票等途径筹集。目前,开发项目的资金主要来源于银行的信用贷款。房地产开发企业向银行申请贷款时,必须附有开发项目的可行性研究报告,经银行对其审查,确认该项目在规定的时间内具有偿还能力,不会承担过大的风险时,银行才会同意贷款。同样,其他途径的主要资金来源方,在投放资金前,也必须对项目的可行性报告进行审查。

此外,当房地产开发项目的所需资金来源于多种途径时,应进行可行性分析,确定最佳的资金筹措方式,以减少资金利息和开发项目的总投资。

3. 作为编制设计的依据

在房地产开发项目可行性研究中，根据开发场地的规划要求，对拟开发项目的占地面积、建设性质和规模、建筑密度、容积率以及其他设计条件都提出了明确要求，并对开发场地的工程地质条件和原来使用情况作了调查分析。这些资料为编制设计文件和规划设计提供了依据。

4. 作为有关部门签订协议、合同的依据

房地产开发涉及面广，为了保证开发项目顺利进行，牵涉到与有关部门签订协议或合同，明确双方的权利和义务，并使其受到法律的约束和监督。在可行性研究中，对诸如土地征用、征收方案、主要材料供应、设备选型、开发项目的总造价等有关问题作了论证和估算，因而为同有关部门签订协议或合同提供了依据。

5. 作为申请建设执照的依据

房地产开发应符合城市经济社会发展计划和城市规划的要求，符合各种法规要求。在可行性研究报告中，对开发场地、总体布局以及建设方案作了论证，为申请建设场地和建设执照提供了依据。

3.1.2 房地产开发项目可行性研究的内容

房地产开发项目多种多样，有居住房地产、工业房地产、商业服务房地产、风景旅游娱乐房地产等。有以销售为主的住宅开发，也有以出租经营为主的写字楼和商住楼等。由于开发项目的性质不同，可行性研究的内容也会有差别。一般地，房地产开发项目应包括下列诸方面内容。

1. 总论

包括项目的名称、性质、地理位置、总占地面积、总建筑面积、建筑密度、容积率、各类建筑的构成、投资总额、总工期等基本情况，并说明项目提出的背景、开发建设的必要性，对实现城市总体规划、发展全市经济的意义。

2. 市场调查和需求分析

包括房地产市场销售调查和需求预测，开发项目的销售或出租前景分析，市场范围的确定和租售对象分析。

3. 开发项目场地的现状与建设条件分析

包括基础设施状况及其外部条件，各类建筑物、构筑物的现状，需要拆除的房屋面积，需要安置的原住户数和人口，需要安置的劳动力人数等调查资料，并对供水、供电、污水处理条件以及商业、服务业、文教卫生环境条件进行分析。

4. 规划设计方案

开发项目的总平面布局，主要建筑物的造型设计，城市景观设计，建筑物的主要技术参数，场地内外交通组织，基础设施与工程管网规划。

5. 项目的建设工期、进度控制和交付使用的初步安排

6. 投资估算

包括开发场地购置费，征收安置费，项目的工程造价、规划费、建设费、管理费和其他有关费用的估算。

7. 资源供应

包括资金的筹措方式和使用计划，主要建筑材料和设备的采购选用方式和计划以及施工力量的组织计划。

8. 经济分析和财务评价

包括对项目的销售收入（总价值）、总投资、预期利润、税金、场地费进行现金流量分析和财务平衡分析，并对开发工程的投资、收益率、租金、贷款利率、工期、出租期等因素的变化作敏感性分析和盈亏分析。

9. 社会经济评价

如项目是否符合总体规划、改善居住条件、丰富城市景观以及提高城市经济效益等。当从企业的角度对项目所进行的财务评价与宏观的社会经济评价发生矛盾时，应以后者的结论为主决定开发项目是否实施。

10. 结论

在上述分析的基础上，对项目作出是否可行的结论并提出存在的问题和建议。

总之，通过可行性研究，在管理方面，提出如何以提高效率来进行项目建设；在经营方面，分析房地产供求情况、竞争情况、提出销售的目标市场和销售渠道；在技术方面，确定房屋的类型、规划设计特色、布局结构，选择所需的设备、原材料和各种物资供应的来源；在财务方面，估算所需投资，研究项目的获利能力，偿还资金能力，提出最佳运用资金的方案；在环境及社会经济方面，从国民经济或社会的需求出发，评价项目的经济效益、社会效益和环境效益。

在上述内容中，市场预测和建设条件的调查是可行性研究的前提；开发项目的规划设计方案是可行性研究的基础；经济评价是可行性研究的核心。

3.1.3 房地产开发项目可行性研究的阶段划分

工程项目建设的全过程可分为投资前期、投资期和使用期。可行性研究属于投资前期的主要工作，分为机会研究、初步可行性研究、详细可行性研究和项目评价等四个阶段。

1. 机会研究

其目的在于通过对各种建设项目和投资机会作出鉴定，为建设项目的投资方向提出建议，并确定有无必要做进一步研究。机会研究所占有的资料往往是粗略的估计，如投资费用的估算，一般通过与类似工程项目的比较得出，其投资估算的误差一般要求在30%以内。建设项目的投资方向经机会研究认可以后，便可以进入下一阶段。

2. 初步可行性研究

此项研究不是可行性研究的必不可少的阶段，只有当机会研究对工程项目上马后的效益仍有怀疑时才进行，其主要任务是对机会研究的结论进行分析，在较详细数据资料的基础上论证投资是否确有机会，是否能获得较大的利益，是否有必要进行下一步的详细可行性研究，有哪些关键性问题需要进行辅助性专题研究。在初步可行性研究中，应提出初步选用方案和工程项目概算，误差一般要求在20%左右。

3. 详细可行性研究

简称可行性研究，是投资前期对工程项目进行全面研究的最后阶段，其主要任务是对市场、选址、建设方案等进行深入研究，经过技术上的先进性、经济上的合理性和财务上的盈利性论证之后，对工程项目作出投资决策。其投资估算误差要求在10%以内。详细可行性研究的成果为可行性研究报告。

4. 项目评价

在可行性研究报告的基础上进行，其主要任务是对可行性研究报告进行审查，核实研究依据，分析计算是否正确，从管理、经营、技术、财务、环境及社会经济方面对项目进行全面的综合评价。判断工程项目是否可行，提出评价意见，最后写出项目评价报告。

3.1.4 房地产开发项目可行性研究的工作程序

1. 项目筹划

提出开发项目的设想，组建研究机构，也可委托房地产咨询公司、顾问公司和工程公司等单位研究。承担研究对象的部门和单位要摸清委托人意图，项目提出的背景，收集主要依据材料，制定研究计划。

2. 市场调查与分析

对项目投资的经济、社会和政策法律环境，房地产市场需求情况，可供选择的开发场地、开发条件等，进行广泛的调查和分析，从而寻求市场机会，确定开发项目的市场定位。

3. 优化和选择开发方案

根据选定的目标市场和备择场地，设计若干个可供选择的开发方案，并经过分析对比，选择出最优方案。

4. 方案评价

对优选出的方案进行深入细致的研究，分析开发项目经济上的合理性。对开发项目的投资费用、经营费用和收益进行估算，作出项目的财务评价和经济评价，并考虑项目的投资、租售价格、规模、建设工期等不确定因素的变化，对项目的投资效果作敏感性分析和风险分析。

5. 编制研究报告

按开发项目可行性研究内容，编制可行性研究报告。

房地产开发项目可行性研究工作程序如图3-1所示。

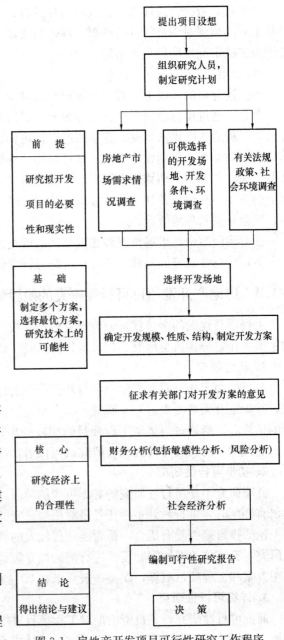

图3-1 房地产开发项目可行性研究工作程序

3.2 房地产市场分析

房地产开发投资活动的首要环节是寻找和确认市场机会，即投资机会，为此要进行市场分析，即对房地产市场的投资环境、房地产供需状况和价格、市场趋势进行调查和分析，从而为开发项目的市场定位和目标选择提供决策依据。

3.2.1 房地产周期及指数

1. 房地产周期

（1）经济周期

所谓经济周期是指国民经济整体经济活动随着时间的变化而出现的扩张和收缩交替反复运动的过程，又称国民经济周期。

经济周期一般可划分为四个阶段，即复苏、繁荣、萧条和衰退。或者合并为高涨（包括复苏、繁荣）和低落（包括萧条、衰退）两个阶段。高涨阶段是总需求上升时期，同时伴随的是国民经济活动变量如就业水平、产出水平、价格水平、货币供应量、工资水平、利率和利润水平等的上升。而低落阶段则是总需求下降时期，同时伴随的是国民经济活动变量的下降。

（2）房地产周期

与经济发展过程中的周期波动现象相似，在房地产业发展过程中也客观存在着房地产周期波动。正确认识和把握房地产市场周期波动，对于深入理解房地产市场运行特征、引导房地产业稳定、持续、健康发展具有十分重要的作用。

所谓房地产周期，是指受社会经济发展变化影响的房地产经济水平上下起伏波动、周期循环的经济现象。表现为房地产业在经济运行过程中交替出现扩张与收缩两大阶段，包括循环往复的复苏－繁荣－衰退－萧条四个环节。

复苏环节：随着萧条的结束，市场趋于稳定，价格开始回升，过度供给部分开始被市场吸收，空置率减少并达到供需平衡。

繁荣环节：这期间房价和租金持续上扬，虽然开发项目投资量大，但空置率仍较低，房地产成为人们追捧的对象。

衰退环节：这时市场变得饱和，但投资商们受到高额利润的驱使，新开工项目层出不穷，房价一路走高，而租金开始下降，房地产市场投机者增多，银行的风险加大，这时政府开始动用利率和税收等手段干预，以避免大的风险和损失，市场进入到萧条。

萧条环节：销售放缓，房价和租金持续走低，房地产物业出现不同程度的贬值。

（3）房地产市场周期的成因

房地产市场周期波动是比较复杂的经济现象，对于人们的生活、财富和健康有着普遍的影响。房地产周期波动大体上可归因于房地产经济体系的内生因素和外生因素共同作用的结果。

1）内生因素

房地产周期波动的内生因素是指房地产经济体系的内部因素，可分为影响供给和需求的两大类因素。

影响房地产需求水平的因素因物业类型的不同而有所区别：与住宅需求有关的变量主要有居民可支配收入、居民消费结构、购买意愿、人口增长率、住户规模等变量；影响办公楼需求波动的因素主要有国内生产总值（GDP）、服务业产值、商业和金融业产值、服务业就业人数、金融业就业人数；商业物业的需求波动主要与GDP、居民消费支出、非食物零售额等三个变量有关；与工业物业需求波动的有关因素主要有GDP、制造业产值、制造业就业人数。

影响房地产供给水平的因素一般主要有开发企业预期利润率、土地、资金、劳力、建材等资源的供给能力。房地产经济体系的供给能力，在短期内以房地产投资实际完成额为代表。

2）外生因素

房地产周期波动的外生因素是指房地产经济体系以外的、对房地产经济活动产生外部冲击和作用的影响因素，它也可分为三大类：一是直接影响房地产开发活动的宏观经济因素，主要是与房地产密切相关的金融政策和产业政策等因素，这些因素，在短期内对房地产经济运行状况的影响较为显著；二是间接影响房地产开发活动的社会经济因素和技术因素，如经济发展水平、土地使用制度、住房制度改革、技术进步等因素，它们对房地产周期波动的特征有着长期而深远的影响；三是随机因素，包括地震、洪水等自然灾害，战争、政治风波等社会突发因素，这些因素对房地产市场波动有突然、直接和强烈的影响，这种影响往往是短期的，但有时也可能持续相当长的时期。

2. 房地产指数

指数是用于测定多种因素组成的经济现象在不同时间或空间条件下综合变动的一种特殊相对数。房地产指数是用于反映一定时期内房地产市场发展变化和当前发展状况的一系列相对数。

（1）房地产指数的分类

房地产指数包括两大类性质不同的指数，即房地产价格指数和房地产综合景气指数。

房地产价格指数是动态描述一定区域内各类房地产（如商业、住宅和工业）价格变动及其总体价格平均变动趋势和变动程度的相对数。它是一种单一指标指数，即选取一定数量的房地产价格样点，以价格指数理论基础进行编制，用来反映房地产市场的景气状况。我国目前公布的房地产价格指数的典型代表是"中国房地产指数"（简称"中房指数"）。

房地产综合景气指数则是根据一定的原则选取包括房地产价格在内的多种反映房地产市场景气或房地产业发展状况的经济指标，采用一定的综合方法对这些指标进行加权综合，得到一个综合景气指数，以反映房地产市场或房地产业的景气状况。房地产综合景气指数一般是以经济周期理论、经济景气预警理论等为理论基础进行编制。目前中国公布的房地产综合景气指数的典型代表是"全国房地产开发业综合景气指数"（简称"国房指数"）。

此外，按照房地产指数编制范围的不同，可以分为全国性房地产指数（如"中房指数"系统、"国房指数"系统）和地方性房地产指数（如伟业指数、西安40指数）；根据房地产指数主办单位的不同，可以分为政府主办指数（如"国房指数"）、企业主办指数（如戴德梁行指数）、政府和企业合办指数（如西安40指数）。

(2) 房地产指数的编制

房地产指数编制的基本方法通常是以指数第一次编制时前某一时期为基期，然后将报告期经济指标与基期比较得出相应报告期指数值。

"中房指数"是以1994年第4季度为基准，以基期北京市房地产市场房地产平均价格为基准，定指数值为1000点（基值），然后将以后各时间各城市房地产市场平均价格与基期北京相比得到相应时间的中房各城市指数。例如，假设1994年11月北京的物业比较价格为5000元/m^2，中房北京价格基值为1000，12月份北京的物业比较价格上涨到6000元/m^2，则12月中房北京价格指数为1200（6000/5000×1000）；如12月份上海的物业比较价格为4000元/m^2，12月份中房上海价格指数是800（4000/5000×1000）。其他城市的指数依此类推。

"国房景气指数"采用合成指数的计算方法，选择房地产开发投资、资金来源、土地转让收入、土地开发面积、新开工面积、竣工面积、空置面积、商品房销售价格等8个具有代表性的统计指标进行分类指数测算，再以1995年3月为基期对比计算出的综合指数体系。

(3) 房地产指数的应用

房地产指数有多种不同的形式，这种房地产指数形式的多样化，是由房地产市场主体需求的多样化所决定的。

作为政府部门，通过中房指数可以总结出房地产市场发展的周期规律和宏观状况；通过各地方性指数则可以了解各地房地产业的发展水平，了解本地房地产业在全国房地产市场中所处的地位，为调整房地产业结构提供参考。

对于开发商而言，房地产指数可以使开发商了解到各城市房地产市场的不同供需状况，支持选址和投资类型选择，减少投资风险；同时，通过指数的动态比较，可以更好地判断房地产发展所处的周期性阶段，决定或调整投资时机。

对房地产中介咨询服务业，各类房地产指数的发布，可以提高咨询机构对市场发展变化的科学预见和判断能力，有利于房地产投资服务业的发展。

各类房地产指数的发布，也可为消费者购房决策提供区位、时点选择的帮助。

3.2.2 房地产开发投资的影响因素分析

房地产开发效益受多种因素的制约和影响，为了寻求投资机会，投资者必须对这些因素进行深入的分析，掌握各影响因素对房地产开发投资的影响规律。房地产开发投资的影响因素分为投资者自身的内部因素和外部因素。

1. 内部影响因素

对投资者而言，市场上一切未满足的需要都是市场机会，但不是任何市场机会都能成为投资者的投资机会。至关重要的是开发企业是否拥有利用其机会所必需的资源和能力或竞争优势。因此，在寻找和确定市场机会时，应认真分析自身的特点，准确把握自己的竞争优势。开发企业可以首先将有关要素排列出来，如资金能力（包括自有资金、融资能力）、经营管理能力（包括资质、经验、潜力）以及知名度、信誉等。然后，对所有要素进行评估，以明确自己的优势所在，并据此去识别属于自己的机会。

2. 外部因素

分析外部因素的主要目的是辨别外部环境变化可能给自己带来的机会或不利的影响。外部因素可分为宏观因素和微观因素两个层面，宏观因素是指人口、经济、信息、政治法律及社会文化因素等；微观因素是指开发地段的自然条件、基础设施与公共设施、规划控制、邻里影响等。对宏观因素进行分析的目的在于寻求在区域或城市的投资机会；对微观因素进行分析，则是为了选择合适的开发地段。

（1）宏观因素

1）人口

人口因素无疑是开发企业最感兴趣的因素。因为房屋需要人使用，而商业性房地产的经营效益也与人流直接相关。影响市场机会的人口因素可以从多方面去考察，如人口的数量、结构、分布等。某一地区人口的持续增长会直接带来当地住房开发机会；家庭结构的变化（单身、两口之家的增多）需要更多的住房，而且还引来住宅多样性要求；人口老龄化趋势会产生开发适用于老年人居住的公寓或相关休闲场所的投资机会。分析人口环境的变化，是开发企业寻找市场机会的一个基本渠道。

2）经济

市场规模由人和购买力构成，社会总购买力的大小与国民经济发展水平、人均收入、储蓄倾向和借贷的可能性密切相关。经济的发展水平将直接影响消费者收入状况——这是购买力的最重要因素，而收入状况的变化又将直接影响消费者支出结构的变化，进而影响到市场需求结构的变化。经济发展、收入的增加，人们的购屋（消费和投资）欲望和能力将增强；消费档次的提高，也会带来高档购物中心、娱乐休闲房地产的投资机会。同时，某一地区经济水平的提高，引起工商业迅速发展，随之导致工商业的房地产需求增长，即导致商住、写字楼、酒店、工业房地产的投资机会。资源供应也是影响房地产市场的经济因素，资源供应方面的变化，将对投资产生实质性的影响。如土地价格上涨，投资者就会面临成本增加和利润减少的风险；而材料、设备的短缺或供给不足，使具有充足资源储备的投资者机会增大，风险降低。另外，一个影响房地产市场的经济因素是货币流通量，如果政府采取放松银根政策、货币供应宽松、利率下降，投资者将容易获得抵押贷款，那么也就会直接引起房地产市场需求增长；反之，如果出现通货膨胀，政府就会采取货币紧缩政策，经济收缩，房地产投资受到抑制，房地产市场需求也会随之下降。因此，开发企业在寻找某一地区的投资机会时，当地的一般利率水平，获取贷款的可能性以及预期的通货膨胀率等，也是应分析研究的重点。

3）政策法规

国家和地方的有关政策，对房地产开发项目有着不可忽视的影响。例如，住房制度改革推动了房地产市场的建立和完善，形成合理的需求结构模式，促使住房消费者在市场机制的作用下提高购房的积极性；控制固定资产的投资规模，将影响市场的需求量；根据产业政策提出的土地供给政策，影响到房地产开发企业的投资方向；税费政策的调整，引起房地产开发企业投资收益的变化；为了兼顾低收入家庭的居住水平，改善大多数城市居民的居住条件，国家对城镇住宅建设用地按照商品房、经济适用房、廉租房的性质实行不同地价。

4）信息

在信息社会，信息对开发企业把握市场机会具有很大影响。开发企业要及时、有效地寻找和发现市场机会，密切关注并随时了解和分析外部庞大、杂乱且瞬息万变的信息市场。现代化的信息处理技术的出现和发展，为投资者及时、准确地掌握和分析市场相关信息提供了极为有利的条件。

5) 社会文化

社会文化环境决定了人们的基本信仰、价值观念和行为规范。尽管一般来说，核心价值观相当持久，但一些轻微的文化变动时有发生。这些变化直接影响到人们的消费观念、消费内容以及对服务的选择等方面的种种变化。消费者追求省时、便利、舒适、成就感、个性化、环保节能等已成为一种趋势，并应运而生许多新的投资机会，如高档住宅投资、休闲娱乐物业投资、停车场物业投资等。

(2) 微观因素

房地产开发投资的众多影响因素中，往往与开发项目所处的地段密切相关。由于房屋和土地的固定性，特定的地段决定了特定的需求、开发建设条件和开发成本。因此要对与地段有关的微观因素进行分析。

1) 地段位置与技术因素

指地段与城市中心的位置关系及地段的地形、地貌、水文地质状况及承载力等技术因素。越接近城市中心的地段，利用价值越高，其地价也越高，竞争也非常激烈。位于城市中心的地段被称为"黄金地段"，为了充分发挥土地使用价值，往往投资开发商业中心和金融中心。

地段的技术因素对投资影响也不可忽视。工程地质条件欠佳势必增加项目的建造成本，地块形状不规则将给规划和建筑设计带来困难。而通风向阳、依山傍水且交通方便的地段则是住宅开发的理想场地。

2) 基础设施与公共设施

城市中的给水排水、电、气、热、通信、道路和公共交通等设施称城市基础设施，学校、文化、娱乐、商业服务和行政办公等设施称公共设施。一般地，基础设施完善、公共设施齐全的地段，由于具有优越的区位环境，对投资者而言，将有着乐观的市场前景。然而不同类别的房地产开发项目对基础设施和各种公共设施的要求也不尽一样，住宅对交通、文化教育设施要求较高；写字楼则要求交通、行政办公，以及各种服务设施要好。房地产所处地段的基础设施落后，公共设施不配套，就会影响房地产开发项目的功能，从而对该房地产的需求产生不良影响。

3) 邻里影响

邻里影响是指地段周围的社会经济环境给地段造成的影响。用经济学的术语，有利的邻里影响称为外部效益，不利的邻里影响称为外部成本。为了获得有利的邻里影响，商业性房地产开发项目往往选择在商业区地段，以求获得聚集经济效益；金融性房地产开发项目选择具有金融氛围的地段；住宅区则选择在湖畔或靠近公园等景色宜人的地区。当然，应尽量避免类似"三废"和噪声等不利邻里影响，因为正如有利的邻里影响可以为住宅区和商业区获得利益一样，不受欢迎的邻里影响则降低了地段的吸引力。

4) 规划控制

城市规划是对城市的各项用地和建设的合理组织和协调的政府行为，其目的在于保障城市社会的整体利益和长远利益。为了加强城市规划管理，正确引导房地产开发活动，近年来，我国在学习国外区划法的基础上，结合我国实际，对城市土地进行了开发规划，即控制性详细规划。规划控制的主要条件是：土地使用性质和开发强度。土地使用性质决定了项目的类型，土地的开发强度决定了项目的规模。开发企业必须按照规划控制条件开发项目。由于各地块的规划控制条件不同，因而各地块的开发价值量相异。土地的开发强度与开发价值之间有着密切的关系，一般地，土地的开发强度越高，则其开发价值亦越大；但是开发强度高，其投入也大（包括地价和建造费用），并且对环境质量产生不利的影响。因此，要对规划控制条件进行认真研究。

3.2.3 市场调查

市场调查是指开发投资者用科学的方法、系统地收集及分析确定市场机会所需信息资料的过程。

1. 市场调查的实施步骤

（1）明确目标

明确目标即确定研究对象的类别和范围，明确需要解决的问题。只有需要研究的问题被仔细、准确地定义后，才能制订研究计划，获取投资决策所需的信息。

（2）制订研究计划

即根据研究目标、资金情况和研究力量，制订一个收集必要信息的最有效的计划。

（3）组织实施计划

组织实施计划即按计划规定的时间、方法、内容、步骤进行信息资料收集工作。

（4）分析和处理信息

分析和处理信息即对数据进行编辑加工、分类归档，对数据进行分析，在数据之间建立起联系。

（5）提出研究报告

调查研究之后，必须提出研究报告，以供决策参考。报告一般包括以下内容：引言，说明研究目的、对象、范围、方法和时间等；摘要；正文、宏观因素分析、与特定项目相关的因素调查和分析；结论与建议；附件。

2. 市场调查研究计划

市场调查工作的第二步骤是制订研究计划，有以下主要内容。

（1）确定所需要的信息

包括所需要的数据、资料类型。

（2）确定信息来源

信息根据其来源可分为第一手资料和第二手资料。第一手资料是直接从调查对象那里获取的信息，它们是专门为项目研究而收集的，因而针对性强、准确可靠、更有价值。但较难取得，且费用开支也较大。第二手资料是指由别人为其他目的收集、整理的信息，如各种出版物、各类咨询、信息公司提供的数据，以及开发企业以往收集的数据等。在制订研究计划时，需要就使用第一手资料还是第二手资料作出决策。一般地，由于第二手资料较易获得，且成本低，因此，应尽可能利用第二手资料。但第二手资料也有弱点，如大多数第二手资料并不是以人们所需要的形式出现的，内容往往陈旧过时，或者同所要调查的问题并不直接相关。更常见的情况是，第二手资料本身是有用的，但数量不够充分。在此情况下，有必要转向寻求第一手资料。

(3) 确定收集资料的途径和方法

一般地，第二手资料的来源渠道有：各级政府部门和金融机构统计、公布的资料；房地产学会、协会和交易团体公布的资料；房地产类的出版物；商业研究机构及相关企业公布的资料；广告代理商或各种广告媒体发布的资料；从公共图书馆或专业情报室查阅的资料；开发企业以往收集的各种资料等。当第二手资料不完整或不能满足需要时，应设法收集第一手原始资料。收集第一手资料常采用的方法为：询问调查法和观察法。询问调查法包括直接面谈和电话调查、邮寄问卷调查。调查表设计是实施调查法中的一个重要工作，调查表应力求客观、简洁、清晰。观察法是指调查人员到相关项目的现场（工地、售楼中心、交易栏以及使用环境等）去观察和倾听客户的意见、兴趣、希望，以获取有价值的营销资料。

(4) 抽样设计

在抽样设计过程中，必须确定抽样对象和结构；样本大小；样本的选择过程，即抽样程序。

(5) 市场调查的时间安排及费用预算

当项目受条件限制不能制订或执行计划时，投资者可委托专业机构来完成此项工作。

3. 市场调查的内容

(1) 环境调查

包括：①政策和法规。如土地供应、融资、各种税费、环境保护、征收安置、项目审批、房屋销售等各种政策和规定；②经济水平。如国民收入、企业效益、家庭收入、经济增长速度、社会购买力、拟上的大型建设项目、能源和有关资源的供应情况等等；③社会文化环境。如社会稳定状况、城市人口数（常住人口、流动人口）、人口的增长率（自然增长率和机械增长率）、家庭结构、职业构成、文化水平、受教育程度、宗教信仰、风俗习惯、审美观等等。

(2) 房地产的供需情况调查

这是分析和预测房地产需求量的基础工作。调查的内容包括被调查城市或地区过去和现在各类房地产的需求量、价格、地段分布；现货房、期货房的价格、数量和地段分布；城市居民的居住水平、无房户和缺房户的户数；住宅淘汰速度；竞争对手的开发能力、技术水平、市场占有率等等。

(3) 开发场地的调查

由于房地产位置的固定性，特定位置的土地，有着特定的规划设计条件、特定的需求对象、特定的工程地质条件和建设条件，因此，市场研究必须具体到开发场地。开发场地需要考虑的影响因素有：①备择场地区位，即与城市中心的关系和场地周围的环境。包括距城市中心的距离，交通运输条件；位置是否明显、是否便于出入；通过该场地汽车与行人交通总量的情况；给水、煤气、电力、电话、雨水和生活污水排放等基础设施配套情况，"三通一平"或"七通一平"的条件；治安、消防、就学、购物等社会服务条件；开发建设的条件，邻里关系，是否产生过多的交通与噪声等。②备择场地现状。各类建筑物、构筑物的现状，需要拆除的面积，安置原住户户数、人口等。③备择场地的规划控制。土地的使用性质和兼容性程度；允许开发的强度，包括容积率、建筑密度、建筑高度；还有停车泊位、主要出入口、绿地比例、须配置的公共设施和工程设施、建筑界线、开发期限等要求。④技术因素。场地的土壤、地形、地貌、水文地质状况，场地的方向、小气候等。

投资者通过到城市规划管理部门、土地管理部门以及其他有关部门了解情况、收集资料，并对备择的开发场地深入现场实地踏勘，进行分析对比，综合论证。

3.2.4 市场机会的把握

1. 市场需求的测量与预测

投资者通过调查、研究和分析，有可能发现许多开发机会。此时，首先要看自己是否具备相应的资源、能力和优势。然后，还须对这些机会进行评估和比较，以确定最有吸引力的开发机会。

衡量一个市场吸引力的最重要的标准是市场规模和市场增长。对投资者来说，应把握规模大且增长快的开发机会。而对市场规模和增长潜力的判断，则依赖于对市场需求的测量与预测。

房地产市场需求可以定义为：在某特定地理区域、一定时期、一定环境条件和一定的营销条件下，某一投资者或消费者或使用者群体可能租、购的特定房地产总量。实际上，市场需求不是一个固定不变的常数，而是一个函数。对一些营业性房地产，其需求应直接从社会消费人数（含法人、机构）、消费能力、消费结构、消费要求、消费习惯等方面去考虑。

测量市场潜量，可首先通过市场调查，确定或推算市场客户，以及平均租、购量，在考虑竞争等因素的条件下，进而推算出市场潜量。

投资者对未来开发市场需求的预测，一般分三步：第一是环境预测。即对环境因素的特征、走向给予说明，提出相关指标的预测值；第二是特定物业需求预测；第三是项目未来租、售量预测。

预测的方法分为定性和定量两类。定性方法通常有直接调查法（如意向调查等）、专家意见法等。这些方法简便，不需要先进的计算设备和高深的数学知识，且在大的方面把握得较准，因而在房地产开发的市场需求预测中被广泛使用。定量方法以数学分析为主，即根据现有的统计资料，采用数学方法，建立数学模型，对房地产市场进行预测。所采用的方法有时间关系法、相关分析法和结构关系法等。预测方法的应用，请参考有关教材。在预测中，最好是将定性预测与定量预测结合使用，在目前的状况下，应更多地采用定性预测。

2. 识别细分市场和选择目标市场

在完成对市场需求的测量与预测之后，投资者将进入把握市场机会的最后阶段，主要包括：识别细分市场和选择目标细分市场以及开发项目的市场定位。

（1）市场细分

一个有经验的开发企业，通常都会意识到它无法为某个广阔市场的所有用户提供物业或服务，因为他们人数太多、分布太广、需求差异也很大。实际上，总会有些竞争者在为该市场某些特定用户提供物业或服务方面处于优势地位，开发企业应避免与这些处于优势的对手竞争。因此，开发企业都希望能从整体市场中识别出最有吸引力且自己能为之提供最有效供给的细分市场。

由于用户的需求客观上存在由众多因素导致的差异，所以我们可以依这些差异对一整体市场进行细分。从这点看，对市场细分，实际是一个识别具有不同需要的用户群的过程。

通常，开发投资者可根据地理位置、人口（含年龄、收入、职业、家庭规模等）、消费行为、公司机构属性和规模等变量单独地或综合地对开发市场进行细分。如根据人口变量，可将住宅开发市场细分为：老年公寓、单身公寓、大面积豪华公寓、小面积普通公寓等。

（2）对细分市场的评估和选择

通过市场细分，可以揭示开发企业面临的市场细分机会。随后，应对各细分市场进行评估，并从中选出一个或几个细分市场作为目标市场。

开发企业在评估细分市场时，必须考虑三个方面的因素：该细分市场的规模与发展潜力；细分市场竞争结构状况；企业的目标与能力。

具体来说，首先应用前述方法，判定细分市场是否具有适度规模和发展潜力的特征。然后，再对市场竞争结构进行分析，一般出现下述情况将削弱市场的吸引力：市场内已有强大或竞争意识强烈的众多投资商；可能将有实力强大的投资商进入；用户对房地产质量和服务要求甚高，且议价能力也很强；缺乏资源供应者（如金融机构等）的足够支持等。最后，还应考虑这些细分市场是否与自己的经营目标一致，是否具有相匹配的技术、资源能力。

总之，开发企业应选择那些自己有能力进入，同时能发展优势、具有适度规模和发展潜力的细分市场作为目标市场。

从以上讨论可知，通过市场评估，开发企业可以发现一个或若干个值得进入的目标细分市场。此时，应研究确定如何进入目标市场。具体来说，有以下几种选择机会：①集中单一市场，选择一个细分市场集中进行开发经营；②多种市场，即同时选择若干不同的细分市场作为目标市场；③专业化开发，即专业开发某类房地产（如停车场），向各类客户提供同类供给；④全面进入市场，即一些大的投资者可采用完全市场覆盖策略，向各类客户提供他们需要的物业或服务。

开发企业面对某个特定的实际环境，应全面综合考虑，制定目标市场选择策略。

（3）开发项目的市场定位

确定目标市场后，开发企业应对投资开发项目规划一个具有特色的、受人欢迎的特征，即对开发项目进行市场定位。特别是在特定细分市场已存在若干投资竞争对手情况下，开发企业更需要通过市场定位，使目标用户能理解和正确认识自己及其项目有别于其他竞争者（现有和潜在的）的独特形象。从这点看，可以将定位理解为是将投资者置于某一特定细分市场内的某个次细分市场之中。

具体的定位工作一般包括三个步骤：识别可利用的竞争优势；评价和选择若干个优势；确立优势，并准确、有效地宣传竞争优势。可从开发企业的经营管理水平、拟开发项目成本、项目质量（地址、建筑设计、工程质量、功能质量、环境质量等）、相关服务以及资源能力等方面去分析、比较，最终明确竞争优势特征，如优良的物业管理，环境舒适，配套齐全，建筑风格独特，实用率高等等。

3. 制订项目的开发方案

制订房地产开发项目的开发方案是指投资决策者在市场分析的基础上，根据项目的市场定位，提出项目的开发目标、投资规模和确定进入市场的时间的决策过程。

（1）开发目标

开发目标指在何处投资开发和开发何种项目。

在何处投资开发属于选址问题。根据对目标市场的分析，在哪个区域投资，选择什么地段开发应该是明确的。

开发企业的投资类型大体有两类：一是土地开发投资；二是房屋开发投资。这里的房屋是指土地上的建筑物及构筑物。

土地开发投资机会来自于另一些开发投资商的需求，但从本质上讲，还是来自消费者或使用者的需求。就一般情况看，开发企业如果能取得可供成片开发的地块，且有一定资金实力，则可进行土地开发，形成项目建设条件，然后可将开发后的熟地转让，尽快获取回报，以减小因较大的超前投入所带来的负担和风险。开发企业如已有一定的地块储备或融资有一定障碍，也可进行宗地开发，在达到法律规定的投入深度后将宗地转让。主动性的土地开发投资行为，或多或少带有投机色彩。

建筑物和构筑物开发主要包括房屋开发和一些特殊物业开发（桥梁、码头、高尔夫球场等），这是指开发企业通过购地，接着进行施工建设直至竣工，然后将物业出租或出售或自主经营。进行房屋开发时，开发企业一般选择熟地，即选择经过土地开发的地块，以缩短开发投资周期，减少投资风险。对一些初涉某特定市场的开发企业来说，这点尤为重要。当然，开发企业也要认识到，土地的开发成熟度越高，对自己的约束也将越大。如果物业有独特要求，或开发企业欲节省费用，或因区位因素，开发企业也会从购买生地开始，进行投资开发。

房屋开发包括以下几种形式：居住物业（普通住宅、公寓、别墅等）；商业物业（酒店、商场等）；工业物业（标准厂房）；特殊物业等。确定投资哪种物业，无疑有赖于前述对市场的分析和预测。总的看来，投资普通住宅，所需投资不大，风险也较小，但回报有限；如果地段较佳，投资商业物业将有可观的收益；投资者若资金雄厚，则可选择投资一些回报稳定的基础设施物业等。

在明确投资类型后，开发企业即可依据对物业的定位，描述物业的规划、设计要求。

（2）房地产开发投资规模

投资规模一般用总投资、占地面积、总建筑面积等表示；也可用其他实物量，如住宅套数表示。其中，总投资额是投资规模最直接的表达形式。

投资规模的大小主要是由投资者的经济实力，管理能力和当地的社会经济环境条件决定的。也受到其他因素的影响，如备择地块的种类和建设条件。总投资额估算的方法将在本章第三节介绍。

（3）进入市场的时间

开发企业进入某个特定市场的时间，以及开发建设期、经营期的选择和确定，也是房地产开发方案中的一个十分重要的问题。

国民经济发展是有周期性的，有扩张期与收缩期之分。当经济扩张时，市场走向繁荣，反之，经济收缩时，市场走向低谷，有效需求减少。这种周期性的波动导致了房地产投资与需求的周期性变动，加之房地产开发项目的建设所需的时间较长，故开发企业在某个地区的经济扩张和繁荣且房地产市场很"热"时，进入该地区的市场并非良策，通常都具有较大的风险。

项目的建设时间，有其本身客观要求，但也有许多非客观因素对其产生影响。重要的是，建设时间的安排，应尽可能地适应市场目标，并满足开发企业的经营计划。

项目的经营期一般是紧接项目建设期之后发生的。对转售物业，在正常情况下，其经营期一般不超过2年。不过，在房屋转售中，大多数情况是经营期与建设期叠合，即在建设期预售房屋。如何适时销售房屋，开发企业要认真研究。一般有以下几种具体操作方式可供选择：①提前销售。是指在房屋竣工之前的预售。很明显，这种操作行为可以为开发企业迅速回笼资金。②滞后销售。是指在房屋基本完工时，再作销售。这种方式有利于展现开发企业的实力形象，且又是现楼，易于被市场吸引和认同。③节制销售。是指主动性的分期销售、以制造良好气氛，促成市场"人气"的聚集等；对租赁或营业性物业，其经营期可根据开发企业的发展规划（租赁经营期也可能与建设期叠合）、开发企业对未来风险的识别等方面确定。

对一些大型的开发投资，不同项目在时间上的搭接，也是投资者须仔细研究的问题。

3.2.5 几种典型的房地产开发需求分析

下面介绍典型的房地产开发需求分析，即住宅、商业建筑、办公楼和工业厂房。

1. 住宅开发的需求分析

（1）分析住房需求者的区位偏好

在特定的市场区内，对住宅的需求，取决于两方面因素，一是购房者的区位偏好和购买能力，二是开发企业提供的房源数量与质量。市场需求的房源类型和区位偏好，则取决于购房者的特征，以及区位环境条件。有人对各种不同的住房需求者选址倾向进行了如下概括：

1）在学型家庭。在这类家庭中，由于孩子正在求学，需要良好的学习条件，因而选择环境幽静、面积较宽敞，同时又离教育设施较近的住所居住。

2）购物、交际型居民。这类居民的特点是热衷于购物、逛街，喜欢看电影及善于社交。他们在对住房服务的需求上，主要关心市中心热闹气氛及其各种便利的娱乐设施，而将住宅的面积放在次要的地位。因此，这类居民倾向于居住在市中心的热闹地段。

3）工作时间特殊型居民。这类居民的工作特点是倒班或上早班。因此，他们在选择住房服务时，考虑的是上下班便利，而倾向于居住在靠近自己工作单位的地方。

4）收入居民。由于住房常被看作是价值很高的财产，所以收入愈高的居民，对住房质量的要求也就愈高。在欧美的一些城市中，由于交通进步，高收入居民倾向追求郊外的高级住房。

（2）分析地区住宅市场的范围和特征

按照不同家庭规模、收入和生活方式偏好以及区位条件，整个住宅市场可划分为数个细分市场。开发企业必须定位自己所要投资的细分市场以及细分市场的需求特征。进行市场需求分析时，必须研究下列资料：

1) 地区市场的范围。要分析在某一地段上开发住宅的市场需求,首先要确定可能产生购买者的地理区域或范围,这个区域被称为需求的市场区。在市场区内,对潜在的住宅需求者来说,某一特定类型和价格的住宅之间,可以相互替代。当然,不可能精确地划出市场区的界限。但我们可以通过找出潜在住宅需求者和被分析的房产之间关联性,得到大致的市场边界。如就业场所就是一种关联。从任何一个住地到所有可能的就业点的范围,取决于上班所花费的时间、交通费用和难易程度。在当地的交通方式下,住房需求者按他们所希望和接受的可达性和成本来选择住处。调查人员可通过在就业场所问卷调查,获得关于被试者的住处的第一手资料。并通过计算最大范围的通勤时间和花费,画出显示潜在住房需求者的就业区的大致范围,这就是住宅需求的市场区。

2) 地区住宅市场的特征。为了分析市场区的住宅供需情况,有必要进一步分析市场区的住宅市场特征,包括住宅拥有与使用形式、租金与房价、空置率、建筑结构类型、户型以及住宅质量、使用人的收入、家庭、职业情况。并进一步分析市场供需的变化,如住宅转换使用的情况,新建住宅的情况等。此外,还要分析开发场地及其邻里的公共服务设施的可达性与基础设施的完善程度。如商业、文化、教育、医疗服务以及水、电、气、路、通信等。

住宅开发的需求分析结果要回答两个重要问题:一是某些特定的住宅市场是否供给不足或过剩;二是有关住宅目标市场的买者的特征、偏好、购买力。一旦住宅目标市场及市场特征确定后,市场研究人员可进一步对拟开发的住宅项目的吸收能力、价格、设计以及未来的收益作进一步的分析。

2. 商业用房开发的需求分析

商业服务设施按其等级规模可分为住宅小区商业服务设施、居住区商业设施以及城市商业中心。

投资开发商业用房的回报方式为出售、租赁和自营,在我国,以出售方式进入市场的比例约占总需求的40%以上。近年来,我国一些特大城市,商业用房通过出售进入市场的比例在逐年减少,代之以日趋兴旺的租赁市场。可以预计,通过租赁市场取得收益,将是投资开发商业用房获取回报的主要方式。

投资开发商业用房,可以产生良好而稳定的投资报酬,并且能随通货膨胀而增值。然而投资开发商业用房也包含相当大的风险,如新加入市场竞争者的竞争、商业建筑的设计过时、交通流量的改变致使消费者分流等。

商业用房的租金(或售价)主要取决于其所在的区位是否适合于它所从事的商业活动。因为商业用房的租金通常与商业经营收入有关。承租人的销售额越大,业主得到的租金就越高。因此,对商业用房的需求分析,实际上是对商业销售能力的分析。

(1) 市场范围的确定

一个商店的市场范围是指它能吸引的主要顾客的分布地区的大小。在此范围内,离商店越近,吸引力越大,随着距离的增加,商店的吸引力逐渐减弱。由于各地区的人口密度、交通条件不同,因而市场范围的划分也不一样。在我国,住宅小区商业服务范围为 12~35hm^2,人口 0.7~1.5 万人;居住区商业服务设施的服务范围为 50~100hm^2,人口为 3~5 万人。而在美国一个邻里购物中心必须在 2.5km 的半径内至少有 2500~4000 个居民,才能获得足够的销售量以支持中心生存;对一个社区购物中心而言,在 8km 半径的范围内，至少需有 4~15 万人口的需求支持；一个区域中心则在 16km 半径的范围内需要至少 15 万以上人口所产生的需求来支持。

确定交易范围的边界有一系列办法，其中之一是用潜在消费者到达每个商店的时间来估计商店的交易范围。在美国，有人提出如下经验性的规律：邻里购物中心，5~10 分钟；社区购物中心，10~15 分钟；区域购物中心，15~30 分钟。也有人提出可按出行时间将交易范围分为基本范围、第二范围和第三范围。基本范围的出行时间最短（5~10 分钟），且销售额 60%~70% 来自这个地区；其余的销售额取决于第二和第三交易范围，它们离商店较远，可达性也逐渐变差。

需要说明的是由于各国各地区的情况不一样，且随着社会经济的发展，人们的消费观念和消费行为也在变化。因此在确定市场交易的范围时，必须因地制宜地选择方法。

（2）总购买力分析

总购买力可以根据交易范围内的居民人口、平均收入来估计。即将居民人口转换成家庭户数后乘以家庭收入就可得到区内总购买力。通过分析购买力的变化，有助于估计商业用房未来的经营收入。

市场区域的特性也影响到商业用房的投资。如在高收入地区内，专门性的以及奢侈性的商品可能拥有一定的市场，因而可以开发专业性的商业服务设施；反之，在低收入地区，廉价商场较易发展。

（3）供给分析

市场范围确定之后，接下来分析新的商业设施可能争得的市场份额，即在目前市场环境下可能争得多少市场占有率。影响未来市场占有率的主要因素有购物中心坐落区位、大小，以及市场的竞争情况。计算市场范围内商店所提供销售服务的总潜在销售额。可以估计此销售额可支持的零售店面面积，以及还可支持多少零售面积。如果分析结果表明市场区域可以支持超过目前已有的零售店面面积，则表示该市场区域尚可设立商业设施。

3. 办公用房开发的需求分析

我国自改革开放以来，随着经济结构的调整和经济快速发展，使得办公空间的需求大增。特别是受经济全球化的影响，国外企业进入中国市场的数量将有所增加，这将促进写字楼需求量的增加。但是，投资办公楼宇也有较大的风险，如由于现代化写字楼的设计与设备较复杂，建造费用高，使得投资金额庞大；原办公空间的承租人很容易转而建造自己的办公空间，并将多余的空间出租，或因其他原因使得进入办公用房市场的投资者增多，因而办公空间的市场供给常常供过于求。如我国一些城市出现过办公楼空置率较高的情况。

用户自己所有的办公用建筑的设计通常充分体现他们自己的理想。而属于投资者所有的办公建筑则主要从实用角度考虑。在高层建筑中，底部主要是多租户的层面，单独租户一般安排在顶上几层。这样将使得公共部位的使用问题降到最低程度。租用整层楼面的承租人通常要支付包括卫生间和走廊在内的全部面积的费用。

（1）需求对象

办公空间的需求是一种引致需求，与市场对办公空间占用者所提供服务的需求有关。如第三产业的发展，将使得办公空间的需求增加。另外，信息技术的进步使每个工作人员的办公空间扩大，从而导致办公空间的总需求量增加。

办公空间的需求对象主要是一些服务机构。这些服务机构按其规模可以分为两类：一类是大型机构，主要包括大型的金融机构或其他大型的非金融机构，他们需要宽大的办公空间而且希望坐落的位置相当醒目以便显示公司的地位。通常这些大公司会兴建自己的办公大楼。然而，还是有些公司愿意租用办公空间，优点是其租约较优厚。另一类是一般小型企业，如律师事务所、工程设计公司、会计事务所、电脑软件公司等，这类企业选择办公空间的条件是交通方便、租金相对低廉。

（2）供给分析

进行办公用房地产开发投资前，必须掌握目前以及未来市场的竞争状况。由于市场是分隔的，因此应针对目标市场进行分析。

办公建筑一般倾向于在城市地区内集中布置或成节点状分布，以求获得共同的配套服务设施（如餐厅、会议设施等）。开发中小规模的办公楼，其竞争对手一般就是同一区域或节点上的其他办公空间。大型的或作特殊用途的办公楼，其竞争对手包括整个城市内的其他办公空间。供给分析要视不同情况，确定其市场研究区域的大小。

调查办公空间的供给信息，主要有：区位、总建筑面积、净可租面积、净已租面积、单位面积的租售价、最短租期、提供的物业服务、停车场及收费标准、辅助设施、楼宇质量等。

在收集资料时，要注意收集第一手资料，如走访出租机构和承租户，实地考察办公楼的物业管理，查阅有关文件。这些资料可以用来评价我们正在分析的楼宇的有关数据，或估算正在修建办公用房的收益能力。

4. 工业厂房开发的需求分析

我国的工业项目，大多由各级政府投资兴建，且其投资包括工业厂房。近年来，不少城市设立了高新技术开发区。为吸引投资，在高新技术开发区投资开发多重用途的工业厂房，然后将厂房出租给工业厂商。此举为"筑巢引凤"。

在一些发达国家，工业厂房一直受到房地产投资者的青睐。主要原因是工业厂房的承租者稳定可靠、租期较长，而且存在很多将大部分甚至全部经营支出向承租人转移的机会。而且从工业厂商的角度来看，由于用于工业生产经营活动的资金短缺，工业厂商宁愿把有限的资金用于其生产经营的扩张，而不愿投入到工业项目的土建上。因此，房地产投资者与工业厂商在工业厂房的租赁方面是一种共生关系。

与办公用房的需求一样，工业厂房的需求也是引致需求。工业厂房的需求在很大程度上取决于市场对工业产品的需求，经济发展速度较快，市场景气，工业产品的需求量大，吸引了更多的工业厂商投资，从而导致工业厂房的需求量增加。反之，若工业产品的需求量减少，也将引起工业厂房需求降低。当然，工业厂房的需求变化不会像工业产品的需求变化那样快。因为工业厂商往往根据长期经营目标来调整对工业厂房的需求。

工业厂商对工业厂房的需求往往将厂址选择作为其重要因素。厂址选择需要考虑其成本因素和非成本因素。成本因素包括，取得生产原料的成本；将原料制造转换成产品的成本；将产品运送到市场销售的运输成本。非成本因素包括地方劳动力素质及劳动供给情况；城市政府对该项工业生产的态度；该工业对环境的影响程度。由于上述因素的综合影响，使各类工业在不同的选址上，有着不同的生产经营成本。选择决策的目标是在上述因素综合作用下，选择生产经营成本为最小的厂址。

一般地，有如下几种厂址选择策略：①接近原料选址。对于那些需要消耗大量原材料的加工企业，如果将其厂址选择在原材料产地，则可节约可观的运输成本。②接近燃料或电力供应选址。对于那些需要消耗大量燃料或电力的工业来说，燃料或电力的消耗成本可能比原材料的花费更高，此时厂址应选择在接近燃料或电力供应的地区。③接近市场选址。某些加工业对原料的损耗并不大，或如果产品在最终市场上加工，厂商将因此节约大量的运输成本，此时可接近市场选择厂址。

3.3 房地产开发项目的费用测算

可行性研究的核心是经济评价，投资估算则是经济评价的基础。本节介绍房地产开发项目投资估算的内容与方法。

3.3.1 房地产开发项目费用测算的种类

根据房地产开发项目实施的各个阶段，其费用测算可分为投资估算、设计概算、施工图预算、工程结算和竣工决算。

1. 投资估算

在可行性研究阶段，开发项目的设计仅仅是方案，投资估算是根据拟上项目的性质、规模等设计任务书上的有关资料，测算开发项目的投资总额而编制的技术经济文件，它主要根据估算指标、概算指标，或类似工程预（决）算等资料编制。

2. 设计概算

基本建设程序的设计阶段有二阶段设计或三阶段设计。二阶段设计指初步设计和施工图设计；对于技术上复杂或缺乏经验的项目按三阶段设计，即初步设计、技术设计和施工图设计。在初步设计或技术设计阶段对项目的造价测算称为设计概算。设计概算主要根据初步设计图纸、概算定额、概算指标、各项费用定额、开发建设地区的社会、自然和技术经济条件以及设备预算价格等资料编制。

当采用三阶段设计时，在技术设计阶段，对初步设计进行深化，并且可能出现对原初步设计进行修改，因此，对设计概算也要修正，此概算称为修正概算。

3. 施工图预算

在施工图设计阶段，对项目的造价测算称为施工图预算。它是根据施工图的工程量、施工组织总设计、预算定额、单位估价表、费用标准、开发建设地区的社会、自然和技术经济等资料编制。

由于施工图设计较初步设计更深入，因而施工图预算比设计概算和投资估算的内容具体，测算更精确。

4. 工程结算

指工程施工承包单位将已完成的工程按规定向开发企业（业主）办理结算工程价款，取得收入，用以补偿施工过程中的资金耗费，确定施工盈亏而编制的技术经济文件。其结算方式有定期结算、阶段结算和竣工结算等。编制依据有施工图预算、工程合同、施工过程中现场实际情况记录、设计变更通知单、现场工程更改签证、预算定额、材料价格和费

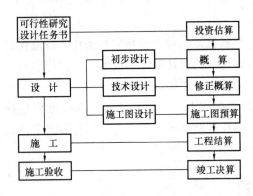

图 3-2 房地产开发项目的费用测算与
开发阶段之间的关系

用标准等资料。

5. 竣工决算

它是在开发工程竣工验收阶段，对项目从筹建到竣工使用的全部投资费用的技术经济文件。它与工程概预算不同，工程概预算是发生在项目实施之前，而竣工决算则发生在项目竣工之后，因而测算最为准确。竣工决算是开发项目竣工验收、交付使用的重要依据，其中"交付使用财产总表"和"交付使用财产明细表"作为财产交接的依据。

房地产开发项目的费用测算与其开发阶段之间的关系如图 3-2 所示。

3.3.2 房地产开发项目费用测算的作用

1. 为筹集开发资金提供依据

一个开发项目到底需要多少资金？如何筹集这些资金？这是每一个投资开发者首先要关注的问题。通过对项目的投资估算，使开发企业对自己将要承担的财务做到心中有数，以便通过各种渠道筹集所需的开发资金。

2. 作为研究工程造价合理性的手段

一个开发项目的总造价由若干个部分所组成，通过对工程造价的估算，研究其各部分的比例关系，以便对设计方案提出意见，使其能够更经济地达到同样的目标。

3. 作为选择最优设计方案的重要控制条件

开发项目设计方案的确定，须建立在多方案比较的基础上，因为每个方案在建筑、结构、装饰和材料选用以及工艺等方面各有其优缺点。所以要进行多方案比较，选出技术上先进、经济上合理的设计方案。而项目的造价是设计方案经济性的反映，因此，费用测算是选择最优设计方案的重要控制条件。

4. 作为项目建设实施过程中投资控制的依据

在招标投标阶段，根据所测算的工程造价选择承包企业；在工程施工阶段，根据施工进度、实际完成的工程量以及工程预算文件，开发企业与承包企业分阶段进行工程结算；在工程竣工时，以工程预算文件为重要依据，进行竣工决算。

3.3.3 房地产开发项目总投资构成

1. 土地费用

指房地产开发企业为了获得土地的开发使用权，向国家或原土地使用单位支付的费用。房地产开发用地必须是国有城市用地。如果是集体所有的土地，首先城市政府将其征用为国有土地，并支付土地征用费，然后政府再向开发企业有偿出让土地使用权。根据房地产开发项目取得土地的不同方式，土地费用主要有以下几种：划拨或征用土地的土地征收费；出让土地的出让地价款；转让土地的土地转让费等。在划拨或征用状态下，土地征用征收费又分为农村土地征用征收费和城镇土地征收费。在出让状态下，土地出让地价款主要包括向政府缴付的土地使用权出让金和根据土地原有现状需要支付的征收补偿费、安置费、城市基础设施建设费或征地费等。在转让状态下，土地转让费是指土地受让方向土地转让方支付土地使用权的转让费。以出让方式和划拨方式取得的土地使用权都可以向开发投资者转让。

2. 前期工程费

包括规划、设计、项目可行性研究、水文、地质、勘察、测绘、"三通一平"（通路、通水、通电、平整场地）所发生的费用支出。

3. 建筑安装工程费

指建造房屋建筑物所发生的建筑工程费用、设备采购费用和安装工程费用，即从项目的土建施工到项目竣工间发生的建造费用，包括人工费、材料费、机械使用费、施工管理费、设备购置及安装费等。

4. 基础设施费

指开发小区内道路、排水、排污、排洪、供水、供电、供气、通信、照明、环卫等市政工程费和园林、绿化工程费。

5. 公共配套设施费

指开发小区内不能有偿转让的公共服务和生活配套设施发生的支出。如居委会、派出所、幼托、消防、锅炉房、水塔、自行车棚、公厕等。

6. 开发企业的经营管理费

即在设计、施工招标、质量监督、检验、竣工验收和房屋销售经营（如刊登广告、印刷说明材料、举办展销会等）各种活动中，所耗费的人、财、物的货币表现形式。

7. 其他代收费用

主要包括：供电增容费、供水增容费、供暖开办费、煤气安装赞助费、抗震设防费、人防工程易地建设费、污水处理厂建设费。这些费用的项目多少、标准高低各地都不一致。

8. 建设期贷款利息

由于开发企业的自有资金通常只占投资的30%，其余部分向银行贷款，或向购房者预收，因而向银行支付的贷款利息也应计入成本。

上述八项费税构成了房地产开发项目的总投资。

在实际中，房地产开发项目的费税计算相当复杂，各城市不尽相同，特别是配套费用的组成值得进一步研究。如在基础设施工程费用中，水、电、煤气本身就是商品，而且独立于房屋消费收取费用，从理论上讲，计算这些商品价格时，理应考虑相应设施投资的回收，而不应将这部分投资摊入到商品房开发的成本中去。这样做就出现了重复收费，即煤气、热力、供电等部门无偿接收了煤调站、热力点、变电所，这些工程建设费是由住房购买者承担的，而在计算煤气价格、供热价格、电费时，又把这些工程的折旧费计入成本，再向用户收费，这显然是不合理的。在公共配套建筑中，文化、教育、医疗卫生、行政管理等建筑的费用，本不是住房开发成本的合理组成部分，一般由政府从地方财政中投资，但由于资金不足，也在住房成本中摊入一部分。

3.3.4 房地产开发项目投资估算的方法

在上述5个阶段的费用测算中，后4个阶段的费用测算方法在其他有关教材中已作介绍，下面仅讨论第一阶段的费用测算方法，即在房地产开发项目可行性研究中需采用的投资估算方法。

1. 投资估算的依据

（1）开发项目的建设规模、占地面积、地价。
（2）设计方案、图纸。
（3）主要设备、材料及其预算价格表。
（4）同类型项目的投资资料。
（5）资金来源、贷款利率。
（6）有关政策和规定。

2. 估算方法

（1）面积法

是一种估算工程造价的常用方法。对于建安工程，先求出建筑物的总建筑面积 Q，然后参照最近竣工的同类建筑物，确定每平方米建筑面积的造价 C，建筑物的可能总造价 P 则由下式求得：

$$P = C \cdot Q \tag{3-1}$$

当建筑物不同部分的施工方法或其装修质量有重大差异时，则：

$$P = \sum_{i=1}^{n} C_i Q_i \tag{3-2}$$

式中　C_i——第 i 部分的每平方米建筑面积的造价；
　　　Q_i——第 i 部分的建筑面积；
　　　n——整个建筑物按施工方法或其装修质量有重大差异所划分的部分数。

表 3-1 是 1993 年初某地区每平方米建筑面积的造价。必须指出，由于地区和时间的不同，这些单价的差异较大。

1993 年初某地区每平方米建筑面积造价　　　　表 3-1

住宅类型	造价
7 层以下砖混结构	500 元/m² 左右
8～11 层框架结构	800 元/m² 左右
12～19 层钢混结构	1000 元/m² 左右
20 层左右钢混结构	1000～1200 元/m²
30 层左右钢混结构	1200～1500 元/m²

注：1. 上述土建造价包括电梯、空调、水、电等设备及安装费，不含精装修。
　　2. 写字楼取高限，公寓、住宅取低限。

面积法具有计算简便、容易理解等特点，同时，现有的各类建筑物造价资料也是用这种形式表示的，这样，可以方便地对照使用现有资料。因此，面积法是一种普遍采用的估算方法。然而，面积法有其明显的弱点：一是不能直接考虑平面形状或建筑物层高的变化；二是根据现在建筑物的已知单方造价估算所需单方造价时，由于需要对包括现场条件、施工方法、材料、装修质量以及设备的数目和质量等多种可变因素进行修正，因而影响到结果的精确度。

为了避免误差过大，可按层高的变化调整单方造价。并且，将诸如打桩、供暖和电梯安装、高级装修等特殊项目另外估算,然后再加到根据面积法估算的总造价上。特殊项目总价可从特殊项目报价单或以前的合同资料算出。

面积法也可用来估算室外工程投资费用,即:

$$S = \sum_{i=1}^{n} S_i Q_i \tag{3-3}$$

式中　S——室外工程总投资费;

　　　S_i——第i项室外工程单位面积造价,元/m²;

　　　Q_i——第i项室外工程的工程量,m²。

表 3-2 为某开发项目室外工程投资估算的例子。注意现行的实际单位造价与此相差较大,因此仅作为演算参考,不能生硬套用。

某开发小区室外工程投资估算　　　　表 3-2

项目	单价 (元/m²)	工程量 (万 m²)	总投资 (万元)	备　注
电	6.00	14.693	88.16	只包括小区内路灯及电缆
给水	6.00	14.693	88.16	
污水	6.00	14.693	88.16	
雨水	6.00	14.693	88.16	
通信	5.00	14.693	73.47	
暖气	10.00	14.693	146.93	不包括锅炉房及室内采暖
煤气	2.10	14.693	30.86	规定煤气按 5.0 元/m² 计,其中 2.9 元/m² 已计入室内部分
甬路	30.00	1.225	36.75	甬路单价按工程量摊销
绿化 A	35.00	1.58	55.30	中心绿化
绿化 B	20.00	1.45	29.00	房前屋后绿化
合计			724.95	

(2) 单元法

根据建筑物能容纳的人数或设施单元数以及每个单元的造价等资料来估算建筑工程的总造价。其计算公式为:

$$P = C' \cdot L \tag{3-4}$$

式中　P——建筑物的可能总造价;

　　　L——建筑物的单元数,如影剧院座位数、中小学的班数、医院住院部的床位数、旅馆客户床位数等;

　　　C'——建筑物每个单元的造价。

当有多种类型建筑物时,则:

$$P = \sum_{i=1}^{n} C'_i L_i \tag{3-5}$$

式中　P——各类建筑物可能的总造价;

L_i——第 i 类建筑物单元数；

C_i'——第 i 类建筑物每个单元的造价。

每类建筑物的单元造价，一般参照最近同类型建筑物的单元造价修正而定。由于设计和施工方法的差异而产生的单元造价的变化是很难估计的，而且往往没有足够的资料可用来作出精确的估算，因此，这种方法虽然具有快速、实用的优点，但其主要缺点是精确度不够，难以对包括建筑物的形状、大小、施工方法、材料、装修和设备等各种各样的因素作出修正。不过，在可行性研究人员对类似建筑的施工和造价有相当经验的情况下，可用此方法确定总投资的目标或计算资金总额以供投资之用。

（3）概算指标法

概算指标是一种表示建筑工程造价的综合性很强的经济指标，一般依据近期的设计标准，按各类工程、各种结构的通用设计或者代表性的设计资料和现行的概算定额等资料编制而成。它用每百平方米建筑面积或每千立方米建筑体积为编制单位，规定人工、材料、机械设备消耗量及造价。

采用概算指标估算开发项目的造价时，有两种情况：

1）当工程结构特征与概算指标规定相符时，可直接套用概算指标中的每百平方米建筑面积造价指标，求出建筑工程的总造价，并可根据人工、材料、机械指标，求出工程的主要人工、材料和机械需要总量。

2）当工程结构特征与概算指标规定有部分差别时，先按上述方法求出建筑工程总造价 P，然后对与概算指标规定中有差别的结构部分进行调整，即从概算定额中查相应换出和换入的结构部分的综合单价，与相应结构换出和换入的部分工程量相乘，得到换出结构造价 P_{ch} 和换入结构造价 P_r，再由下式计算出调整后的建筑工程总造价 P'：

$$P' = P - P_{ch} + P_r \tag{3-6}$$

（4）分项造价估算法

这是一种估算开发项目总投资的常用方法，具体作法是按开发项目投资费用的构成，分别估算各分项的投资，然后按表 3-3 所示的格式汇总，从而估算出开发项目的总投资。

分项造价法也可用来估算建安工程投资费用，如表 3-4 所示。

某开发项目的总投资估算汇总表　　　　　表 3-3

序　号	项　目	投资估算（万元）	占总投资%	备　注
1	土地开发费用			
2	勘察设计费			
3	建安工程费			
4	配套费用			
5	人防工程费			
6	经营管理费			
7	贷款利息			
8	其他费用			

某开发小区各类型住宅分项造价估算表　　　　表 3-4

住 宅 类 型	建筑面积 (m^2)	建筑工程安装费用								单方造价 (元/m^2)	总投资 (万元)
		土 建		给水排水管道 (元/m^2)	采暖 (元/m^2)	通风空调 (元/m^2)	照明 (元/m^2)	煤气 (元/m^2)	天线 (元/m^2)		
		上层 (元/m^2)	基础 (元/m^2)								
退台式花园住宅											
带底层商店升板住宅											
独立点式住宅											
内浇外砌系列住宅											
合　　计											

（5）分项造价比较法

以近期竣工的同类建筑工程的分项造价为估算基础，各分项造价用单位建筑面积造价表示，显然，各分项单位建筑面积造价之和为该工程单位建筑面积的造价。由于估算基础分得更细，拟估算的工程项目与近期竣工的工程项目就较容易比较，从而较方便地对由于材料价格、结构尺寸、选用设备数量以及装修材料的变化引起的拟建工程项目的分项造价的变化进行调整。调整后的分项造价为拟建工程单位面积造价。最后，用面积法求出拟建项目的工程总造价。

3. 某综合楼投资估算实例

【例 3-1】　某房地产发展有限公司拟在旧城区开发综合楼，该场地位于市中心，现状建筑布局混乱，建筑密度大，征收面积大，涉及的户数多。该开发项目的投资估算如下：

（1）估算依据

1）规划管理部门提出的规划设计要点及规划设计院提出的初步方案。

2）用地现状的调查资料。

3）国家及地方政府有关政策和法规。

（2）开发建设规模

1）建筑用地。规划控制红线内占地面积为 $0.52hm^2$，退让临街道路的面积为 $0.17hm^2$，实际可规划用地为 $0.35hm^2$。

2）规划总建筑面积为 $23900m^2$，其中，商场 $2100m^2$；高层住宅 $13300m^2$；多层住宅 $8500m^2$。

3）建筑密度：54.6%。

4）容积率：6.8。

（3）征收情况及还建安置计划

1）规划范围内征收的基本情况如表 3-5 所示。

拆迁的基本情况 表 3-5

房屋权属	房屋类型	栋数	建筑面积（m²）	使用面积（m²）	户数（户）	人口（人）
直管产	居住	8	1286	1225	34	120
自管产	居住	8	1466	1396	56	111
私　产	居住	27	2034	1897	27	159
合　计		43	4786	4518	117	390

2）还建安置计划。根据规划要求及实际调查情况，就地安置被征收户。由表 3-5 可知，征收总建筑面积约为 4800m²，根据测算，还建总建筑面积须扩大 1.3 倍，即：

$$还建总建筑面积 = 4800 \times 1.3 = 6240 (m^2)$$

将规划建设的多层住宅用于安置被征收户，则还建后，多层住宅建筑面积还余：

$$8500 - 6240 = 2260 (m^2)$$

（4）总投资估算

1）土地费用。包括土地使用权出让金以及征收安置补偿费等。

①土地使用权出让金

土地每平方米出让金为 500 元，土地面积为 5200m²，土地使用权出让金共计：

$$500 \times 5200 = 260 (万元)$$

②征收安置补偿费

a. 住户过渡补偿费。每月每平方米补助 2 元，过渡时间 18 个月，4800m² 的过渡补偿费共计：

$$2 \times 18 \times 4800 = 17.28 (万元)$$

b. 住户搬迁费，每户 200 元，117 户的搬家费共计：

$$200 \times 117 = 2.34 (万元)$$

c. 水电改迁费：6 万元。

d. 拆房费：按 3 元/m² 计，4800m² 的拆房费共计：

$$3 \times 4800 = 1.44 (万元)$$

e. 旧房收购费。按 120 元/m² 计，旧房收购费为：

$$120 \times 4800 = 57.6 (万元)$$

f. 清除垃圾、障碍费：7 万元。

g. 不可预见费：

$$(17.28 + 2.34 + 6 + 1.44 + 57.6 + 7) \times 5\% = 4.58 (万元)$$

征收安置补偿费小计 96.19 万元。

土地费用合计为 356.19 万元。

2) 前期工程费：

①办理红线、证件及放线费。按规划总建筑面积计算，每平方米费用为 1.8 元，共计：

$$1.8 \times 23900 = 4.3 (万元)$$

②勘探费。按规划总建筑面积计算，每平方米勘探费为 3.5 元，共计：

$$3.5 \times 23900 = 8.37 (万元)$$

③规划方案及评审费：3.5 万元。

④建筑设计费。按规划总建筑面积计算，每平方米建筑设计费为 14 元，共计：

$$14 \times 23900 = 33.46 (万元)$$

小计 49.63 万元。

3) 建筑安装工程费（用面积法估算）：

①多层还建住宅建设费。其造价按每平方米建筑面积为 800 元计：

$$800 \times 8500 = 680 (万元)$$

②商场及高层住宅建设费。其造价按每平方米建筑面积为 1400 元，计：

$$1400 \times 15400 = 2156 (万元)$$

小计 2836 万元。

4) 小区配套工程费：按每平方米建筑面积分摊 80 元计：

$$80 \times 23900 = 191.2 (万元)$$

5) 管理费。按(2)~(4)项的 5% 计算，为

$$3076.83 \times 5\% = 153.84 (万元)$$

6) 贷款利息。按利率 10%，贷款 18 个月计：

$$(3076.83 + 153.84) \times 10\% \times 1.5 \approx 484.60 (万元)$$

7) 不可预见费。按(2)~(4)项 5% 计算，为

$$3076.83 \times 5\% = 153.84 (万元)$$

8) 专项费用：

①城市设施配套费（大配套费）。按每平方米建筑面积分摊 50 元计：

$$50 \times 23900 = 119.5 (万元)$$

②教育设施配套费。可减免 50%，按每平方米住宅建筑面积为 8.75 元计：

$$8.75 \times 21800 = 19.1 (万元)$$

小计 138.6 万元。

总投资费用见表 3-6。

某综合楼投资估算汇总表　　　　　　　　　表 3-6

序 号	项 目	投资（万元）	备 注
1	土地费用	356.19	包括土地使用权出让金及征收安置补偿费等
2	前期工程费	49.63	包括勘测费、划红线费、规划设计及评审费用
3	建筑安装工程费	2836.00	
4	小区配套工程费	191.20	
5	管理费	153.84	
6	贷款利息	484.60	按 10%计
7	不可预见费	153.84	
8	专项费用	138.60	城市设施大配套和教育设施配套等
	合计	4363.90	

3.4　房地产开发项目的财务评价

房地产开发项目的财务评价是从项目的财务角度，以市场价格和行业收益率来评价项目的经济效果，判明项目的经济可行性。

3.4.1　房地产开发项目的财务评价指标

房地产开发项目的财务评价分为静态评价（不考虑时间因素）和动态评价（考虑时间因素），两种评价方法的指标如图 3-3 所示。

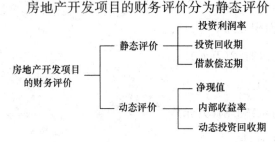

图 3-3　房地产开发项目的财务评价指标

1. 投资利润率

投资利润率指项目达到设计生产或服务功能后的正常年份的年利润总额（或平均的利润总额）与项目总投资之比，亦即开发项目单位投资额所发生的盈利额，反映了开发资金在循环过程中增值的速度。

其公式为：

$$投资利润率 = \frac{年利润总额或年平均利润总额}{项目总投资} \times 100\% \quad (3-7)$$

该方法适用于出租经营的房地产开发项目（如宾馆、商场、办公楼等）的投资分析。此时，年经营收入主要为租金收入，年总成本费用为出租物业在经营过程中按使用年限分期摊销和价值损耗，以及出租经营发生的管理费、维修费和其他相关费用。

投资利润率是描述投资项目获利的静态指标，适用于开发经营期短，规模不大的项目的经济评价，或作为项目评价的辅助分析指标。

2. 投资回收期

投资回收期指以项目的年净收益来补偿投资所需的期限，是反映项目投资回收能力的重要指标。投资回收期自建设开始年算起，也可自建成后开始经营年算起。静态投资回收期的表达式为：

$$\sum_{t=1}^{P_t}(CI-CO)_t=0 \qquad (3\text{-}8)$$

式中　　CI——现金流入量；

　　　　CO——现金流出量；

　　$(CI-CO)_t$——第 t 年的净现金流量；

　　　　P_t——静态投资回收期。

投资回收期可用财务现金流量表（全部投资）累计净现金流量计算求得，其公式为：

$$\text{静态投资回收期} = \begin{array}{c}\text{累计净现金}\\ \text{流量开始出现}\\ \text{正值年份数}\end{array}-1+\frac{\text{上年累计净现金流量绝对值}}{\text{当年净现金流量}} \qquad (3\text{-}9)$$

当考虑资金的时间因素时，可按下式计算动态投资回收期：

$$\text{动态投资回收期} = \begin{array}{c}\text{累计净现金流量}\\ \text{现值开始出现正}\\ \text{值时的年份数}\end{array}-1+\frac{\text{上年累计净现金流量现值的绝对值}}{\text{当年净现金流量现值}}$$

$$(3\text{-}10)$$

投资回收期指标注重项目的清偿能力，即项目在多长时间内回收所投入的资金。但该指标对项目在回收投资后的获利能力及总收益状况未能反映。因此，投资回收期法是一种短期分析法，可作为评价房地产开发效益的辅助分析方法。

3. 借款偿还期

以项目投产后可用于还款的资金偿还固定资产投资国内借款本金和建设期利息所需的期限（不包括已用自有资金支付的建设期利息和生产经营期应付利息，生产经营期利息列于总成本费用的财务费用）。计算公式为：

$$I_\text{d}=\sum_{t=1}^{P_\text{d}}R_t \qquad (3\text{-}11)$$

式中　I_d——固定资产投资国内借款本金和建设期利息之和；

　　　P_d——从借款开始年计算的固定资产投资国内借款偿还期；

　　　R_t——第 t 年可用于还款的资金，包括：可用于还款的利润、折旧、摊销及其他还款资金。

借款偿还期可由资金来源与运用表及国内借款还本付息计算表直接计算。其公式为：

$$\text{借款偿还期} = \begin{array}{c}\text{借款偿还后}\\ \text{开始出现盈}\\ \text{余年份数}\end{array}-\text{开始借款年份}+\frac{\text{当年偿还借款额}}{\text{当年可用还款资金额}} \qquad (3\text{-}12)$$

涉及外资的项目，其国外借款部分还本付息，应按已经明确的或预计可能的贷款偿还条件计算。当借款偿还期达到贷款机构的要求期限时，即认为项目具有清偿能力。

4. 净现值

净现值是反映项目在计算期内获利能力的动态指标，是指按设定的贴现率，将各年的

净现金流量折现到投资起点的现值代数和,以此反映项目在计算期内获利能力。其计算公式为:

$$NPV = \sum_{t=1}^{n}(CI-CO)_t(1+i_c)^{-t} \tag{3-13}$$

式中 NPV——净现值;
　　i_c——贴现率;
　　t——年限;
　　n——项目的计算期。

净现值可以通过现金流量表计算求得。当 $NPV \geq 0$ 时,表明该项目获利能力达到或超过贴现率要求的投资收益水平,应认为该项目在经济上是可取的;反之则不可取。运用净现值法评价项目投资效益的一个重要问题是选择合适的贴现率。这是因为贴现率的微小变化可以引起净现值的较大的变动。未来现金流量的预测时间越长,贴现率变化影响就越大。确定贴现率需要考虑如下因素:投资者因投资必须延期消费;投资项目存在一定风险;资产丧失一定的流动性;投资者承担经营管理负担等。投资者为了补偿上述各种风险和负担,将其不利的情况反映在贴现率上,即将各影响因素用一定的补偿率表示,其累加值为投资项目的贴现率。求贴现率一例,见表 3-7。

用累加法求贴现率　　　　　表 3-7

安全利率(延期消费补偿)	0.120
对承受风险的补偿	0.020
对缺乏流动性的补偿	0.015
经营管理负担的补偿	0.001
贴现率(上述各项之和)	0.156

确定贴现率有多种方法。除了上述的累加法外,还有风险校正法、资本的边际成本法、资本的机会成本法等等。当然,如果有房地产投资行业基准收益率,可用该基准收益率作为贴现率。

【例 3-2】某房地产开发公司开发商品房,预计该项目开发过程需要 5 年,每年的现金流入和现金流出如表 3-8 所示。取贴现率为 10%,试用净现值法分析该项目的盈利情况。

某开发项目年现金流入及现金流出表(单位:万元)　　　表 3-8

年份序号	1	2	3	4	5
现金流入		956.42	2194.00	3989.97	4857.75
现金流出	−1012.20	−2942.73	−2992.46	−459.95	−878.19
净现金流量	−1012.20	−1986.31	−798.46	3530.02	3979.56

【解】 用公式(3-13),根据表 3-9,求得净现值:
$NPV = -920.09 - 1640.69 - 599.64 + 2411.00 + 2471.31 = 1721.89$(万元)
即该项目的盈利净现值为 1721.89 万元。

某开发项目年净现金流量现值计算（单位：万元）　　　　　表 3-9

年份序号	1	2	3	4	5
净现金流量	−1012.20	−1986.31	−798.46	3530.02	3979.56
贴现因子 $i=10\%$	0.909	0.826	0.751	0.683	0.621
净现金流量现值	−920.09	−1640.69	−599.64	2411.00	2471.31

5. 内部收益率

内部收益率是投资项目评价的重要技术经济指标，指投资项目在投资活动期内各年净现金流量现值累计等于零时的贴现率。其计算公式为：

$$\sum_{t=1}^{n}(CI-CO)_t(1+IRR)^{-t}=0 \tag{3-14}$$

式中　IRR——内部收益率。

将 IRR 与基准收益率比较，如果内部收益率大于或等于基准收益率，则认为该投资项目是可行的；否则，该项目不可接受。

由公式（3-14）计算 IRR 较繁琐，常用的方法是先多次选用不同的贴现率试算，如果用贴现率 i_1 求得的各年净现金流量的现值累计为正数，而用相邻的一个略高的贴现率 i_2 求得的各净现金流量现值累计为负数时，则可知使各年净现金流量现值累计等于零时的 IRR 必在 i_1 和 i_2 之间，然后用插入法求得 IRR。其公式为：

$$IRR=i_1+\frac{|NPV(i_1)|}{|NPV(i_1)|+|NPV(i_2)|}\times(i_2-i_1) \tag{3-15}$$

式中　$NPV(i_1)$——采用 i_1 时的净现值；
　　　$NPV(i_2)$——采用 i_2 时的净现值。

利率为 i_1 与 i_2 之差一般不应该超过 $1\%\sim2\%$，否则，因 i_1 与净现值之间不成线性关系而使所求得的内部收益率失真。

【例 3-3】 求例 3-2 中的内部收益率。设基准收益率为 10%，判断该投资项目是否可行。

【解】 用不同的 i 值试算，其计算过程如表 3-10 所示。

不同 i 值时项目的净现值（单位：万元）　　　　　表 3-10

年份序号	1	2	3	4	5	NPV
净现金流量	−1012.20	−1986.31	−798.46	3530.02	3979.56	
$i=28\%$ 时的贴现因子	0.781	0.610	0.477	0.373	0.291	
净现值	−790.53	−1211.65	−380.87	1316.70	1158.05	91.7
$i=29\%$ 时的贴现因子	0.775	0.601	0.466	0.361	0.280	
净现值	−784.46	−1193.77	−372.08	1274.34	1114.28	38.31
$i=30\%$ 时的贴现因子	0.769	0.592	0.455	0.350	0.269	
净现值	−778.38	−1175.90	−363.30	1235.51	1070.50	−11.57

取 $i_1=29\%$，$NPV(29\%)=38.31$，$i_2=30\%$，$NPV(30\%)=-11.57$。根据公式（3-15）：

$$IRR = 29\% + \frac{|38.31|}{|38.31|+|-11.57|} \times (30\% - 29\%) = 29.77\% > 10\% \quad (3\text{-}16)$$

计算结果表明，该项目是可行的。

值得说明的是内部收益率可用来进行单方案投资效益的评价。但是当投资者必须在众多备选方法中作出抉择时，如果根据各方案的内部收益率大小对方案进行排序，可能得到与采用净现值法相矛盾的结论。这种备选方案排序不一致的问题主要是由于各备选方案的初始投资规模不同，或者资金回收和支出的时间不同所引起的。请看以下两例。

【例 3-4】 考虑两个在投资规模上差别较大的互斥方案，初始投资和销售时的现金流量如表 3-11 所示。

项目 A 和项目 B 的现金流量（单位：万元） 表 3-11

年	0	1
	初始投资	收益
项目 A	−10	15
项目 B	−150	190

分别采用内部收益率法和净现值法对项目 A 和项目 B 进行评价的结果见表 3-12。

两种方法的结果比较 表 3-12

指标	项目 A	项目 B	评价结果
内部收益率	50%	27%	A 优于 B
净现值（$i=12\%$）	3.4 万元	19.6 万元	B 优于 A

若采用内部收益率法，项目 A 优于项目 B；若采用净现值法，项目 B 优于项目 A。

【例 3-5】 考虑两个现金流量时间不同的投资项目，其现金流量如表 3-13 所示。

项目甲和项目乙的现金流量（单位：万元） 表 3-13

年	0（初始投资）	1	2	3	4	5
项目甲	−100	20	30	50	60	70
项目乙	−100	40	40	40	45	50

分别采用内部收益率法和净现值法对项目甲和项目乙进行评价的结果见表 3-14。

采用两种方法评价项目甲、项目乙的结果比较 表 3-14

指标	项目甲	项目乙	评价结果
内部收益率	28.2%	30.9%	项目乙优于项目甲
净现值（$i=12\%$）	55.2 万元	53.1 万元	项目甲优于项目乙

分析结果表明：若采用内部收益率法，项目乙比项目甲优；若采用净现值法，项目甲比项目乙优。

图 3-4 反映了贴现率与甲、乙两项目净现值的关系。当贴现率等于 15% 时，甲、乙两项目的净现值相等；当贴现率大于 15% 时，项目乙的净现值比项目甲大，即项目乙比项目甲优；当贴现率小于 15% 时，项目甲的净现值比项目乙大，此时用内部收益率法和净

现值法对两个项目的评价结果产生矛盾。

当内部收益率法与净现值法的评价结果产生矛盾时，一般以净现值法的评价结果为依据。

3.4.2 财务评价基本报表

财务评价使用的基本报表有现金流量表、损益表、资金来源与运用表、资产负债表及外汇平衡表。

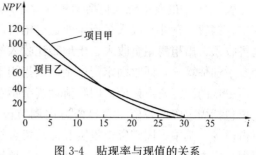

图 3-4 贴现率与现值的关系

1. 现金流量表

现金流量表反映项目计算期内各年的现金流入和现金流出，用以计算财务内部收益率、财务净现值及投资回收期等评价指标，分析项目财务盈利能力。现金流量表分为全部投资和自有资金现金流量表。

（1）全部投资现金流量表

全部投资现金流量表（表 3-15）是从项目本身角度出发，不分资金来源，来考察项目盈利能力。该表设定全部投资均为自有资金，用以计算全部投资所得税前和所得税后财务内部收益率、财务净现值及投资回收期等评价指标。

基本报表 1.1　现金流量表（全部投资）（单位：万元）　　　表 3-15

序号	项目名称 \ 年份	1	2	3	…	n	合计
1	现金流入						
1.1	销售（营业）收入						
1.2	回收固定资产余值						
1.3	回收流动资金						
2	现金流出						
2.1	固定资产投资						
2.2	流动资金						
2.3	经营成本（不含折旧和借款利息）						
2.4	销售税金及附加						
2.5	所得税						
3	净现金流量（1－2）						
4	累计净现金流量						
5	所得税前净现金流量（3＋2.5）						
6	所得税前累计净现金流量						

所得税后　　　　　　　　所得税前

计算指标：　　财务内部收益率：

　　　　　　　财务净现值：

　　　　　　　投资回收期：

表 3-15 中的现值流入包括销售（营业）收入、回收固定资产余值、回收流动资金等。其中，销售（营业）收入是指企业通过销售产品或提供劳务服务等取得的收入，如商品房销售收入、出租房租金收入、土地转让收入等，其数据来源于销售（营业）收入和销售税金及附加估算表；回收固定资产余值是指用于出租经营的房地产项目经过折旧后在计算期最后一年的固定资产残值；回收流动资金指在计算期最后一年回收的全部流动资金。现金流出包括固定资产投资（含投资方向调节税）、流动资金、经营成本、销售税金及附加、所得税等。其中，固定资产投资和流动资金投资按投资计划和资金筹措表填列；经营成本根据总成本费用表填列，但不包括折旧、摊销费和借款利息。

分别采用表中序号 4 和序号 5 的数据，运用公式（3-13）、公式（3-14）、公式（3-9），可计算出项目的所得税后和所得税前的净现值、内部收益率以及投资回收期等指标值。

(2) 自有资金现金流量表

自有资金现金流量表（表 3-16）从投资者角度出发，以投资者的出资额作为计算基础，把借款本金偿还和利息支付作为现金流出，用以计算自有资金财务内部收益率、财务净现值等评价指标，考察项目自有资金盈利能力。

与全部投资现金流量表相比，该表的不同点在于：将"现金流出"的固定资产投资和流动资金中的自有资金汇总列为"自有资金"栏目，其数据按投资计划与资金筹措表中的"自有资金"数据填列；在"现金流出"中增列"借款本金偿还"和"借款利息支付"，逐年填列各种借款（长期借款、流动资金借款、其他短期借款）本金偿还之和及利息支付之和。

采用表中序号 3 的数据，分别运用公式（3-13）、公式（3-14），可计算出项目自有资金的净现值和内部收益率。

基本报表 1.2　现金流量表（自有资金）（单位：万元）　　　表 3-16

序号	项目名称＼年份	1	2	3	…	n	合计
1	现金流入						
1.1	销售（营业）收入						
1.2	回收固定资产余值						
1.3	回收流动资金						
2	现金流出						
2.1	自有资金						
2.2	借款本金偿还						
2.3	借款利息支付						
2.4	经营成本						
2.5	销售税金及附加						
2.6	所得税						
3	净现金流量（1−2）						
计算指标：	财务内部收益率						
	财务净现值						

2. 损益表

损益表（表3-17）反映项目计算期内各年利润总额、所得税及税后利润的分配情况，用以计算投资利润率指标。该表根据总成本费用估算表、销售（营业）收入和销售税金及附加估算表填写。分别采用本表序号4、序号6，以及表3-18中序号（2.1）＋（2.2）＋（2.3）的数据，并运用公式（3-7），可求得项目税前和税后的投资利润率。

3. 资金来源与运用表

资金来源与运用表（表3-18）反映项目计算期内各年的资金盈余或短缺情况，用于选择资金筹措方案，判定适宜的借款及偿还计划，并为编制资产负债表提供依据，同时还可用以计算借款偿还期。

基本报表2　损益表（单位：万元）　　　表3-17

序号	项目名称＼年份	1	2	3	…	n	合计
1	销售（营业）收入						
2	销售税金及附加						
3	总成本费用						
4	利润总额（1－2－3）						
5	所得税						
6	税后利润（4－5）						
7	可供分配利润（6＝7）						
7.1	盈余公积金						
7.2	应付利润						
7.3	未分配利润						
7.4	累计未分配利润						

基本报表3　资金来源与运用表（单位：万元）　　　表3-18

序号	项目名称＼年份	1	2	3	…	n	合计
1	资金来源						
1.1	利润总额						
1.2	折旧费						
1.3	摊销费						
1.4	长期借款						
1.5	流动资金借款						
1.6	其他短期借款						
1.7	自有资金						
1.8	其他资金来源						
1.9	回收固定资产余值						
1.10	回收流动资金						

续表

序号	项目名称	年份	1	2	3	…	n	合计
2	资金运用							
2.1	固定资产投资							
2.2	建设期利息							
2.3	流动资金							
2.4	所得税							
2.5	应付利润							
2.6	长期借款本金偿还							
2.7	流动资金借款本金偿还							
2.8	其他短期借款本金偿还							
3	盈余资金							
4	累计盈余资金							

该表中的资金来源有利润总额、折旧费、摊销费、长期借款、流动资金借款、其他短期借款、自有资金、其他资金来源、回收固定资产余值和流动资金等。资金运用包括固定资产投资、建设期利息、流动资金、所得税、应付利润、长期借款和流动资金借款本金偿还以及其他短期借款本金偿还等。

4. 资产负债表（略）

该表综合反映了项目计算期内各年末资产、负债和所有者权益的增减变化及对应关系，以考察项目资产、负债、所有者权益的结构是否合理。

5. 财务外汇平衡表（略）

该表适用于有外汇收支的项目，用以反映项目计算期内各年外汇余缺程度，进行外汇平衡分析。

3.5 房地产开发投资的风险分析

在房地产开发项目的经济评价中，所引用的数据均来自估算或预测，不可能完全与未来的情况相符，从而使决策具有潜在的误差和风险。本节介绍房地产开发投资的主要风险因素、风险分析的方法以及风险的回避与控制。

3.5.1 主要风险因素

1. 市场风险

房地产市场供求关系的变化所引起的风险称为市场风险。表现在三个方面：一是由于宏观经济的影响以及购买力等原因，使房地产难以形成有效需求；二是房地产市场价格产生大幅度波动而给投资者带来的风险；三是开发房地产所涉及的主要资源的价格（如劳动力工资、主要建筑材料和设备费等）的上涨所引起的建造成本的增加。这些情况的发生，都会给投资者造成损失。

2. 经营风险

因经营上的失误导致损失的可能性称为经营风险。包括以下几种情况：一是由于得不到充分的准确的市场信息,错误的选择投资地区和时机而造成经营决策失误;二是由于投资者不熟悉有关房地产众多政策、法律、法规而造成的投资失败;三是企业管理水平和工作效率低下所导致的损失;四是由于周围环境因素发生变化而使原来计划落空而造成的损失。

3. 利率风险

由于利率的变动影响投资者收益的可能性称为利率风险。表现在两个方面:一是对房地产开发企业融资成本的影响。房地产开发多为负债经营,当抵押贷款利率上升时会导致融资成本增大,从而减少投资者的收益。二是对居民购买能力的影响。如在美国,居民的购房资金主要来源于银行提供的住房抵押贷款,住房贷款利率的变化,会直接影响居民的购买力。因而利率的变化最终表现为影响开发企业的投资收益。

4. 政策风险

由于国家或地方政府的政策变化而给投资者带来损失的可能性称为政策风险。房地产开发投资是一项政策性很强的经济活动,受多种政策的影响和制约,其中最主要的是产业政策、金融政策、房地产管理政策。产业政策主要是政府对产业投资活动的管理、制约和导向,这在很大程度上影响到房地产投资的对象和获利情况;金融政策的变化,会影响到房地产开发融资成本;房地产管理政策则涉及土地或房产的获得方式、城市规划设计、房地产交易成本等。

5. 其他风险

其他风险包括失去控制的人为因素或自然本身发生异常所造成的损失。如战争、火灾、地震、风暴、海啸、洪水等灾害的发生,从而给房地产开发投资活动带来损失。

3.5.2 风险分析的方法

1. 敏感性分析

敏感性分析是分析和预测开发项目的不确定性因素发生变化时,对项目经济效果的主要指标(如内部收益率、净现值、投资回收期等)影响的敏感程度,从中找出敏感因素,进而对项目产生不利影响的敏感因素制定控制对策。

敏感性分析分为单因素敏感性分析和多因素敏感性分析。前者考虑一个因素变化的影响,后者则考虑多个因素综合作用的影响。

【**例 3-6**】 采用例 3-2 中的数据,分析收入(价格)、支出(成本)各变化±10%时,对该项目净现值的影响。

【**解**】 计算结果见表 3-19。表中,(7)~(14)为分别考虑价格、成本变化±10%时,对净现值影响的单因素敏感性分析,(15)~(18)为同时考虑价格、成本变化±10%时,对净现值影响的双因素敏感性分析。

表 3-20 是表 3-19 的结果汇总。由该表可知中,价格因素较成本因素敏感。

敏感性分析表(单位:万元) 表 3-19

年份序号	1	2	3	4	5	Σ	备注
(1) 原现金流入		956.42	2194	3989.97	4857.75		
(2) 上升 10%后		1052.06	2413.4	4388.97	5343.53		
(3) 下降 10%后		860.78	1974.6	3590.97	4371.98		

续表

年份序号	1	2	3	4	5	Σ	备注
(4) 原现金流出	-1012.20	-2942.73	-2992.46	-459.95	-878.19		
(5) 上升10%后	-1113.42	-3237.00	-3291.70	-505.95	-966.01		
(6) 下降10%后	-910.98	-2648.46	-2693.21	-413.96	-790.37		
(7) (2)+(4)	-1012.20	-1890.67	-579.06	3929.02	4465.34		价格
(8) 现值	-920.09	-1561.69	-434.87	2683.52	2772.98	2539.84	+10%
(9) (3)+(4)	-1012.20	-2081.95	-1017.86	3131.02	3493.79		价格
(10) 现值	-920.09	-1719.69	-764.41	2138.49	2169.64	903.94	-10%
(11) (1)+(5)	-1113.42	-2280.58	-1097.70	3484.02	3891.74		成本
(12) 现值	-1012.10	-1883.76	-824.37	2379.58	2416.77	1076.12	+10%
(13) (1)+(6)	-910.98	-1692.04	-499.21	3576.01	4067.38		成本
(14) 现值	-828.08	-1397.63	-374.91	2442.41	2525.84	2367.63	-10%
(15) 乐观情况(2)+(6)	-910.98	-1596.4	-279.81	3975.01	4553.16		价格+10%
(16) 现值	-828.08	-1318.62	-210.14	2714.93	2827.51	3185.60	成本-10%
(17) 悲观情况(3)+(5)	-1113.42	-2376.22	-1317.1	3085.02	3405.97		价格-10%
(18) 现值	-1012.10	-1962.75	-989.14	2107.07	2115.11	258.19	成本+10%

敏感性分析结果汇总表 表3-20

各变量变化幅度 ±10%		净现值分析	
		净现值(万元)	变化幅度(%)
原基准方案净现值		1721.89	0
价格	+10%	2539.84	+47.5
	-10%	903.94	-47.5
成本	+10%	1076.12	-37.5
	-10%	2367.63	+37.5
价格 成本	+10% -10%	3185.60	+85.0
价格 成本	-10% +10%	258.19	-85.0

2. 概率分析

敏感性分析可以掌握投资影响因素发生变化时，对投资效果的影响程度，但不能提供这种变化和影响的可能性大小。概率分析不同于敏感性分析，它可根据各种影响因素的概率分布，来分析开发项目在风险条件下获利的可能性大小。

概率分析主要有两种方法：解析法和模拟法。前者主要用于解决一些比较简单的风险决策问题，如用决策树法解决建厂决策问题，这类问题一般只有一个或极少几个随机变量。当有多个随机变量时，用解析法就十分困难，则需采用模拟法求解。常见的模拟法是蒙特卡洛方法，房地产开发项目经济分析中涉及的变量较多，比较适合于用蒙特卡洛方法进行风险分析。

蒙特卡洛法，是用随机抽样的方法抽取一组满足输入变量的概率分布特征的数值，输入这组变量计算项目评价指标，通过多次抽样计算，可获得评价指标的概率分布、期望值、方差、标准差等特征值，从而估计开发项目投资所承担的风险。它是一种以概率和数理统计原理为基础，模拟事物的形成过程，以达到认识事物这一目的的方法，其分析步骤如下：①选取随机变量（输入变量）；②确定随机变量的概率分布；③为各随机变量抽取随机数；④将抽得的随机数转化为各输入变量的抽样值；⑤将抽样值构成一组项目评价基础数据；⑥根据基础数据计算出一种随机状况下的评价指标值；⑦重复上述过程，进行反复多次模拟，得出多组评价指标值；⑧整理模拟结果所得评价指标的期望值、方差、标准差、概率分布及累计概率分布，绘制累计概率图，同时，检验模拟次数是否满足预定的精度要求。根据上述结果，分析各随机变量对项目收益的影响。

在这些步骤中，比较关键的是确定随机变量及其概率分布，随机数的产生等，下面结合例子介绍。

(1) 确定随机变量及其概率分布

随机变量的选取，一般可通过敏感性分析来获得。在房地产开发投资过程中，未来的许多情况都无法确定，如销售价格、建造成本、贷款利率、工期以及销售期等，这些因素都可能作为随机变量。对所选取的各随机变量，它们之间应是相互独立的。确定各随机变量发生概率是风险分析的关键一步，它直接影响模拟的结果。确定变量概率分布取值的方法是在这个变量过去长期的历史数据的基础上，运用统计的方法求得；当这些变量过去积累的数据不多时，可采取主观概率法，如可运用德尔菲法或直接请有经验的专家来确定变量的概率分布。当知道各输入变量按一定的概率分布取值后，就可以用一个随机数发生器来产生具有相同概率的数，从而确定随机变量的值，这实际上对应可能发生的一种情况或是一个实施方案。如果这样反复试验 k 次，便可得到 k 个试验方案数据，由这 k 组数据就可求出输出量概率分布，输出量的概率分布随 k 的大小变化而变化，k 越大，该分布越接近真实分布。试验证明。k 选取 100～300 次时，输出的分布函数就基本收敛了，也就是说基本接近实际情况。

本例各变量的变化值、相应发生的概率及累计概率如表 3-21 所示。

各变量变化范围、相应发生的概率及其累计概率　　　　表 3-21

变量	变化范围（%）	相应概率（%）	累计概率（%）
销售价格（年增长率）	0	15	15
	3	20	35
	5	40	75
	7	20	95
	10	5	100
建造成本（年上涨率）	5	10	10
	6	25	35
	7.5	40	75
	8.5	20	95
	10	5	100

续表

变 量	变化范围（%）	相应概率（%）	累计概率（%）
贷款年利率	12	5	5
	13	20	25
	14	40	65
	15	25	90
	16	10	100
工期	15 个月	20	20
	18 个月	50	70
	21 个月	20	90
	24 个月	10	100
销售期	0	20	20
	3 个月	20	40
	6 个月	40	80
	9 个月	15	95
	12 个月	5	100

(2) 模拟试验

在模拟试验中，较为关键的是随机数的产生。随机数的产生首先要有一个均匀随机数发生器，在计算机上都有专门的随机函数，用来产生 [0，1] 之间的均匀随机数，对这些随机数进行一定的转换（称逆转换）即可获得所要求的随机变量的抽样值。通常，随机变量一般服从正态分布、三角分布、离散分布、矩形分布等概率分布类型，下面简要介绍这几种常见分布类型的转换过程。

1) 当随机变量 X 服从于 $N(\mu,\delta^2)$ 正态分布时，可采用公式（3-17）进行转换：

$$X = \mu + \delta \left[\sum_{i=1}^{12} R_i - 6 \right] \tag{3-17}$$

式中 R_i——分布在 [0，1] 之间的均匀随机数，这种情况，是采用 12 个均匀随机数进行逆转换得到的。有时，也可从标准正态分布表中查找累计概率与随机数相等的数值，通过一定的转换便可得到所要求的随机变量的值。

2) 当随机变量 X 服从于最可能值 m、最小值 a、最大值 b 的三角分布时，可使所产生的 [0，1] 的随机数等于该随机变量的累计概率，通过公式（3-18）或公式（3-19）进行转换：

$$X = a + \sqrt{(m-a)(b-a)r} \quad \text{当 } 0 \leqslant r < \frac{m-a}{b-a} \text{ 时} \tag{3-18}$$

$$X = b - \sqrt{(b-m)(b-a)(1-r)} \quad \text{当 } \frac{m-a}{b-a} \leqslant r \leqslant 1 \text{ 时} \tag{3-19}$$

式中 r——分布在 [0，1] 之间的均匀随机数。

当随机变量 X 服从于离散分布时，则可画出其相应的累计概率分布图（或列表），通过作图或对照等逆转换容易求出相应的 X 值。另外，关于 X 服从于矩形分布、二项随机分布、一般连续分布以及其他不能用解析式表达的分布情况，这里不一一赘述。

当得到需要的各个随机变量的一组值后，实际上也就确定了一种开发状态或实施方案，通过计算，便可得到该随机状况下的评价指标值。上例各随机变量服从离散型分布，按照上述做法，通过计算机产生 [0，1] 之间的随机数，对照各随机变量累计分布图，容易得出各随机变量的值。如求出售价的随机数为 0.22，对照售价的累计概率分布图，即可得出售价增长率为 3%。依次选择其他各随机变量的随机数如为 0.53、0.14、0.80、0.77，相对应各变量的值如表 3-22 所示。

各随机变量某次模拟数　　　　　　表 3-22

售价增长率	成本增长率	贷款增长率	工期	销售期
3%	7.5%	13%	21 个月	6 个月

3) 重复步骤 (2)，进行 N 次模拟试验，可求得 N 个净收益 $NV_i(i=1,2,\cdots,N)$。运用数理统计方法，就可求出净收益 NV 的平均值 $\overline{NV}$ 和标准差 S。

$$\overline{NV} = \frac{1}{N}\sum_{i=1}^{N} NV_i \tag{3-20}$$

$$S = \sqrt{\frac{1}{N-1}\sum_{i=1}^{N}(NV_i - \overline{NV})^2} \tag{3-21}$$

若模拟试验了 500 次，则可求得 500 个 NV_i，再由公式 (3-20) 和公式 (3-21) 求得：

$$\overline{NV} = 1560 \text{ 万元}$$
$$S = 150 \text{ 万元}$$

则该项目的净收益估计有 95% 的可能性落在 $(1560 \pm 2 \times 150) = (1260, 1860)$ 区间内，即 1260 万元与 1860 万元之间。

3.5.3　房地产开发投资的风险防范

房地产开发投资风险防范的策略包括风险回避、风险转移和风险控制。

1. 风险回避

风险回避是指投资者经分析后，对风险较大的项目作出放弃投资的决定，这是对付风险损失最彻底的一种策略。但风险回避在有效地防止投资者可能遭受的损失的同时，也放弃了获利的可能，因而这一种消极地防范风险的措施。

2. 风险转移

风险转移是指将各种风险因素采用一定措施转移出去的策略。风险转移不能彻底防范风险，但能降低风险。一般地，风险转移有三种形式：一是保险转移，即投资者以合同的形式将各种自然灾害、意外事故等可能造成的各种损失转移给保险公司；二是作为风险控制措施的风险转移，即投资者通过契约或合同将可能出现的损失的财务负担和法律责任转移给非保险业的其他人，如开发企业与施工单位签订的工程承包总价合同，就是将项目在施工阶段可能因材料价格上涨和其他原因引起项目建设总造价增加的风险转移给施工承包单位；三是作为风险财务措施的非保险风险转移，即寻求外部资金来支付可能发生的损失，将损失的财务负担转移给其他人，如发行房地产投资公司股票，寻求合作开发伙伴等。

3. 风险控制

风险控制是通过减少风险发生的概率，或通过降低因风险可能造成损失，来处理投资者不愿意或不能回避与转移的风险。风险控制的目的在于积极改善风险本身的特性，使其为投资者所接受。常采用的风险控制措施有：

（1）选择风险小的房地产开发项目

房地产开发项目的种类多样，其风险大小也不同。选择那些结果很有把握的机会，可减少投资结果本身的不确定性。但是，由于预期收益值随着风险大小而增减是市场中不可避免的特性，因此选择风险小的开发项目将意味着高额利润的机会减少。

（2）做好市场研究

在可行性研究阶段，房地产的投资是一种预期的收益，而风险常被看作是投资者的预期结果与实际结果之间不一致的可能性。降低这种可能性的最好方法之一是提高市场研究工作的质量，即进行充分的市场调查，掌握市场信息，全面估测市场的变化趋势，从而作出正确的投资抉择。一般地，投资者关于投资环境的信息越多，其预期结果可能越准确，但是，随着分析的不断加深，研究费用也将不断增加。

（3）实行投资组合策略来降低风险

投资组合策略包括投资对象组合、投资地区组合、投资期限组合等具体形式。投资对象组合是指投资者将其投资额分别投入到不同的投资对象中去；投资地区组合是指投资者将其投资对象分散在各个不同地区或同一个地区的不同位置；投资期限组合是指将长期、中期和短期投资结合起来。

（4）实行分期开发

实行分期开发即是将一块场地适当地分成若干部分，并分期开发。即先开发一部分，出租或出售后，前景看好，再开发第二批，或全面铺开。分期开发与全面开发相比，由于分期开发减少了投资规模、缩短了开发期，因而风险小。对投资量大、风险性大的开发项目，分期开发常常是房地产开发企业一个有效的开发策略。

3.6 房地产开发项目可行性研究案例
——某市 PZ 储备用地土地开发经营策划与可行性研究

3.6.1 总论

1. 项目背景

2003 年 10 月，GZ 市土地开发中心向社会发出征集咨询机构公告，采取邀请竞争形式组织"PZ 土地开发可行性研究和经营策划方案"的竞赛。对 PZ 储备用地土地储备整理出让进行前期分析策划，以 PZ 储备用地土地开发管理为项目，按照项目管理的要求，编写《PZ 储备用地土地开发可行性研究报告》和《PZ 储备用地土地开发经营策划报告》，为 PZ 储备用地土地开发项目管理工作提供决策参考文件。本报告正是在此背景下完成。

2. 项目基本情况

本次研究的土地中心储备地块共计 16 块，位于 PZ 地区规划 A 区和规划 B1 区，其中 A 区有 9 块居住组团用地、1 块商业用地和 3 块商务办公用地；B1 区有 3 块商务办公用地。储备地块面积合计 76.9752 万 m^2，规划总建筑面积 210.98 万 m^2，其中 A 区储备地块面积共计 47.3642 万 m^2，B1 区储备地块面积 29.6 万 m^2。

3. 研究目的与方法

(1) 研究目的

本研究本着专业、客观的原则和态度，研究 PZ 岛的建设现状和储备土地现状，通过进行宏观市场情况研究、土地市场供求状况研究、对项目进行竞争力分析、准确定位及土地经营策略研究，重点明确项目投资收益、开发进度（土地出让进度、土地整理和工程开发进度）、资金计划等因素，对 PZ 的规划设计提出建议，并对 PZ 储备土地的开发管理模式提出可行性依据和建议，提交项目的可行性评估报告。

(2) 研究方法

1) 比较分析法

2) 定性定量分析法

3) 实证分析法

研究工作过程中根据各阶段的工作的特点采取不同的研究方法，其中市场调研部分主要采取专家访谈、现场勘察、专业资料研究等方法。

3.6.2 项目宏观环境因素分析（略）

3.6.3 项目区域环境因素分析（略）

3.6.4 项目竞争力分析

1. 项目现有条件评估（SWOT 分析）

(1) 项目优势分析

1) GZ 市"东进、南拓"城市空间发展的交汇点，区位优势明显。

2) 定位为"以会展经济为核心的城市副中心区"，规划定位高。

3) 自然资源的优势，三面环水。

4) 城市中心可供开发的土地资源稀缺，项目具有土地资源优势。

5) 重点建设项目的带动，会展中心已初具规模。

6) 已形成一定的基础设施条件，例如道路、桥梁、地铁、水、电等等。

7) 南北连接 GZ 市房地产热点区域，有良好的房地产发展区位优势。

8) GZ 会展业在国内起步早，档次高，拥有较好的产业支撑。

(2) 项目弱势分析

1) 生活配套未成熟，人气不足。

2) 现有自然村的影响，带来征收、景观、人文、治安等问题。

3) 传统房地产开发档次低、形象差，给区域房地产造成了低档次、低价格的负面形象。

4) 目前楼盘少，规模小，开发营销水平低，影响了区域房地产价格的上升和市民心理价格预期。

5) 附近的房地产开发的档次、定位及与本项目靠近的区位关系将制约本区域短期内的楼市价格。

6) 因以上 3)、4)、5) 方面的影响，在短期内影响发展商对市场的预期并高估市场风险，从而导致发展商投资信心不足，地价承接力弱的不足。

(3) 项目机会分析

1) GZ 市房地产市场继续保持良好的发展势头。
2) 会展经济将有力带动 PZ 地区的发展。
3) GZ 会展成为中国会展的行业先锋。
4) PZ 成为 GZ 城市副中心区。
5) PZ 成为可持续发展的示范性区域。
6) 媒体和公众的关注度提高，加快 PZ 的发展。

(4) 项目威胁分析

1) 区域板块之间的竞争日趋激烈，其他热点板块的崛起对本项目造成较大冲击。
2) 市民大众的区位认同度不能在较短时间内提升，对项目前期启动造成障碍。
3) 公众和投资商对项目发展进度持悲观或者怀疑的态度，影响招商引资的效果。
4) 外部经济、政策、社会环境等因素变动而引起的潜在影响。
5) 城市之间会展业的竞争日益激烈。

(5) 项目经营发展方向的选择

经过前面的 SWOT 矩阵分析，对项目的最佳经营发展方向提出如下建议：

以可持续发展为目标，以资源整合为主要手段，选择差异化经营模式，注重包装和形象推广、控制土地推出数量和不同类型土地的供应比例和时机，优先发展会展商务区（B1 区），建立典型示范区，以点带面，带动其他区的发展。

2. 项目定位情况

项目定位建议：

(1) 空间发展定位

以 GZ 会展博览中心的建设为契机，发展成为以会展博览、国际商务、信息交流、高新技术研发、旅游服务为主导，兼具高品质居住生活功能的 RBD（Recreational Business District）型、生态型的新城市中心组成部分。

(2) 功能定位

会展中心的建设是 PZ 地区的首要增长要素，PZ 岛地区的功能配置和产业结构要以会展业为核心展开，形成以会展博览、国际贸易、信息交流、会展设计、商务服务等相关产业联结的产业链和主导功能，以形成 PZ 地区的核心功能。

在集中建构核心和次核心功能，形成 PZ 岛的地区特色和比较优势的前提下，PZ 地区还应发展文化娱乐、旅游休闲、咨询策划、交通运输等会展博览产业的衍生功能以及公共服务、居住生活等城市的基础性功能，以补充、丰富和强化核心和次核心功能，实现功能发展的适度多样化策略，以保持自身功能的相对平衡以及区域活力在时间、空间上的接替和互补，提高 PZ 地域的灵活性和辐射力。

3.6.5 建设规模与策划

地块规模与性质：

本次研究范围为 GZ 市土地开发中心负责土地储备和土地开发工作的 PZ 地区 A 区和 B1 区部分土地。本次研究范围中 A 区储备地块规模为 1132098m^2，B1 区储备地块规模为 562893m²。

A 区地块规模与性质：

根据定位，A 区定位为居住科研文化综合区。

(1) A 区用地平衡表及地块控制指标一览表

A 区用地总面积 113.21 万 m²，其中居住用地 41.41 万 m²，占 36.57%；公共设施用地 19.73 万 m²，占 17.43%；道路广场用地 28.73 万 m²，占 25.38%；市政公用设施用地 4.48 万 m²，占 3.96%；绿地 15.81 万 m²，占 13.96%；水域和其他用地 3.05 万 m²，占 2.70%。具体见表 3-23。

A 区用地平衡表　　　　表 3-23

序号	类别代码			用地类别	用地面积(万 m²)		用地比例			备注
	大类	中类	小类		分类	小计	分类	小计	合计	
1	R			居住用地						
		R12		居住组团用地	34.38					
		R4		小区公共服务设施用地	6.87		6.07%			
		R5		小区道路用地	0.15					
	小计					41.41		36.57%		
2	C			公共设施用地						
		C13		商务办公用地	13.56		11.98%			
		C21		商业用地	3.16		2.79%			
		C51		体育场馆用地	1.22		1.08%			
		C61		综合医院用地	1.80		1.59%			
	小计					19.73		17.43%		
3	S			道路广场						
		S1		道路用地	27.84					
		S2		广场用地	0.38		0.34%			
		S3		社会停车场库用地	0.51		0.45%			
	小计					28.73		25.38%		
4	U			市政公用设施用地						
		U12		供电设施	3.53		3.12%			
		U13		供燃气用地	0.10					
		U21		公共交通用地	0.45					
		U32		电信设施用地	0.20					
		U71		消防站用地	0.20					
	小计					4.48		3.96%		
5	G			绿地						
		G1		公共绿地	4.32		3.82%			
		G22		防护绿地	11.49					
	小计					15.81		13.96%		

(城市建设用地)

续表

序号	类别代码			用地类别	用地面积(万 m²)		用地比例			备注
	大类	中类	小类		分类	小计	分类	小计	合计	
				合计		110.16			97.30%	
非城市建设用地	6	E		水域和其他用地						
			E12	河涌	3.05		2.70%			
				合计		3.05			2.70%	
				总计		113.21			100%	

（2）开发强度

A 区规划总建筑面积 1415600m²，毛容积率 1.25。其中居住建筑面积 851150m²，商务办公建筑面积 350750m²，商业建筑面积 94960m²。具体见表 3-24、表 3-25 和表 3-26。

土地开发强度表　　　　　　　　表 3-24

序号	项目		参数（m²）
1	居住区	占地面积	414055
1.1		容积率（未包括中小学用地）	2.06
1.2	其中	居住建筑面积	851300
		限高 50m 建筑	335600
		限高 60m 建筑	496450
		配套设施建筑（未包括中小学）	19250
1.3	中小学用地	占地面积	49829
		建筑面积	29550
2	公共设施区	占地面积	197345
		建筑面积	472000
2.1	其中	商务办公	350750
		商业	94650
		体育场馆	12200
		综合医院	14400
2.2		容积率	2.39
3	道路广场	占地面积	287295
4	市政公用设施	占地面积	44786
		建筑面积	62900
4.1	其中	供电	57350
		供燃气	300
		公共交通	900
		电信设施	3350
		消防站	1000
4.2		容积率	1.40

续表

序号	项目		参数（m²）
5	绿地	占地面积	158081
6	水域	占地面积	30536
7	总计	总用地面积	1132098
		总建筑面积	1415750
		毛容积率	1.25

人口规模表　　　　　　　　　　　　　　表 3-25

名称		单位	数量
开发强度（用地以总用地计算）	居住人数	人	20211
	人口密度	人/hm²	179
	建筑密度		22.5%
	住宅容积率		2.06
	容积率		1.25
	绿地率		35.0%

公共建筑配套设施一览表　　　　　　　　表 3-26

分类	用地性质	用地面积（m²）	建筑面积（m²）
教育	中学（1所）	39117	19550
	小学（1所）	10712	10000
	幼托（4个）	8439	6567
文化	居住区公园（2个）	43203	—
	体育场	12174	12200
医疗	托老所、老人公寓	3442	4317
	综合医院	18028	14400
	门诊	3334	2767
其他	110kV 变电站	2973	3300
	220kV 变电站	29360	49050
	消防站	1994	1000
	社会停车场（楼）	6039	1050
	电信设施	2000	3350
	液化气供应站	960	300
	其他小区配套	6639	10450

(3) B1 区地块规模与性质

根据定位，B 区定位为会展博览核心区，其中 B1 区以会展览、酒店等为主。

B1 区用地总面积 56.29 万 m²，主要为公共设施用地。其中公共设施用地 49.55 万 m²，占 88.03%；市政公用设施用地 0.80 万 m²，占 1.42%；绿地 5.93 万 m²，占

10.54%。具体见表3-27。

（4）开发强度

B1区总用地面积562893m²，规划总建筑面积1202450m²，毛容积率2.15，以商业、商务办公、旅馆业等用地为主。其中商务办公与商业综合建筑面积81200m²，商务办公与旅馆综合建筑面积236500m²，商务办公与旅馆广场综合建筑面积319950m²，金融保险建筑面积148650m²，旅馆业建筑面积84250m²，商务办公与急救中心建筑面积331900m²。具体见表3-28。

B1区用地平衡表　　　　　　　　　　　表3-27

序号	类别代码			类别	用地面积(万 m²)		用地比例			备注
	大类	中类	小类	名　称	分类	小计	分类	小计	合计	
1	C			公共设施用地						
			C13/C21	商务办公用地/商业用地	5.08		9.02%			
			C13/C25	商务办公用地/旅馆业用地	7.88					
			C13/C25/S2	商务办公用地/旅馆业用地/广场用地	10.66		18.95%			
			C22	金融保险业用地	9.91		17.61%			
			C25	旅馆业用地	4.96		8.81%			
			C13/C64	商务办公用地/卫生防疫用地	11.06		19.65%			
	小计					49.55		88.03%		
2	U			市政公用设施用地						
			U12	供电设施	0.30		0.53%			
			U32	电信设施用地	0.50					
	小计					0.80		1.42%		
3	G			绿地						
			G22	防护绿地	5.93					
	小计					5.93		10.54%		
	总　　计					56.29			100%	

土地开发强度表　　　　　　　　　　　表 3-28

序号	项目		参数（m²）
1	公共设施区	占地面积	495538
		建筑面积	1202450
1.1	其中	商务办公用地/商业用地	81200
		商务办公用地/旅馆业用地	236500
		商务办公用地/旅馆业用地/广场用地	319950
		金融保险业用地	148650
		旅馆业用地	84250
		商务办公用地/卫生防疫用地	331900
1.2		容积率	2.43
2	市政公用设施	占地面积	8015
2.1	其中	建筑面积	10000
		供电设施	5000
		电信设施	5000
2.2		容积率	1.25
3	绿地	占地面积	59340
4	总计	总用地面积	562893
		总建筑面积	1212450
		毛容积率	2.15

3.6.6 项目实施进度

（1）项目发展阶段

项目按规划实施工程建设期为2000～2010年，其中：

2000～2003年：项目发展的第一阶段（启动期）；

2004～2006年：项目发展的第二阶段（完善期）；

2007～2010年：项目发展的第三阶段（丰富期）。

1）项目发展的第一阶段（启动期）

这一阶段是《PZ地区控制性详细规划》实施的头四年。以开发条件相对成熟的用地为基础，依靠政府对基础设施的投入为该地区的开发建设提供基本条件，在此基础上重点通过政府对GZ会展中心一期工程的直接投入，和地铁二号线一期工程的建设全面启动PZ地区的开发建设。

2）项目发展的第二阶段（完善期）

在启动期建设成果的基础上，重点通过政府对该地区开发建设的政策性倾斜鼓励和引导市场资金的投入，根据规划原则性控制的指引，分期分步制定目标并作出决策，使该地区朝着规划的目标协调发展。A区用地完成征地拆迁工作，基本具备出让条件；B1区土地全部成功出让，建设初具城市规模。

3）项目发展的第三阶段（丰富期）

经过前八年的开发建设，PZ地区的城市发展应已基本成型，这一时期的工作内容主要针对在前两个发展时期内由于存在许多客观原因而仍未能按规划目标实施的问题，如征地、农民村的迁移、少数军事用地性质的转换、规模较大的工业用地的功能转型以及博览园用地的有效利用等，根据当时的具体情况和条件制定切实可行的实施策略，最大化地完善战略目标，完成A区规划绿轴以北居住综合区建设。

项目发展阶段一览表　　　　　　　　　　表3-29

阶段	时间	目标	主要建设内容
第一阶段（启动期）	2000～2003年	通过政府对GZ会展中心一期工程的直接投入，和地铁二号线一期工程的建设全面启动PZ地区的开发建设	A区内开发部分居住综合社区
			B区内完成会展中心首期工程的投入和建设
			建成会展中心西侧的体育公园以北部分
			基本完成B1区范围内土地征用及拆迁工作
			完成PZ岛内A、B1区内的道路工程建设
			结合用地开发建设建成环岛北路会展中心段、会展东路、会展西路等道路建设
			完成连接PZ与外围TH区的PZ大桥
			建成地铁二号线进入PZ岛内的三个车站
第二阶段（完善期）	2004～2006年	在启动期建设成果的基础上，重点通过政府对该地区开发建设的政策性倾斜鼓励和引导市场资金的投入，A区完成基础设施工程建设、用地具备开发条件，B1区建设初具城市规模	A区内部分土地的征用及拆迁工作
			A区开发建设商务办公综合区东段
			B1区完成562893m² 商务办公、旅馆业用地的出让工作，并建成部分项目
			会展中心西侧的体育公园以南部分
			建成一系列城市主干道
			建成连接新城市轴线和会展中心的空间控制带及视线走廊—绿轴
第三阶段（丰富期）	2007～2010年	A区建设初具城市规模，实现PZ生态型RBD定位	A区绿轴以北居住综合区土地出让工作
			开发建设A区北规划绿轴以南商务办公综合区西段
			A区城市建设，具备城市规模
			城市建设中如农民村、军事用地转变等相关问题

(2) 项目开发时间进度

根据项目发展阶段安排，项目开发时间进度重点考虑A、B1区研究范围内的土地征用、房屋征收、七通一平、公建配套、土地出让等工程计划安排。具体见表3-30。

(3) 项目实施进度安排

先B1区后A区；

B1区内三地块于2005年分两期出让；

A区土地出让顺序大致为"先商务办公用地，再商业用地，再居住用地"，土地出让时间初步计划为2006～2010年。

根据本报告定位对规划方案局部调整的建议，对各地块年度开发与出让进度安排具体见表 3-31。

项目开发时间进度表　　　　　　　　　　　　　　　　　表 3-30

开发进程 \ 时间		第1年 8～12月	第2年 1～6月	第2年 7～12月	第3年 1～6月	第3年 7～12月	第4年 1～6月	第4年 7～12月	第5年 1～6月	第5年 7～12月	第6年 1～6月	第6年 7～12月	第7年 1～6月	第7年 7～12月	第8年 1～6月	第8年 7～12月
前期策划和规划	A	■														
	B1	■	■													
征地征收	A		■	■	■	■	■	■								
	B1															
七通一平	A				■	■	■	■	■	■						
	B1			■												
公建配套	A					■	■	■	■	■	■					
	B1			■	■											
土地出让	A					■	■	■	■	■	■	■	■	■	■	
	B1				■											

年度开发与出让进度计划一览表　　　　　　　　　　　　表 3-31

时间	区域	工程开发 内容	工程开发 工程量	工程开发 单位	出让进度 出让地块	出让进度 性质	出让进度 地块面积（m²）	出让进度 建筑面积（m²）
2004年	A	征地	490	亩	—	—	—	—
		征收	15520	万元	—	—	—	—
		PZA28 地块 220kV 变电站	49050	m²				
	B1	高压线落地工程；PZB13、PZB14、PZB15 三地块土地平整	18200	万元				
2005年	A	征地	429	亩				
		征收	13580	万元				
	B1	—	—	—	PZB13	商务办公用地/旅馆业用地	78835	236500
		—	—	—	PZB14	商务办公用地/旅馆业用地/广场用地	106649	319950
		—	—	—	PZB15	商务办公用地	110626	331900
2006年	A	征地	306	亩	PZA26	商业用地/商务办公用地/居住用地	23838	71500
		征收	9700	万元	PZA27	商业用地/商务办公用地	39345	118050
		PZA2602 居住区公园	15822	m²	—	—	—	—
		PZA2703 供电设施	5000	m²	—	—	—	—
		PZA2603 电信设施	3350	m²	—	—	—	—

续表

时间	区域	工程开发 内容	工程量	单位	出让地块	性质	地块面积（m²）	建筑面积（m²）
2007年	A	"绿轴"工程	72534	m²	PZA25	商业用地/商务办公用地/居住用地	35074	105200
		30m以上道路及市政管线的敷设	2860	m	PZA15	商务办公用地/旅馆业用地	27109	70500
		PZA2102 居住区公园	27381	m²	PZA23	商业用地/居住用地	31553	94650
		PZA2303 社会停车场	5114	m²	—	—	—	—
		PZA2503、PZA2504 公共交通广场	900	m²	—	—	—	—
2008年	A	20米以上道路及市政管线的敷设	5435	m	PZA10	居住用地	48154	105950
		PZA1203、PZA1204 小区公共设施	6350	m²	PZA11	居住用地	30187	78500
		PZA0901 小学	10000	m²	PZA12	居住用地	39197	84650
		PZA0904 小区公共服务设施	5450	m²	PZA13	居住用地	32090	83400
		PZA0906 社会停车场	150	m²				
		PZA0905 消防站	1000	m²				
		PZA0903 供燃气	300	m²				
		PZA1002 地块110kV变电站	3300	m²				
2009年	A	PZA0503、PZA0603 托幼	3800	m²	PZA05	居住用地	55085	144300
		—	—	—	PZA06	居住用地	46095	119750
2010年	A	PZA0801 综合医院	14400	m²	PZA22	商业用地/商务办公用地	30456	91368
		PZA0802 中学	19550	m²	PZA24	商业用地/商务办公用地	35459	106377
		PZA0902 体育场馆	12200	m²				
		PZA2402 小区公共设施	3500	m²				

3.6.7 项目投资估算、土地收入与融资方案

1. 项目投资估算

本项目财务估算是在规划调整方案的基础上，按照国家有关标准，参照国内类似工程的费用水平及GZ市定额及税费条例等工程估算的有关文件。本项目财务估算范围包括项目建设经营过程中所发生的一切费用。本项目财务估算采用动态投资估算方法。

项目土地开发成本主要包括：前期费用、土地取得费用（含征地、征收费用）、工程开发费用（基础设施费用等）、公建配套建设费、利息等（以下计算依据由土地开发中心

提供)。

土地取得费用计算依据:A区征用土地1224.41亩,征地价格28万元/亩,相关税费8万元/亩;征收费用按"征收面积×补偿单价"计算,共需38800万元。B1区按征地征收实际发生量计算,共需220102万元。

工程开发费用计算依据:珠江新城七通一平费用为420元/m^2,本项目取300元/m^2,费用含道路造价、给水排水造价、燃气、电信、电力、防护绿地、河涌改造造价。

公建配套设施费用计算依据:本项目涉及的公建配套内容广泛,教育设施涉及1所中学、1所小学、幼儿园及托儿所4所;文化体育设施涉及居住区公园2个、体育场1个;医疗卫生涉及一所综合医院、托老所、老人公寓、诊所;其他涉及变电站220kV、110kV各1处、液化气供应站等。其中综合医院和体育场馆考虑交相关部门建设,费用估算见表3-32公建配套设施费用一览表。

公建配套设施费用一览表 表3-32

分类	用地性质	用地面积(m^2)	建筑面积(m^2)	单价(元/m^2)	总价(万元)
教育	中学(1所)	39117	19550	1000	1955
	小学(1所)	10712	10000	1000	1000
	幼托(4个)	8439	6567	1000	657
文化	居住区公园(2个)	43203	—	200	864
	体育场	12174	12200	交相关部门建设	
医疗	托老所、老人公寓	3442	4317	1000	432
	综合医院	18028	14400	交相关部门建设	
	门诊	3334	2767	1000	277
其他	110kV变电站	2973	3300	600	198
	220kV变电站	29360	49050	700	3434
	消防站	1994	1000	600	60
	社会停车场(楼)	6039	1050	1000	105
	电信设施	2000	3350	600	201
	液化气供应站	960	300	600	18
	其他小区配套	6639	10450	600	627
合计		188414	138300	711	9827

项目土地开发成本分析中已付款投入时点为"2003年8月30日",贷款利率按4.779%计算(土地开发中心提供),具体分析见表3-33。

项目投资成本构成一览表 表3-33

序号	项目	计算方法	数额(万元)	付款情况 已付	付款情况 未付
一	土地综合开发费	1+2+3	355944	186400	169544
1	前期费用	规划+可行性研究+宣传	800	400	400

续表

序号	项 目	计 算 方 法	数额(万元)	付款情况 已付	付款情况 未付
2	征地征收成本费用	2.1+2.2+2.3	302981	183700	119281
2.1	其中:A区征地	1224.41亩×(28+8)万元/亩	44079	0	44079
2.2	A区征收	征收面积×补偿单价	38800	0	38800
2.3	B1区征地征收	按实际补偿额计算	220102	183700	36402
3	工程开发费用	3.1+3.2	52163	2300	49863
3.1	其中:A区	1132098m^2×300元/m^2	33963	0	33963
3.2	B1区	高压线落地工程+土地平整	18200	2300	15900
二	公建配套等建设费用	1+2	9827	0	9827
1	公建配套费用	建筑面积×建造单价	8963	0	8963
2	居住区公园费用	200元/m^2×(2.7381+1.5822)万m^2	864	0	864
三	不可预见费用及利息	不可预见费用+利息	28000	8800	19200
四	项目总成本	一+二+三	393770	195200	198570

2. 土地出让收入

(1) 通过测算周边房地产市场承受土地成本价格确定区域居住用地出让价格

周边房地产项目土地市场价格为1340～1824元/m^2（楼面地价），其中紧邻PZA区的参考楼盘楼面地价在1800元/m^2左右。

(2) 采用成本逼近法确定区域土地平均出让价格

假设投资利润率为20%，土地增值收益率10%。则1555×（1+20%）×（1+10%）=2052（元/m^2），成本逼近法计算出土地出让平均地价为2052元/m^2（楼面地价）。

(3) 采用市场比较法确定商业、商务、旅馆业综合形态用地出让价格

市场比较法确定商业、商务办公等综合形态用地楼面地价　　　表3-34

项 目	PZB09-1	PZB09-2	PZB11	PZA14
交易单价（元/m^2）	2000	2000	2330	2330
交易情况修正	100/85	100/85	100/100	100/100
交易日期修正	105/100	105/100	109/100	108/100
个别因素修正	100/100	100/100	100/100	100/100
区域因素修正	100/100	100/100	100/100	100/100
容积率修正	102/115	101/115	100/115	100/115
修正后单价（元/m^2）	2191	2170	2208	2188
本项目土地单价	(2191+2170+2208+2188)/4=2189元/m^2			

市场比较法确定商业、商务办公等综合形态用地楼面地价为2189元/m^2。

(4) 采用剩余法确定居住用地出让价格

假设开发地块土地面积为1万m^2，土地已完成七通一平，并假设开发项目于2005年

5月销售，销售均价为5200元/m²。

计算依据：预计建设期为2年，建造完成后可销售30%，50%半年后售出，其余20%一年后才能售出。建安成本为1800元/m²；专业费用为建筑费的10%（含配套设施建设费），年贷款利息率为7%。利润率为25%，税费主要指销售税金及其他附加费用，为楼价的5.5%。

通过计算得出居住用地出让价格为1598元/m²。

综合以上几种土地定价方式，见表3-35。

土地定价综合 表3-35

	成本逼近法	市场比较法	剩余法	市场接受价格
商务、商业、居住综合	2052			
居住			1598	1800
商务、商业综合		2189		

分别取权重，则项目土地出让单价（楼面地价）：居住（1598+1800）/2=1700（元/m²），商业、商务综合2200元/m²。

考虑到具体地块因地块位置、大小等条件因素不同，对具体地块分别取调整系数，则本项目政府能获得的土地实际总收入为54.85亿元。

项目不同地块拍卖单价及收入一览表 表3-36

类别	地块	地块面积（m²）	容积率	建筑面积（m²）					土地出让收入（万元）	
				小计	住宅	商业	商务办公	旅馆业	单价	总价
居住用地	PZA05	55085	2.6	144300	144300	0	0	0	1904	27475
	PZA06	46095	2.6	119750	119750	0	0	0	1836	21986
	PZA10	48154	2.2	105950	105950	0	0	0	2040	21614
	PZA11	30187	2.6	78500	78500	0	0	0	1836	14413
	PZA12	39197	2.2	84650	84650	0	0	0	2040	17269
	PZA13	32090	2.6	83400	83400	0	0	0	1836	15312
商务办公用地	PZA14	36728	1.5	55092	0	0	56000	0	2330	12836
商务办公用地/旅馆业用地	PZA15	27109	2.6	70500	0	0	23500	47000	2200	15510
商业用地/商务办公用地	PZA22	30456	3.0	91368	0	18274	73094	0	2100	19187
商业用地/居住用地	PZA23	31553	3.0	94650	75720	18930	0	0	2200	20823
商业用地/商务办公用地	PZA24	35459	3.0	106377	0	26594	79783	0	2200	23403
商业用地/商务办公用地/居住用地	PZA25	35074	3.0	105200	52600	17533	35067	0	2300	24196
	PZA26	23838	3.0	71500	35750	11917	23833	0	2200	15730

续表

类别	地块	地块面积（m²）	容积率	建筑面积（m²）					土地出让收入（万元）	
				小计	住宅	商业	商务办公	旅馆业	单价	总价
商业用地/商务办公用地	PZA27	39345	3.0	118050	0	23610	94440	0	2100	24791
旅馆业用地	PZB0902	49570	1.7	84250	0	0	0	84250	2136	18000
商务办公用地/商业用地	PZB0903	50759	1.6	81200	0	20300	60900	0	2268	18420
金融保险业用地	PZB11	99099	1.5	148650	0	0	148650	0	2175	32329
商务办公用地	PZB13	78835	3.2	252272	0	0	252272	0	2310	58275
商务办公用地	PZB1402	37327	3.5	130645	0	0	130645	0	2376	31041
旅馆业用地	PZB1403	53325	3.5	186636	0	0	0	186636	2310	43113
商务办公用地	PZB1502	44250	3.2	141601	0	0	141601	0	2310	32710
旅馆业用地	PZB1503	55313	3.2	177002	0	0	0	177002	2266	40109
总计		978848	2.6	2531543	780620	137158	1119785	494887	2167	548541

3. 融资方案

本项目开发投资的资金来源有三个渠道：一是财政拨款，二是向银行贷款，三是土地出让收入用于投资部分。

资金运作方式：财政拨款全部用于投资；土地出让收入全部用于投资；此外若还有资金缺口，则向银行借贷。项目前期（2003年之前）资金投入基数较大，以财政拨款为主要资金来源，中期（2003~2004年）融资以土地出让收入和贷款为主要资金来源，后期（2004年之后）以土地出让收入为主要资金来源，其中土地出让收入全部投入到滚动开发当中。

本项目开发总投资（含贷款利息）共计393770万元，财政拨款138500万元已于2003年8月30日投入，约占总投资的1/3。故2003年8月30日之后资金来源以银行贷款和土地出让收入为主要渠道，共需贷款（含2003年及2004年利息）资金64862万元，土地出让收入再投入资金191409万元。投资计划与资金筹措见表3-37。

投资计划与资金筹措表　　　　　表3-37

序号	项目	合计	建设经营期							
			2003	2004	2005	2006	2007	2008	2009	2010
1	投资总额	393770	195200	88734	33808	29161	21761	17490	3969	3649
1.1	前期费用	800	400	400	0	0	0	0	0	0
1.2	征地征收费用	302981	183700	69554	29008	20720	0			
1.3	工程开发费用	52163	2300	15900	0	3396	16981	13585	0	0
1.4	公建配套费用	9827	0	0	0	1205	1900	1793	2241	2689
1.5	不可预见费及利息	28000	8800	2880	4800	3840	2880	2112	1728	960

续表

序号	项目	合计	建设经营期							
			2003	2004	2005	2006	2007	2008	2009	2010
2	资金筹措	393770	195200	88734	33808	29161	21761	17490	3969	3649
2.1	财政拨款	138500	138500	0	0	0	0	0	0	0
2.2	贷款（含利息）	63862	17100	46762	0	0	0	0	0	0
2.3	收入再投入	191409	39600	41972	33808	29161	21761	17490	3969	3649

注：贷款利息以年利率4.779%计算。

本项目土地出让收入可全额作为可运用资金，用于投资及还本付息。投资后余额采用"等额偿还本息和"的方式偿还贷款。本项目贷款利率按4.779%计算。具体还本息计划见表3-38"贷款还本付息估算表"。

贷款还本付息估算表　　　　　　　　　　表3-38

序号	项目名称	小计	建设经营期							
			1	2	3	4	5	6	7	8
1	借款及还本付息									
1.1	年初借款累计			17100	63862	54421	44528	34163	23303	11923
1.2	本年借款	61573	16701	44872	0					
1.3	本年应计利息	13385	399	1889	3052	2601	2128	1633	1114	570
1.4	本年还本付息	74959			12493	12493	12493	12493	12493	12493
1.5	年末借款累计		17100	63862	66913	44528	34163	23303	11923	0
2	偿还本息的资金来源									
2.1	投资回收	74959			12493	12493	12493	12493	12493	12493

注：1. 贷款年利率为4.779%；

2. 采用"等额偿还本息和"方式，$(A/P, 4.779\%, 6)=0.19563$

本年应计利息=（年初借款本息累计+当年借款/2）×年利率。

项目资金来源与运用分析表　　　　　　　　　表3-39

序号	项目名称	小计	建设经营期							
			1	2	3	4	5	6	7	8
1	资金来源	751452	194801	86844	132570	104868	53026	63758	54860	60725
1.1	土地出让收入	551378	39600	41972	132570	104868	53026	63758	54860	60725
1.2	财政拨款	138500	138500	0	0	0	0	0	0	0
1.3	银行借贷	61573	16701	44872	0	0	0	0	0	0
2	资金的运用	455342	194800	86843	43249	39053	32126	28350	15348	15572
2.1	前期费用	800	400	400	0					
2.2	征地拆迁费用	302981	183700	69554	29008	20720	0			
2.3	工程开发费用	52163	2300	15900	0	3396	16981	13585	0	0
2.4	公建配套费用	9827	0	0	0	1205	1900	1793	2241	2689

续表

序号	项目名称	小计	建设经营期							
			1	2	3	4	5	6	7	8
2.5	不可预见费用	15413	8800	1390	1748	1239	752	479	614	390
2.6	借款还本付息	74959	0	0	12493	12493	12493	12493	12493	12493
3	盈余资金（1）－（2）	296110	0	0	89322	65814	20899	35408	39512	45153
4	累计盈余资金		0	0	89324	155138	176037	211445	250957	296110

根据表 3-39，本项目每年累计盈余资金均大于或等于零，故从偿债能力分析角度看，该项目是可行的。

3.6.8 财务评价

1. 项目静态盈利能力分析

按地块既定出让价格出让，项目可实现收入 54.85 亿元、项目投资总成本 39.38 亿元，预计可实现毛利润 15.48 亿元，项目投资利润率 39.3%。考虑到项目自身的性质，会展业在于其对相关产业经济的带动作用。与地产开发同行业相应指标比较，可以接受，故项目可行。项目土地开发损益情况见表 3-40 损益表。

损 益 表　　　　　　　　　表 3-40

序　号	项　　目	金额（万元）
一	预计拍卖收入	548541
二	投入成本	393770
1	前期费	800
2	征地拆迁费用	302981
3	工程开发费用	52163
4	公建配套费用	9827
5	不可预见费用及利息	28000
三	毛利润	154770
四	投资利润率	39.3%

评价指标：

全部投资的投资利润率＝（利润总额÷总投资额）×100%
　　　　　　　　　　＝（154770÷393770.26）×100%
　　　　　　　　　　＝39.3%

按目前房地产开发行业的平均投资利润率 20%～25% 的水平，本项目的静态盈利能力是比较理想的。

2. 项目动态盈利能力分析

通过计算财务净现值（$FNPV$）、财务内部收益率（$FIRR$）、静态投资回收期（T）和动态投资回收期（D）分析项目盈利能力。选取基准收益率当 $i_c=6\%$。评价指标的计算过程详见表 3-41 项目全部投资现金流量表。

项目全部投资现金流量表 单位：万元 表 3-41

项目名称	合计	建设经营期							
		1	2	3	4	5	6	7	8
资金流入	548541	39614	41972	81933	120832	80834	65578	56641	61138
土地出让收入	548541	39614	41972	81933	120832	80834	65578	56641	61138
PZA05	27475							17172	10303
PZA06	21986							13741	8245
PZA10	21614						13509	8105	
PZA11	14413						9008	5405	
PZA12	17269						10793	6476	
PZA13	15312						9570	5742	
PZA14	12836	8472	4364						
PZA15	15510				9694	5816			
PZA22	19187								19187
PZA23	20823					13014	7809		
PZA24	23403								23403
PZA25	24196					15123	9074		
PZA26	15730				9831	5899			
PZA27	24791				15494	9296			
PZB0902	18000	9000	9000						
PZB0903	18420	9210	9210						
PZB11	32329	12932	19397						
PZB13	58275			36422	21853				
PZB1402	31041			19401	11640				
PZB1403	43113			26946	16167				
PZB1502	32710			20444	12266				
PZB1503	40109			25068	15041				
现金流出	393770	195200	88734	33808	29161	21761	17490	3969	3649
前期费用	800	400	400						
征地拆迁费用	302981	183700	69554	29008	20720				
工程开发费用	52163	2300	15900		3396	16981	13585		
公建配套费用	9827				1205	1900	1793	2241	2689
不可预见费用	28000	8800	2880	4800	3840	2880	2112	1728	960
净现金流量	154770	−155586	−46762	48126	91671	59072	48088	52672	57489
累计净现金流量		−155586	−202348	−154222	−62552	−3479	44609	97281	154770
折现净现金流量	73764	−146780	−41618	40407	72612	44142	33900	35030	36069
累计折现净现金流量		−146780	−188397	−147990	−75378	−31236	2664	37694	73764

评价指标：

项目财务内部收益率 $FIRR=15.4\%$；

$FNPV=73764$ 万元；

静态投资回收期 4.1 年；

动态投资回收期 4.9 年。

由上述指标可以看出，本项目的财务净现值有 73764 万元，财务内部收益率高于基准收益率，说明本项目的动态盈利能力水平是可以接受的。

3. 项目盈亏平衡分析

假定本项目总投资不变，且土地出让价格与土地出让地价回收进度如方案所设，由计算可得，当销售率为 71% 时，全部投资利润率为零，也即投资刚能保本。一般认为，当盈亏平衡点的销售率不大于 70% 时，项目风险较低。本项目盈亏平衡点的销售率为 71%，可见其风险程度在较低的水平。

4. 敏感性分析

本项目的不确定性因素主要来自以下几个方面：投资成本、土地出让价格、开发周期、贷款利率、规划建筑面积等。这些因素，受当地政治、经济、社会条件的影响，有可能发生变化，影响本项目经济效益目标的实现。

影响本项目财务效益的主要不确定性因素为投资成本、土地出让价格水平和出让土地数量。因而，本项目敏感性分析针对全部投资的评价指标（财务内部收益率、投资利润率、财务净现值），分别计算土地出让价格上下波动 5%、10%、投资成本上下波动 5%、10% 和出让土地收入向下波动 5%、10% 时，对经济评价指标的影响。计算结果详见表 3-42 敏感性分析表。

敏感性分析表　　　　　　　　表 3-42

变动项目	数额（万元）	投资利润率		FNPV		FIRR	
		数额	升降	数额	升降	数额	升降
投入成本−5%	374081.75	47.40%	7.37%	120412	17.70%	20.19%	3.10%
投入成本−10%	354393.23	55.59%	15.56%	138517	35.39%	23.64%	6.55%
投入成本+5%	413458.77	33.36%	−6.67%	84202	−17.70%	14.28%	−2.81%
投入成本+10%	433147.29	27.30%	−12.73%	66096	−35.39%	11.72%	−5.36%
土地出让收入−5%	523822.39	33.03%	−7.00%	79086	−22.70%	14.14%	−2.95%
土地出让收入−10%	496252.79	26.03%	−14.00%	55866	−45.39%	11.19%	−5.90%
土地出让价格−5%	523822.39	33.03%	−7.00%	79086	−22.70%	14.14%	−2.95%
土地出让价格−10%	496252.79	26.03%	−14.00%	55866	−45.39%	11.19%	−5.90%
土地出让价格+5%	578961.59	47.03%	7.00%	125527	22.70%	20.03%	2.94%
土地出让价格+10%	606531.19	54.03%	14.00%	148748	45.39%	22.98%	5.89%

从表中数据可知：投入成本对投资利润率和财务内部收益率的影响最大，可见在项目

开发过程中对开发成本的有效控制,是十分必要而且重要的。同时,土地出让价格和土地出让收入对财务净现值影响较投入成本大,为确保项目获得预期的效益,建议加强市场营销工作,尽量使土地出让收入计划得以实现。

3.6.9 项目社会效益分析

（1）围绕会展中心建成投入使用而推进的一系列储备土地开发计划将有序地完善会展发展所需的各项配套,通过政府与市场的有机联动,更好地提升土地价值。

（2）通过统一规划、合理布局、精确定位和项目发展,PZ 将成为 GZ 的会展新城。成为 GZ 经济的动力区之一,给 GZ 增加一个充满魅力的都市新区。

（3）"国际 PZ、科技 PZ、生态 PZ、魅力 PZ"的四大特色,使 PZ 成为 GZ 市最大的国际性区域,成为国际商务、国际信息和国际交流的平台,成为国际客商贸易、居住、休闲的理想之地。

（4）PZ 建成后,将给 GZ 带来 111 万平方米的商业办公面积,满足 7.2 万人高品质居住生活需要,创造超过 10 万个就业机会,成为欣欣向荣的都市新区。

（5）PZ 的现代都市 RBD 综合定位后,将给 GZ 带来一个集旅游、休闲、娱乐为一体的新区,成为 GZCBD 的一个补充,对完善和活跃 GZ 城市功能起到积极的作用。

（6）PZ 通过新区发展,彻底打破了传统农业区域的状况,为 GZ 的城市化进程中的旧屋村改造树立了良好的示范效应。

（7）利用 PZ 岛的自然环境资源,提升 PZ 岛的环境质量;充分利用传统文化资源,提升 PZ 地区的文化品位。

3.6.10 结论与建议

通过上述的分析,可以得出本项目实施的结论如下:

1. 机遇

对宏观因素的综合分析表明,本项目正迎来难得的发展机遇,宜抓紧项目的开发工作。

（1）宏观经济形势良好,GZ 经济在未来 5 年内均是发展高峰期。PZ 地区获得良好发展基础。

（2）房地产市场逐步走向规范有序,实力型开发商不断成长。市区可开发土地资源日渐枯竭,发展商已逐步接受规范的土地出让,接受公开出让的地价。未来几年 PZ 土地出让的外部环境将越来越好。

（3）会展经济对 PZ 的带动作用日渐增强。土地价值呈上升趋势。

（4）PZ 周边区域的发展成熟有利于 PZ 土地的升值保值。

（5）丰富的历史文化资源,为 PZ 深层次、高品位开发提供了广阔的空间。

2. 困难

同时,项目实施存在一些不利因素,如:

（1）国际会展中心已启用,但交易会还没完全进驻,影响了投资者信心。PZ 商业配套和生活配套的短缺,使 PZ 还未形成投资开发的热点区域。

（2）项目前期投资巨大（目前已投入 19.52 亿元,还将投入 19.86 亿元）,而可出让土地资源较少，平均可出让建筑面积的成本高，投资门槛高，一般发展商难以进入。

（3）PZ 居住用地面积偏小，地价偏高，制约了其收益的实现，商业办公物业又将面对 GZ 写字楼物业和商业物业需求总量不大，供需疲软的市场现状。

（4）PZ 目前用地现状复杂，拟开发物业形态也呈多样性，土地开发中心面临如何协调发展，迅速形成良好的都市片区的难题。

（5）本市目前大型发展商土地储备普遍较为充足，进入 PZ 的积极性不高（除非低门槛政策）。但 PZ 的下一阶段开发又必须有大型、名牌的开发企业进入。

3. 对策

提升 PZ 地区的形象和地位，提升开发档次。与 GZ 的 CBD 协调发展，又突出自我特色。

迅速完善 GZ 国际会展中心的商业配套和生活配套，使之形成 GZ 的窗口、GZ 经济的动力区和 GZ 经济的引擎。

整合 ABC 区的功能和具体地块的定位，形成整合价值最优化。

强化政府营销推广工作。

策略性地进行出让和发展。形象主导，分区发展，逐步出让，价值提升。

政策适度倾斜和扶持（例如，进入会展区域办公的大型公司的税收特别政策等）。

在筹融资模式上进行新的尝试。

建立健全土地使用权出让金回收保障机制。

4. 项目实施可行性

项目财务评价结果显示，静态的全部投资利润率 39.3%，高于平均的投资利润率；动态财务评价，财务内部收益率（FIRR）15.4%，高于基准折现率，财务净现值（FNPV）73764 万元，大于零；且项目每年累计盈余资金均大于或等于零，故土地出让收入能支持项目开发和偿还借贷，偿债能力强，财务评价结论为可行。同时，盈亏平衡显示盈亏平衡点的销售率为 71%，项目盈亏平衡风险较低。敏感性分析显示投入成本对投资利润率和财务内部收益率的影响最大，项目开发过程中开发成本的控制，非常重要；同时，土地出让价格和土地出让收入对财务净现值影响较投入成本大，为确保项目获得预期的效益，建议加强市场营销工作。

项目的环境影响评价显示项目的实施在一定程度上对 PZ 环境现状不会带来负面影响，适度合理开发甚至能改善城市景观、优化区域各项环境指标。

社会效益分析显示项目的实施能极大提升土地价值，带来 111 万 m^2 的商业办公面积，满足 7.2 万人高品质居住生活需要，创造超过 10 万个就业机会，构筑了都市新区。对完善和活跃 GZ 城市功能起到积极的作用，也能为 GZ 的城市化进程中的旧屋村改造树立了良好的示范效应，社会效益显著。

基于上述论证，项目是可行的。

复习思考题

1. 试述房地产开发项目可行性研究的内容和工作程序。

2. 简述房地产开发投资的影响因素。
3. 简述房地产开发项目总投资构成。
4. 房地产开发项目投资估算的依据是什么？常用估算方法有哪些？
5. 试述房地产开发项目的财务评价指标与方法。
6. 试述产地产开发投资的主要风险因素、风险防范的措施与方法。
7. 案例研究。选择一个房地产开发实例，进行可行性研究，并撰写可行性研究报告。

4 房地产开发用地的取得

土地是房地产开发的前提。其重要性，不仅在于它为建造房屋和创造良好的物业环境提供基地；而且，任何开发用地都具有价值，它是开发费用的极为重要的组成部分；同时，开发用地又是决定开发企业经营效益的至关重要的条件。

4.1 房地产开发用地的类型

4.1.1 开发用地的涵义

前已述及，根据中华人民共和国《土地管理法》和《城市房地产管理法》的规定，在城市规划区内，只有国有土地才能投入房地产开发。城市规划区内的集体所有土地，经依法征用转为国有土地后，才可用于房地产开发。也就是说，房地产开发用地必须是位于规划区内的国有土地。

这里的城市，是指国家按行政建制设立的直辖市、市、镇。城市规划区是指城市市区、近郊区及城市行政区域内因城市建设和发展需要实行规划控制的区域。城市规划区的具体范围，在城市总体规划中确定。按照我国《土地管理法》规定：城市市区的土地属于全民所有即国家所有。农村和城市郊区的土地，除法律规定属于国家所有的以外，属于集体所有。

我国宪法规定土地所有权不准通过买卖或以其他形式非法转让。但在特定条件下，土地的所有权可以发生变更和转移，主要通过国家建设征用集体所有土地的途径来实现。因此，所谓取得开发用地，仅仅是指取得开发用地的使用权而已。根据我国《房地产管理法》的规定：对开发用地，国家实行有偿、有限期使用制度。故此，开发用地的使用权是一个有偿、有限期的使用权。

关于开发用地使用的最高年限，按照目前国务院颁布的规定：居住用地70年；工业用地50年；教育、科技、文化、卫生、体育用地50年；商业、旅游、娱乐用地40年；综合或其他用地50年。

综上所述，所谓开发用地，通常是指一宗（片）位于城市规划区的，适合开发企业有偿、有限期进行基础设施和房屋建设使用的国有土地。这里的国有土地含城市规划区内国家所有的土地及城市规划区内集体所有而被国家依法征用的土地。

4.1.2 房地产开发用地的类型

根据用地不同的属性，从不同的角度，可以把开发用地分为各种不同的类型。

1. 按照土地区位划分

区位，原为地理学的一个概念，它是指某块（片）土地所处的地理位置。人们从不同的角度来研究土地的地理位置，形成土地的自然地理区位、经济区位、行政区位、社会区位等区别。

城市土地区位是指城市中不同地段（地点）上的土地，长期受自然情况、经济、社会、文化等因素的影响而形成的特殊地域、地段环境。一般而言，不同的土地区位，房地产开发的用途和作用不同，效益也不同。影响土地区位的因素主要有：城市规划的要求、商业服务繁华程度、交通运输、市政设施、公用设施、土地开发费用、生态环境、人口密度及有关政策法规等。

按照土地区位可将城市土地划分为以下类型。

（1）闹市区（商业集中区）土地

位于市中心地带，这里交通极为方便，已有的商业和服务业门点集中、市政设施完善。对收益性物业来说，该类土地区位最优，其经济效益也最好。主要用于发展商业、金融、信息服务业等第三产业，不适合作为工业用地和居住用地。

（2）城市副中心区土地

大城市和特大城市，每个行政区都有副中心区。在此区域，交通方便、商业和服务业门点比较集中，市政设施较完善，对城市居民购物和从事第三产业吸引力较大。此种土地区位仅次于闹市区，经济效益较高。它适合用于发展商业、各种服务业及占地面积小、经济效益高、无污染的小型工业等。

（3）闹市区边缘地带（亚中心区）土地

该土地由于靠近闹市区，距离中心市场较近，一般交通条件较好，水、电、路等基础设施也较为完善，人口密度低于闹市区，土地区位较优。此类土地主要用于发展商业和无污染工业，部分可作为住宅、学校、医院及机关用地等。

（4）城市边缘区土地

位于亚中心区和城区边缘之间，土地面积较大。这里一般距中心市场较远，交通尚通畅，但交通线路较少，人口密度也较小。该类土地主要用于工厂、大专院校、住宅建设以及集贸市场建设等。

（5）城市郊区土地

位于城市建成区的周边地带，土地面积大。区位特点是：距中心市场远，交通条件一般，人口密度小，市政设施不一定完善，是城市中土地区位较差的一部分。这类土地一般现状是用于蔬菜生产和农副产品生产。在交通干线附近，适合作为经济开发区用地和居住区用地。

2. 按照土地利用的性质和功能划分

城市规划部门在制定城市规划时，根据土地利用的性质和功能对城市建设用地进行划分，并提出用地标准与指标。此类划分构成开发建设用地的又一种分类。了解和考察此种分类，对开发企业选择开发地段、选择易获得规划许可的建设项目及确定开发经营方向非常必要。

（1）居住用地

居住用地是城市居民居住小区、居住街坊、居住组团和单位生活区等各种类型的成片或零星的用地。它主要用于普通住宅、公寓、别墅，以及为居住服务的公共服务设施、道路（含停车场）、绿地建设等。居住用地在城市开发建设用地中占有很大的比重，人人都希望有自己的住房，人们的生活水平及支付能力正不断提高，这使得居住物业的开发最具潜力，投资风险也相对较小。

（2）公共设施用地

公共设施用地是城市居住区及居住区级以上的行政、经济、文化、教育、卫生、体育以及科研、设计等机构和设施的用地。通常它们区位条件较好，交通便利。它主要用于商业物业、特殊物业，可开发建设酒店、写字楼、商场、综合市场；娱乐中心、游乐场、各种体育场馆；医疗保健中心等。这类用地的地价一般都很高，它们的开发者大多以物业出租经营或自主经营来收回投资并赚取投资收益。

（3）工业用地

工业用地是城市工矿企业的生产车间、库房及其附属设施的用地。有开发价值和潜力的工业用地，一般都位于城市的各种开发区内。在这些开发区内，城市政府大多先期投入资金进行"七通一平"，开发商则从事房屋建设。从适应性角度出发，开发商主要进行轻工业厂房和高科技产业用房建设。近几年，开发区的性质从单一工业型向多样化、向工业园区、综合区发展，这给工业物业的投资者展示了良好的回报前景。

（4）仓储用地

仓储用地是指用于库房、堆场、包装加工用房及其附属设施等的土地。在一些传统的、辐射能力强的货物集散地，以及大型的港口、码头、铁路枢纽，投资仓储物业也将会有利可图。

（5）对外交通用地

对外交通用地是指铁路、港口、机场和高速公路等城市对外交通运输及其附属设施的用地。开发投资这类土地，通常要得到政府的特殊许可，一般来说，这类投资风险很低，但一次投资量大，回收期长，且日常经营管理水平要求高，非一般开发商所能胜任。

（6）道路广场用地

道路广场用地是用于城市道路、广场、停车场等的建设用地。随着社会、经济的不断发展，投资停车场物业尤其是配套提供清洁、保养等服务的机动车停车场物业，不仅风险低，且收益较高。道路、广场物业属公益性物业，投资这些物业，开发企业得不到直接回报，但却有显著的社会效益和环境效益。一般做法是，在政府相关政策支持下，开发商将道路、广场建设连同道路、广场两侧或周边地段（全部或局部）一并发展。

（7）市政公用设施用地

市政公用设施用地是指城市的市政公用设施，包括其建筑物、构筑物及管理维修设施所占用的城市土地。市政公用设施由供应设施（供水、供电、供气、供热）、交通设施、邮电设施、环境卫生设施等构成。这些设施就是通常所说的大配套设施的主要部分。市政公用设施物业亦属特殊物业，对它们的投资一般由城市政府进行。但在一些新城，如海南省洋浦开发区，在大型综合开发区，如上海浦东，在前期建设时，开发企业也有机会以参股或独资形式来发展这些物业，尔后，以政府特许的经营权来收回投资并赚取收益，或将这些物业无偿交给政府，再以政府的相关政策、措施配合，转让地价较高的熟地，或转让其他物业来收回投资并赚取收益。由于这类物业投资量大且集中，而这些开发区受国际、国内政治、经济形势影响大、起伏变化大，致使这类投资有一定风险。

(8) 绿地

绿地主要是指城市的公共绿地。包括各种公园（含水域）及街头绿地。公共绿地不直接产生经济效益，却有显著的社会效益和环境效益，绿地建设属公益性建设。

3. 按照对开发用地进行人为投入的形式及程度的不同划分

按照对开发用地进行人为投入的形式及程度的不同，开发用地可分为两大类：生地和熟地。

(1) 生地

生地有二种形式：一种是未经任何投资建设的自然地，它基本属于农村土地，如种植地，包括陆生种植地和水生养殖地、沼泽地、滩地、山地等。这些自然地，大多属集体所有，但往往已规划作为城市建设用地，经征用后，可用于房地产开发。另一种是虽进行过建设投资，但不能满足现时建设需要的城市土地。这种土地一般是指城区中须进行再开发的土地，如城区中使用性质不符合城市规划要求的土地、使用效益低下的土地、环境恶劣地段的土地等。此种土地大多属国有地，也有部分属尚未征用的集体所有土地。

在对生地进行房屋建设以前，有大量的前期工作要做。如征收、补偿与安置、地基处理、挖填土石方以及一些构筑物、基础设施建设工作等。

(2) 熟地

所谓熟地是指经过了开发方案的选择、规划与设计、场地平整、附属构筑物及基础设施建设阶段的土地。它能满足开发前所确定的土地用途的建设要求。很明显，熟地是由生地经开发转变而来。

熟地一般具备如下基本条件：

1) 地平条件。满足建筑物建设的场地平整要求，包括地上、地下障碍物已清除，场地的标高、场地填方的密实度达到要求。

2) 场地正常、安全使用的条件。已改善不良地貌、地质和水文条件，地基稳定，地基承载力达到规定要求，满足建筑物对场地的正常和安全使用要求。

3) 基础设施条件。基础设施满足房屋的建设和使用要求。

在开发实践中，由于满足上述条件要求的程度通常不完全一致，从而形成各种成熟度的熟地。如：完成了"三通一平"的熟地；完成了"七通一平"的熟地；不仅完成了"三通"或"七通"一平，还完成了项目所需配建的各种道路、设施的熟地；进一步完成项目±0.000m以下工程的熟地。

开发企业是选择生地，还是选择熟地作为其开发用地，要由企业的状况、企业的经营策略、方针来决定。一般来说，如果企业对当地开发环境及各种操作都很熟悉，那么可选生地作为开发用地,以减少开发成本,增加收益。当然,在一些有良好开发前景的地区,对一些本无意进行房屋建设的开发企业来说,也可选择生地作为开发用地,以期转手获利。如果对当地开发环境及各种操作不甚熟悉或想争取时间,缩短开发投资的周期,减小投资风险,可选择熟地作为开发用地。选择熟地进行开发建设,其土地费用要比选择生地自行完成土地开发后再建设的方式要高。

4.2 房地产开发用地选择

房地产最重要的一个特性是其位置的固定性或称不可移动性。特定的场地决定了特定的需求、开发建设条件、开发成本以及特定的税费政策。开发项目位置的选择,在房地产开发中是至关重要的,良好的地段,是保证房地产开发成功的首要条件。

4.2.1 房地产开发用地的来源

1. 城区中需再开发的土地

这类土地主要是指城区中一些环境恶劣、基础设施缺乏地区的土地,或是一些使用性质不符合规划要求,使用效益低下的土地。这类土地上的现有房屋大量是居住用房,另一部分是一些商业服务用房、厂房以及事业办公用房。取得此类土地开发权的操作方式有以下几种。

(1) 直接向政府申请出让

开发企业通过考察当地开发环境,研究当地规划发展,结合自身的状况,在适当的时候,向政府申请协议出让土地。以此种形式获得土地,开发企业行动余地较大,但要注意抓住时机,以免机会丧失或引起不必要的竞争。

(2) 通过收购旧房取得土地

开发企业若选中某宗土地,为把握机会,争取主动,可先行收购旧房,进而取得土地。由于这些房地产的权属情况比较复杂,开发企业应区别情况加以处理。如对国有土地上企业所有房及用地的现有使用权,可通过收购、兼并企业方式获得,然后再向政府申请协议出让土地。对国有土地上的私有房,由于其用地使用权取得方式上的特殊,在收购私有房地产后,按照"房地产法",应遵照当时、当地规定处理,取得土地开发权。

(3) 以转让方式取得用地

若现有使用者的土地使用权是以出让方式获得的,则开发企业可按有关规定以转让方式获得土地开发权,以投资商的身份实际从事土地开发。

(4) 与土地的现使用者合作取得用地

若现有使用者的土地使用权是以划拨方式获得的,则开发企业可与其合作成立项目公司,向政府申请协议出让土地,与合作者共同开发。

(5) 参加土地使用权竞投

对一些大型或关键性的开发项目用地,以及一些环境好、赢利大、竞争性很强的商业、旅游、娱乐和豪华住宅用地,只要有条件,政府都会依年度出让计划方案,不定期以竞投方式即招标或拍卖方式出让土地使用权。开发企业可结合自己的用地要求、市场情况、发展规划等,适时参加竞投,取得土地使用权。开发企业可单独亦可联合其他投资者来参与竞投。一般来说,以竞投方式取得的土地使用权,其价格较协议方式要高。

2. 城市规划区内的建设备用地

此类土地是指规划区内的一些国有的建设备用地以及市区以外尚未征用的集体所有的建设用地。一般来说,建设备用地的征收、安置量小,对开发企业有吸引力。尤其是一些邻近城市大型工业项目或规划干道的备用地,特别为开发企业关注。对国有的建设备用地,开发企业宜尽量采取协议出让方式获得使用权;对尚未征用的集体所有的建设备用地,开发企业采取与土地所有者合作开发的方式,则将更有利于项目的成功。

3. 各种开发区内的土地

大多数开发区依附于现有城市,也有独立新建的开发区。就目前情况看,除少量科学园区外,大多数开发区以"综合开发区"面貌出现。它们面积较大,以港口或工业(高科技产业、大型工业)为主,多种产业并举,开发后具有较大的人口规模,成为现有城市的新市区,或者成为现有城市外围的新城镇,或者成为一个新城市,从而为开发企业提供了宽广的可开发用地。开发企业可根据自身的状况及开发环境和要求,单独或者联合其他投资者,向政府受让开发区的生地或熟地。当然开发企业也可接受先期投资者的转让,取得开发用地。一般来说,投资开发区土地较投资市区土地风险高,投资大城市外围的开发区较投资其他开发区风险低。

4.2.2 房地产开发用地的选择

开发用地的选择,是在上述可供开发的用地中选择一宗适当的场地作为开发用地的行为。包括两个层面的工作:一是投资区域的确定;二是在投资区域内选择、确定开发地段。这里的区域,通常是指城市,而地段是指所在城市的城市规划区内某个地块。

1. 投资区域选择的因素分析

投资者在选择投资区域时,应统筹考虑以下因素:

(1) 政治环境

稳定的社会与政治环境是房地产开发投资活动顺利进行和发展的最基本条件。和平、安定的环境,人们才会安居乐业,进而才有房地产开发机会。

(2) 经济增长状况

经济高速增长地区,会吸引大量人口、公司的"涌入",商业活动会剧增,这将导致对物业(包括基础设施)强烈的扩张性需求。因此,相对经济发达或经济高速增长的地区,更具房地产开发投资机会。

(3) 投资环境

房地产开发投资一方面能为地区的社会、经济发展提供载体,同时也要求地区的社会、经济环境的适应和配合。在硬环境方面,主要考察基础设施状况和生活条件。基础设施条件好,对投资非基础设施项目的开发企业来说,十分必要。在软环境方面,对开发投资有利的因素是:政策信息渠道畅通、政策稳定;相关法律、制度完善、稳定;当地金融机构支持;当地中介服务机构成熟;当地社会素质良好等。优越的投资环境,有利于开发项目的顺利进行。

(4) 特大型建设投资

如果地区有(或规划有)特大型建设项目或大规模系列建设项目,那么由于聚集效应和配套要求，通常会迅猛带动当地经济和社会的全面发展，从而导致大量的房地产需求，只要这种需求能形成房地产价格稳定上升的趋势，该地区的房地产开发就会有利可图。

在具体实践中，除上述方面外，投资者还要仔细考虑以下几点。①相关的其他经济特征。如当地发展的背景政策、银行利率的变化趋势、当地产业结构的变化方向等，它们会直接导致当地开发市场的变化。②地区的分散性和差异性。为降低投资风险，投资者应注意尽可能在不同的地区分散投资。③当地的合作者。鉴于房产开发的地区性特点，当地如果有非常强的合作者，对投资者来说将十分有利，尤其对初次进入该地的投资者来说，更是如此。④自然条件。开发投资者应尽量避开一些易受自然灾害（如地震、洪水等）的地区，减少建设风险和成本。

2. 开发地段的选择因素分析

开发企业在确定了开发地区后，应进一步做详尽的市场调查，识别市场需求，然后结合自身情况，制定投资系列计划，再有针对性地选择恰当的开发地段。开发企业在确定开发地段时，应统筹考虑下述因素。

（1）城市规划

城市规划是对城市土地使用和各项建设所作的综合布置。城市规划区内的土地利用和各项建设必须符合城市规划，服从规划管理。开发企业要找到适合自己的地段以及确保以后项目规划顺利获得许可，须详细研究当地城市规划和相关法规。开发企业在做这项工作时，应与当地规划主管部门及有关专业人士保持联系，获取指导和咨询意见，明确以下几点：①城市用地布局，主干交通体系；②允许开发的地块，使用类型及兼容性程度；③政府的开发计划及政策；④尚未出让的开发地块及出让条件；⑤已出让地块目前的状况等。另外，投资者也要了解土地主管部门的年度土地使用权出让计划和出让方案（包括地段、总面积、用途、使用条件、出让方式等）。它们不仅对当地房地产需求产生影响，也影响投资者当前选址的方向和有效性。

开发企业从城市规划方面确定备选地块时，须有一些超前的眼光，要注意发现潜在的机会。对一些有较大增值可能或受到较少约束的地块，以及使用性质兼容性较强的地块，应予特别关注。如城市规划中的新中心区地块，地理环境有可能改善的地块，使用性质有一定余地的地块等。一些已完成城市设计的地块，一般都有较大的发展潜力，但受约束较多，开发企业应视具体情况予以把握。

（2）自然环境和工程地质因素

自然环境和工程地质因素包括自然景观、地势、地貌、气象、生态以及地质状况、防灾等若干方面。在现代技术条件下，可以在任何一般环境、地质条件下建设房屋和设施。但是，在不同环境、地质条件下建设房屋和设施的投入成本、建设工期以及未来的适用性等有很大不同。地块的环境、地质条件，直接或间接影响着开发物业未来的市场反应。在环境方面，首先是自然景观，自然景观好，可增强物业的吸引力，但除必须外（如别墅、高尔夫球场等），一般物业不必苛求；在地势上，应尽量选择平缓、排水良好的陆地；要避免地下水位过高、有污染水源的地段。另外，也要注意考察气象、生态条件对某些开发项目的特别影响，如航空港开发。在工程地质方面，要考察土质情况、地耐力、地质稳定性等，注意地下构筑物、文物遗址等存在的可能性。做好这方面的工作，开发企业要详细查阅现有档案，必要时，进行选址勘察。

(3) 现有的建设条件

对建设条件的考察，主要在三个方面。①地块利用状况。包括土地的所有者、使用人及合作意愿、利用现状等，它影响地段取得的可行程度，取得的途径、方式，未来建设成本，建设时间及风险程度等。②基础设施状况。主要指地段给水、排水、供电、路等设施以及教育、商业服务设施等的完善程度及容量。它们对非基础设施开发企业而言，至关重要。③现有建筑环境。主要指地段周围现有（或将有）的建筑物所形成的氛围，即现有建筑物的类型、规模、体量、造型、邻近程度等。它们对拟开发物业的建筑规划处理的难易及限制，以及未来市场反应，使用效率等产生重大影响。一方面，拟开发物业可与建筑环境产生良性聚集效应或互补效应，另一方面建筑环境也可对开发物业产生排斥（现实的或是心理上的），如居住物业、休闲保健物业与消防中心等为邻就十分不当。

(4) 地段面积与形状

地段面积如果与投资者的能力（包括管理、融资等能力）不适应，显得过大，这样的地段是不恰当的。如果有可能，一般来说，大规模集中开发（如整个街区开发）在规划、建设管理、成本等方面对投资者是有利的。而若能在多个地段，从事不同项目的开发，则将有益于投资者降低风险，提高利润水平。

地段狭长、不规则，不利于布置建筑和有效利用，开发企业应注意避免选择此类场地。

(5) 投资经营计划

投资经营计划在这里主要指开发企业拟开发投资的项目类型、规模、投资安排等。开发企业如果拟开发居住物业，则可选择新区地段，通常新区地段有发展余地，能满足居住物业开发要求；开发工业物业，则大多数宜在开发区内选择地段。若开发企业首期投资有限，但又有意继续发展，则选择一些能进行整体规划，又能独立分期开发的地段较为适宜。而对地产开发企业而言，大多选择可成片开发地段。

除上述方面外，以下几点投资者也须仔细考察：①地价，指土地的出让价或转让价；②管理距离，尽管目前有高效的通信手段，但从有效管理的角度出发，选择的地段最好不要距离公司地址太远；③地段用途变动的可能性，地段用途可能的良性变动，将带来地段的增值。

3. 房地产开发项目选址原则

(1) 区域优先

开发在定址时，应遵循先确定投资区域，再选定地段的次序。毫无疑问，如果区域社会、经济发展滞后，即使地段最优，项目也难以成功，这在开发实践中已有证明。

(2) 注重潜力

开发企业无论在确定投资区域，还是在确定地段时，都应以注重潜力为原则。有潜力，就意味着房地产日后有发展和增值空间。值得指出的是，在很多情况下，富有市场潜力的地区，其当前投资环境或商业环境并不一定完善，甚至表现为很淡。在具体确定地段时，要有眼光，不要完全拘泥于地段当前的因素和条件，要深入判断其发展和变化趋势。

(3) 适应投资特征

不同的房地产投资形式、投资规模、投资项目的类型等，应综合考虑的选址因素不尽相同，因素考虑的重点及利弊点也不同。因此，房地产项目选址，应针对投资计划，适应不同投资的特性来进行。

(4) 综合评价

无论是不同投资区域的比较选择，还是不同地段的比较选择，都不能用单一因素或指标来分析、决策。开发用地的比较选择，应该采用综合评价方法。当然，考虑到开发用地选择因素的复杂性及选址阶段工作深度要求，难以期望很快或很容易地解决开发项目的选址问题。

一般来说，开发企业可以自行操作选址工作，也可以雇请咨询顾问来协助完成选址工作。具体选址工作可分为三个阶段：①准备阶段，事先拟定选址条件。②现场踏勘，对照资料深入现场调查。③确定场地，综合论证，确定投资开发区域和开发地段。

4.3 房地产开发用地的取得方式

如前所述，所谓取得开发用地，仅仅是指取得开发用地的一个使用权而已。按照《城市房地产管理法》的规定，提供给开发投资者进行经营的开发用地，获取土地使用权的基本方式有二个：一是出让，二是转让。

4.3.1 土地使用权出让

所谓土地使用权出让，是指国家或其代表（省、市、县土地主管部门）以土地所有者身份作为出让人，将国有土地使用权在一定年限内出让给土地使用者，由土地使用者向国家支付土地使用权出让金的行为。开发企业可以此方式，受让取得开发用地。

按照《城市房地产管理法》规定，土地使用权出让，可以采用拍卖、招标或者双方协议的方式。此外，根据国土资源部颁布的《招标拍卖挂牌出让国有土地使用权规定》的规定，土地使用权出让，也可采用挂牌出让的方式。

1. 协议方式

协议出让方式，是指国有土地的所有者或其代表，作为出让人与要求使用国有土地者，即开发企业作为受让人，就出让土地使用权所涉及的有关事项，如出让土地的面积、年限、用途、出让金等反复协商，达成一致意见后，由出让方向受让方出让国有土地使用权的一种出让方式。具体程序如下。

(1) 开发企业向土地主管部门提出用地申请。土地主管部门提供用地要点资料（规划建设方面的要点资料与规划部门提出的规划设计要点是一致的）及有关规定。这些要点资料（土地主管部门会同城市规划建设、房产管理部门拟定）包括：土地的坐落（应有坐标和标高）、四至范围、地形图等；开发项目建设条件，其内容有项目性质、规模和开发期限，规划控制指标及规划设计要求，基础设施和公共服务配套建筑的建设要求，基础设施和公益设施建成后的产权界定，项目征收补偿安置要求，项目经营方式等；出让年限、出让金评估值及付款方式；出让合同文本；其他特殊要求及有关规定。上述资料、文件须上报有出让批准权的上级人民政府批准。

按规定，通常由当地建设行政主管部门（或房地产行政主管部门）主持制定地块的开发建设条件（相关职能部门参加），并形成《房地产开发项目建设条件意见书》。该意见书应提交土地出让管理部门，其内容应当作为土地使用权出让合同（协议或招标、拍卖）的必备条款。

（2）开发企业在得到上述资料后，经研究，应在规定时间内向土地管理部门提交有关建设方案、确认使用该地块方式的资料等。

（3）土地管理部门在接到开发企业的资料和文件后，即在规定时间内答复开发企业。如双方有洽谈基础，即可就有关事宜进行协商。

（4）土地管理部门和开发企业，经协商达成一致意见后，双方签订土地出让合同。开发企业缴付出让价款和各项费用后，即可办理有关手续，领取土地使用证。

协议出让方式，属非竞投方式，它完全由出让人与受让人双方协商出让事宜，这是一般开发企业乐于接受的方式，尽管有时会耗费较多时间。但对政府来说，由于受让人的单一性，使其缺乏竞争机制，缺少公开性，在实践中存在一定的弊端，主要是受人为因素干预比较大，易导致随意减收或者免收土地使用权出让金，给政府造成经济损失。为此，《协议出让国有土地使用权规定》作出专门的规定，"以协议方式出让国有土地使用权的出让金不得低于按国家规定所确定的最低价"。这里所指最低价不得低于新增建设用地的土地有偿使用费（一般是指国务院或省级人民政府在批准农用地转用、征用土地时，向取得出让等有偿使用方式的新增建设用地的县、市人民政府收取的平均土地收益）、征地（征收）补偿费用以及按照国家规定应当缴纳的有关税费之和，有基准地价的地区，协议出让最低价不得低于出让地块所在级别基准地价的70%，低于最低价时国有土地使用权不得出让。另外，《招标拍卖挂牌出让国有土地使用权规定》第四条也规定：商业、旅游、娱乐和商品住宅等各类经营性用地，必须以招标、拍卖或挂牌方式出让；而其他用途土地的供地计划公布后，同一宗地有两个以上意向用地者，也应当采用招标、拍卖或挂牌方式出让。

2. 招标方式

根据国土资源部发布的《招标拍卖挂牌出让国有土地使用权规定》，招标出让国有土地使用权，是指市、县人民政府土地行政主管部门发布招标公告，邀请特定或者不特定的公民、法人和其他组织参加国有土地使用权投标，根据投标结果确定土地使用者的行为。具体程序如下。

（1）招标

在经过有权批准出让土地使用权的政府同意后，由招标方（土地管理部门）向社会发出招标出让公告，由要求使用土地的开发企业向其提出投标申请，然后由招标人根据招标公告确定的投标人资格进行审查，最后对合格者发送招标文件。

招标出让分为公开招标和邀请招标两种形式。招标公告也相应有招标广告和招标通知两种类型。招标公告的内容要使有意投标者了解出让地块的基本情况，主要包括：地块基本要点资料，投标者应具有的资格，投标地点、截止日期及其他要求等。招标文件则主要包括：投标须知，土地使用和规划条件，土地使用权出让合同文本，投标书，中标证明书等。

（2）投标

投标者按照规定的截止日期、地点将密封标书投入指定标箱，并按指定方式缴纳保证金（一般为所报出让金总额的5%）。标书内容主要是出让金额及付款方式，对招标文件中一些条款的确认，以及土地开发利用方案及可行性分析报告等。

(3) 开标、评标和决标

土地管理部门聘请有关专家组成委员会，主持开标、评标和决标工作，同时由公证机关进行公证。委员会对有效标书进行评审，决定中标的开发企业并签发中标证明书。

(4) 签约、领取土地使用证

中标的开发企业持中标证明通知书在规定的时间内与土地管理部门签订土地使用权出让合同。开发企业按合同规定付清出让金后，即可办理有关手续，在取得用地规划许可证后，办理领取土地使用证。中标者的投标保证金可以抵充出让金。中标后超过一定期限不与土地管理部门签订合同者，保证金将被没收。未中标者，保证金如数退还。中标者签订合同后，即可向规划部门报送项目的规划设计方案。

招标出让方式，由于有众多开发企业的竞投，体现了市场公平、公开、竞争的原则。这种方式有利于体现城市土地的市场真正价值，有利于确保政府的应得收入。此种方式尽管有出让金价位上的竞争，但不完全是价高者中标，政府要综合考虑各方面因素，如开发企业资信情况、发展计划等，来选择最恰当的开发企业，以使土地可以得到最充分、有效的利用。

3. 拍卖方式

拍卖出让方式，是指政府或其代表，作为拍卖人在特定时间，特定的公开场合，组织符合条件，有意受让土地的开发企业来竞投一定年期的土地使用权。由政府的拍卖主持人公布地块开发计划的细节及条件，竞投者用举手或举牌、口头报价的形式竞相报价，最后以"价高者得"的原则确定土地使用权受让人的一种土地出让方式。在有权审批土地使用权出让的政府审核同意之后，实施出让土地拍卖的具体程序如下。

(1) 发布拍卖公告

进行土地使用权拍卖时，土地管理部门首先发布拍卖公告。其内容一般包括：拍卖地块的基本要点资料；拍卖的地点和日期；拍卖规则（竞投须知）等。有意竞投者应在规定时间内到土地管理部门（拍卖主持人）领取有关资料（主要是《土地使用和规划条件》、《出让合同》文本等），并办理相关手续。

(2) 拍卖

首先由主持人向竞投者介绍拍卖地块的基本情况和拍卖规则。竞投的开发企业按规定方式进行应价竞争，在此过程中应价人应受其叫价约束，在产生新的叫价之前不得撤回其应价。最后，由主持人拍定，最高的承价者竞投成功。

(3) 签约、领取土地使用证书

竞投成功的开发企业，在缴付定金后，与土地管理部门签订出让合同，开发企业按规定缴足出让金，在取得用地规划许可证后，办理领取土地使用证。

拍卖方式较之招标方式竞争程度更高，它对拍卖者和竞投者都提出了很高要求。拍卖方式以"价高者得"为原则，除可使政府获得最高收入外，还可避免一些土地出让过程中的不良行为，保证地块落入最需要且善于经营的投资者手中。

4. 挂牌方式

根据国土资源部发布的《招标拍卖挂牌出让国有土地使用权规定》，挂牌出让国有土地使用权，是指出让人发布挂牌公告，按公告规定的期限，将拟出让的土地的交易条件在指定的土地交易所挂牌公布，接受竞买者的报价申请并更新挂牌价格，根据挂牌期限截止时的出价结果确定土地使用权受让人的一种土地出让方式。具体程序如下。

(1) 发布挂牌公告

进行土地使用权挂牌出让时，出让人应当在挂牌开始日前若干天发布挂牌公告，公布挂牌土地的基本资料，挂牌的时间、地点等。公告的具体内容与招标拍卖公告的内容基本相似。

(2) 挂牌竞卖

首先出让人在挂牌公告规定的起始日，将挂牌土地的位置、面积、用途、使用期限、规划要求、起始价、增价规则及增价幅度等，在挂牌公告规定的土地交易场所挂牌公布；竞买的开发企业符合条件，可填写报价单价表；出让人在确认该报价后，更新显示挂牌价格；通过继续接受新的报价和更新挂牌价格，出让人在挂牌公告规定的截止时间确定土地受让人。

采用挂牌出让土地使用权，挂牌时间一般不得少于10个工作日，挂牌期间可根据竞买人竞价情况调整增价幅度。

(3) 成交

在挂牌期间内，如果有某竞买人报价，且报价高于底价，并符合其他条件的，挂牌成交；如果有两个或者两个以上的竞买人报价时，出价最高者为竞得人，出价相同时，先提交报价单者为竞得人，但报价低于底价者除外；若在挂牌期限内无应价者或者竞买者的报价低于底价或者不符合其他条件，挂牌不成交；如果在挂牌截止时仍有两个或两个以上的竞买人要求报价的，出让人应当对挂牌地块进行现场竞价，出价最高者为竞得人。

(4) 签约

确定竞得人后，出让人应当与竞得人签订成交确认书，竞得人应当按照成交确认书约定的时间，与出让人签订《国有土地使用权出让合同》。

挂牌出让方式，与招标、拍卖方式一样，应符合公开、公平、公正的要求，同时也具有以下特点：一是挂牌时间长，允许多次报价，有利于投资者理性决策和竞争；二是操作简单，便于开展；三是有利于土地有形市场的形成和运作。为此，《招标拍卖挂牌出让国有土地使用权规定》将挂牌出让和招标、拍卖方式并列，作为出让国有土地使用权的重要形式之一。

4.3.2 土地使用权出让合同

为贯彻落实《土地管理法》、《城市房地产管理法》和《合同法》，规范国有土地使用权出让合同管理，国土资源部、国家工商行政管理局组织对原国家土地管理局、国家工商行政管理局1994年发布的《国有土地使用权出让合同》示范文本进行了修订完善，并于2000年发布了修订后的《国有土地使用权出让合同（示范文本）》(GF—2000—2601)。

出让合同文本包括合同正文和附件《出让宗地界址图》。下面简单的介绍合同正文的主要内容、双方当事人的权利义务及合同的变更或解除。

1. 合同正文的主要内容

(1) 总则

总则的内容包括当事人双方，合同订立的依据，规定土地所有权属中华人民共和国，而出让的是土地使用权，明确地下资源、埋藏物和市政公用设施均不属于土地使用权出让范围，同时界定了受让方（开发企业）应享有的合法权益及应承担的义务。

（2）出让土地的交付与出让金的缴纳

出让土地的交付与出让金的缴纳是合同中最为重要的条款之一。明确了出让宗地的位置（出让宗地界址图）、面积、用途，确定交付宗地的时间以及宗地应达到的土地开发条件；并且明确受让方应向出让方支付的出让金，同时说明支付方式。

（3）土地开发建设与利用

土地开发建设与利用主要明确在所出让宗地上开发建设应符合的规定，工程动工时间及相关规定，应办理的登记手续，改变土地用途和土地使用条件时的处理措施以及明确政府保留对出让宗地的城市规划的调整权等。

（4）土地使用权转让、出租、抵押

土地使用权转让、出租、抵押主要指明受让方进行土地使用权转让、出租和抵押行为的前提条件，规定办理土地使用权转让、出租和抵押应遵循的原则和程序。

（5）期限届满

期限届满明确指出土地使用期限届满续期与不续期的处理规定。并指出，土地出让期限届满，受让人未申请续期时，本合同下土地使用权和地上建筑物及其附着物由出让人代表国家无偿收回；受让人提出续期申请而出让人没有批准续期时，出让人应根据收回时地上建筑物及其他附着物的残余价值给予相应的补偿。

（6）不可抗力

不可抗力指事先不能预见和无法避免的自然力量或人力因素所产生的环境或事实。合同当事人由于不可抗力，造成合同部分或全部不能履行，不承担责任，并明确提出不可抗力发生后解决问题的办法。

（7）违约责任

违约责任主要说明了不同的违约情况以及违约方应承担的相应责任。

（8）通知和说明

通知和说明主要指出，对合同要求或允许的通知和通讯，不论以何种方式传递，均自实际收到时起生效；当事人变更通知、通讯地址或开户银行、账号的，应在变更后15日内，将新的地址或开户银行、账号通知另一方；因当事人一方延迟通知而造成的损失，由过错方承担责任；在缔结本合同时，出让人有义务解答受让人对于本合同所提出的问题。

（9）适用法律及争议解决

适用法律及争议解决主要说明合同订立、效力、解释、履行及争议，应由双方协商解决。因执行合同发生争议时，由争议双方协商解决，协商不成，双方向约定的仲裁机构申请仲裁或直接向人民法院起诉。

（10）附则

附则说明合同的生效条件，合同合法的签字人，合同文种签订地点及当事人约定的其他相关事宜等。

2. 出让合同双方当事人的权利义务

（1）出让方享有的主要权力和应履行的主要义务

在土地出让过程中，出让方主要享有以下几项权利：在出让合同签订成立后，受让方未在合同规定的期限内支付土地使用权出让金，出让方有权解除合同，并要求给予违约赔偿；当受让方未按出让合同所规定的期限和条件开发利用土地时，土地主管部门有权予以纠正，并可以根据相关法律法规或合同规定给予警告、罚款，甚至无偿收回土地使用权的处罚。

出让方在此过程中应履行的义务主要有：按照土地使用权出让合同的规定提供所有出让土地的使用权，并向受让方提供有关资料和使用该土地的规定。

(2) 受让方享有的主要权力和应履行的主要义务

1) 受让方享有的主要权利

① 受让方按合同约定支付土地使用权出让金后，出让人必须按照合同约定按时提供土地，出让人延期交付土地超过合同规定的期限时，受让人有权解除合同，并要求出让人赔偿因违约造成的损失；

② 出让交付的土地未能达到合同约定的土地条件时，受让方有权要求出让方按照规定的条件履行义务，并赔偿延误履行而给受让方造成的直接损失；

③ 对缔结合同时，受让方有权要求出让方对于合同中的疑问予以解释。

2) 受让方应履行的主要义务

① 按照土地使用权出让合同规定，在约定的期限内支付全部出让金，并依规定，到相关管理部门办理登记手续，领取土地使用证；

② 按照土地使用权出让合同的规定和城市规划的要求开发、利用、经营土地；

③ 需要更改出让合同规定的土地用途的应该征得出让方同意并经土地管理部门和城市规划部门批准，依照规定重新签订土地使用权出让合同，调整土地使用权出让金并办理登记。

3. 出让合同的变更和解除

国有土地使用权出让合同一旦成立，就具有法律效力，合同任何一方不得擅自变更或解除。根据《城镇国有土地出让和转让暂行条例》规定，只有在符合以下情况下，才能变更和解除出让合同。

(1) 出让方因社会利益的需要，可以依照法律程序提前收回土地使用权，解除原土地使用权出让合同，但需根据土地使用者使用土地的实际年限，开发、利用土地的实际情况给予相应的补偿；

(2) 土地使用者需要更改土地使用权出让合同规定的土地用途和使用条件的，经出让方同意和政府有关部门批准，可以解除原土地使用权出让合同，重新签订新的土地出让合同；

(3) 合同一方违约时，另一方有权解除合同。如受让方逾期未全部支付出让金的，出让方有权解除合同，出让方未按合同提供土地使用权的，受让方有权解除合同等；

(4) 因不可抗力或社会动荡、暴乱等，致使合同无法履行的，当事人可以请求变更或解除土地使用权出让合同。

4.3.3 土地使用权转让

土地使用权转让，在这里是指：拥有国有土地使用权的用地者，通过合法方式将其使用权转移给他人的行为。在房地产开发活动中，合法转让方式主要是：买卖；合资、合作建房；交换；作价入股等。按照《城市房地产管理法》的规定：以出让方式和划拨方式取得的土地使用权，都可以向开发投资者转让。开发企业可以此途径，取得用地使用权。

1. 以出让方式取得的土地使用权的转让

以出让方式取得土地使用权的地块，在其使用人缴付全部出让金取得土地使用权证并对其进行了一定程度的开发之后，可向有意投资的开发企业转让。

所谓"一定程度的开发"，按照《城市房地产管理法》的规定，是指"属于房屋建设工程的，完成开发投资总额的25%以上；属于成片开发土地的，形成工业用地或者其他建设用地条件"。

开发投资者可从广告传媒、交易会、招商会等渠道，获悉拟转让地块及转让方式的资料，开发投资者可结合自己的经营计划，对这些资料进行分析、评估。在找到目标地块后，即可与地块的使用权人进行接洽和协商谈判，双方意见达到基本一致后，一般由原使用人向土地所有者（土地管理部门）提出申请；申请批准后，双方签订土地使用权转让合同；尔后，持合同到土地管理部门办理过户变更登记。开发企业也可通过竞投方式，取得合同签署权。在具体工作中，要注意以下几点。

（1）土地使用权转让时，原土地使用权出让合同载明的权利、义务随之转移。权利人不得扩张其权利内容。

（2）土地使用权转让，只是对原权利剩余期限的转让。即转让后的土地使用权的使用年限为原出让合同约定的使用年限减去原使用者已经使用年限后的剩余年限。

（3）改变原出让合同约定的土地用途的转让，必须取得原出让方和相应的规划行政主管部门的同意，签订土地使用权出让合同变更协议，并调整出让金。用途变更大的，应重新签订出让合同，重新确定出让金数额。

（4）转让时，房屋已经建成的，原使用人应持有房屋所有权证书，并先行办理房屋所有权变更登记，然后再凭变更后的房屋所有权证书，申请土地使用权变更登记。

2. 以划拨方式取得的土地使用权的转让

一般情况下，我国法律不允许原来依行政划拨方式取得的土地使用权以任何形式转让。但考虑到《城市房地产管理法》实行前大约99%的土地均为划拨取得，为鼓励使用者节约用地、合理用地，防止土地的闲置和浪费，《城市房地产管理法》规定：以划拨方式取得土地使用权的，转让房地产时，应当按照国务院规定，报有批准权的人民政府审批。有批准权的人民政府准予转让的，应当由受让方办理土地使用权出让手续，并依照国家有关规定缴纳土地使用权出让金。这实质上是由划拨方式转化为有偿出让方式而使该幅地块土地使用权进入市场，有意对该幅地块投资的开发企业，可以此途径取得土地使用权。

开发企业在找到目标地块后，可与土地使用者接洽，应核实其是否领有国有土地使用证，是否具有地上建筑物、其他附着物合法的产权证明。经核实确认后，开发企业即可进一步与之协商、谈判，双方意见基本达到一致后，一般先草签转让合同（待政府同意后，再签正式合同），此后由土地使用者向政府土地管理部门提出转让申请，经批准后，由开发企业与土地管理部门签订土地使用权出让合同，开发企业在缴付全部出让金后，到土地管理部门办理出让登记手续（由于地块已进行初始登记，此时办理变更登记）。这样，开发企业就获得了目标地块的土地使用权。在这里要注意，转让的审批权限应当与划拨土地使用权批准权限一致。

按照《城市房地产管理法》的规定，以划拨方式取得的土地使用权，转让房地产报批时，有批准权限的人民政府可以不办理土地使用权出让手续的，转让方应当按照规定将转让房地产所获收益中的土地收益上缴政府或者作其他处理。转让双方应签订转让合同，并办理相应的产权变更登记手续。在这里，所谓可以不办理出让手续的地块，是政府认为不具备出让条件，而近期又不禁止转让的地块，一般是指政府暂时无法或不需要转为出让方式供应的地块，或者是根据城市规划不宜出让的地块。这些地块的使用人在得到政府准许转让但又不办理出让手续的情况下，使用人应将转让中所含的土地收益上缴政府或者采取将收益作为政府投资入股等方式以保障政府收回土地收益。这一条款，给开发企业提供了另一种投资空间。

4.3.4 关于土地使用权出让和转让的几个问题

（1）除了成片土地受让人，外商须为在中国注册的法人外，我国法律未对土地受让人作出其他规定和限制。一般来说，各种开发公司、其他经济组织和个人均可按有关程序取得土地使用权。但我国法律规定，只有依法成立的各种房地产开发企业才能从事房地产开发经营业务。在开发实践中，以协议方式出让开发用地时，政府通常要求受让人为开发企业，以竞投方式出让时，政府则不作限制，非开发企业的受让人在取得开发用地后，再向有关部门申请设立开发企业，从事开发经营业务。另外，依法取得的土地使用权可以作价入股、合资、合作开发经营房地产，此时，按规定，合资、合作双方应当在项目确定后，依法设立房地产开发企业。

（2）在国有土地使用权出让实践中，出让合同一般都采用书面标准合同的形式，即合同的主要条款、格式等均由出让方提出，受让方只能按照出让方所提供合同文本（招标、拍卖文件均会提供）的相应项目提出自己的意见，必要时，可作以补充。国家有关主管部门规定，对现行的《国有土地使用权出让合同》示范文本，出让合同双方当事人在签订合同时必须执行。

（3）关于房地产开发的期限。根据《城市房地产管理法》：以出让方式取得土地使用权的用地，必须按照出让合同约定的动工开发期限开发。超过约定的动工日期满一年未动工开发的，政府可以征收相当于出让金20%以下的土地闲置费；满两年未动工开发的，政府可以无偿收回土地使用权；但因不可抗力或者政府、政府有关部门的行为或者动工开发必需的前期工作造成的延误除外。

（4）土地使用权转让中的受让人，按目前规定应当在办理土地使用权变更登记手续后的15日内持转让合同到房地产开发的主管部门备案，并办理项目开发人变更等有关手续。

（5）转让合同必须书面订立。合同要载明合同标的、合同期限、价款、土地使用权取得方式等内容。转让合同的成立和有效，以到房产和土地管理部门办理转让过户手续为准。不办理变更手续，按目前的规定，转让合同不发生效力，即受让方得不到物权的法律保护。

4.3.5 房地产开发可接受地价的测算

开发企业在受让土地前都必须对地块作出地价测算，尤其在参加土地招标或是土地拍卖前，特别要做好这项工作。地价测算是一项既有规则可循、又因条件而异、工于心计的工作。房地产投资动辄上千万元以上，地价往往要占投资的相当比例，地价测算，是房地产投资成功的重要工作。

政府出让土地使用权，事前都会公布土地的概况及使用要求，如土地位置、面积、形状、用途、建筑覆盖率、建筑层数、容积率、设施配套要求等指标，这些指标都与地价有密切的关系。投资者要凭自己的学识和胆略，既遵守土地使用限制的规则，又充分利用没被限制的一切因素，构思出一个最佳的土地经营方案，以最佳的经营状况去评估地价。

1. 影响地价的两大因素

在同一区域内，地价主要受两大因素的影响：一是土地的用途，不同用途的土地所建起来的楼宇会带来不同的收益，从而导致高低不同的地价。一般来说，土地作商业用途时地价最高。二是土地的容积率。容积率不同的土地有不同的可建面积，也就有了不同的土地价格，如相邻的甲、乙两块土地，土地面积等同，容积率相差10倍，土地甲的可建筑面积10倍于土地乙，那么这两块面积相同的土地的价格绝不会相同。

2. 用对比法推算基础数据

在地价测算中，较准确地评估土地所建的楼宇预期楼价和楼宇建造成本等基础数据，是关键性的环节。

按照规定，商品房是可以预售的，但必须在投入开发建设的资金已达到投资总额25％后才能进行。从买地到预售，高层楼宇一般需相隔一年以上，多层楼宇也需半年多；相隔时间越长，楼市变化越大，预期楼价评估也越难准确。另外，确定合理的楼宇建造成本也是件不易的事。这是因为建造楼宇需要相当一段时间，而在此段时间内，物价上涨、利率变化及其他一些社会、政治、经济因素都将影响楼宇建造成本，导致楼宇建造成本的评估不易准确。然而，正因为如此，才使得对预期楼价及建造成本的评估最富挑战性。竞投土地时不同的投资者的不同的出价，很大程度上反映了这些投资者用不同的眼光去评估预期的楼价和建造成本。出价高的往往是对未来楼价预估得比别人高，对建造成本预估测相对比别人低。

在一般情况下，进行地价测算都采用对比法来推算一些基础数据，如预期的楼价和建筑成本，可以通过与一些条件相似的楼宇实际成交价格和工程决算结果进行比较来估算。运用对比法的关键点是：一要找到相当数量的条件相似的楼宇，综合取得其基础数据作为测算的参数。二要综合分析各相关因素，如现时楼宇市场的状态与趋势、楼宇位置及环境状况、地块规划要求、社会物价水准走势等，对参数加以合理推算，以获得地价测算的基础数据。可以从以下渠道取得推算数据：公司的档案资料；专业机构的报告，如估价事务所报告；政府的统计分析报告；专业定额标准及其有关规定等。

有了地价测算的基础数据，就可依下述公式进行投标或竞投地价的计算。

3. 地价测算方法

根据房地产估价理论和估价规范，可以列出如下等式：

开发完成后的房地产价值＝土地价格＋开发成本＋管理费用＋投资利息＋销售税费＋开发利润＋开发商购买土地的税费

从以上等式中可以变换出：

土地价格＝开发完成后的房地产价值－开发成本－管理费用－投资利息－销售税费－开发利润－开发商购买土地的税费

其中：开发成本——指开发房屋建筑物的勘察设计和前期工程费、基础设施建设费、建筑安装工程费、公共配套设施建设费以及开发过程中的税费；

管理费用——指房地产开发企业的管理部门为组织和管理房地产项目的开发经营活动而发生的费用；

投资利息——指建设期内的贷款利息。包括取得土地时的利息费用和建造房屋时的利息费用；

销售税费——指房地产销售过程中发生的销售费用、开发经营活动过程中向有关部门缴纳的税费，包括营业税、城市维护建设税、教育费附加以及其他销售税费；

开发商购买土地的税费——指开发商在获得土地使用权的过程中，应负担的税费，是假定一旦购买了待开发的土地，在交易时作为买方应负担的税费，如契税、交易手续费等，该项税费通常是根据当地的规定，按待开发土地价值的一定比率进行估算。

开发利润——指开发企业自行制定的目标利润指标，一般以土地取得费用与开发成本之和为基础来确定。

在公开竞投时，开发企业从低到高进行竞投应价，随着竞争的激烈，应价越高，可获得的开发利润越少。当应价达到某一值时，开发企业的利润为预先制定的目标利润。应价不断提高，直到达到极限的竞投价，此时开发利润为零，这是给公开竞投的开发企业亮起的红灯，也是最大允许的竞投地价，越过此界线，就必亏无疑了。

以上测算是以静态方式进行的。开发企业也可设定土地出让的时间为基准时间，以动态方式测算，即将各种成本费用贴现到基准时间进行计算。静态测算的结果和动态测算的结果，两者会有一定的差距，一般认为，采用动态方式更为精确。有条件用动态方式测算地价的，要优先选用动态方式进行测算。

【例 4-1】 某开发商拟购一块商住混合用地，地块的规划条件是：土地总面积是 10000m²，允许建筑容积率为 7.5，建筑覆盖率不大于 55%。通过市场调查，确定以下地块利用方案：建筑覆盖率 50%，地上建筑总面积 70000m²，地上建筑物层数 14 层，各层建筑面积相同，地上 1～2 层的为商店，总面积为 10000 m²，3～14 层为住宅，总面积 60000 m²。预计建设期为 3 年，项目建造完工后，其中商业楼即可全部售出，住宅楼的 30% 在完工后可售出，50% 半年后售出，其余一年后售出。预计商业楼出售时平均售价为 5000 元/ m²，住宅楼出售时的平均售价为 2500 元/ m²。估计建造开发成本为 7000 万元，管理费用为建造成本的 5%，销售房屋时的广告宣传费为其售价的 2%，房地产交易中卖方需交纳的营业税等为交易价格的 6%，开发商购买土地需缴纳的契税等为交易价格的 3%，贴现率取 12%，在未来 3 年的建设期内，开发成本的投入情况如下：第一年为 20%，第二年为 50%，第三年为余下的 30%，用折现法测算开发商能承受的地价。

【解】

(1) 公式：土地价格＝开发完成后的房地产价值－开发成本－管理费用－投资利息－销售税费－开发利润－开发商购买土地的税费

(2) 计算的基准时间定为该块土地的出售时间

① 开发后的房地产价值＝

$$\frac{5000\times10000}{(1+12\%)^3}+\frac{2500\times60000}{(1+12\%)^3}\left[\frac{30\%}{(1+12\%)^0}+\frac{50\%}{(1+12\%)^{0.5}}+\frac{20\%}{(1+12\%)^1}\right]=13712.78$$

（万元）

② 开发成本＝
$$7000\left[\frac{20\%}{(1+12\%)^{0.5}}+\frac{50\%}{(1+12\%)^{1.5}}+\frac{30\%}{(1+12\%)^{2.5}}\right]=7000\times0.837=5857.59（万元）$$

③ 销售税费＝①×（2%＋6%）＝1097.02（万元）

④ 管理费用＝②×5%＝292.88（万元）

⑤ 购买该宗土地的税费总额＝地价×3%

⑥ 地价＝13712.78－5857.59－1097.02－292.88－地价×3%

所以

能承受的地价＝6276.98（万元）

所能承受的楼面地价＝62769800/70000＝896.71（元/m²）

4.4 开发建设中的农地征用

如前所述，在城市规划区内，只有国有土地才能投入房地产开发。如果房地产开发需要使用城市规划区内的集体所有的建设用地时，须通过征用将其转为国有土地，尔后才能用于开发经营。这就是本节要讨论的开发建设中的农地征用，即为了开发建设的需要，对城市规划区集体所有的规划建设用地的征用。

4.4.1 农地征用的一般涵义

从建设实践看，我国的农地征用是指为了满足公共公益事业发展的需要和城市规划建设需要，政府依靠国家权力强制转移农村集体土地所有权利并对原权利人给予合理经济补偿的一种行政行为。

以上表述可清楚地看到：我国农地征用存在两种类型，一类是为公共目的而进行的征用，如为国防、国家机关等公共公益事业发展所需用地进行的农地征用；另一类是为非公共目的，即为满足城市土地市场一般需求而进行的农地征用，如为房地产开发需求而进行的农地征用。这后一种类型，就是本节讨论的对象。

4.4.2 开发建设中的农地征用特点

房地产开发，一般来说，在城市两类地域内进行，一类是城市的建成区，即旧城改造，通常只是改变土地的使用性质或使用状况；另一类是在城市的边缘区，即新区开发，通常都需要改变土地的所有权，也就是需要征用农地。这就是开发建设中农地征用的一个特点，即征用经常发生在新区开发中。农地征用的其他特点是：

1. 有一定的强制性

农地征用权是国家权力作用的一种，国家权力作用形成的行为具有一定的强制性。拟征用的土地一旦被划定，农地所有者就应服从城市建设的需要。

2. 须妥善安置被征用单位及人员的生产和生活

按法律规定，征地者（表现为开发投资者）应向被征地单位支付补偿费。从商品经济的观点看，农地征用是一种特殊的商品交换，被征用土地的补偿费就是一种特殊的价格，这种价格有一定的市场性。

3. 土地所有权性质发生转移

国家对集体土地实行征用后，原属集体所有的土地转为国家所有，国家再将国有土地的使用权出让给开发建设机构。其过程可表达为：

集体土地所有者 ⇌(征用地所有权/补偿) 政府 ⇌(转移土地使用权/支付补偿) 开发企业

4.4.3 农地征用出让程序

农地征用出让程序，在这里是指国家作为征用主体以及国有土地的出让人，开发企业作为土地使用者，从申请使用农地开始，到获得用地使用权的过程。

农地征用出让程序，一般有以下步骤。

1. 开发企业申请用地

开发企业持经政府主管部门批准或核发的立项文件，用地规划许可证以及其他有关资料、图纸等，向土地管理部门提出申请。

2. 土地管理部门审核申请文件

土地管理部门审核申请文件的可靠性及可行性，审查用地的规划设计指标条件，核定土地的用途及红线范围。

3. 拟定征地方案

土地管理部门在符合各方要求的初步协议的基础上，主持签订征地协议，确定开发企业对被征地者的土地补偿、补助、征收安置的方案。

4. 征地出让申请报批

土地管理部门根据年度出让方案计划，将出让地块的征地协议，土地的使用条件，规划设计，地价评估报告，出让合同文本等文件资料，报有批准权的人民政府审核。

5. 签订合同，核发土地使用证

土地管理部门上报的征地出让意见一旦获得有批准权的政府批准，即意味着国家取得了被征用土地的所有权。尔后，土地管理部门与开发企业签订出让合同，依法办理土地使用权登记手续。被征用土地者要按照协议，按时移交被征用的土地，开发企业则要按合同和协议的规定，即时缴纳出让金和各种费用。

4.4.4 开发建设中的农地征用补偿

农地是集体经济组织的重要资产，是集体经济组织的基本生产资料，是从事生产活动的必要条件。当农地被征用时，集体经济组织必然要求其经济利益和生产条件补偿。因此，在征用农地时，必须向占有土地的集体组织支付一定的土地征用补偿费。

农地征用中的补偿范围和补偿、补助标准的确定，是一项难度较大的重要工作，直接涉及各方利益。目前，农地征用中的补偿原则和标准确定依据是 1999 年 1 月 1 日起施行的《中华人民共和国土地管理法实施条例》。从开发实践看，由于被征地者越来越强烈地意识到土地征用后将产生更高的效益，因此，他们要求通过征地费分享预期收益。其结果是征地费的确定大多离开了法定标准，而变成价格和利益的协调。这反映出农地征用过程已具有市场机制作用。

本着市场经济条件下的实际，在原有法律制度的基础上，对开发建设中农地征用的法律地位，征用补偿原则和标准等，进一步完善和补充，已成为客观现实要求。

按照当前有关规定，土地征用补偿费由用地单位即开发企业直接支付，在具体实践中，补偿费和补助费补偿的方式可以是现金即时交割，也可以是入股分红、分房的形式。土地征用补偿费包括：土地补偿费、土地投资补偿费（土地上附着物补偿费、青苗补偿费）、安置补助费、临时建设用地补偿费、税、费（耕地占用税、新菜地开发建设基金、征地管理费）等。分别如下。

1. 土地补偿费

土地补偿费，是指国家征用集体所有的土地时直接对土地支付的补偿费用，其实质是对土地收益的补偿。土地收益是集体经济组织通过占有、经营土地而获得的经济利益。征用集体所有的土地时，首先必须对集体经济组织失去土地后所损失的土地收益给予补偿。

2. 地上附着物补偿费

地上附着物，这里是指经集体组织或农民个人投入形成的地上建筑物、构筑物或其他设施如房屋、树木、水井等。征用集体所有的土地时，会造成地上附着物投资的损失，应该对集体经济组织或农民个人的这部分投资损失予以补偿。

3. 青苗补偿费

青苗是指从播种以后到收获之前这个阶段生长在农地中的作物。它与地上附着物一样属农民对土地的投资。征用土地上的青苗，在不影响建设工程正常进行的情况下，应等待农民收获。如由于急需用地必须铲除时，开发企业应按不同作物的实际产量、不同生产期，给予相应补偿。这种补偿费即称为"青苗补偿费"。

4. 安置补助费

农地征用企业除支付土地补偿费外，还应当支付安置补助费。安置补助费是指国家征用农地时，为了妥善安排被征地单位的生产和群众生活所支付的费用，包括劳动力安置费和生活补助费。在具体工作中，开发企业除应支付安置补助费外，还要参与妥善安置剩余劳动力的工作。

5. 临时建设用地补偿费

如开发项目因施工需要临时使用被征用土地范围外的集体所有的土地，开发企业也应向集体经济组织支付补偿费，即支付临时建设用地补偿费。在临时使用的土地上，开发企业不得修建永久性建筑物。使用期满，开发企业应当恢复土地的原状，及时归还。

6. 税、费

（1）耕地占用税

根据规定，开发企业使用耕地时，应向国家缴纳耕地占用税。种植农作物的土地，以及鱼塘、园地、菜地及其他农业用地都属耕地占用税的征税对象。耕地占用税，一般可由当地财政机关委托当地土地管理部门在办理征地手续过程中负责代收或督促缴纳。

（2）新菜地开发建设基金

征用城市郊区的菜地，开发企业应当按照国家有关规定缴纳新菜地开发建设基金。城市郊区菜地在这里是指城市郊区（不含县城，建制镇和工矿区的郊区，但为直辖市居民供菜的郊县除外）为供应城市居民吃菜，常年种菜的商品菜地或养殖鱼、虾等精养鱼塘。

（3）征地管理费

此费是开发企业支付给承担征地包干事务的有关土地管理业务部门的费用。"征地包干"是政府为保障各方利益顺利实施征地工作而采取的一项措施。开发企业在提出用地申请后，应着手办理有关征地包干手续，与土地管理部门签订征地费用包干协议，明确双方的权利和义务。土地管理部门从征地总费用中提取征地管理费的比率，按不同地区的具体情况分别确定，一般为 1%～2%。

复习思考题

1. 简述房地产开发用地涵义和类型。
2. 选择开发用地时，应统筹考虑的因素有哪些？
3. 开发企业获得开发经营用地使用权的基本方式有哪些？
4. 土地使用权转让合同成立和生效的条件是什么？
5. 如何以动态法测定房地产开发可接受地价？
6. 为取得集体所有农地的开发使用权，开发企业应支付的费用有哪些？

5 国有土地上房屋征收和补偿

房屋征收，是指国家为了公共利益的需要，依照法律规定的权限和程序强制取得单位、个人的房屋以及其他不动产的行为。房屋征收是物权变动的一种特殊的情形，是国家取得所有权的一种方式。房屋征收通常处于房地产开发项目的前期工作阶段，伴随着房地产开发项目进行，是旧城区改建的一个重要环节。

国有土地上的房屋征收过去称为"城市房屋拆迁"，简称"拆迁"。2011年1月21日国务院公布了《国有土地上房屋征收与补偿条例》（国务院令第590号，以下简称《房屋征收补偿条例》），同时废止了2001年6月13日国务院公布的《城市房屋征收管理条例》。新条例规定：为了保障国家安全、促进国民经济和社会发展等公共利益的需要，市、县级人民政府可以作出房屋征收决定。为了更有效地推进房屋征收工作，《房屋征收补偿条例》明确界定了公共利益的范围，即：①国防和外交的需要；②由政府组织实施的能源、交通、水利等基础设施建设的需要；③由政府组织实施的科技、教育、文化、卫生、体育、环境和资源保护、防灾减灾、文物保护、社会福利、市政公用等公共事业的需要；④由政府组织实施的保障性安居工程建设的需要；⑤由政府依照城乡规划法有关规定组织实施的对危房集中、基础设施落后等地段进行旧城区改建的需要；⑥法律、行政法规规定的其他公共利益的需要。为了公共利益的需要，征收国有土地上单位、个人的房屋，应当对被征收房屋所有权人（以下称被征收人）给予公平补偿。

5.1 房屋征收工作程序

《房屋征收补偿条例》是规范和指导国有土地上房屋征收工作的重要文件。各地各级人民政府可根据法律规定，结合当地实际情况，制定地方性法规或行政规章。

《房屋征收补偿条例》对房屋征收的主体、房屋征收部门、房屋征收实施单位、房屋征收监督主管部门等作了具体规定。房屋征收的主体是市、县级人民政府，市、县级人民政府负责本行政区域的房屋征收与补偿工作；房屋征收部门是由市、县级人民政府确定的，负责组织实施本行政区域的房屋征收与补偿工作；房屋征收部门可以委托房屋征收实施单位，承担房屋征收与补偿的具体工作，并对其在委托范围内实施的房屋征收与补偿行为负责监督，对其行为后果承担法律责任，房屋征收实施单位不得以营利为目的；上级人民政府应当加强对下级人民政府征收与补偿工作的监督，国务院住房城乡建设主管部门和省、自治区、直辖市人民政府住房城乡建设主管部门应当会同同级财政、国土资源、发展改革等有关部门，加强对房屋征收与补偿工作的指导。

按照上述有关管理法规和房地产开发经营规律，房屋征收工作一般应遵循下列程序。

5.1.1 拟定征收补偿方案

房屋征收部门拟定的征收补偿方案，应当满足合法、合理、可行三个基本条件。为制定征收补偿方案，房屋征收部门须详细了解拟征收范围内的常住人口、有关单位以及全部房产情况。做这些工作时，应制定内容完善的调查表格（表5-1），组织力量，实地核查、丈量，并注意取得当地公安派出所及房管部门的支持和配合，以确保工作实效。

在取得详细、真实的调查资料后，应按照既依据政策，又从实际出发，实事求是的原则，制定征收补偿方案。征收补偿方案的内容一般包括房屋征收范围、实施时间、补偿方式、补偿金额、补助和奖励、安置用房面积和安置地点、搬迁期限、搬迁过渡方式和过渡期限等事项。

基本情况调查表　　　　　　　　　　　　　表5-1

户主姓名		性别		登记日期	
住户地址			工作单位		
产权单位			常住人口		户籍人口	
建筑面积			使用面积		用途	
保底人数			保底面积			
家庭成员姓名	与户主关系		户口迁入日期		工作单位
建筑简图					
补偿要求	1. 要求一次搬迁，做永久安置　☐　2. 要求迁回：解决临迁投亲靠友　☐ 3. 要求放弃产权，租回使用面积　☐　4. 要求安置铺面　☐ 5. 其他：				
备注					

5.1.2 组织有关部门论证

房屋征收部门拟定征收补偿方案，报市、县级人民政府。对征收补偿方案，市、县级人民政府应当组织发展改革、城乡规划、国土资源、文物保护、财政、建设等有关部门对征收补偿方案进行论证。主要论证内容包括明确征收房屋的各项建设活动是否符合国民经济和社会发展规划、土地利用总体规划、城乡规划和专项规划，房屋征收是否符合房屋征收的条件，房屋征收范围是否科学合理，补偿方案是否公平等。

5.1.3 征求公众意见

市、县级人民政府应当在组织有关部门对征收补偿方案进行论证后予以公布，征求公众意见。市、县级人民政府也应当将征求意见情况和根据公众意见修改的情况及时公布。因旧城区改建需要征收房屋，多数被征收人认为征收补偿方案不符合相关条例规定的，市、县级人民政府应当组织由被征收人和公众代表参加的听证会，并根据听证会情况修改方案。参加听证会的代表应当包括被征收人代表和社会各界公众代表。市、县级人民政府应当听取公众意见，就房屋征收补偿方案等群众关心的问题进行说明。根据听证情况，市、县级人民政府应当对征收补偿方案进行修改完善，对合理意见和建议要充分吸收采纳。

5.1.4 公告房屋征收决定

市、县级人民政府作出房屋征收决定前，应当按照有关规定进行社会稳定风险评估；房屋征收决定涉及被征收人数量较多的，应当经政府常务会议讨论决定。市、县级人民政府作出房屋征收决定后应当及时公告。公告应当载明征收补偿方案和行政复议、行政诉讼权利等事项。房屋征收公告可张贴于征收范围内及其周围易为公众阅读的地点，对于规模较大的征收，征收公告应登载在当地的报纸上。总之，房屋征收部门征收行为的成立，都必须使被征收人在正常情况下有可能了解自己已成为征收当事人，了解其权利和义务。被征收人应拥有对征收行为的知情权。另外，房屋征收部门还应书面通知房产、公安、工商等有关部门。

房屋被依法征收的，国有土地使用权同时被收回。被征收人对市、县级人民政府作出的房屋征收决定不服的，可以依法申请行政复议，也可以依法提起行政诉讼

5.1.5 房屋征收实施

1. 组织征收动员

市、县级人民政府及房屋征收部门应当做好房屋征收与补偿的宣传、解释工作。

房屋征收部门应当对房屋征收范围内房屋的权属、区位、用途、建筑面积等情况组织调查登记，被征收人应当予以配合。调查结果应当在房屋征收范围内向被征收人公布。按规定，被征收人自征收公告发布之日起，不得在房屋征收范围内实施新建、扩建、改建房屋和改变房屋用途等不当增加补偿费用的行为。房产、公安、工商等有关部门应自接到房屋征收部门发出的书面征收通知之日起，暂停办理征收范围内房屋调换、租赁、买卖、抵押和户口迁入、分户以及发放营业执照等手续。

2. 签订征收补偿协议

房屋征收部门与被征收人必须在规定的征收期限内，对于补偿、安置以及被征收人在规定的期限内完成搬迁等有关问题进行协商，达成一致后，签订书面协议，明确各自的责

任和权利。被征收人拥有协商谈判权。征收补偿安置协议一般包括以下内容：①双方当事人的基本情况，如当事人的姓名、名称、地址；②征收补偿方式，是货币补偿还是产权调换，货币补偿金额及支付期限；③安置用房面积；④安置地点；⑤产权调换房屋的差价支付方式和期限；⑥搬迁期限、搬迁过渡方式和过渡期限；⑦搬迁补助费和临时安置补助费；⑧违约责任和争议解决方式；⑨当事人约定的其他条款。

补偿协议签订后，一方当事人不履行补偿协议约定的义务的，另一方当事人可以依法提起诉讼。征收部门与被征收人在规定时限内若达不成协议，则通过另外途径处理（见本章第四节）。

3. 拆除房屋，平整场地

征收协议签订后，经办人员应及时通告拆房工程管理人员，准备拆房。拆房通常可采取两种途径：一是委托有经验并有执照的拆房机构进行人工拆房；二是委托专业爆破或机械施工单位进行爆破或机械拆房。采取第一种方式，一般耗费时间较多，但费用低，有时甚至能获得一定收益；采取第二种方式，能节约工期，但费用较高。

征收范围内房屋拆除完毕后，房地产开发企业可进行现场的"三通一平"，为工程施工准备条件。这些工作（部分工作是与房屋拆除工作同步进行的）包括如下内容：

（1）清理地上、地下障碍物

障碍物是指地下、地上已经废弃的建筑物；与拟建工程发生矛盾的人防工程；必须拆除或改造的原有电力、电信、给水、雨水、污水、煤气等管线和设施；因工程建设必须砍伐或移栽的树木和必须废弃的绿地等。

（2）平整场地

清理、外运建筑垃圾，处理原房屋的建筑材料等。

（3）接通工程施工用电、用水

此项工作须有专人向所在地的供水、供电部门联系申报，通常是将工程项目建成后的用水、用电计划一并申报办理。

（4）修通进出地盘的道路，为施工单位进入现场做好施工准备工作。

5.2 房屋征收补偿

房屋征收补偿，关系到被征收人的经济利益，补偿的形式、标准是房屋征收协议的主要内容。《房屋征收补偿条例》中对房屋征收补偿作了明确规定，各地也可根据实际情况制定实施细则或补充规定。它们是进行房屋征收补偿的基本依据。

5.2.1 房屋征收补偿

1. 房屋征收补偿的对象

房屋征收应当对被征收房屋的所有权人进行补偿。所有权人既包括自然人（公民），也包括法人或其他社会机构。只有在拆除具备合法手续的房屋及其附属物时，才对其所有人进行补偿。当拆除违章建筑时不予补偿；当拆除临时建筑时，由于它是由政府有关部门批准建造的，应根据实际情况加以处理。如经批准建造的临时建筑未超过批准期限，应给予适当补偿。超过批准期限的临时建筑已属违章建筑，拆除时不予补偿。另外，考虑到附属物属房屋组成不可缺少的一部分，以下提到房屋时，均包括附属物在内，房屋与附属物分列时除外。

2. 房屋征收补偿的方式

房屋征收补偿可采取两种方式：一是实行货币补偿；二是实行房屋产权调换。

货币补偿是以市场评估价为标准，对被征收房屋的所有权人进行货币形式的补偿。房屋产权调换是指房屋征收部门提供用于产权调换的房屋与被征收房屋进行调换，计算价格后，结清差价。因旧城区改建征收个人住宅，被征收人选择在改建地段进行房屋产权调换的，作出房屋征收决定的市、县级人民政府应当提供改建地段或者就近地段的房屋。

3. 房屋征收补偿的范围

作出房屋征收决定的市、县级人民政府对被征收人给予的补偿包括：

（1）被征收房屋价值的补偿。包括被征收房屋及其占用范围内的土地使用权的补偿，以及室内装饰装修价值的补偿。被征收人房屋包括被征收的房屋及其附属物。所谓附属物是指与房屋主体建筑有关的附属建筑或构筑物。对被征收人房屋价值的补偿是房屋征收补偿中最主要的部分。

（2）因征收房屋造成的搬迁、临时安置的补偿。因征收房屋造成搬迁的，房屋征收部门应当向被征收人支付搬迁费。对于选择房屋产权调换的，产权调换房屋交付前，房屋征收部门应当向被征收人支付临时安置费或者提供周转用房。

（3）因征收房屋造成的停产停业损失的补偿。对因征收房屋造成停产停业损失的补偿，根据房屋被征收前的效益、停产停业期限等因素确定。具体办法由省、自治区、直辖市制定。

此外，市、县级人民政府应当制定补助和奖励办法，对被征收人给予补助和奖励。征收个人住宅，被征收人符合住房保障条件的，作出房屋征收决定的市、县级人民政府还应当优先给予住房保障。具体办法由省、自治区、直辖市制定。

4. 房屋征收补偿的计算

（1）货币补偿方式

房屋征收以货币补偿方式进行补偿时，对被征收房屋价值的补偿，不得低于房屋征收决定公告之日被征收房屋类似房地产的市场价格。被征收房屋类似房地产的市场价格是指被征收房屋的类似房地产在评估时点的平均交易价格。具体由具有相应资质的房地产价格评估机构按照《国有土地上房屋征收评估办法》评估确定。

（2）产权调换方式

被征收人选择房屋产权调换的，市、县级人民政府应当提供用于产权调换的房屋，并与被征收人计算、结清被征收房屋价值与用于产权价值调换的房屋价值的差价。产权调换实质是先由征收部门按被拆除房屋的市场评估价对被征收人进行补偿，再由被征收人按照市场价购买征收部门提供的产权调换房屋，根据被征收房屋的评估价与产权调换房屋的市场价进行差价结算，多退少补。从目前的实践来看，这种做法更有利于保护被征收人的合法权益。

5.2.2 房屋征收安置

对于选择房屋产权调换的，在产权调换房屋交付前，房屋征收部门应当向被征收人支付安置费或者提供周转用房。

1. 房屋征收安置的对象

房屋征收安置的对象是指房屋被征收人。被征收人可以是自然人（公民），也可以是法人或其他机构。

2. 房屋征收安置的形式

房屋征收部门对被征收人的安置，可以根据实际情况采取两种形式：支付临时安置费或者提供周转用房。

被征收人自行过渡的，征收部门应当对被征收人支付临时安置费。房屋征收部门向被征收人提供周转用房的，房屋征收部门已经履行了为被征收人承担临时安置的责任，不必付给被征收人临时安置费。

考虑到各地经济水平和实际情况不同，搬迁费和临时安置费的具体标准由地方规定。

5.2.3 房屋征收评估

《房屋征收补偿条例》第十九条规定："被征收房屋的价值，由具有相应资质的房地产价格评估机构按照房屋征收评估办法评估确定"，《国有土地上房屋征收评估办法》已由国务院住房城乡建设主管部门制定发布。

1. 房屋价格评估机构的选定及委托

房地产价格估价机构由被征收人协商选定；在规定时间内协商不成的，由房屋征收部门通过组织被征收人按照少数服从多数的原则投票决定，或者采取摇号、抽签等随机方式确定。具体办法由省、自治区、直辖市制定，需要因地制宜。同一征收项目的房屋征收评估工作，原则上由一家房地产价格评估机构承担。房屋征收范围较大的，可以由两家以上的房地产价格评估机构共同承担。

房地产价格评估机构选定后，一般由房屋征收部门作为委托人，向房地产价格评估机构出具房屋征收评估委托书，并与其签订房屋征收评估委托合同。房地产估价机构应当指派与房屋征收评估项目工作量相适应的足够数量的注册房地产估价师开展评估工作。

2. 房屋价值评估基本事项

（1）评估时点确定：被征收房屋价值评估时点为房屋征收决定公告之日。用于产权调换房屋价值评估时点应当与被征收房屋价值评估时点一致。

（2）评估对象界定：房屋征收部门应当向受托的房地产估价机构提供征收范围内房屋情况，包括已经登记的房屋情况和未经登记建筑的认定、处理结果情况。对于已经登记的房屋，其性质、用途和建筑面积，一般以房屋权属证书和房屋登记簿的记载为准；房屋权属证书与房屋登记簿的记载不一致的，除有证据证明房屋登记簿确有错误外，以房屋登记簿为准；对于未经登记的建筑，应当按照市、县级人民政府的认定、处理结果进行评估。

（3）评估价值内涵：被征收房屋的价值包含被征收房屋及其占用范围内土地使用权在正常交易情况下，由熟悉情况的交易双方以公平交易方式在评估时点自愿交易的金额，但不考虑被征收房屋租赁、抵押、查封等因素的影响。评估过程中应当考虑被征收房屋的区位、用途、建筑结构、新旧程度、建筑面积以及占地面积、土地使用权等影响被征收房屋价值的因素。

被征收房屋室内装饰装修价值，机器设备、物资等搬迁费用，以及停产停业损失等补偿，由征收当事人协商确定；协商不成的，可以委托房地产价格评估机构通过评估确定。

3. 评估方法的选定

注册房地产估价师应当根据评估对象和当地房地产市场状况，对市场法、收益法、成本法、假设开发法等评估方法进行适用性分析后，选用其中一种或者多种方法对被征收房屋价值进行评估。可以同时选用两种以上评估方法评估的，应当选用两种以上评估方法评估，并在对各种评估方法的测算结果进行校核和比较分析后，合理确定评估结果。

4. 评估结果及公示

房地产评估机构应当按照房屋征收评估委托书或者委托合同的约定，向房屋征收部门提供分户的初步评估结果。分户的初步评估结果应当包括评估对象的构成及其基本情况和评估价值。房屋征收部门应当将分户的初步评估结果在征收范围内向被征收人公示。公示期间，房地产评估机构应当安排注册房地产估价师对分户的初步评估结果进行现场说明解释。存在错误的，房地产价格评估机构应当修正。

公示期满后，房地产估价机构应当向房屋征收部门提供委托评估范围内被征收房屋的整体评估报告和分户评估报告。房屋征收部门应当向被征收人转交分户评估报告。整体评估报告和分户评估报告应当由负责房屋征收评估项目的两名以上注册房地产估价师签字，并加盖房地产价格评估机构公章。

5. 评估结果异议处理

被征收人或者房屋征收部门对评估报告有疑问的，可以向出具报告的原房地产估价机构咨询。房屋征收当事人对评估结果有异议的，应当自收到评估报告之日起10日内，向原房地产估价机构书面申请复核评估。原房地产价格评估机构应当自收到书面复核评估申请之日起10日内对评估结果进行复核。复核后，评估结果改变的，应当重新出具评估报告；评估结果没有改变的，书面告知复核评估申请人。如被征收人或者房屋征收部门对原房地产估价机构的复核结果有异议的，应当在收到复核结果之日起10日内，向被征收房屋所在地房地产价格评估专家委员会申请鉴定。

5.2.4 房屋征收中的法律责任

为了维护公共利益，保障被征收人的合法权益，保障房屋征收与补偿工作依法顺利进行，《房屋征收补偿条例》明确规定了房屋征收与补偿的主体、有关单位、个人的法律责任。承担法律责任的种类有行政责任、民事责任和刑事责任。

1. 玩忽职守等法律责任

市、县级人民政府及房屋征收部门的工作人员承担法律责任的情形既有不作为，又有乱作为。市、县级人民政府及房屋征收部门的工作人员在房屋征收与补偿工作中不履行《房屋征收补偿条例》规定的职责，或者滥用职权、玩忽职守、徇私舞弊的，由上级人民政府或者本级人民政府责令改正，通报批评；造成损失的，依法承担赔偿责任；对直接负责的主管人员和其他直接责任人员，依法给予处分；构成犯罪的，依法追究刑事责任。

另外，房屋征收部门对房屋征收实施单位在委托范围内实施的房屋征收与补偿行为负责监督，并对其行为后果承担法律责任。

2. 暴力等非法搬迁法律责任

《房屋征收补偿条例》明确规定暴力野蛮搬迁的相关单位及其直接负责的主管人员和

其他直接责任人员需要根据情节严重程度不同承担民事责任、行政责任或刑事责任。

采取暴力、威胁或者违反规定中断供水、供热、供气、供电和道路通行等非法方式迫使被征收人搬迁，造成损失的，依法承担赔偿责任；对直接负责的主管人员和其他直接责任人员，构成犯罪的，依法追究刑事责任；尚不构成犯罪的，依法给予处分；构成违反治安管理行为的，依法给予治安管理处罚。

3. 非法阻碍依法征收与补偿法律责任

在实践中，非法阻碍依法征收与补偿主要表现为房屋所有权人及社会闲杂人员采取暴力、威胁等方式进行阻挠，根据情节严重程度不同应依法追究其民事责任或刑事责任。采取暴力、威胁等方法阻碍依法进行的房屋征收与补偿工作，构成犯罪的，依法追究刑事责任；构成违反治安管理行为的，依法给予治安管理处罚。

4. 贪污、挪用等法律责任

由于征收由政府实施，且补偿费用关系被征收人的切身利益，因此有必要加强管理，明确法律责任。贪污、挪用、私分、截留、拖欠征收补偿费用的，责令改正，追回有关款项，限期退还违法所得，对有关责任单位通报批评、给予警告；造成损失的，依法承担赔偿责任；对直接负责的主管人员和其他直接责任人员，构成犯罪的，依法追究刑事责任；尚不构成犯罪的，依法给予处分。

5. 违法评估法律责任

房地产价格评估机构或者房地产估价师出具虚假或者有重大差错的评估报告的，由发证机关责令限期改正，给予警告，并记入信用档案；情节严重的，吊销资质证书、注册证书；造成损失的，依法承担赔偿责任；构成犯罪的，依法追究刑事责任。

5.3 房屋征收工作中应注意的问题

由于征收工作比较繁杂，政策性强，社会影响大，同时还关系到相关机构的声誉及收益，因此所有工作都必须按照当地政府的征收管理条例来进行。

1. 组织调查登记。调查登记一般应当在房屋征收决定前进行，调查登记应当全面深入，以满足拟定征收补偿方案和进行评估的需要。

2. 对未进行登记的建筑物先行调查、认定和处理。为了避免在房屋征收时矛盾过分集中，市、县级人民政府应当依法加强建设活动管理，对违反城乡规划进行建设的，依法予以处理；另外，市、县级人民政府作出房屋征收决定前，应当组织有关部门依法对征收范围内未经登记的建筑进行调查、认定和处理。当事人对有关部门的认定和处理结果不服的，可以依法提起行政复议或者诉讼。

3. 暂停办理相关手续。在房屋征收范围确定后，不得在房屋征收范围内实施新建、扩建、改建房屋和改变房屋用途等不当增加补偿费用的行为；违反规定实施上述行为的，不予补偿。房屋征收部门应当将暂停办理事项书面通知有关部门。暂停办理相关手续的书面通知应当载明暂停期限，暂停期限最长不得超过1年。

4. 作出房屋征收决定前，征收补偿费用应当足额到位、专户存储、专款专用。足额到位，是指用于征收补偿的货币、实物的数量应当符合征收补偿方案的要求。能够保证全部被征收人得到依法补偿和妥善安置。专户存储、专款专用是保证补偿费用不被挤占、挪用的重要措施。专款专用，是指征收补偿费用只能用于发放征收补偿，不得挪作他用。

5. 房屋所有权人不明确。被征收房屋所有权人不明确是指无产权关系证明、产权人下落不明、暂时无法考证产权的合法所有人或因产权关系正在诉讼等情形。由于房屋所有人不明确，补偿的对象也就不明确。在此情况下，不能因此就降低或者不对此类房屋进行补偿，又不能因此久拖不决影响整个征收补偿工作。

6. 先补偿、后搬迁。实施房屋征收应当先补偿、后搬迁。作出房屋征收决定的市、县级人民政府对被征收人给予补偿后，被征收人应当在补偿协议约定或者补偿决定确定的搬迁期限内完成搬迁。但任何单位和个人不得采取暴力、威胁或者违反规定中断供水、供热、供气、供电和道路通行等非法方式迫使被征收人搬迁。禁止建设单位参与搬迁活动。

7. 依法申请法院强制执行。被征收人在法定期限内不申请行政复议或者不提起行政诉讼，在补偿决定规定的期限内又不搬迁的，由作出房屋征收决定的市、县级人民政府依法申请人民法院强制执行。强制执行申请书应当附具补偿金额和专户存储账号、产权调换房屋和周转用房的地点和面积等材料。但征收补偿决定存在下列七种情形之一的，人民法院应当裁定不准予执行：①明显缺乏事实根据；②明显缺乏法律、法规依据；③明显不符合公平补偿原则，严重损害被执行人合法权益，或者使被执行人基本生活、生产经营条件没有保障；④明显违反行政目的，严重损害公共利益；⑤严重违反法定程序或者正当程序；⑥超越职权；⑦法律、法规、规章等规定的其他不宜强制执行的情形。

从某种程度上讲，房屋征收表现出来的冲突是私权和公权的矛盾。房子的拥有人是私权的主人，但征收是一种公权力，是政府的行为。当公权力和私权利发生冲突的时候，应遵循两条原则，第一必须界定征收行为是不是真正的社会公共利益的需要，如果确是为公共利益（必须有明确的限制和规定，《房屋征收补偿条例》明确界定了公共利益的范围），私权应当选择服从公权。第二是必须给予公民充分的补偿，对公共项目要维持价值的平衡和程序的公正；对经济或商业项目应遵循自愿、有偿、公平、等价规则，不应借公权力来侵犯个人的财产权；对处于弱势的公民个人应拥有司法救济权。

复习思考题

1. 简述房屋征收的含义和意义。
2. 房屋征收工作是在房地产开发程序中的哪一阶段开始的？
3. 房屋征收的条件是什么？
4. 简述房屋征收补偿的对象和形式。
5. 当征收人与被征收人不能就征收补偿与安置达成一致意见时，应依何种程序进行处理？

一般而言，资金筹集以企业（即法人）为载体进行运作。房地产开发企业为了解决某个或某些项目的投资资金来源，或者为了调整企业或项目的资本结构而进行筹集资金的活动。本章为了叙述方便，房地产开发企业资金筹集和房地产开发项目资金筹集统称为房地产开发资金筹集。

房地产开发资金筹集是房地产项目投资开发经营活动中的一项重要内容，并且是一项需要经常进行的财务管理工作。本章主要介绍房地产开发资金筹集的基本知识，包括房地产开发资金总额构成、资金筹集渠道和筹集方式、资金筹集规划方案的分析和编制，并通过具体的房地产项目资金筹集案例来说明资金筹集方法的实际运用。

6 房地产开发资金的筹集

6.1 房地产开发资金筹集的基本概念

6.1.1 房地产开发资金总额的构成

根据国家关于建设项目的投融资管理体制，按照不同投资主体的投资范围和建设项目的具体情况，将建设项目大体划分为三类：竞争性项目，以企业或建设单位作为基本的投资主体，主要向市场筹集资金；基础性项目，在加强国家政策性投融资的同时，加重地方和企业的投资责任；公益性项目，主要由政府拨款建设。

建设项目实行项目法人投资责任制，试行建设项目资本金制度。根据国务院《关于固定资产投资项目试行资本金制度的通知》，从 1996 年起，对各种经营性固定资产投资项目，包括国有单位的基本建设、技术改造、房地产开发项目和集体投资项目，试行资本金制度，投资项目必须首先落实资本金才能进行建设，按照建设项目总投资的一定比例注册登记，不能用借入资金注册，不能搞无本项目。

在资金筹集阶段，建设项目所需的资金总额由自有资金、借入资金两部分组成（图 6-1）。

1. 自有资金

企业自有资金是指企业有权支配使用、按国家财务制度和会计准则可用于固定资产投资和流动资金的资金，即在建

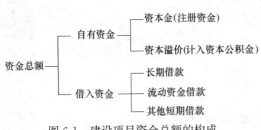

图 6-1 建设项目资金总额的构成

设项目资金总额中投资者缴付的出资额，包括资本金和资本溢价。

（1）资本金

设立企业或投资项目必须有法定的资本金。根据国家财政部《企业财务通则》、《企业会计准则》和国务院颁布实施的固定资产投资项目试行资本金制度的规定，资本金是指以新建投资项目设立企业时在工商行政管理部门登记的注册资金，亦即在项目总投资中，由投资者认缴的出资额，对投资项目来说是非债务性资金，项目法人不承担这部分资金的任何利息和债务。投资者可按其出资的比例依法享有所有者权益，也可转让其出资，但不得以任何方式抽回。

根据投资主体的不同，资本金可分为国家资本金、法人资本金、个人资本金和外商资本金。国家资本金为有权代表国家投资的政府部门或者机构以国有资产投入企业或建设项目形成的资本金；法人资本金为其他法人单位以其依法可以支配的资产投入企业或建设项目形成的资本金；个人资本金为社会个人或者本企业内部职工以个人合法财产投入企业或建设项目形成的资本金；外商资本金为国外投资者以及我国香港、澳门和台湾地区投资者投入企业或建设项目形成的资本金。

（2）资本溢价

企业或项目建设单位在筹集资本金活动中，投资者缴付的出资额超出资本金的差额，即为资本溢价。最典型的是发行股票的溢价净收入，即股票溢价收入扣除票面价和发行费用后的净额。根据财政部、建设银行制定的《企业会计准则》，企业的资本溢价收入、接受捐赠的财产、资产以及资本汇率折算差额等计入资本公积金。资本公积金可以按照法定程序，转增资本金。

2. 借入资金

借入资金，亦称负债资金，即企业或项目建设单位对外筹集的资金，是指以企业或项目建设单位名义从金融机构和资本市场借入、需要偿还的固定资产投资资金和流动资金，代表了投资人对企业或建设项目的债权，包括长期负债和流动负债。

长期负债是指偿还期限在一年或者超过一年的一个营业周期以上的债务，包括长期借款、长期应付款、应付长期债券等。长期负债的应计利息支出，在建设项目筹建期间，计入开办费。建设经营期间的，计入财务费用。长期负债资金一般采用银行中长期借款、发行债券等方式来筹集。

流动负债是指可以在一年内或者超过一年的一个营业周期内偿还的债务，包括短期借款、应付短期债券、应付及预收款项等。流动负债的应计利息支出，计入财务费用。流动负债资金可以采用商业信用、银行短期借款、商业票据等方式来筹集。

6.1.2 资金筹集渠道与资金筹集方式

房地产开发资金筹集，是指开发企业根据其开发项目的投资开发经营和调整资金结构的需要，通过资金筹集渠道和资金市场，运用各种资金筹集方式，经济有效地筹集资金的过程。资金筹集渠道是指筹集资金来源的方向与通道；资金筹集方式是指筹集资金时所采用的具体形式。资金筹集渠道和筹集方式之间有着紧密的关系，一定的资金筹集方式可以只适用于某一特定的资金筹集渠道，但是同一渠道的资金通常可以采用不同的方式取得，而同一资金筹集方式又往往可适用于不同的资金渠道。因此开发企业在筹集资金的工作中，对于资金筹集渠道和筹集方式，必须分析考察其类型和特点，并进行合理有效的组合。

根据资金来源划分，房地产开发资金筹集的渠道一般为自有资金、国内债务资金和国外债务资金。对于这些资金筹集渠道，必须考虑：各种渠道资金的存量与流量（或增量）的规模；每种资金筹集渠道适用于哪些经济（或投资）类型的房地产开发企业或项目使用；每种资金筹集渠道适用于哪些资金筹集方式；企业或项目目前可利用哪些资金筹集渠道，如何组合。

房地产开发资金筹集的方式，一般有以下几类：吸收投资（合资、合作等）、发行股票、发行债券、向银行借款等。对于这些资金筹集方式，必须考虑：各种资金筹集方式的法规限制和运作限制；各种资金筹集方式的资本成本的高低；各种资金筹集方式对企业或项目资本结构的影响；本企业或项目可以利用哪些资金筹集方式，如何组合。

资金筹集渠道和资金筹集方式的适配，必须根据项目开发时的宏观经济环境、融资政策法规、项目所在地经济发展态势以及本企业或项目发展需要进行合理选择和决策。

6.1.3 长期资金筹集与短期资金筹集

房地产开发长期资金筹集指筹集使用期在一年以上、用于企业对外长期投资或某项目长期建设和购建固定资产等所需的资金。长期资金主要通过吸收直接投资、发行股票、发行长期债券、银行中长期借款和保留盈余等方式筹集。长期资金筹集的基本特征主要有：筹集的资金使用期限较长，一般中期借款期限在1年以上（含1年）5年以下，长期借款期限在5年（含5年）以上，且用款自主权较大，使用较灵活；由于期限较长，风险较大，所以资金成本较高。

短期资金筹集主要筹集使用期在1年以内的、在房地产开发日常经营活动中占用在流动资产上的资金。短期资金主要通过短期银行借款（期限在1年以内）、商业信用、发行短期债券等形式筹集。短期资金筹集和长期资金筹集相比具有筹集的资金使用受限制、使用期限短、资金成本低等特点。

房地产开发所需的资金，可以用短期资金筹集，也可以用长期资金来筹集。短期资金主要表现为企业的流动负债（包括短期借款、应付短期债券、应付票据、应交税金、应付购货款、应付分包工程款、应付工程款、应付工资、应付投资者利润、应付福利和其他应付款、预收工程款、预收备料款、预收销货款、预收购房定金、预收代建工程款等），长期资金主要表现为长期负债（包括长期借款、长期应付款、应付长期债券等）和所有者权益。企业或项目资金（投资）总额中，短期资金和长期资金各自所占的比例构成资金的长短期结构，一般称为资金筹集组合（筹资组合），不同的筹资组合对企业或项目的风险和报酬、资金成本和资金运行等具有不同的影响，必须根据企业开发经济规模、投资性质和方式、经营风险和经营成本等方面的因素进行决策。

6.1.4 直接筹集资金与间接筹集资金

直接筹集资金，是指房地产开发企业不经过金融机构，直接向投资者（资金供给者）进行筹资，或者发行有价证券进行筹资。在直接筹资过程中，企业作为筹资者直接通过双方都接受的合法手段，直接实现资金从其所有者转移到资金使用者（房地产开发企业或项目）。直接筹资通常所采用的形式有债券、股票、短期融资券等，具有以下特点：受政府金融政策法规、企业法规和企业或项目经营状况的限制较大；必须依附于一定的载体，如股票、债券等有价证券；筹资范围广，可利用的筹资方式多，随我国金融体制改革的不断深入，企业的选择余地更大，因此直接筹资是房地产开发筹集资金较有发展前景的方式。

间接筹集资金，是指房地产开发企业借助于银行等金融机构进行的筹资，其主要形式为银行借款、非银行金融机构借款等，它具有以下特点：间接筹资效率高，灵活方便，便于企业或项目在不同时期筹措不同数量的资金；间接筹资通过银行信用积少成多，续短为长，可获取期限长短不一的借款；筹资范围较窄，方式较单一，不能完全满足企业或项目筹资的需要。间接筹资是房地产开发最重要资金筹集手段。

6.1.5 资金成本与资本结构

资金成本是指企业为筹集和使用资金所必须付出的费用。开发企业筹集和使用长期资金和短期资金，都需付出代价，然而通常把筹集和使用长期资金的成本称为资金成本。

资金成本由筹资费用和使用费用两部分组成，筹资费用是指项目在筹资过程中为获得资金而付出的费用，如向银行借款时需要支付的手续费、承诺费、评估费、罚金，发行股票债券等而支付的申请费、注册费、中介代理费、手续费等。使用费用是指企业在开发经营过程中因使用资金而支付的费用，如向股东支付的股利、向债权人支付的利息以及在资金使用过程中支付的资金占用费等。资金成本是企业比较筹资方式、进行资本结构决策的基本依据。

房地产开发企业或项目的资本结构是指企业或项目各种资本的构成及其比例关系，反映了资金组成要素（数量、期限、来源、成本等）之间的相互联系和作用方式。一个企业或项目在某一定时间点上，其资本结构是确定的，但在持续的开发经营过程中，为了某种开发经营目的又是可以改变的，因此资本结构具有重要的财务管理内涵。

资金成本和资本结构是相互作用的，一方面，资金成本的高低是衡量资本结构是否经济的主要标准，决定着资本结构的选择关系；另一方面，资本结构的变化影响着资金成本的高低，其合理与否在很大程度上决定企业或项目偿债和再筹资能力。

6.1.6 财务风险与财务杠杆

房地产开发企业的财务风险是由开发企业筹资决策而引起的风险，它主要有两层含义：一是指企业所有者（股东）收益的可变性；二是指企业或项目负债筹资而造成到期不能偿债的可能性。由于自有（主权）资本属于企业或项目长期占用的资金，不还本和支付固定的利息，因此财务风险主要是针对债务资金偿付而言的。债务资金的额度、期限、利率不同，其偿债压力也不相同。从产生风险的原因和性质上可将财务风险划分为现金性和收支性财务风险两种。

现金性财务风险是指项目在特定时间点上，由于现金流出量大于现金流入量而产生的到期不能偿付债务资金本息的风险，即由于现金短缺、债务资金的期限结构与项目现金流入的期限结构不相配套、理财不当等原因引起的风险。此类风险通过合理安排现金流量和财务预算即能规避。收支性财务风险是指企业或项目在收不抵支情况下出现的不能偿还到期债务资金本息的风险，它属于一种对项目全部债务的偿还都将产生不利影响的整体风险，与某一具体债务或某一时间点上的债务偿还无关，反映了企业不仅理财不当，更主要是经营不当，从而导致项目失败。这样不仅企业债权人的权益难以得到保障，而且作为企业所有者的股东，其承受的风险及压力更大。

房地产开发企业的财务杠杆是指利用债务资本或发行有价证券而取得资金的方式。其基本原理是在企业或项目长期资金总额保持不变的条件下，企业从营业利润中支付的债务成本是固定的，当营业利润增多或减少时，单位营业利润所负担的债务成本就会相应地减少或增大，从而给企业资产或项目投资带来额外的收益或损失。也即，作为杠杆，对企业或项目的财务绩效和项目价值将产生有利或不利两方面的影响：①当企业或项目全部资产（或投资）收益率大于债务资本的平均成本时，杠杆产生有利作用，企业或项目净收益（或投资利润率）将会增加，即意味着企业可适当提高债务资本；②当企业或项目全部资产收益率低于债务资本的平均成本时，杠杆产生不利作用，企业或项目净收益（或投资利润率）减少，即表示提高负债将加速投资利润率的下降，增加项目的财务风险。

房地产开发企业或项目主要是以负债筹资的方式来增加其财务杠杆，那么该杠杆是否适度，必须根据企业资产收益或项目收益的稳定性程度、资产收益率或投资利润与债务资本的平均成本之间的关系以及投资者（或经营者）的风险偏好来决定。一般可用财务杠杆系数（指单位资产利润的变动率相当于税息前利润变动率的倍数）来衡量，财务杠杆系数越大，表明企业或项目偿债压力越大，从而筹资风险也越大。相反，财务杠杆系数越小，筹资风险也越小。

6.1.7 房地产开发资金筹集的目的

房地产开发投资规模大、周期长、风险也大，因此保证项目顺利启动和正常运作以及开发企业的合理发展是房地产开发企业或项目的最低资金筹集要求。但是资金筹集不是一种盲目的行为，应该根据项目开发的不同时期和过程的资金需要和经营管理目标，并遵循一定的资金运作原则，科学合理地实施资金筹集活动。

房地产开发资金筹集的主要目的有以下两点。

1. 实现项目投资开发目标和企业发展目标

房地产开发企业投资开发新的项目，或者在项目开发的中前期阶段，往往需要筹集大量资金，尤其是中长期资金，同时项目投资者一般总是希望加快项目的投资开发速度和进程，这样必须突破现有的资本存量，需要新的资本增量。这种扩张性筹集资金使企业的资产规模有所扩大，使企业增加了市场竞争能力和收益能力，但由于负债规模也有所增大，带来了更大的投资风险。

2. 偿还债务，改善盈利能力，调整资本结构

企业的资本结构是一个动态指标，为了偿还某些债务而筹集资金（借新债还旧债），一是尽管企业有能力支付到期旧债，但为了调整原有的资本结构，仍然举新债，从而使资本结构更加合理，充分发挥杠杆效益；二是企业现有支付能力已不足以偿还到期旧债，被迫举借还债，这表明企业的财务状况已经恶化。因此，通过筹集资金，调整资本结构，使企业的权益资本和债务资本保持适当的比例关系，从而改善和提高企业或项目的偿债能力和盈利能力。

6.1.8 资金筹集的原则

1. 时机适当原则

企业在筹集资金过程中，必须根据项目的投资时间和投资需要（年度或分期）安排确定适当合理的筹集时机和规模，从而避免因取得资金过早而造成资金闲置，或因筹资时间滞后而影响项目的正常运行。

2. 安全性原则

企业在筹集资金过程中，必须全面地、理性地衡量项目现有或预期的收益能力和偿债能力，使企业的权益资本和债务资本保持合理的比例，使企业的负债率和还债率控制在一定的范围之内，降低企业的财务风险。企业负债率，指企业负债占全部资产的比率。企业还债率，指企业还债数额占全部收入的比率。企业的负债率和还债率过高，会造成企业信用危机、支付利息过多，造成企业财务困难。

3. 经济性原则

首先必须根据和适应投资（固定资产投资和流动资金投资）的要求，以"投资"定"筹资"，充分考虑企业的筹资能力。其次要合理降低筹资成本（包括使用资本），筹资的期限（包括付息和还本的时间）和不同来源和用途的资金都会影响项目的付息水平，因此筹资时必须考虑项目的财务安排。再次必须考虑项目的各种生产要素（人、财、物、技术、管理）、开发进程与筹集资金的配套和协调，最后也要考虑固定资产投资所需要的资金与维持项目正常营运所需要的资金的配套，经济合理地筹集资金。

4. 可行性原则

在筹集资金过程中，除了要考虑企业的筹资能力、偿还能力、盈利能力和经营能力外，还必须考虑政府法律法规、财税制度和筹资运作管理的约束，以及不同筹资方式和筹资渠道的适配。

5. 盈利性原则

在筹集资金过程中，必须充分发挥财务杠杆作用，提高企业的经营能力和收益能力。通过筹资提高企业的开发实力和市场竞争力。

6.2 房地产开发资金的筹集方式

在房地产开发项目投资决策过程中，房地产开发商除了需评价该项目投资的经济效果外，还必须考虑用于该项目投资资金的来源，确定资金结构并制定资金筹集方案。房地产开发资金的筹集过程较为复杂，筹集方式也有多种，通常有利用企业自有资金、向银行贷款、发行股票和债券、吸收外资、房地产预租售款以及项目BOT等方式，在实际资金筹集过程中，往往是上述各种资金筹集方式的综合运用，房地产开发项目资金筹集方式如图6-2所示。

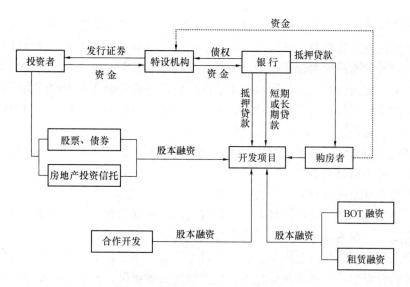

图 6-2 房地产开发资金筹集关系图

6.2.1 向银行借款

向银行借款是房地产开发企业为进行房地产开发经营活动、向国家专业银行和其他金融机构借入资金的行为,是房地产开发资金筹集非常重要的、必不可少的方式。银行借款按其来源可划分为建设银行、工商银行、交通银行借款、其他专业银行借款和其他金融机构借款。

1. 房地产开发企业向银行借款的种类

房地产开发企业申请银行贷款主要有开发企业流动资金贷款、商品房建筑材料、设备补偿贸易贷款(或称临时贷款)、房地产开发项目贷款和房地产抵押贷款等。

(1) 房地产开发企业流动资金贷款

房地产开发企业流动资金贷款是指企业根据年度开发计划和核定的流动资金占用比例,确定企业或项目在正常开发经营情况下的计划流动资金占用比例,以及流动资金贷款需要量,向银行申请的贷款。

这项贷款主要用于垫付城市综合开发、商品房开发以及旧城改造所需的生产性流动资金,主要包括:房地产开发前期工程费(规划、设计、项目可行性研究、水文、地质、勘察、测绘、"三通一平"等费用支出)、土地费用(土地征用费、征收补偿费、耕地占用税、劳动力安置补助费、安置动迁用房支出等)、基础设施费(道路、供水、供电、供气、排污、通信、照明、环卫、绿化等工程发生的支出等)和公共配套设施费用所需要占用的资金。

房地产开发企业或项目获得流动资金贷款的主要条件是:贷款企业在贷款银行开立账户,将其业务收入存入该银行,办理结算业务,并定期向其贷款银行提供本企业或项目的财务收支计划、经费计划和会计报表等有关财务资料;必须具有有关主管部门下达的项目年度开发计划和经批准的项目规划设计,并提供相应的项目开发方案和可行性报告;有健全的管理机构和财务管理制度;有按期偿还贷款本息的能力。

(2) 商品房建筑材料、设备补偿贸易贷款

商品房建筑材料、设备补偿贸易贷款又称临时贷款，是指房地产开发企业为了解决开发项目季节性的超储备材料，或临时周转需要而向银行申请的临时流动资金贷款。由于房地产开发项目通常建设周期较长，生产经营活动受季节性影响较大，开发旺季工作量增加较多，加上某些建筑材料生产和运输的季节性变化，备料资金变化幅度较大，而房屋销售和预收款不能及时回收，定额流动资金临时不能灵活周转，因此，银行在信贷资金允许的情况下，给予临时贷款。

但是这项贷款只向已经落实销售对象，能按期收回房款或预收定金的开发企业发放，且贷款期限一般不超过六个月。

（3）房地产开发项目贷款

房地产开发项目贷款是指开发企业根据有关部门批准的开发项目计划，但开发资金筹集尚有一定缺口，而为某一特定项目向银行借入的资金。

房地产开发项目贷款只能用于指定的项目，不能挪用于其他项目。这项贷款是根据开发项目具体的开发生产工期及其资金占用量来核定贷款额度，并且在开发项目竣工销售后银行才能收回该项贷款。当下一个开发项目需要贷款时，开发企业需要重新提出申请，银行重新核定贷款的额度和期限。开发项目贷款是一次性的，只能从属于某一个开发项目的开发建设过程，完成一个项目投资开发经营周期的运动。

对于申请房地产开发项目贷款的房地产开发企业来说，除了要符合上述流动资金贷款的贷款条件之外，还必须具备以下条件：一是贷款项目必须已列入有关政府部门的年度固定资产投资计划，必须具备经有关部门批准的设计文件，并通过了银行的可行性研究和项目评估；二是贷款项目的前期准备工作已经就绪，如办妥土地征用手续、开发项目预售许可证，并已预收规定比例的销售定金，施工队伍和主要建筑材料货源已经落实，已具备施工条件。

（4）抵押贷款

房地产抵押贷款是指按照《中华人民共和国担保法》规定的抵押方式（借款或第三人不转移其对作为抵押物的财产的占有，将该财产作为债权的担保）以借款人或第三人的房地产或房地产权利作为抵押物发放的贷款。

根据我国有关房地产抵押办法规定，下列房地产可以设定抵押权：一是依法获得的出让土地使用权；二是依法获得所有权的房屋及其占有范围内的土地使用权；三是依法获得的房屋期权；四是依法可以抵押的其他房地产。因此只有经出让和转让方式取得的土地使用权才能设立抵押，土地使用权抵押的期限不能超过土地使用权出让和转让的期限；土地使用权抵押时，其地上建筑物、其他附着物随之抵押，地上建筑物、其他附着物抵押时，其使用范围内的土地使用权随之抵押，也即土地使用权及地上建筑物、其他附着物必须同时抵押，部分房屋设定抵押权的，该房屋所占相应比例的土地使用权随之抵押。

所以凡是以批租方式获得土地使用权的开发企业投资开发房地产项目时，均可提出抵押贷款申请，并根据房地产项目的开发条件和贷款条件的实际情况，确定实际贷款额度，但最高贷款额为地价的70%。其次贷款期限根据项目的开发建设期确定，并考虑项目的开发前景和收益能力，确定抵押贷款利率，一般介于流动资金与固定资产贷款利率之间。

2. 向银行借款的程序

根据中国人民银行 1995 年颁布试行的《贷款通则》，我国建立了贷款主办行制度，借款人应当与其开立基本账户的贷款人（银行）建立贷款主办行关系，并办理"贷款证"，一个借款人只能有一个贷款主办行，主办行变更应当经借贷双方协商，但一年内只能变更一次。

目前凡是经工商行政管理部门批准、具有法人资格的房地产开发企业，在申请贷款前已与各行、部有借贷关系者，必须申领"房地产开发企业贷款证"。房地产开发企业申领"房地产开发企业贷款证"需提交下列文件：①《企业法人营业执照》正本复印件，并出具副本原件核对；②企业注册资本的验资报告复印件或注册资本来源的证明材料；③企业法人代表身份证复印件及履历证明材料；④企业启用或刻印行政公章证明文件；⑤"中华人民共和国企业代码证书"复印件；⑥企业年度商品房建设计划；⑦企业年度财务报表和由会计事务所或审计事务所审计的年度财务审计报告；⑧税务部门核发的《税务登记证》正本复印件。

向银行申请贷款的基本程序如下。

（1）提出借款申请

作为借款人，房地产开发企业必须填写包含借款用途、偿还能力、还款方式等主要内容的借款申请书，特别是申请中长期贷款，需提供以下资料：①项目可行性研究报告；②项目开工前期准备工作完成情况的报告；③在开户银行存入了规定比例资金的证明；④经有权单位批准下达的项目投资计划或开工通知书；⑤按规定项目竣工投产所需自筹流动资金落实情况及证明材料等。

（2）银行审核申请

银行受理借款人申请后，按照贷款条件，对借款的房地产企业或项目进行调查审核，其内容主要包括：①企业或项目的财务状况；②借款企业的信用情况；③企业或项目的盈利能力及其稳定性；④企业或项目的发展前景；⑤企业或项目借款的合法性和安全性；⑥借款的担保物或抵押物情况，从而测定贷款的风险度，并依据审批权限，核定企业申请的贷款金额和用款计划，报有权审批人员批准。

（3）签订借款合同

经银行审核，借款申请获得批准后，借款企业应当与银行就贷款种类、贷款用途、金额、利率、还款期限、还款方式、违约责任和双方认为需要约定的其他事项进行进一步的具体协商，最后签订正式的借款合同。

（4）企业取得借款

借款合同签订生效后，借款企业可在核定的贷款指标范围内，根据企业或项目用款计划和实际需要，一次或分次将贷款转入企业在该贷款银行的存款结算户，以便支用。贷款银行不按合同规定按期发放贷款的，应偿付违约金。

（5）企业归还借款

贷款到期时，借款企业应当按照借款合同规定按时足额归还贷款本息。借款人不按合同归还贷款，应当承担违约责任，并加付利息或罚金。借款企业如因暂时财务困难，需延期归还借款，应向银行提交延期还款计划，经银行审查核定，续签合同，按计划归还借款。借款企业提前归还借款，应当与银行协调确定。

3. 借款企业归还借款的方式

（1）定期按等额还本，每期付息一次

【例 6-1】 某房地产开发企业向某银行一次借款 100 万元，年利率为 10%，还款期为 5 年，还款方式为定期按等额还本，每期付息一次，还本付息均在年末，则计算过程见表 6-1。

从表 6-1 中可看出，该企业还款总额为 130 万元，其中利息总额 30 万元。并且每年等额还本 20 万元，但每年支付利息不等，逐年减少。

定期等额还本，每期付息一次（单位：万元）　　　　表 6-1

年份 项目	第1年	第2年	第3年	第4年	第5年	总计	计算方法
(1) 年初借款累计	100	80	60	40	20		上年的(5)
(2) 当年还本付息	30	28	26	24	22	130	(3)+(4)
(3) 当年还本	20	20	20	20	20	100	100/5
(4) 当年付息	10	8	6	4	2	30	(1)×10%
(5) 年末借款累计	80	60	40	20	0		(1)-(3)

（2）定期按等额还本付息

此种还款方式的每期还本付息的金额，可按照下列年金公式计算：

$$A = P \times \frac{i(1+i)^n}{(1+i)^n - 1} = P(A/p, i, n)$$

式中　A——每期还本付息金额；

　　　P——借款本金；

　　　i——年利率；

　　　n——还款期。

现引用例 6-1 的数据，还款方式为定期等额还本付息，则计算过程见表 6-2。

定期等额还本付息（单位：万元）　　　　表 6-2

年份 项目	第1年	第2年	第3年	第4年	第5年	总计	计算方法
(1) 年初借款累计	100	83.62	65.60	45.78	23.98		上年的(5)
(2) 当年还本付息	26.38	26.38	26.38	26.38	26.38	131.9	$P(A/p, i, n)$
(3) 当年还本	16.38	18.02	19.82	21.80	23.98	100	(2)-(4)
(4) 当年付息	10.00	8.36	6.56	4.58	2.40	31.9	(1)×10%
(5) 年末借款累计	83.62	65.60	45.78	23.98			(1)-(3)

从表 6-2 中可看出，与第一种还款方式相比，此种还款方式总的资金使用费用较高，但前 3 年应偿还的债务额较低，这对于前期资金较为紧张的项目较为有利。

（3）每期计息并付息一次，不还本金，本金到期一次还清

仍引用例 6-1 的基本数据，此种还款方式的计算过程见表 6-3。

每期计付息一次，不还本金，本金到期一次付清（单位：万元） 表 6-3

年份 项目	第1年	第2年	第3年	第4年	第5年	总计	计算方法
（1）年初借款累计	100	100	100	100	100		上年的（5）
（2）当年还本付息	10	10	10	10	110	150	（3）+（4）
（3）当年还本	0	0	0	0	100	100	本金到期一次付清
（4）当年付息	10	10	10	10	10	50	（1）×10%
（5）年末借款累计	100	100	100	100			（1）-（3）

从表 6-3 中可看出，此种还款方式的资金使用费用较前 2 种方式都要高，但中前期财务费用较低，有利于项目的开发经营。

（4）到期本金利息累计一次付清

所借款从支用之日算起，每期只计息不付息，到期本金利息累计一次付清，则到期还款总款 F 为：

若按单利计息，$F=P(1+ni)$

若按复利计息，$F=P(1+i)^n$

式中　P——借款本金；

　　　i——年利率；

　　　n——还款期。

引用例 6-1 的基本数据，此种还款方式的还款总额为：若按单利计息，为 150 万元（其中利息总额为 50 万元）；若按复利计息，为 161 万元（其中利息总额为 61 万元）。此种还款方式，还款集中，借款企业必须于借款到期之日前切实做好准备，以保证到期全部清偿借款。

4. 借款合同

借款合同是规定借贷当事人双方权利和义务的契约。借款人提出的借款申请经贷款银行审查批准后，双方即可在平等协商的基础上签订借款合同。借款合同依法签订后，即具有法律约束力，当事人双方必须严格遵守合同条款，履行合同规定的义务。

借款合同必须采用书面形式，有条款式和表格式两大类。借款申请书、借款担保书、借款审批表、有关借款的其他凭证、协议书和当事人双方同意修改借款合同的有关书面材料，也是借款合同的组成部分。

（1）借款合同的基本条款

借款合同应当具备下列基本条款：借款种类；借款用途及计划；借款金额；借款利率；借款期限；还款资金来源及还款方式；保证条款；违约责任；双方商订的其他条款。

其中保证条款应当由保证人与贷款银行签订保证合同或保证人在借款合同上写明，并签名盖章。保证条款是规定借款人申请借款时应具有银行规定比例的自有资金，我国《贷款通则》第十八条规定：申请中长期贷款，新建项目企业法人的所有者权益一般不得低于项目所需总投资的 25%；申请短期贷款，企业法人的新增流动资产一般不得小于新增流动负债；企业法人对外的股本权益性投资总额不得超过其净资产值的 50%。当借款人无力偿还借款时，借款银行有权处理作为借款保证的借款人的财产。必要时还要规定保证人必须具有足够代偿借款的财产，借款人履行合同时，由保证人连带承担偿还本息的责任。

(2) 借款人的权利和义务

借款人的权利主要有：有权按合同约定提取和使用全部贷款；有权拒绝借款合同以外的附加条件；有权向贷款人的上级和中国人民银行反映、举报有关情况。

借款人的义务和限制主要有：①应当如实提供贷款人要求的资料（法律规定不能提供者除外），应当向贷款人如实提供所有开户行、账号及存款余额情况，配合贷款人的调查、审查和检查；②应当接受贷款人对其使用信贷资金的情况和有关生产经营、财务活动的监督；③应当按借款合同规定用途使用贷款并及时清偿贷款；④将债务全部或部分转让第三人时，应取得贷款人的同意；⑤不得向贷款人提供虚假的或者隐瞒重要事实的资产负债表、损益表等财务文件和报告；⑥不得用贷款从事股本权益性投资或炒卖有价证券、期货等。

(3) 贷款人的权利和义务

贷款人的权利主要有：要求借款人提供与借款相关的资料；贷款到期时依合同约定从借款人账户上划收贷款本金和利息；在借款人未能履行借款合同规定的义务，经指出不改正者，可以要求借款人提前归还贷款或停止支付借款人尚未使用的贷款。

贷款人的义务和限制主要有：①应当对借款人的债务、财务、生产、经营情况保密，但对依法查询者除外；②将债权转让给第三者的，应当取得借款人的同意；③不得在合同之外收取任何费用。

5. 银行短期和长期借款的优缺点

(1) 银行短期借款的优缺点

银行短期借款又称银行流动资金借款，是房地产开发企业为解决短期资金而向银行申请借入的款项，是筹集短期资金的重要方式。按照其参与企业或项目资金周转时间的长短和具体用途，银行短期借款可分为流动基金借款、生产周期借款、临时借款、结算借款和卖方信贷。

银行短期借款的优点主要有：①银行资金充足，实力雄厚，能随时为企业或项目提供比较多的短期贷款。对于季节性和临时性的资金需求，采用银行短期借款尤为方便；②银行短期借款具有较好的弹性，可在资金需要增加时借入，在资金需要减少时还款。

银行短期借款的缺点主要有：①资金成本高，与商业信用、短期融资券相比，采用银行短期借款成本比较高；②限制较多。向银行借款，一般来说，银行要对借款企业的财务经营进行详细调查后才能决定是否贷款，同时要求借款企业必须把负债率、流动比率等维持在一定范围之内。贷款发放后，对借款企业执行借款合同情况及借款人的资信情况进行跟踪调查和检查。

(2) 银行长期借款的优缺点

银行长期借款是房地产开发企业向银行借入的、期限在一年以上的各种借款，主要用于固定资产投资和流动资产的长期占用。

银行长期借款的优点主要有：①借款筹资较快。与发行各种证券筹资相比，银行长期借款一般所需时间较短，可以迅速获得资金；②借款成本较低。利用长期借款筹资，由于利息可在税前支付，故可减少企业实际负担的利息费用，同时借款利率一般低于债券利率，另外借款是在企业与银行之间直接商定的，因此银行长期借款筹资成本和交易成本较低；③借款弹性较大。在借款之前，借款企业与银行直接商定贷款的时间、数额和利率。在借款期间，如果企业财务状况发生某些变化，也可与银行再协商，变更借款数量及宽限期、利息计收等条件。因此，借款筹资对企业具有较大的灵活性。

银行长期借款的缺点：①由于周期长，数量较大，因而风险较大；②限制条款较多，这可能会对企业或项目后续的筹资和投资活动造成不利影响；③借款规模受国家宏观经济形势和金融政策影响较大。

6.2.2 发行债券

债券是企业为筹集资金而发行的，承诺按期向债权人支付利息和偿还本金的一种有价证券。发行债券是企业为建设和发展筹集大笔长期资金的一种重要方式。我国企业发行的债券一般称为企业债券，对股份有限公司而言可称为公司债券。

1. 企业债券的种类和特点

企业债券是企业依照法定程序发行、约定在一定期限内还本付息的有价证券，其票面应当载明下列内容：①企业的名称、住所；②企业债券的面额；③企业债券的利率；④还本期限和方式；⑤利息的支付方式；⑥企业债券发行日期和编号；⑦企业的印记和企业法定代表人的签章；⑧审批机关批准发行的文号和日期。

根据《中华人民共和国公法》和《企业债券管理条例》，我国企业债券可分为记名债券和无记名债券。

记名债券是在券面上记有持有人的姓名，这种债券只偿付给券面上的记名人，但债券持有人可以背书方式或者法律、行政法规规定的其他方式转让。不记名债券是指在券面上不载有持有人的姓名，还本付息仅以债券为凭，但债券持有人可在依法设立的证券交易场所将该债券交付给受让人后即为有效转让。

企业债券的特点主要有：①代表一种债权债务关系。企业债券主要是通过规定的时间、办法等来确定发行人和持有人双方的权利、义务和责任。因此利用债券所筹集的资金属于借入资金，需要付息还本；②债券具有分配上的优先权。债券持有人在企业分配的顺序上要优于股东。而且在发行企业破产清算时，债券持有人的求偿也优于股东，因此债权投资的风险小于股票，因而报酬也低于股票；③债券持有人只是企业的债权人，不是所有者，无权参与企业的经营管理，对企业的经营状况不承担责任；④企业债券可以转让、抵押和继承。

2. 企业债券的发行

（1）企业发行债券的条件

企业发行债券必须符合下列条件：①企业规模达到国家规定的要求；②企业财务会计制度符合国家规定；③具有偿债能力；④企业经济效益良好，发行企业债券前连续三年盈利；⑤所筹资金用途符合国家产业政策；⑥企业发行企业债券所筹资金应当按照审批机关批准的用途，用于本企业的生产经营，不得用于房地产买卖、股票买卖和期货交易等与本企业生产经营无关的风险性投资；⑦企业发行企业债券的总面额不得大于该企业的自有资产净值；⑧企业债券的利率不得高于银行相同期限居民储蓄定期存款利率的40%；⑨企业发行企业债券，应当由证券经营机构承销，非证券经营机构和个人不得经营企业债券的承销和转让业务。

处于下列状况的企业，一般不得发行或再次发行债券：①已发行债券而未募足的；②对其债券或已发行的债券有违约或延迟支付本息的事实，且仍处于继续状态的；③最近三年平均可分配利润不足以支付发行债券一年利息的。

（2）发行企业债券的管理

企业发行债券用于固定资产投资，必须依照国家有关固定资产投资的规定报有关主管部门审批。企业应当制订发行章程，发行章程包括下列内容：①企业的名称、住所、经营范围、法定代表人；②企业近三年的生产经营状况和有关业务发展的基本情况；③财务报告；④企业自有资产净值；⑤筹集资金的用途；⑥效益预测；⑦发行对象、时间、期限、方式；⑧债券的种类及期限；⑨债券的利率；⑩债券总面额；⑪还本付息方式；⑫审批机关要求载明的其他事项。

企业申请发行企业债券，应当向审批机关报送下列文件：①发行企业债券的申请书；②营业执照；③发行章程；④经会计师事务所审计的企业近三年的财务报告；⑤审批机关要求提供的其他材料。

企业发行企业债券应当公布经审批机关批准的发行章程，并可向经认可的债券评信机构申请信用等级。

（3）企业债券的发行方式

企业债券的发行方式通常可分为公募发行和私募发行两种。

公募发行：是以不特定的多数人为募集对象而公开发行债券。若债券发行人不通过中介机构直接向公众公开募集称为直接募集；经由中介机构公开募集则称为间接募集。我国《企业债券管理条例》规定，企业发行企业债券，必须由证券机构承销，即间接募集。

私募发行：是指向特定的少数投资者发行债券。所谓特定的投资者，一般指与债券发行企业有某种关系的对象，可分为两类：一类是个人投资者，如发行企业的产品消费者或发行企业的职工；另一类是机构投资者，如金融机构和与发行企业有密切关系的企业单位。

3. 企业债券的发行价格

企业债券的发行价格，是债券投资者认购新发行的债券时实际支付的价格。

企业债券的发行价格通常有等价发行、溢价发行和折价发行三种。等价发行又叫面值发行，是指按债券面值出售债券；溢价发行是指按高于债券面值的价格发行债券，折价发行是指以低于票面金额的价格发行债券。

债券的发行价格可能与其面值不一致，主要是因为资金市场上的利率是经常变化的，而企业债券上标明的利率，一经印出就无法改变，但从债券的印出至正式发行期间，市场上的利率可能会发生变化，为此需要调整发行价格，以使投资者实际得到的利息率与市场利息率相等。债券发行价格的计算公式为：

$$P_0 = \sum_{t=1}^{n} \frac{c/m}{(1+i/m)^{mt}} + \frac{F}{(1+i/m)^{mn}} \tag{6-1}$$

式中　P_0——债券的发行价格或称市场现价；

　　　c——债券年利息（或年息收入）；

　　　i——市场利率（或为到期收益率）；

m——每年计息次数；

n——到期年限数；

F——债券面值；

t——年份数。

【例 6-2】 某企业发行债券 1000 万元（单位面值 1000 元，共 1 万张），期限三年，年利率为 10%，现考虑付息方式为一年计息一次和一年计息两次（每半年计息一次）两种情况。

(1) 一年计息一次，即 $m=1$：

1) 若发行时市场利率为 10%，则发行价格：

$$P_0 = \sum_{t=1}^{3} \frac{1000 \times 10\%}{(1+10\%)^t} + \frac{1000}{(1+10\%)^3}$$

这时以面值发售，总价格为 1000 万元，单位面值为 1000 元。

2) 若发行时市场利率为 12%，则发行价格：

$$P_0 = \sum_{t=1}^{3} \frac{1000 \times 10\%}{(1+12\%)^t} + \frac{1000}{(1+12\%)^3}$$

这时以折价发售，总价格为 952 万元，单位面值为 952 元。

3) 若发行时市场利率为 8%，则发行价格：

$$P_0 = \sum_{t=1}^{3} \frac{1000 \times 10\%}{(1+8\%)^t} + \frac{1000}{(1+8\%)^3}$$

这时以溢价发售，总价格为 1052 万元，单位面值为 1052 元。

(2) 一年计息两次即每半年计息一次，$m=2$：

1) 若发行时市场利率为 10%，则发行价格：

$$P_0 = \sum_{t=1}^{3} \frac{1000 \times 10\%/2}{(1+10\%/2)^{2t}} + \frac{1000}{(1+10\%/2)^{2\times3}}$$

2) 若发行时市场利率为 12%，则发行价格：

$$P_0 = \sum_{t=1}^{3} \frac{1000 \times 10\%/2}{(1+12\%/2)^{2t}} + \frac{1000}{(1+12\%/2)^{2\times3}}$$

3) 若发行时市场利率为 8%，则发行价格：

$$P_0 = \sum_{t=1}^{3} \frac{1000 \times 10\%/2}{(1+8\%/2)^{2t}} + \frac{1000}{(1+8\%/2)^{2\times3}}$$

4. 企业债券筹资的优缺点

企业债券筹资的优点主要有：①资金成本低。与股票相比较而言，发行债券的发行成本较少，债券利息在税前支付，这样有一部分利息实际上由国家负担了；②具有保障控制权。债券持有人无权参与发行企业的经营管理决策，发行债券筹资，企业的所有者不会损失其对企业的控制权；③可发挥财务杠杆的作用。

企业债券筹资的缺点主要有：①财务风险高。债券有固定的到期日，并需定期支付利息，要承担按期还本、付息的义务。在企业或项目经营不景气时，也必须向债券持有人付息还本，这无疑会给企业或项目造成更大的财务困难；②限制条件严格。发行债券的限制条件比银行借款、股票都要多而且严格；③筹资数量限额。根据国家有关规定，企业发行企业债券的总面额不得大于该企业的自有资产净值。

6.2.3 发行股票

发行股票是股份有限公司筹集长期资金（或资本金）的基本方式，通过发行股票，筹集企业设立时所需的股本金（资本金），或者为扩大经营规模和业务范围以及开发新项目，增资发行股票筹集所需资金，或者为改善资本结构以及配股转增资本金，因此发行股票是股份公司筹集各种用途资金的主要方式。

1. 股票的种类和特点

股票是股份公司为筹集自有资金而发行的有价证券，是股东按其所持股份享有权利和承担义务的书面凭证，它代表其对公司的所有权。

根据国家《公司法》和《股票发行与交易管理暂行条例》等，我国目前股票的种类主要有：

（1）按照股东承担风险和享有权益的大小，股票可分为普通股和优先股两大类

普通股：普通股股东有权出席股东大会并对公司的经营管理决策按持有额计票行使表决权。公司对普通股分配红利，红利根据公司的盈利决定，因此普通股获利水平与公司盈亏息息相关。

优先股：优先股股东对公司的经营管理决策无表决权，在公司利润分配方面较普通股有优先权。公司对优先股支付固定股息，股息按公司章程规定的息率支付，公司因终止进行清算时，优先股优于普通股取得公司的剩余财产。

（2）按投资主体的不同可划分为国家股、法人股、个人股和外资股

国家股是有权代表国家投资的部门或机构以国有资产投入而形成的股份；法人股是指企业法人和具有法人资格的事业单位或社会团体以其可支配的资产投入而形成的股份；个人股是指社会个人以个人合法财产投入而形成的股份；外资股是指外国和我国港、澳、台地区投资者购买的人民币特种股票。

（3）按股票票面是否记名，可分为记名股票和无记名股票

记名股票是向国家授权投资的部门或机构、发起人、法人以及公司内部职工发行的股票。记名股票一律用股东本名，其转让由持有人背书。无记名股票是向社会个人等发行的股票，其转让由持有人交付后即告完成。

股票的特点主要有：①从法律上讲，股票持有人即股东与股票的权利和义务是不可分离的，股票转让就是股东权利和义务的转移，股票转让后，股东就失去了相应的权利和义务；②股票是财产所有权证书，而不是债权债务凭证。

2. 发行股票的条件

（1）设立股份有限公司并申请公开发行股票，应当符合下列条件：①其生产经营符合国家产业政策；②其发行的普通股限于一种，同股同权；③发起人认购的股本数额不少于公司拟发行的股本总额的35％；④在公司拟发行的股本总额中，发起人认购的部分不少于人民币三千万元，但是国家另有规定的除外；⑤向社会公众发行的部分不少于公司拟发行的股本总额的25％，其中公司职工认购的股本数额不得超过拟向社会公众发行的股本总额的10％；公司拟发行的股本总额超过人民币四亿元的，证监会按照规定可以酌情降低向社会公众发行部分的比例，但是最低不低于公司拟发行的股本总额的10％；⑥发起

人在近三年内没有重大违法行为；⑦证券委规定的其他条件。

（2）原有企业改组设立股份有限公司申请公开发行股票，除应当符合上述7条外，还应当符合下列条件：①发行前一年末，净资产在总资产中所占比例不低于30%，无形资产在净资产中所占比例不高于20%，但是证券委另有规定的除外；②近三年连续盈利。

国有企业改组设立股份有限公司公开发行股票的，国家拥有的股份在公司拟发行的股本总额中所占的比例由国务院或者国务院授权的部门规定。

（3）股份有限公司增资申请公开发行股票，除应当符合上述9条外，还应当符合下列条件：①前一次公开发行股票所得资金的使用与其招股说明书所述的用途相符，并且资金使用效益良好；②距前一次公开发行股票的时间不少于十二个月；③从前一次公开发行股票到本次申请期间没有重大违法行为；④证券委规定的其他条件。

（4）定向募集公司申请公开发行股票，除应当符合前述9条外，还应符合下列条件：①定向募集所得资金的使用与其招股说明书所述的作用相符，并且资金使用效益良好；②距最近一次定向募集股份的时间不少于十二个月；③从最近一次定向募集到本次发行期间没有重大违法行为；④内部职工股权证按照规定范围发放，并且已交国家指定的证券机构集中托管；⑤证券委规定的其他条件。

（5）股份公司申请股票上市交易必须符合下列条件：①股票经国务院证券管理部门批准已向社会公开发行；②公司股本总额不少于人民币五千万元；③开业时间在三年以上，最近三年连续盈利；原国家企业依法改建而设立的，或者《公司法》实施后新组建成立的股份有限公司其主要发起人为国有大中型企业的，可连续计算；④持有股票面值达人民币一千元以上的股东人数不少于一千人，向社会公开发行的股份达公司股份总额的25%以上；公司股本总额超过人民币四亿元的，其向社会公开发行股份的比例为15%以上；⑤公司在最近三年内无重大违法行为，财务会计报告无虚假记载；⑥国务院规定的其他条件。

3. 股票发行的程序

股份有限公司申请公开发行股票，按照下列程序办理。

（1）申请人聘请会计师事务所、资产评估机构、律师事务所等专业性机构，对其资信、资产、财务状况进行审定、评估和就有关事项出具法律意见书后，按照隶属关系，分别向省、自治区、直辖市、计划单列人民政府（以下简称"地方政府"）或者中央企业主管部门提出公开发行股票的申请；

（2）在国家下达的发行规模内，地方政府对地方企业的发行申请进行审批，中央企业主管部门在与申请人所在地地方政府协商后对中央企业的发行申请进行审批；地方政府、中央企业主管部门应当自收到发行申请之日起三十个工作日内作出审批决定，并抄报证券委；

（3）被批准的发行申请送证监会复审；证监会应当自收到复审申请之日起二十个工作日内出具复审意见书，并将复审意见书抄报证券委；经证监会复审同意的，申请人应当向证券交易所上市委员会提出申请，经上市委员会同意接受上市，方可发行股票。

4. 股票的发行与承销方式

股票的发行、承销方式对于公司能否及时有效地筹集和筹足资金具有重要作用，发行公司应根据自身、证券市场和投资者等各方面的实际情况，正确地选择适宜的股票发行方式和承销方式。目前在我国股票的发行方式主要有：股东优先认购、定向募集和公开发行三种。承销方式有包销和代销两种。

(1) 股票的发行方式

1) 股东优先认购

即发行公司对原有股东按一定比例让其优先认购。凡发行新股时在股东名册上记载的股东均有优先认购新股的权利，股东可以优先认购的股数与持股比例相同，股东若不想认购，则可转让其认购权。这种发行方式的特点是有利于维护股东在公司的原有地位，保障原有股东能按原比例保持对公司的控制，不会引起股权结构发生大的变化，但会降低股份公司的社会性。

2) 定向募集

指采取定向募集方式设立的公司发行的股份除了由发起人认购以外，其余不向社会公众公开发行，而是向其他法人发行部分股份，经批准亦可向公司内部职工发行部分股份。定向募集公司经申请获得批准后，可以采取公开发行方式。定向募集方式的筹资范围受到限制，但可保持公司股权的相对集中，防止股份过于分散。

3) 公开发行

指股份公司通过发行中介机构，公开向社会公众发行股票。与其他方式相比，公开发行可以在最广大的范围内筹措资本；有利于扩大范围，实现股权分散化，克服垄断；有利于提高发行的质量、信誉，促进股票顺利售出。因此，为筹集大量自有资金，有条件的公司大多采用公开发行方式发行股票。

(2) 股票的承销方式

公开发行的股票应当由证券经营机构承销，承销包括包销和代销。

1) 股票发行的包销

由股票发行与证券经营机构签署承销协议，全权委托证券经营机构（或投资银行）代理股票的发售。采用这种方式，一般是由证券经营机构买进股份公司公开发行的全部新股，然后将所购股票转销给社会上的投资公众，若实际招募额达不到预定发行额，剩余额由证券经营机构或投资银行全部承购下来，并由其承担股票发行风险。发行公司选择包销方式，有利于使发行的股票很快形成买卖交易的市场而顺利出售，及时筹到足额资金。不利之处是发行价格可能较低，实际支付的发行费用较高。

2) 股票发行的代销

由证券经营机构代理发行业务，若实际招募达不到预定发行额，承销机构不负承购剩余额的责任，未销售出的部分归还给发行公司，发行风险由发行公司自己承担，但发行公司支付的手续费或其他有关费用较少。

5. 股票筹资的优缺点

股票筹资的优点主要有：①对于普通股筹资来说，没有固定的利息负担，公司可根据盈利状况、财务经营状况和公司发展需要，灵活地分配股利；对于优先股筹资来说，股利的支付既固定，但又有一定的灵活性，对其固定股利的支付并不构成公司的法定义务。因此股票筹资相对于债券筹资，具有更大的财务灵活性和较小的财务风险；②股本没有固定的到期日，无需偿还本金，是公司的永久性资本，除非公司清算时才予偿还。这对保证公司对资金的最低需要，促进公司长期持续稳定经营具有重要意义；③股票筹资能增强公司的信用，为利用更多的债务筹资提供强有力支持。

股票筹资的缺点：①筹资成本较高，一般高于债券筹资的成本；②当发售新股票，增加新股东时，可能会分散公司的控制权；另一方面新股东对公司积累的盈余具有分享权，这会降低普通股的每股净收益，同时发行新股票可能被投资者视为消极的信号，从而导致股票价格的下跌，影响公司的市场价值和发展潜力。

6.2.4 自有资金筹集

竞争性投资建设项目主要由企业运用自有资金投资，并确定项目最低的资本金比例。企业或项目自有资金的筹集主要通过吸收投资、发行股票、内部留存盈余等形式进行。

1. 资本金筹集

房地产开发资本金的筹集，应根据国家法律、法规的规定，可以采取国家投资、各方集资或者发行股票等方式。投资项目资本金可以用货币出资，也可以用实物，或者工业产权、非专利技术、土地使用权等无形资产作价出资。对作为资本金的实物和无形资产，必须经过有资格的资产评估机构依照法律、法规评估作价，不得高估或低估。在资本金筹集过程中，吸收的投资者的无形资产（不包括土地使用权）的出资不得超过企业或建设项目注册资金的20％。

目前我国一般强调实收资本金制，即要求实收资本与注册资本一致，并规定开办企业必须筹集最低资本金数额。根据建设部《城市房地产开发管理暂行办法》，设立房地产开发公司，注册资本必须在一百万元以上，且流动资金不低于一百万元。另外根据《固定资产投资项目试行资本金制度》，房地产投资项目的资本金比例，须占项目总投资的20％以上。

房地产开发项目的资本金，房地产开发企业应根据法律、法规和合同、章程的规定，可以一次认缴筹集，或者根据项目建设进度比例逐年到位。一次性筹集的，从营业执照签发之日起6个月内筹足；分期分批筹集的，最后一期出资应当在营业执照签发之日起3年内缴清，其中第一次筹集的投资者出资比例不得低于15％，并且在营业执照签发之日起3个月内缴清。试行资本金制度的投资项目，在项目可行性研究报告中要就资本金筹措情况作出详细说明，主要使用商业银行贷款的投资项目，投资者应将资本金按分年应到位数量存入其主要贷款银行。有关银行承诺贷款后，要根据投资项目建设进度和资本金到位情况分年发放贷款，有关部门要按国家规定对投资项目资本金到位和使用情况进行监督。

2. 企业公积金

企业公积金包括资本公积金和盈余公积金，它们都可以按照一定的法律手续转增为企业的资本金。

（1）资本公积金筹资

资本公积金是指企业由于投入资本所引起的各种增值，是一种资本储备形式，也是一种准资本，成为自有资本的构成内容之一，其主要来源包括：①股票溢价发行取得的公积金。股份企业溢价发行所取得的资金收入，其相当股票面值部分作为资本金，但超出面值的溢价收入在扣除发行费用后，其净收入作为资本公积金，可供企业长期支配使用；②法定资产重估增值。企业实行股份制、吸收外商投资、对外联营投资、企业兼并、合并、改组、拍卖以及国家统一组织的清产核资时，均应按有关规定进行资产重估，其重估价值大于账面价值的差额，即法定资产重估增值作为资本公积金；③接受捐赠的财产。企业接受捐赠方出于各种考虑给企业的一种无偿赠与，也是对企业的一种特殊的投资行为，这种投资不会向企业提出产权、收益回报的要求，捐赠方不是企业所有者，所以这项投资不形成企业的资本金。捐赠完成后，其资产产权属于企业的投资各方所共有的财产，并引起企业权益的增加，属于所有者权益，应当作为资本公积金处理。

（2）盈余公积金筹资

盈余公积金不同于资本公积金，是企业按规定从税后利润（盈余）中提取的，属于所有者留存企业内部的资产或权益。因此，提取盈余公积金是企业内部积累资金的主要形式，其可用于弥补亏损、追加投资或分配利息，也可转增资本金。

盈余公积金按其提取形成方式的不同，可分为法定盈余公积金和任意盈余公积金。法定盈余公积金是指国家有关法律、法规、财税制度中规定按税后利润扣除被没收财物损失、支付各项税收的滞纳金和罚款、弥补企业前年度亏损后的10%提取。当法定盈余公积金已达到注册资本50%时可不用提取。法定盈余公积金可用于转增资本金，但转增资本金后，企业的法定公积金一般不得低于注册资本的25%。任意盈余公积金是指企业出于经营管理等方面的需要，在向投资者分配利润前，按照公司章程或者股东会议提取和使用的留存收益，以控制向投资者分配利润的水平以及调整各年利润的波动。

企业公积金是企业的一笔长期资金，筹集无需发生费用，也不会导致企业控制的分散问题，是一种低成本、低风险的资金来源。

6.2.5 吸收外商投资

外商直接投资是指境外企业和经济组织或个人（包括华侨、港澳台同胞以及我国在境外注册的企业）按照我国有关政策、法规，在我国境内开办外商独资企业，与我国境内企业或经营组织共同举办中外合资经营企业、合作经营企业等。

外商投资（含外商独资、中外合资、中外合作）的房地产开发企业，大多为房地产项目公司。根据国家规定，这类房地产开发公司的设立，必须先通过土地批租方式取得土地使用权和房地产开发经营项目，然后按设立外商投资企业的有关规定，办理审批手续。吸引外商直接投资已成为房地产开发企业或项目筹集资金的一个重要来源。

1. 外商投资的方式

（1）合资经营（股权式经营）

根据我国《中外合资经营企业法》的规定，合资经营是由外国公司、企业、经济组织或个人经我国政府批准以后，同我国的公司、企业在我国境内举办的合营企业。合资经营企业，由合营各方出资认股组成，各方出资多寡由双方协商确定，但外方合营者的投资比例不低于25%。出资方式根据国际上通行做法和我国的有关规定，合资企业各方可以用现金、实物、工业产权等进行投资。合营各方按注册资本比例分享利润和分担风险及亏损。合营企业依照国家有关税收的法律和行政法规的规定，可以享受减税、免税的优惠待遇。

（2）合作经营（契约式经营）

合作经营又称契约式经营。在合作企业合同中约定投资或者合作条件、收益或者产品的分配、风险和亏损的分担、经营管理的方式和合作企业终止时财产的归属等事项。

中外合作者的投资或者合作条件可以是现金、实物、土地使用权、工业产权、非专利技术和其他财产权利。合作企业依照国家有关税收的规定缴纳税款并可以享受减税、免税的优惠待遇。中外合作者依照合作企业合同的约定，分配收益或者产品，承担风险和亏损。

（3）外资独营

外资独营是由外国投资者独自投资和经营的企业形式。设立外资企业的申请，由国务院对外经济贸易主管部门或者国务院授权的机关审查批准。外资企业应在审查批准机关核准的期限内在中国境内投资；逾期不投资的，工商行政管理机关有权吊销营业执照。

外资企业依照国家有关税收的规定纳税并可以享受减税、免税的优惠待遇。外资企业将缴纳所得税后的利润在中国境内再投资的，可以依照国家规定申请退还再投资部分已缴纳的部分所得税款。外国投资者从外资企业获得的合法利润、其他合法收入和清算后的资金，可以汇往国外。

2. 外商投资的审批程序

（1）编报项目建议书。由中方投资者编写后，报审批机关审批。

（2）申请企业名称登记。即在项目建议书批准后，由中方投资者向工商行政管理机构申请企业名称登记。

（3）编报可行性研究报告、合资或合作合同、章程。由投资各方共同编写可行性研究报告，起草合同、章程，再由中方投资者报审批机关审批。一般来说，外商依法签订了土地使用权有偿出让合同后，项目可行性分析即被视为批准。

（4）申请颁发批准证书。项目可行性研究报告、合同、章程经批准后，由中方投资者向审批机关申请颁发批准证书。

（5）申请领取营业执照，即中外投资者领取批准证书后，向工商行政管理机关办理工商登记。

（6）办理税务登记和银行开户。

6.2.6 项目 BOT

建设—经营—移交（BOT）投融资方式是目前国际上较为流行，并已在一些国家特别是发展中国家开发建设交通、能源等基础设施项目中成功运用的一种筹资方式和途径。自 1995 年以来，我国为改善基础设施和基础产业建设的"瓶颈"约束状况，按照国家的产业政策，除继续鼓励外商采用中外合资、合作和独资建设经营我国基础设施和基础产业项目外，在借鉴国外经验的基础上，拟采用 BOT 投融资方式试办外商投资的基础设施项目，并积极摸索总结经验，使 BOT 投融资方式在我国稳步、扎实、有成效地开展起来。目前在国内外 BOT 的实践中，这种方式已从基础设施项目拓展到包括房地产的其他产业，如利用 BOT 方式进行城市旧城改造、商业区建设等房地产项目开发，因此利用 BOT 方式吸引外资进行房地产项目开发是可行的，有广阔前景的。

1. BOT 方式的基本概念

BOT 是英文 Build Operate Transfer 结合起来的缩略写，意为建设—经营—移交，是利用私人资本投资于公益性基础设施（或工业性项目等其他基础产业）的一种筹资方式。

根据国家计委、电力工业部、交通部 1995 年颁发的《关于试办外商投资特许权项目审批管理有关问题的通知》，BOT 方式可以称为投资特许权方式，BOT 项目称为外商投资特许权项目（外商建设—运营—移交的基础设施项目）。政府部门通过特许权协议，在规定的时间内，将项目授予外商为特许权项目成立的项目公司，由项目公司负责该项目的投融资、建设、运营和维护。在特许期内，项目公司拥有特许权项目设施的所有权，以及为特许权项目进行投融资、工程设计、施工建设、设备采购、运营管理和合理收费的权利，并承担对特许权项目的设施进行维护保养的义务。政府部门具有对特许权项目监督、检查、审计以及如发现项目公司有不符合特许权协议规定的行为，予以纠正依法处罚的权力。特许期满，项目公司将特许权项目的设施无偿移交给政府部门。

根据世界银行《1994年世界发展报告》的定义，通常所说的BOT方式实际上至少包括以下三种具体的投融资方式：

(1) BOT（Build-Operate-Transfer）

即建设—经营—移交。政府部门就某个基础设施项目与私人企业（或项目公司）签订特许权协议，授予签约方的私人企业来承担该基础设施项目的投资、融资、建设、经营和维护。在协议规定的特许期限内，这个私人企业向设施使用者收取适当的费用，由此来回收项目投资、经营和维护成本并获取合理的回报。政府部门则拥有对这一基础设施的监督权、调控权。特许权期满，签约方的私人企业将该基础设施无偿移交给政府部门。

(2) BOOT（Build-Own-Operate-Transfer）

即建设—拥有—经营—移交。私人企业（或项目公司）根据特许权协议，投资建设该基础设施项目，项目建成后，在规定的特许期限内拥有所有权并进行经营，期满后将项目移交给政府。BOOT与BOT的区别主要是：一是所有权的区别。BOT方式，项目建成后，私人企业（或项目公司）只拥有所建成项目的经营权，但BOOT方式，在项目建成后，在规定的特许期限内既有经营权，也有所有权；二是时间上的差别。采用BOT方式，从项目建成后移交给政府部门这一段时间一般比采取BOOT方式短一些。

(3) BOO（Build-Own-Operate）

即建设—拥有—经营。私人企业（或项目公司）根据政府赋予的特许权，建设、拥有并经营某项基础设施，但是并不将此基础设施移交给政府部门。

以上三种结构一般统称为BOT方式。但是在实践中，由于不同国家或地区在具体项目的条件不同和实际运作上的差异，BOT方式还有一些其他变异方式：BT（Build-Transfer）即建设—移交；BTO（Build-Transfer-Operate）即建设—移交—经营；BLT（Build-Lease-Transfer）即建设—租赁—移交；DOT（Develop-Operate-Transfer）即开发—经营—移交等。这些变异方式虽然在具体运作上存在着一些差异，但由于它们的结构与BOT并无实质上的差别，且与BOT在基本原则和思路上是一致的，所以习惯上将它们统称为BOT方式。同时这也说明BOT方式的运用灵活多样，虽然有着共同的特征，但是在具体形式上并没有一个固定的模式和确切不变的定义，而主要决定于各个国家应用BOT方式的规范。

按照上述定义，BOT投融资方式的内涵通常是：一是政府部门并没有放弃，一般也不发生对它拥有资源的终极所有权，一旦委托或授予的特许权期满，政府部门不仅保持原有资源的所有权，而且获得完整的、可以正常运营的设施的所有权；二是由于政府部门的授权，私人企业（或项目公司）是BOT项目的资金筹措者、开发建设者、所建成项目的经营者以及在特许期限内，投资收益的获得者；三是BOT项目是在政府授权，并始终在政府的支持、监督下运行的。

2. BOT 方式的基本特征

（1）项目所在国政府是任何 BOT 项目最重要的参与者和支持者，其首先必须批准 BOT 项目，通常与项目公司签订详尽的特许权协议（详细规定政府与项目公司各自的权利和义务），并提供部分资金、信誉、履约等方面的支持。

（2）项目公司是 BOT 项目第二个必不可少、也是最重要的参与者和执行者。项目公司通常为具有资金实力、富有专业能力和经验的一个或多个联营体组成，这个联营集团可以都是私营企业，也可以是合营，有的还需要让项目所在国政府或政府部门成为项目公司股东。

（3）BOT 项目的资金筹集是将传统的股本投资与项目融资结合在一起，在大多数情况下，股本投资仅占项目总投资的 1/4～1/3，其余大部分资金来源于项目融资，因此在 BOT 项目中项目公司必须与金融机构签订一系列较为复杂的、互为因果、相互制约的融资合同，以保护主要的融资者的利益。

（4）BOT 方式一般采用分散分担风险的方法，通常将投资超支和延误工期等建设风险分散到各工程承包商承担；经营、维护成本和服务质量风险分散到项目经营管理者身上；原材料采购及供应风险分散到签订采购合同的供应商那里；至于投资者难以控制的风险，如项目所在国的政策变化、通货膨胀等，往往由项目所在国政府来承担。

（5）BOT 项目必须具有明确而又稳定的收益来源。通常要求项目的可行性研究必须建立在科学论证基础上和严格标准的财务分析上。它的严密性并不是来自政府部门的要求，而是产生于投资者保护投资的本能，尤其是财务效益的分析非常重要，其预期收益是以支付项目债务，加上股本投资者合理的回报等。

（6）BOT 项目的特许期限结束时，要求移交或转让给项目所在国政府，通常有所有权转让和经营权转让两种方式。"所有权"有哪些成分构成、究竟有什么东西需要转让、是无偿的还是象征性有偿的，通常根据项目所在国法律规定办理，如法律没有定明的应根据特许权协议规定的条款执行。

3. BOT 方式的融资结构和运行过程

BOT 方式的融资运作是一项复杂的系统工程，涉及面广、参与机构多、前期工作时间长、花费大、融资成本高，而且方式比较灵活、随意性大，因此实施 BOT 方式的规范性要求很高。一般来说，BOT 方式的运作过程主要有以下内容。

（1）项目筛选和决策

根据国家有关主管部门关于 BOT 项目管理的法规和政策，特许权项目的筛选采取自下而上的方式进行，原则上是国家中长期规划内的项目。被选定的项目，由所在省（区、市）的计划部门会同行业主管部门按现行管理体制提出项目预可行性研究报告，经行业主管部门初审后由国家计委审批，必要时由国家计委初审后报国务院审批。特许权项目的预可行性研究报告包括项目概况、工程、技术、环保等方面内容外，应重点阐述以下内容：市场需求分析、总投资规模、外部条件的落实、经济及财务分析、预收费标准和调价原则、特许权期限、风险分担原则、政府拟提供的配套条件及承担的义务等。

（2）用竞标方式选择境外投资者和项目公司主要成员

特许权项目的预可行性研究报告获得批准后，地方政府负责编制资格预审及标书文件，通过公开招标的方式选择境外投资者和项目公司主要成员。国家计委将组织由行业主管部门、地方政府部门及技术、经济、法律顾问参加的评标委员会，负责标书的审查、投资者资格预审、评标、定标及投标的工作。投资者（投标者）资格预审的主要标准为：其法律地位和资信情况、专业技术能力和融资能力以及以往的经验和业绩。

(3) 成立项目公司，建立授权关系

特许权项目中标者（可能是一个企业，但通常是由多个企业为了从政府那里获得项目而组成的一个松散的联营体）作为项目发起方，共同出资成立一个专门从事该项目建设与经营的项目公司。在项目所在省（区、市）政府部门的协助下，到外经贸部办理项目公司章程的报批手续以及工商注册登记手续。项目所在省（区、市）政府或行业部门与项目公司商定项目特许权协议，并经国家计委批准后（必要时，由国家计委报国务院批准），正式签订特许权协议。特许权协议是政府部门与项目公司签订的具有法律约束的文件，是整个 BOT 方式的核心内容。特许权协议至少应包括如下内容：①特许权协议签字各方的法定名称与住址；②项目的特许权内容、方式及期限；③项目工程设计、建造施工、经营和维护的标准规范；④项目的组织实施计划与安排；⑤签字双方各自的权利、义务与责任；⑥项目成本计划与收费方案；⑦项目转让、抵押、征管、中止条款；⑧特许权届满、项目移交标准及程序；⑨罚则与仲裁等。

为了减少项目的前期花费和缩短谈判时间，现在特许权协议往往由签约的政府部门拟订并作为竞标的条件加以确认。图 6-3 是协议阶段的 BOT 结构示意图。

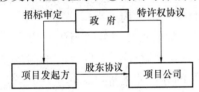

图 6-3　协议阶段 BOT 结构示意图

(4) 项目融资

项目融资是构成 BOT 方式结构框架特许权协议外的第二个重要工具，可以说 BOT 方式主要是特许权协议和项目融资两个基本工具构成。一般来说，BOT 项目的资金筹集由项目公司具体负责，采用将项目发起方提供的资本金（股本）与商业银行、国际金融机构和双边政府贷款等提供的贷款结合在一起的方法。项目公司与商业银行签订贷款协议或与出口信贷银行签订买方信贷协议。商业银行为出口信贷银行作担保同时得到项目本身的资产担保。项目本身可以用来作担保的资产包括：销售收入、保险、特许权协议和项目协议等。

BOT 项目融资文件主要由以下文件组成：

1) 规定融资金额、贷款条件（包括法律意见、董事会决议、所有项目协议的副本、担保文件的转让、政府批文、专家评估报告以及财务报表等）、支付偿还、保护性条款（包括税收补偿、成本超额补偿、浮动利率、拖欠利息补偿及一般性补偿）等内容的基本融资服务协议；

2) 规定抵押、承包等合同权利的转让，控制项目现金流动委托收付账户以及项目公司股权质押等内容的安全保障（担保）文件（包括对土地、房屋等不动产抵押、动产、债务以及在建生产线抵押）、项目基本文件（如经营许可、承建合同、供应协议）给予的权利、项目现金流量和项目公司股份的享有权等内容；

3) 项目公司与其他债权人签订的信任协议、协作协议、联合贷款协议；

4) 保证金和其他支持文件（项目所在国政府的支持：经营许可、项目批准、特许权利、外汇许可等；项目发起方的直接支持：偿还担保、完工担保、营运资金保证协议、现金亏欠协议、承诺保证函和安慰信；项目发起方的间接支持：照付不议合同、产量合同、运输合同、供应保证协议等）；

5）其他资金筹措文件，如果贷款不是唯一的资金来源，则应将有关票据发行、商业票据和其他权益列入文件；

6）附属融资风险管理文件，包括掉期协议、期权协议、上限协议或限底协议等。

项目公司与金融机构等签订的融资协议或合同不能违背项目公司与政府部门签订的特许权协议中规定的融资方案和原则，否则融资协议或合同无效。也即特许权协议从法律上讲是一个附带条件的协议，只有当条件（包括融资条件）全部成熟时，协议才生效。图 6-4 是融资阶段 BOT 结构示意图。

(5) 项目建设

项目建设即项目公司根据特许权协议规定的技术、质量、进度等要求，组织项目的设计、施工和采购等工作。一般项目公司将项目建设工作承包给承建公司，与承建公司或原料、设备供应商等签订一系列协议和合同，包括项目管理协议、技术顾问合同、承建合同和次级承包合同、项目投保合同、原材料供应协议、能源供应协议等。同时项目公司得到承建公司与设备供应商等的担保银行的担保。图 6-5 是建设阶段 BOT 结构示意图。

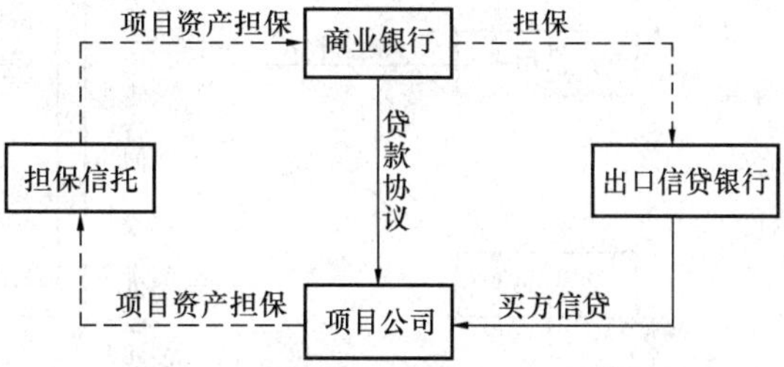

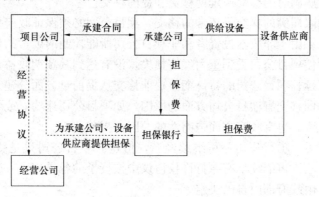

图 6-4　融资阶段 BOT 结构示意图

图 6-5　建设（经营）阶段 BOT 结构示意图

(6) 项目经营

项目经营即项目公司根据自身能力对已建成投产的项目，可以自己经营，也可以委托其他公司代理经营，并与经营公司签订经营协议。在项目经营期间，项目公司不仅需要支付工程经营成本、偿还贷款，而且还要支付股本的红利。还款方式通常是项目公司把项目收入转移给一个担保信托，担保信托再把这部分收入用于偿还银行贷款。

这样，BOT 方式的总体融资结构如图 6-6 所示。

(7) 项目移交

项目移交指特许权期满后，项目公司必须按特许权协议中规定的项目质量标准和资产完好程度等，将项目的资产、经营期预留的维护基金、相关特许权、执照、许可证、合同

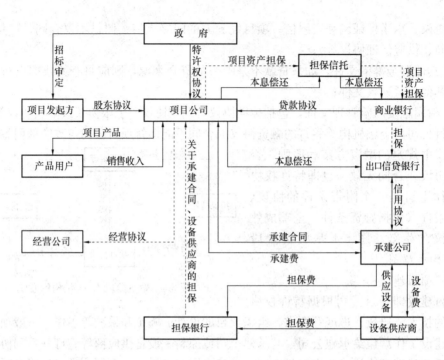

图 6-6 BOT 方式总体融资结构图

文件、担保文件以及其他权益移交给项目所在国政府。BOT 项目的移交从时间上可以分为特许权协议期限届满时的移交、延期移交和提前移交。

特许权协议期限届满的移交是正常的移交，项目公司必须保证政府接管后项目具备正常的营运条件。如果由于非股本投资者和非项目公司所能控制的因素的作用，如因受国家政策调整因素影响使项目公司受到重大经济损失，没有达到其预期收益，或无法在特许期内偿还债务，则可延长项目公司的特许期。提前移交从提前量方面分建设阶段移交和经营阶段移交，造成提前移交有项目公司方面的原因，如项目公司违约，或无法继续履行特许权协议所规定的职责，也有政府方面强制性的原因而提前移交。

项目移交政府后，项目公司还可继续经营，但这时项目公司只是受政府委托代理经营，项目公司本身已不再继续享有原特许权协议中被授予的各项权力。政府是否继续委托原项目公司经营，由政府部门自己决定。

4. BOT 方式的优缺点和发展前景

(1) BOT 是一种有效的吸引外资的手段，主要有以下优点。

1) 对于政府来说，以潜在的巨额利润吸引社会闲散资金与境外大量资金，通过采取让企业筹资、建设、经营的方式来投资于基础设施项目，从而减轻政府的财政负担。并通过基础设施的完善进一步推动当地的工业、商业、服务业的发展，扩大税收来源，增加国家财政收入，进而促进当地的经济效益和社会效益的提高。

2) 利用 BOT 方式，可以把传统的债务负担转移给企业，又能够将项目的各种风险转嫁给各个参与方，由他们按有关协议或合同分散承担，从而减少了传统项目政府部门所要承担的各种风险。

3) 对于项目公司和 BOT 项目的贷款者（债权者）来说，由于获得政府有效的支持，在项目产品的销售或服务方面有更可靠的保障，从而可以获得较有保障的投资报酬率和债务偿还能力。

4）由于政府在法律、税负、外汇等方面的保障，可以最大限度地降低项目发起方的投资的政治性风险，同时依靠正常资金运行渠道，通过保险、担保、合同等手段，可以降低项目建设和经营方面的建设风险、市场风险、经营风险、信贷风险、财务风险等。

5）为了吸引境外资金投资基础设施项目建设，项目所在国政府将会给予更加优惠的政策，例如给予与 BOT 项目关联或周边项目的开发权，或者是相关的房地产项目的开发权，因此境外资金进入项目所在国后，往往同时能获得更多的投资机会。

（2）由于 BOT 方式是政府与私人资本和境外资本相互结合的产物，也存在着以下不足之处。

1）政府作为 BOT 项目没有直接投资（仅以其所支配的资源投入以及政策、管理的投入，没有资金的投入）的最终所有者，代表着政府与人民的利益，而对于私人企业和境外投资者来说，盈利仍是他们主要的投资目标，因此政府与私人企业和境外投资者之间的利益冲突和协调，常常贯穿 BOT 项目全过程。

2）由于 BOT 项目是在政府特许之下才得以运作，而其过程又始终离不开政府的支持与监督，加上投资主体的多元性，由此产生复杂的关系，增加了投资风险，并造成投资成本的加大。同时政府部门必须考虑到项目产品销售及服务价格对用户的承受程度，因此投资与收益的平衡问题也是 BOT 项目所经常要面临的问题。

3）由于 BOT 项目受特许权协议、融资协议和其他协议、合同的多重约束，因此项目的应变能力较差。

4）由于 BOT 项目投资额巨大，特许期限较长，因此对投资者来说，投资回收期也相对较长，投资回报率也较低。

5）BOT 项目的形成过程极其复杂，耗时耗资，融资成本偏高，在实际运作中有很大难度，具有较大的局限性。

我国为了解决建设资金总量不足、资金筹集渠道窄小的问题，在利用 BOT 方式，引进境外资金参与基础设施和基础产业建设上作了不少有益且成功的尝试，而且已从基础设施项目和基础产业拓展到其他建设项目和产业，例如我国利用 BOT 方式引进香港新鸿基集团资金进行北京王府井商业区改造，吸引香港长江实业集团投资改造建设旧城区。因此利用 BOT 方式实施房地产开发和拓宽房地产项目筹资途径具有广阔前景。

其次，BOT 方式不仅实现了投资主体多元化、资金来源多渠道，而且特许权转让关系已不再局限于政府与国内外私人企业，而已扩展到政府与境外投资者和国内企业，从而具有较大的相融性。与此相应的特许权转让范围也出现了多样化，这种转让可以是项目整个建设经营周期，也可以拆细按阶段转让特许权，从而实现项目投融资渠道的拓展。因此，引入和积极利用 BOT 投融资方式，扩大吸收境外资金，将是加快包括房地产业在内的基础产业和基础设施建设的一条重要途径。

6.2.7 房地产开发信托

房地产投资信托（Real Estate Investment Trusts，以下简称 REITs）是一种与房地产信托、房地产投资基金等概念相关的新型的投资工具，它直接把市场资金融通到房地产行业，为房地产开发项目资金筹集开拓了一条新的融资渠道。

1. REITs 的概念及类型

REITs 是一种将按照信托原理设计、以发行受益凭证的方式公开或非公开汇集多数投资者的资金交由专门投资机构进行投资经营管理,并将投资综合收益按比例分配给投资者的投资工具。

按照基本组织形式划分,REITs 分为契约型 REITs 与公司型 REITs。

(1) 契约型 REITs

契约型 REITs 是以信托契约为基础形成的代理投资行为,本身不具有法人资格。其基本结构由投资人(委托人、受益人)、受托人(REITs 基金)和基金托管公司三方构成。受托人按信托契约将受益权进行分割并依据法律、法规和信托契约负责 REITs 基金的经营和管理操作,同时又委托基金托管公司负责保管基金、资产。

这里契约型 REITs 存在两个信托法律关系,即投资人、REITs 基金管理公司之间的信托关系和 REITs 基金管理公司、基金托管公司之间的信托关系,因此实际上 REITs 基金管理公司同时具有委托人、受托人和受益人三重身份,投资人是最终的受益人而基金托管机构则是最终的受托人。

这样,契约型 REITs 的基本结构如图 6-7 所示。

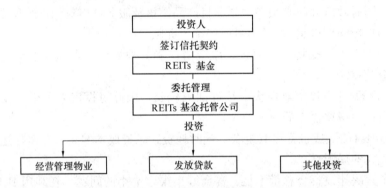

图 6-7 契约型 REITs 的基本结构图

(2) 公司型 REITs

公司型 REITs 设立一个具有独立法人资格的投资公司进行管理,其基本结构由投资人、REITs 投资公司(委托人、受益人)和基金保管公司(受托人)三方构成。投资公司的发起人通过向社会公开发行股票从广大投资者手中集中资金成立专门从事投资的股份有限公司,从事与房地产相关的各类投资,并将由此获得的收益以股息或红利的形式返还给股东投资者。

公司型 REITs 通常委托专业的管理公司和独立投资顾问管理资产,同时还会委托保管机构保管资产。从信托关系上来说,公司作为委托人与保管机构签订信托协议,将公司资产转让给保管机构使后者成为资产名义上的所有人,同时公司作为受益人将资产产生的收益以分红的形式分配给股东完成整个投资流程。因此,不同于契约型 REITs,公司型 REITs 中仅存在一个信托法律关系,即以保管机构为受托人,投资公司为委托人和受益人的信托法律关系,投资者通过购买投资公司的股份而成为股东,与投资公司之间构成了股东与公司的关系,二者之间的权利义务也完全由公司法设定,不存在信托关系。

公司型 REITs 的基本结构如图 6-8 所示。

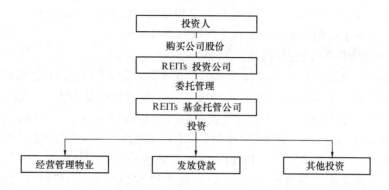

图 6-8 公司型 REITs 的基本结构图

对于公司型 REITs 来说，投资人购买 REITs 的股票形成的 REITs 投资公司直接参与管理物业经营获取租金收益和资本利得，也可通过向房地产开发企业贷款获取利息收益，各种收益的组合以分红的形式返还给投资人或其指定的受益人，其运作模式如图 6-9 所示。

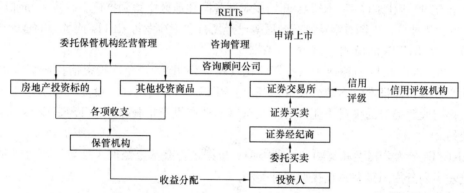

图 6-9 公司型 REITs 运作模式图

(3) 契约型 REITs 与公司型 REITs 的比较

契约型 REITs 与公司型 REITs 基本结构的比较见表 6-4。

契约型 REITs 与公司型 REITs 的比较　　表 6-4

比较项目	契约型	公司型
资金属性	信托财产	公司资产
资金的使用	按信托契约规定	按公司章程规定
与投资人的关系	信托契约关系	股东与公司的关系
与受托人的关系	以受托人存在为前提	本身即受托人
利益分配	分配信托利益	分配股利

2. REITs 的运作模式

(1) 美国 REITs 的运作模式

目前，美国 REITs 的运作模式主要有以下两种。

1) REITs 典型模式

REITs 通过在股票市场发行股票（IPO 或增发）募集资金后，持有和管理房地产资产，投资者通过购买 REITs 股票间接投资于房地产，并可以在股票市场进行交易，获得资本利得和流动性。REITs 的收入主要包括出租房地产的租金、投资于其他 REITs 股票所得的股利、投资于房地产抵押贷款和短期债务工具的利息收益。

2) 伞形合伙 REITs 的运作模式

目前，美国比较常见的是一种称为伞形合伙 UPREITs 的 REITs 运作模式，其基本过程是：现有合伙企业的数个合伙人共同设立一个经营性合伙企业（operating partnership），然后转让自有房地产，以获取代表有限合伙权益的凭证——"经营型合伙单位"（operating partnership unit，简称 OP 单位），成为有限合伙人。在设立经营性合伙企业的同时，公开募集成立一个 REITs。REITs 以融得资金向经营型合伙企业出资，成为后者的普通合伙人（即无限责任合伙人）。有限合伙人持有 OP 单位一段时间（通常为一年）后，合伙人可以把 OP 单位转换成 REITs 股份或现金，从而获取流动性。这种转换权利实际上是一种"看涨期权"。REITs 融资所得资金交给合伙企业后，合伙企业用于减少债务、购买其他房地产等用途。

(2) 亚洲国家和地区的 REITs 运作模式

20 世纪 90 年代末以来，REITs 开始在亚洲各国和地区中得到推广。日本、新加坡、韩国、中国台湾地区、中国香港特别行政区等已经发行和正在发行 REITs 或类似的金融产品。

1) 日本 REITs 的模式

日本在 2000 年 11 月修改了《投资信托及投资公司法》，允许投资信托所募集资金用于房地产投资，即日本的不动产投资信托（J-REITs）正式建立。投资人投资于 J-REITs 时，获得与股票类似的投资凭证，可以在东京不动产投资信托市场（TSEREITs market）进行交易。

J-REITs 分为公司型和契约型两种类型。根据是否有基金经理人参与，契约型 REITs 可以进一步划分为间接型和直接型两种类型。

①公司型 J-REITs

目前在日本东京不动产投资信托市场上市交易的 J-REITs 都采用公司型这种类型，这种类型也是日本 REITs 的主要发展方向。公司型 J-REITs 成立一个以运用投资人资金投资并管理房地产这一特殊目的公司，发行投资凭证募集投资者的资金，然后购买并管理房地产。从技术上说，这一特殊目的公司必须自己负责房地产的管理和经营，但是，实践中这一功能一般外包给第三方。

②契约公司型 J-REITs

与一般的有价证券投资信托相类似，间接契约型 J-REITs 由基金经理人/管理人负责运作，选择并决定由投资银行持有和管理的资产。投资银行负责直接管理房地产。投资者获得可转让的受益凭证。

直接型契约 J-REITs 由投资银行直接持有、管理 REITs 持有房地产，没有基金经理人/管理人参与运作。与间接契约型 J-REITs 相同，投资者获得可转让受益凭证。

2) 新加坡 REITs 的模式

1999 年，新加坡财政当局公布了 REITs 的设立准则，其设立的主要目的是为了增加资产的流动性，同时为房地产公司开辟一条新的融资渠道。

新加坡的 REITs 既可以投资国内的房地产，也可以投资国外的房地产，至少 70% 的投资来自于房地产以及其相关领域，包括债券、房地产上市公司的股票等，同时法律规定

REITs 不能投资于空地以及被抵押的房地产项目。REITs 可以以公司形式或者以契约形式成立，如果以公司形式成立，则这个基金必须在新加坡证券交易所（SGX）公开募集资金，如果以契约形式成立，则可以公开或者私下募集资金，如以私募方式，投资者必须被允许至少一年可以赎回此信托单位。另外，新加坡法律还规定 REITs 的财务杠杆比例不得超过 35%，规定将收入的 90% 作为红利分发，并且一般一年派送两次。在此基础上，免交公司所得税，同时投资者免交利息所得税。

新加坡的 REITs 受到了《财产基金要则》和《证券和期货法则》的监管，保证 REITs 的正常运行。

3）香港 REITs 的模式

2003 年 6 月，为了增强房地产市场资产的流动性，同时满足房地产公司融资需要，香港证券委员会（SFC）颁布了关于 REITs 的第一部法规，成立 REITs。

香港的 REITs 是以契约形式存在，按法律规定委派外部管理公司进行管理，同时，必须由一名与房地产公司无关的基金托管人对 REITs 制订计划，实施管理。

法律规定，REITs 必须在香港本地投资，投资的物业包括地产和房产，物业类型没有限制，REITs 可以投资于写字楼、零售物业，也可以投向停车场、酒店等特殊的房地产物业。但是投资的物业必须是可以产生连续的收入，同时 REITs 还可以投资于新建的房地产，但是此类房地产的比例不能超过总净资产的 10%。法律还规定 REITs 拥有的物业时限必须在两年以上，每一年均必须将 90% 的税后净收入作为股利分发，并且公司无需交所得税。

同样，香港的 REITs 可以在香港证券交易所（HKSE）上市。

（3）各国及地区 REITs 运作模式比较

美国、日本、新加坡以及中国香港地区的 REITs 运作模式比较见表 6-5。

各国及地区 REITs 运作模式比较[1] 表 6-5

要求	美国 REITs	日本 J-REITs	新加坡 REITs	香港 REITs
结构要求	公司	投资信托/投资公司（公司型开放式基金或股份有限公司、合伙公司、有限责任公司、契约式封闭基金）	单位信托或共同基金（契约型开放基金或公司型开放基）	单位信托
资产投资要求	至少 75% 的投资在房地产以及与房地产有关的资产	至少 75% 的投资在房地产以及与房地产有关的资产，同时 50% 以上的资产必须是收入产生型，且一年内不可能被出售	至少 70% 的投资在房地产以及与房地产有关的资产	至少 90% 的投资在房地产以及与房地产有关的资产
收入要求	收入中不低于 75% 来自于房地产以及与房地产有关的资产	收入中不低于 75% 来自于房地产以及与房地产有关的资产	收入中不低于 70% 来自于房地产以及与房地产有关的资产	收入的较大部分必须源自房地产项目的租金收入

续表

要求	美国 REITs	日本 J-REITs	新加坡 REITs	香港 REITs
业务范围	开发、收购、持有、管理房地产	不能开发房地产	禁止从事或参与房地产开发活动	禁止投资于空置土地或从事或参与物业开发活动（不包括修缮、装修）
资产管理	一般由 REITs 自己管理房地产	公司型的 REITs 其房地产一般委托第三方管理	必须委托第三方管理	自行或委托第三方管理
发行方式	上市	上市或者不上市	上市或者不上市，定期定量赎回	上市
上市规定	对 3 年以下经营历史的 REITs 要求股东权益不低于 6 千万美元	房地产占总管理的资产比例不得低于 75%；每手交易的股份所含净资产不得低于 50000 日元；净资产不得低于 20 亿日元；流通股不得低于 4000 股	须是经 MAS 批准的 REITs；无专门针对 REITs 上市规定，参照股票的上市条件	须是经香港证监会批准的RE-ITs；符合主板上市准则中对集体投资计划的上市规定（上市规则第二十章）
房地产区域限制	无限制	无限制	无限制	香港地区
最低持有年限	无限制	无限制	无限制	2 年
持股限制	最大 5 个股东不可持有 50%以上的股份	最大股东不可持有 70%以上的股份	持有超过 5%的股份必须通知 REITs 的管理者	无专门限制（如果上市，必须满足上市公司最低流通股数要求）
分红比例	至少 90%	至少 90%	至少 90%	至少 90%
财务杠杆	无限制	无限制	总资产的 35%	净资产的 35%
税收优惠	免征公司所得税和投资者资本利得税	免交公司所得税；物业购买税和登记税上的优惠	无需交所得税；免个体投资者的红利分配税	无需交所得税

1 资料来源：http://www.creits.com/fnchina/reit/ceits/creits_index.htm.

3. REITs 与其他融资方式的比较

从 REITs 的世界发展来看，REITs 有很大需求，这都源于 REITs 的特征所带来的各方面的优势。这些优势可以通过与股票和公司债券融资方式的比较而突显出来。

（1）REITs 与公司债券融资的比较

1）投资资本的安全性

公司债券投资资本比 REITs 投资资本的安全性更大。主要表现一下两个方面：

①除非发行债券的企业或机构破产，债券在到期时必须偿还本金，即投资者至少能收

回投资本金；而 REITs 的投资者则不可能得到这样的保障。

②即使出现破产清算的情况，公司债券投资者也将得到优于 REITs 投资者的受偿，而 REITs 作为普通股，其受偿顺序在债权之后。

2) 投资收益

从总的投资收益的角度来看，在利率和市场行情不发生重大变化的情况下，公司债券的投资收益就是息票利率指向的收益值，其收益有基本的保障且与预期值相同，但没有增长的潜力；而 REITs 的基本收益率没有债券的息票利率高，但其总的投资收益是分红再加上资本增长所带来的收益。因此，REITs 的投资收益水平要高于公司债券。

3) 通货膨胀的影响

相对于 REITs，公司债券是利率敏感性的资产，不能对通货膨胀进行有效抵御。具体而言，当通货膨胀率上升时，公司债券价值会降低很多，且距离债券到期时间越长，其价值就下跌得越快。即使投资者持有债券到期末，能收回原来的投资成本，但此时的货币已经贬值；而对于 REITs，通货膨胀率的上升会使 REITs 名下拥有的物业增值，租金水平上升，直接促使 REITs 经营收入的增长。也就是说，REITs 比公司债券有更强的抵御通货膨胀的能力，并且其价值会随着时间的推移而增长。当通货膨胀率降低时，市场利率也随之降低，企业的融资成本下降。已经发行了高于当时市场利率债券的某些企业，一般会选择提前回购债券，这直接导致投资者丧失了获取未来高收益的权利；而对于 REITs，在通货膨胀率下降时，REITs 的股票价值会随之上升，从而保障其总体收益水平。因此，公司债券的投资者将承担通货膨胀升降带来的收益不稳定的风险，而 REITs 因其收益来源的多样性，可以很好地抵御通货膨胀率变动的影响。

(2) REITs 与公司股票融资的比较

以美国为例，美国的《房地产投资信托法》规定，所有的 REITs 都没有优先股，只能是普通股。因此，基于《房地产投资信托法》的管理规定，REITs 与一般股票的区别主要表现在以下两个方面：

1) REITs 必须把其 95％以上的经营收入（资本收益不计在内）以红利的形式分配给投资者，也就是说，REITs 没有权利制订自己的分红比例，而是要服从法律的规定。这样，REITs 要扩张发展时，所需资本就不能像别的公司那样以自己上一年的赢利为资本积累，必须开拓新的资本渠道。

2) 由于 REITs 是采用信托方式经营，在经营层面上无需纳税，能给投资者的投资带来更大的收益，因此，REITs 是美国具有避税作用的最重要的投资工具之一。

6.3 房地产开发资金筹集规划

6.3.1 房地产开发资金筹集规划的概念和基本内容

所谓房地产开发资金筹集规划就是根据项目可行性研究估算的总投资需要量和年度投资需要量（或分期投资需要量），通过资金来源与运用表（或称财务平衡表），研究、安排资金的来源与运用，为项目寻求适宜的资金筹集方案，选择财务费用最经济的资金筹集方案，并在此基础上估计获得资金的可能性，以适应项目预期的现金流量。

对于房地产开发项目来说，建设资金是项目建设的基本条件，只有在相当明确的资金筹集前景的情况下，才有条件进行项目的可行性研究；如果筹集不到资金，投资方案再合理可行，也不能付诸实施。同时，建设项目的资金需要量（或筹集规模）必须在对项目产品市场前景和财务经济分析之后才能做出较为符合实际情况的估算。因此在分析项目投资方案的基础上进行项目资金筹集方案的研究，对于项目的顺利实施具有重要的意义。

房地产开发资金筹集规划的主要内容如下：

（1）对企业或项目的内外部因素进行分析。内部因素主要包括企业或项目的开发经营状况、筹资能力、财务状况等；外部因素主要包括社会经济环境、政策法规、资本市场供需状况等。在此分析基础上，确定企业或项目的筹资基本条件。

（2）在企业或项目的开发经营目标指导下，合理确定筹资目标，即筹资活动期望达到的目的和要求。一般包括：资金的数量要求与使用时机要求；资本结构要求，即合理负债与自有资金比例、长期资金与短期资金比例；最低的企业资金综合成本；较低的财务风险。

（3）资金筹集的规模和流量。资金筹集的规模即为项目总筹资需求量。资金筹集的流量是根据项目资金投入和资金偿还要求所相适应的不同时间（一般以年为单位）内筹集资金和偿还资金的数量，一般需编制投资估算和资金筹措表和财务平衡表来进行分析。

（4）资金来源、期限、方式等资本结构分析。即所筹集到的各种属性的资金所占比重的分析。

（5）资金筹集成本分析。在资本结构分析的基础上，估算为合理有效地筹集到所要求的资金而将付出的且企业或项目能够承受的各种费用和成本。

（6）资金筹集的风险和可行性分析。即预测资金筹集的风险和可行性。

（7）根据企业或项目的筹资目标以及关于筹资规模和流量、资本结构、资金资本、筹资风险和可行性等的分析，拟定企业或项目的各种可行的资金筹集方案（规模、时间安排、渠道、具体方式等），经过评价筛选编制出最合理可行的资金筹集方案（规划）。

在资金筹集规划中，还应对还本付息方式和来源、期望收益水平及其分配方式、担保和保险等进行分析研究。

6.3.2 房地产开发资金筹集结构分析

房地产开发企业或项目的筹资结构，是指企业在取得资金来源时以不同方式所筹集的不同渠道资金的有机搭配以及各种渠道资金的所占比例。"有机搭配"主要从所筹集资金的质量上分析筹资结构，"所占比例"主要从所筹集资金的数量上分析筹资结构。一般来说，筹资结构的质量特点表明了不同来源渠道的资金的流动性大小、成本高低、风险大小和对企业或项目的财务经营活动的约束强弱，如果在这些方面有利于企业或项目，则说明筹资结构的质量较高；相反，则说明筹资结构的质量较低。筹资结构的数量特点反映了不同质量资金来源在总资金中的比重以及筹资结构的变化特征和趋势。

筹资结构，主要包括资本结构、方式结构、来源结构、成本结构和期限结构。

1. 筹资资本结构

根据企业或项目的资产负债表中负债与所有者权益来确定。即指企业或项目的全部资金来源中负债和所有者权益二者各占的比重及其比例关系。由于负债必须到期还款，而所有者权益不要偿还，也不许退出企业或项目，属于永久使用资本，从而反映了资本结构的流动性或还款速度（偿还性）。

筹资资本结构不仅揭示了项目资产的产权归属和债务保证度，而且反映了项目筹资风险的大小，即流动性大的负债所占比重越大，其偿债风险越大，反之则偿债风险越小。

2. 筹资方式结构

将项目的资产负债表按筹资方式重新组合，一般可以归为股票筹资、债券筹资、金融机构借款筹资和企业内部筹资。其中股票筹资形成资本金，债券筹资形成应付债券，金融机构借款筹资形成长短期借款，企业内部筹资形成盈余公积金，未分配利润和从企业收入和费用中提取的未付应付款项。

不同筹资方式筹措的资金不仅在融入资金的性质上不同，而且在筹资的成本和风险上也存在着较大的差别。

3. 筹资来源结构

筹资来源可分为内部筹资和外部筹资。内部筹资所筹措的资金来源企业内部，包括盈余公积、未分配利润等，这些资金来源不论其是暂时的，还是相对较长期的，都是从企业自身的收入（利润）或费用中提取，不属于投入资本，可认为无成本的。

4. 筹资成本结构

筹资按其是否支付代价可分为成本筹资和无成本筹资。成本筹资是指项目所筹资金均应支付代价（如发行债券须付债券印刷费、法律费、代理费、利息等）。无成本筹资是指项目所筹资金无须实际支付代价。

5. 筹资期限结构

筹资的期限结构是按时间长短将筹资划分为长期筹资和短期筹资，其不仅涉及筹资的流动性或偿还速度，也与财务风险相联系，而且也与筹资成本高低相联系。

对筹资结构的分类和分析，其目的是为了判断其对企业或项目的经营和财务活动中有关成本、风险、功能、适应性的影响，从而提出相应的筹资对策和决策，使企业或项目的筹资结构和效果最优。

6.3.3 房地产开发资金筹集的成本分析

1. 资金成本的概念和确定

资本是指企业利用银行借款、发行企业债券、发行股票（普通股和优先股）和留用利润等方式所筹集的资金。资金成本是企业筹集资金和使用资金所必须付出的代价。由于在不同情况下筹集资金的总额不同，为了便于比较，资金成本通常用相对数来表示，即支付的报酬与提供的资本之间的比率，也称资金成本率，可用下列公式来计算：

$$K = \frac{D}{P-F} \times 100\% \quad \text{或} \quad K = \frac{D}{P(1-f)} \times 100\% \tag{6-2}$$

式中　K——资金成本率（一般通称为资金成本）；
　　　D——使用费；
　　　P——筹资总额；
　　　F——筹资费用；
　　　f——筹资费用率，即筹资费用与筹资总额之比。

按照资金成本的计算对象和计算方式,资金成本可分为个别资金成本、综合(加权平均)资金成本和边际资金成本。

(1) 个别资金成本

个别资金成本是指按各种资金筹资方式计算确定的成本。采用不同筹资方式取得的资金由于影响资金成本的具体因素不同,因此其资金成本也就高低不等。个别资金成本是比较不同筹资方式优劣的一个标准。下面主要介绍几种长期筹资方式下的个别资金成本。

1) 长期借款成本

向银行借款,企业所支付的利息费用一般可作为财务费用,通常在所得税前扣除,这可使企业少缴一部分所得税,因此长期借款的成本计算公式可以写成:

$$K_1 = \frac{I_1(1-T)}{1-f_1} \tag{6-3}$$

式中　K_1——长期借款成本率;
　　　I_1——长期借款利率;
　　　f_1——借款费用率;
　　　T——所得税率。

【例 6-3】　某房地产企业长期借款 200 万元,年利率 10.8%,借款期限 3 年,每年付息一次,到期一次还本,企业所得税率 33%,筹资费用忽略不计,则这笔长期借款的成本计算如下:

$$10.8\% \times (1-33\%) = 7.236\%$$

上述公式仅适用于每年末支付利息、借款期末一次全部还本的情况。如果利息的支付采取贴现的形式,在借款中预先扣除,而不是在每期期末支付,则借款成本计算公式为:

$$K_1 = \frac{I_1(1-T)}{1-I_1-f_1} \tag{6-4}$$

2) 企业债券成本

与长期借款相类似,企业发行债券筹集资金所支付的利息,也通常在税前支付,这样也可少交一部分所得税,因此企业所实际负担的利息应为:债券利息×(1-所得税税率),债券成本可按下列公式计算:

$$K_b = \frac{I(1-T)}{B(1-f_b)} 或 \frac{I_b(1-T)}{1-f_b} \tag{6-5}$$

式中　K_b——债券成本;
　　　I——债券年实际利息;
　　　I_b——债券利息率;
　　　B——债券发行总额;
　　　f_b——债券筹资费用率;
　　　T——所得税税率。

【例 6-4】　某企业平价发行一笔企业债券,总面额为 400 万元,该债券票面利率为 12%,筹资费用率为 2%,所得税税率为 33%,则这笔债券成本为:

$$12\% \times \frac{1-33\%}{1-2\%} = 8.20\%$$

应当指出,计算长期负债的税后成本是以假设企业或项目有利润为前提的。如果企业或项目没有利润，就不能享受支付利息方面的所得税利益，这时，企业或项目长期负债的实际成本将为其税前成本。

3）普通股的成本

由于普通股没有固定的股利，且要承受公司的兴衰，故其价格可能发生重大变动。现采用股利估价法来确定普通股成本。假定股票市价 P_0 等于未来各年股利（D_1，D_2，…，D_∞）的现值，以普通股权益报酬率即 K_s 为贴现率，则有：

$$D_0 = \frac{D_1}{(1+K_s)} + \frac{D_2}{(1+K_s)^2} + \cdots + \frac{D_\infty}{(1+K_s)^\infty} = \sum_{t=1}^{\infty} \frac{D_t}{(1+K_s)^t}$$

假定股利增长率预计为 g，但小于 K_s，则上式成为：

$$P_0 = D_0 \left[\frac{(1+g)}{(1+K_s)} + \frac{(1+g)^2}{(1+K_s)^2} + \cdots + \frac{(1+g)^\infty}{(1+K_s)^\infty} \right] = D_0 \sum_{t=1}^{\infty} \frac{(1+g)^t}{(1+K_s)^t}$$

此式可简化如下（推导过程从略）：

$$P_0 = \frac{D_1}{K_s - g} \tag{6-6}$$

从而：$K_s = \dfrac{D_1}{P_0} + g$

【例 6-5】 假定某公司普通股的现行市价每股 25 元，第一年支付股利 D_1 为每股 1.75 元，预计每年股利增长率 g 为 9%，则普通股权益成本为：

$$1.75 \div 25 + 9\% = 16.0\%$$

4）留用利润的成本

项目的税后利润除了用于支付股息外，一般都要留有一部分用于投资。留用利润是企业内部的一种资金来源。股东虽然没有以股息的形式分得这部分利润，但可以从股票市价的提高中得到好处。企业留用一部分利润，等于普通股股东对企业进行了追加投资，使普通股的资金增加。股东对这一部分追加投资同以前缴给企业的股本一样，也要求给予相应比率的报酬。因此，企业或项目对这部分资金并不能无偿使用，也应计算其资金成本。由于留用利润不需要支付筹资费，其计算公式如下：

$$K_n = \frac{D_1}{P_0} + g \tag{6-7}$$

式中 K_n——留用利润的成本率；

D_1——第一年股利；

P_0——留用利润总额；

g——股利年均增长率。

(2) 加权平均资金成本

企业通常是通过多种渠道，采用多种方式来筹措长期资金。为了进行筹资和投资决策，确定最佳资本结构，还需测算企业或项目各种长期资金来源综合的资金成本，即以各种资金占全部资金的比重为权数，对各种资金的成本进行加权平均计算的，是由个别资金成本和加权平均权数两个因素决定的，计算公式如下：

$$K = \sum_{j=1}^{n} W_j K_j \tag{6-8}$$

式中 K——加权平均资金成本；

W_j——第 j 种来源资金占全部资金的比重；

K_j——第 j 种来源资金的成本。

【例 6-6】 某企业共有长期资本（账面价值）1000 万，其中债券 350 万，优先股 100 万，普通股 500 万，留用利润 50 万，其成本分别为 5.64％、10.50％、15.70％、15.00％，试计算该企业加权平均资金成本，列表计算如下：

加权平均资金成本计算　　　　　　　　　　　表 6-6

资金种类	账面价值（万元）	所占比重	个别资金成本（％）	加权平均资金成本（％）
债　券	350	0.35	5.64	1.97
优先股	100	0.10	10.50	1.05
普通股	500	0.50	15.70	7.85
留用利润	50	0.05	15.00	0.75
合　计	1000	1.00	—	11.62

（3）边际资金成本

无论是个别资金成本或是加权平均资金成本，都不是一成不变的，当某种方式的筹资超过一定数额时，个别资金成本将会增加，从而若欲使筹资结构不变时，加权平均资金成本将会发生变动。因此企业或项目在筹措新资金时，必须通过边际资金成本的计算，了解资金成本的变动随筹资额变动的相互关系。

边际资金成本是加权平均资金成本的一种形式，也按加权平均法计算，是企业或项目追加筹资和投资中必须考虑的问题。

【例 6-7】 某企业现有资本 100 万元，其中长期负债 20 万元，优先股 5 万元，普通股 75 万元，为了满足追加投资需要，拟筹措新资，试确定筹措新资的资金成本。计算步骤如下：

1) 确定目标资本结构

假定经研究分析增资时保持原有资本结构，即长期负债 20％，优先股 5％，普通股 75％。

2) 确定各种资金的成本

计算各种筹资方式在不同增资额度内的个别资金成本，见表 6-7。

不同增资额度内的个别资金成本计算　　　　　　　　　　　表 6-7

资金方式	目标资本结构	增资的数量范围	资金成本
长期负债	20％	<10000 元	6％
		10000～40000 元	7％
		>40000 元	8％
优先股	5％	≤2500 元	10％
		>2500 元	12％
普通股	75％	<22500 元	14％
		22500～75000 元	15％
		>75000 元	16％

3）计算筹资总额分界点

根据目标资本结构和各种资金成本变化的分界点，计算筹资总额分界点，计算公式如下：

$$BP_j = \frac{TF_j}{W_j}$$

式中　BP_j——筹资总额分界点；

TF_j——第 j 种来源资金的成本分界点；

W_j——目标资本结构中第 j 种资本的比重。

计算结果如表 6-8。

筹资分界点计算　　　　　　　　　　　　　　　　表 6-8

资金方式	资金成本	各种资金的筹资范围	筹资总额分界点	筹资总额的范围
长期负债	6%	<10000 元	10000/0.2=50000 元	<50000 元
	7%	10000~40000 元	40000/0.2=200000 元	50000~200000 元
	8%	>40000 元	—	>200000 元
优先股	10%	≤2500 元	2500/0.05=50000 元	≤50000 元
	12%	>2500 元	—	>50000 元
普通股	14%	<22500 元	22500/0.75=30000 元	<30000 元
	15%	22500~75000 元	75000/0.75=100000 元	30000~100000 元
	16%	>75000 元	—	>100000 元

表 6-8 表示了特定筹资方式成本变化的分界点。例如长期债务在 10000 元以内时，其成本为 6%，但当债务成本由 6% 上升到 7% 之前，企业可筹集 50000 元资金，当筹资总额超过 50000 万元，债务成本就要上升到 7%。

4）计算边际资金成本

根据上一步骤计算出的分界点，可得出下列 5 组新的筹资范围：30000 元以内；30000~50000 元；50000~100000 元；100000~200000 元；200000 元以上。对这 5 个筹资范围分别计算加权平均资金成本，即可得到各种筹资范围的边际资金成本。计算过程见表 6-9。

边际资金成本计算　　　　　　　　　　　　　　　表 6-9

筹资总额范围	资金方式	资本结构	资金成本	边际资金成本
30000 元以内	长期负债	20%	6%	1.2%
	优先股	5%	10%	0.5%
	普通股	75%	14%	10.5%
第一个筹资范围的边际资金成本=12.2%				
30000~50000 元	长期负债	20%	6%	1.2%
	优先股	5%	10%	0.5%
	普通股	75%	15%	11.25%

续表

筹资总额范围	资金方式	资本结构	资金成本	边际资金成本
第二个筹资范围的边际资金成本=12.95%				
50000~100000元	长期负债	20%	7%	1.4%
	优先股	5%	12%	0.6%
	普通股	75%	15%	11.25%
第三个筹资范围的边际资金成本=13.25%				
100000~200000元	长期负债	20%	7%	1.4%
	优先股	5%	12%	0.6%
	普通股	75%	16%	12.0%
第四个筹资范围的边际资金成本=14.0%				
200000元以上	长期负债	20%	8%	1.6%
	优先股	5%	12%	0.6%
	普通股	75%	16%	12.0%
第五个筹资范围的边际资金成本=14.2%				

2. 财务杠杆与筹资成本分析

财务杠杆是指借入资金对企业自有资金的影响，可以用企业自有资金利润率来反映，其用下式计算：

$$i = [i_f + (i_f - i_0)r](1-T) \tag{6-9}$$

式中 i——企业自有资金利润率（税后利润与自有资金之比）；

i_f——息税前资金利润率（支付利息和缴纳所得税以前的利润与资金总额之比）；

i_0——借入资金利息率；

r——负债比例（借入资金与自有资金之比）；

T——所得税税率。

从上式中可看出，如果企业的息税前资金利润率越高，借入资金利息率越低，负债比例越大，则企业的资金利润率就越高。反之则相反。但是由于负债比例变化，即资本结构发生变动，从而会引起筹资成本的变化。

（1）当资金利润率大于供款利息率时

【例 6-8】 设某项目筹资总额需 100 万元，假设平均借款利息率为 10%（假定已作所得税扣除），而项目预期息税前资金利润率为 20%，所得税率为 33%，现分析资本结构调整对筹资成本和资金利润率的影响。

1）如果主权性筹资为 70%，负债筹资为 30%

则该项目的筹资总成本为 17 万元（70×20%+30×10%），筹资成本率为 17%，资金利润率为 15.41%（[20%+（20%－10%）×30%]（1－33%））。

2）如果调整资本结构，主权性筹资为 30%，负债筹资为 70%

则该项目的筹资总成本为 13 万元（70×10%+30×20%），筹资成本率为 13%，资金利润率为 18.09%（[20%+（20%－10%）×70%]（1－33%））。

从上可分析出，当资本结构调整后（增加负债资本），筹资成本节约 4 万元（17 万元－13 万元),实际上该利益将增加项目所有者的收益,且使项目所有者的资金利润率从15.41%增加到18.09%,增加额为2.68%(4万元×(1-33%)/100万元)。

(2) 当资金利润率小于借款利息率时

利用例6-8,假定项目筹资总额是100万元,而平均借款利息率为20%,项目期望息税前资金利润率为10%。

1) 如果主权性筹资为70%,负债筹资为30%

该项目的筹资总成本为13万元,筹资成本率为13%,资金利润率为4.69%。

2) 如果主权性筹资为30%,负债筹资为70%

项目的筹资总成本为17万元,筹资成本率为17%,资金利润率为2.01%。

由于资金利润率小于借款利息率,资本结构调整对筹资成本和资金利润率的影响与前一情况相反。因此我们可以得出这样的结论:①当资金利润率大于借款利率时,增加负债筹资的比重,可以相对降低筹资成本,提高资金利润率,而增加主权性筹资的比重,会相对增加筹资成本,降低资金利润率;②当借款利息率大于资金利润率时,增加负债筹资的比重将会增加筹资成本,降低资金利润率,而增加主权性筹资的比重将会相对降低筹资成本,提高资金利润率。

上述例子只是在筹资总额已定,而调整其内部资本结构的情形,通常称之为存量结构调整。除这种情况外,一般地,企业或项目总是在原筹资规模的基础上,增减筹资总量,并相应导致原资本结构的改变,通常称之为增量结构变动。由于增量筹资总是要选择某一具体的筹资方式或增量筹资结构,在各种筹资方式的筹资成本不同的情形下,这种改变也会引起筹资成本的资金利润率的相对节约或浪费和相对提高或降低。因此同理可得出这样的结论:①当资本利润率大于借款利率时,增量筹资采取主权性筹资时,必然相对增加筹资成本,降低资金利润率。反之亦然;②当借款利率大于资金利润率时,增量筹资采取负债筹资时,必然相对增加筹资成本,降低资金利润率。反之亦然。

6.4 房地产开发资金筹集案例分析

本节主要介绍某超大型基础设施开发项目的资金筹集分析报告。

6.4.1 项目概况

本项目一期工程第一阶段静态投资86亿元,动态投资98.1亿元(不含建设期利息)。其中财政投入30亿人民币,日本政府对外贷款4亿美元(合34亿人民币)已基本确定。资金筹集方案主要是针对34.1亿缺口资金和开发银行贷款到位的三种可能情况而编制。

6.4.2 筹资基本态势分析

本项目投资大,建设周期长,融资结构较为复杂。因此深入研究本项目的资金筹集问题,对工程的顺利实施、节约投资、降低成本、提高还贷能力等均有十分重要的意义。

就目前本项目情况及国际国内资金来源、筹措条件来看:

(1) 本项目是一个以内资为主,外资占有较大比重的建设项目;

(2) 本项目社会效益、长期效益较好,财务效益相对较弱,对资金成本的承受力不强；

（3）目前国际市场资金相对充足、利率相对较低，国内市场资金紧张、利率较高，因而外汇资金筹措相对较容易，人民币（本币）资金筹措难度较大；

（4）按目前工作进度来看，本项目在1996年到1998年的资金筹措，尤其是人民币资金的筹措方面难度更为突出。

6.4.3 资金筹集方案前提或假设条件

1. 用款计划与资金来源情况

依据本项目的预可行性研究报告，其建设期间的用款计划、资金来源、投资缺口、可行或可争取渠道情况详见表6-10。

用款计划、资金来源、投资缺口及筹资渠道情况表（单位：万元）　　　　表6-10

年份 项目	1996	1997	1998	1999	2000	总计
投资总额	196,200	245,250	294,300	147,150	98,100	981,000
其中：人民币	162,200	177,250	158,300	45,150	98,100	641,000
美元	4,000	8,000	16,000	12,000	0	40,000
较明确的筹资渠道（亿元）	1. 项目建设费0.6 2. 所得税返回1.2	1. 项目建设费0.75 2. 所得税返回0.8 3. 开发基金8.0 4. 政府外贷1.2	1. 项目建设费0.9 2. 所得税返回1.0 3. 开发基金4.0 4. 政府外贷1.6	1. 项目建设费1.05 2. 所得税返回1.2 3. 开发基金4.0 4. 政府外贷1.2	1. 项目建设费1.1 2. 所得税返回1.4 3. 开发基金4.0	1. 项目建设费4.4 2. 所得税返回5.6 3. 开发基金20.0 4. 政府外贷4.0
缺口：人民币	144,200	81,750	99,300	−17,350	33,100	341,000
美元	4,000	−4,000	0	0	0	0
比较可行或可尽力争取的筹资渠道	1. 开发行软贷 2. 开发行硬贷 3. 国际商贷 4. 本币债券 5. 外币债券 6. 本币银团 7. 外币银团 8. 企业入股 9. 临时周转	1. 开发行软贷 2. 开发行硬贷 3. 国际商贷 4. 本币债券 5. 外币债券 6. 本币银团 7. 外币银团 8. 企业入股 9. 临时周转	1. 开发行软贷 2. 开发行硬贷 3. 国际商贷 4. 本币债券 5. 外币债券 6. 本币银团 7. 外币银团 8. 企业入股 9. 临时周转	1. 开发行软贷 2. 开发行硬贷 3. 国际商贷 4. 本币债券 5. 外币债券 6. 本币银团 7. 外币银团 8. 企业入股 9. 临时周转	1. 开发行软贷 2. 开发行硬贷 3. 国际商贷 4. 本币债券 5. 外币债券 6. 本币银团 7. 外币银团 8. 企业入股 9. 临时周转	1. 开发行软贷 2. 开发行硬贷 3. 国际商贷 4. 本币债券 5. 外币债券 6. 本币银团 7. 外币银团 8. 企业入股 9. 临时周转

注：1. 国家开发银行软贷款利率为4.68%和5.94%两档，宽限期较松；硬贷款利率为11.98%，宽限期较紧，按项目行业、区域、贷款期限不同，进行财政贴息。

　　2. 美元与人民币比价按1∶8.5计。

从表 6-10 可以看出：①已明确的几个筹资渠道，就目前形势和本项目而言，已经是所有渠道中较为理想并有把握的；②人民币总量缺口 34.1 亿（不含建设期利息），尤以 1996、1997、1998 年缺口最大；③外汇供需平衡，但有一定脱节；④本外币资金均须大量过桥及临时周转贷款支持。

2. 币种选择

本项目筹资渠道当中，有一定的币种选择余地，如日本政府对外贷款、国际商业借款或其他可能的政府贷款等。

鉴于目前项目投资中分币种需求、经营收入中分币种来源尚不明确，暂只对日本政府对外贷款的币种选择作出原则性建议。

日本政府对外贷款一般有日元、美元两种选择，近十年来日元对美元汇率不稳，变化很大，且整体呈日元升值趋势。

在项目用款、收入均以美元为主的情况下，借日元须作风险回避措施，如货币互换。即在借、还款时各做一次货币互换，费用在互换金额的 0.3%～0.4% 左右，增加了贷款成本。

现建议：

（1）如果项目用款完全以美元结算，将来外汇收入也以美元为主，建议选择美元；

（2）如果项目用款中有部分以日元结算有利，建议按一定比例选择美元和日元进行搭配，同时对日元部分作还款风险回避措施。

3. 资金条件

据有关方面资料及对国内外资金市场的调查分析，就本项目而言，几种可能并较为可行的筹资渠道的费率及用途情况如表 6-11 所示：

本外币筹措费率表　　　　表 6-11

种类		利率(%)	转贷利率(%)	其他费用(%)	综合利率(%)	期限(年)
财政投入						无限
企业入股						无限
日本政府外贷		2.3	0.3		2.6	30(10)
开发软贷		5.94		0.5	6.44	15(4)
开发硬贷		11.98			11.98	15(4)
国际商贷	固					
	浮	8.25		0.4+0.5	9.15	7(3)
本币债券		12		3	15	2
外币债券		6		0.4+2	8.4	1
本币银团		12.06		0.5	12.56	1
外币银团		6.75		0.5	7.25	1
临时周转		12.06			12.06	1 年以内

注：1. 财政投入＝项目建设费投入＋所得税返回＋开发基金；
　　2. 期限栏（ ）中数字代表宽限期。

投资缺口的解决渠道可选择：

(1) 国家开发银行软、硬贷款；

(2) 国际商贷（填补人民币缺口转换成人民币使用，建成后用外汇收入或用人民币收入调剂成外汇还款）；

(3) 本币债券（2年期）；

(4) 境内居民外币债券（1年期）。

解决时间差、过桥、临时周转等问题可采用：

(1) 本币银团贷款（1年及1年以内，测算时按1年计）；

(2) 外币银团贷款（1年及1年以内，测算时按1年计）；

(3) 临时周转贷款（1年及1年以内，测算时按1年计）。

操作中，本币银团和一般商业银行临时周转贷款可配合使用。

6.4.4 筹资方案比较分析

根据可能及可行的原则，在考虑了各筹资渠道期限长短、成本高低、风险大小及操作简繁以后，可以断定，开发银行贷款期限长、利率低，没有汇率方面的风险，是人民币投资缺口的最佳选择。

综合有关方面情况，开发银行贷款到位情况可能有三种：

(1) 完全按设想到位：软贷款20亿，硬贷款14.1亿；

(2) 部分落实：软贷款5亿，硬贷款14.1亿；

(3) 完全不落实。

根据开发行贷款到位的三种可能情况，我们设计了四种方案进行比较，因财政投入及日本政府对外贷款比较理想、明确，所以四个方案的区别只在于对动态投资总缺口34.1亿的筹措。其中，针对国家开发银行贷款完全不落实的情况，设计了C、D两个方案。详见表6-12。

各方案建设期资金来源比较　　　　表6-12

资金	方案	A	B	C	D
筹资渠道	财政投入	30	30	30	30
	日本政府外贷（美元）	4	4	4	4
	开发软贷	20	5		
	开发硬贷	14.1	14.1		
	国际商贷（人民币）		8	10	10
	本币债券			14.1	14.1
	外币债券		7×2	10×2	
	企业入股				10
	小计	98.1	98.1	98.1	98.1
过桥及周转渠道	本币银团	35.33	28.33	40.33	40.33
	外币银团（美元）	0.4	0.4	0.4	0.4
	临时周转	34.90	43.72	47.98	34.36
	小计	73.6	74.45	101.7	78.09
	总计	171.7	180.6	199.8	176.19

注：A方案本币银团、外币银团及临时周转贷款数详见表6-14。

根据国家政策规定、各资金来源情况及项目工程进度要求，初步拟定各方案分年筹措计划，限于篇幅，在此只详细介绍方案A，其他方案省略，如表6-13所示。

方案 A 建设期分年筹措计划（单位：亿元） 表 6-13

资金\方案		1996	1997	1998	1999	2000	总计
筹资渠道	财政投入	1.8	9.55	5.9	6.25	6.5	30
	日本政府外贷（美元）		1.2	1.6	1.2		4
	开发软贷		6	8	6		20
	开发硬贷		5	5		4.1	14.1
	国际商贷（人民币）						
	本币债券						
	外币债券						
	小计	1.8	30.75	32.5	22.45	10.6	98.1
过桥及周转渠道	本币银团	14.42	11.595	8.525	0.79		35.33
	外币银团（美元）	0.4					0.4
	临时周转	1.03	3.535	7.21	11.708	11.416	34.90
	小计	18.8	15.15	15.7	12.5	11.4	73.63
总计		20.6	45.9	48.2	34.9	22.0	171.73

综上假设分析，并根据本项目预可行性研究报告的效益预测，方案 A 的借还款计划及现金流量分析详见表 6-14。

方案 A 之资金筹措、还款安排、现金流量分析表（单位：万元） 表 6-14

年份		1996	1997	1998	1999	2000	累计
资金筹措		206,488.28	458,801.94	482,345.75	349,482.32	220,164.48	1717282.77
财政投入		18,000.00	95,500.00	59,000.00	62,500.00	65,000.00	300,000.00
日本政府外贷(美元)			12,000.00	16,000.00	12,000.00		40,000.00
开发软贷			60,000.00	80,000.00	60,000.00		200,000.00
开发硬贷			50,000.00	50,000.00		41,000.00	141,000.00
国际商贷							
本币债券							
外币债券							
本币银团		144,200.00	115,950.00	85,250.00	7,900.00		353,300.00
USD 外币银团		4,000.00					4,000.00
临时周转		10,288.26	35,351.94	72,095.75	117,082.32	114,164.46	348,982.73
贷款偿还		10,288.26	213,551.94	188,045.75	202,332.32	175,754.46	789,972.73
日本政府外贷（美元）	本金						
	利息		156.00	520.00	884.00	1,040.00	2,600.00
开发软贷	本金						
	利息		1,932.00	6,440.00	10,948.00	12,880.00	32,200.00
开发硬贷	本金						
	利息		2,995.00	8,985.00	11,980.00	14,435.90	38,395.90
国际商贷（人民币）	本金						
	利息						
本币债券	本金						
	利息						
外币债券	本金						
	利息						
本币银团	本金		144,200.00	115,950.00	85,250.00	7,900.00	353,300.00
	利息	9,055.76	16,337.42	12,635.36	5,849.82	496.12	44,374.48
外币银团（美元）	本金		4,000.00				4,000.00
	利息	145.00	145.00				290.00
临时周转	本金		10,288.26	35,351.94	72,095.75	117,082.32	234,818.27
	利息		1,240.76	4,263.44	8,694.75	14,120.13	28,319.08
筹资现金流		196,200.00	245,250.00	294,300.00	147,150.00	44,410.00	927,310.00

续表

年份		2001	2002	2003	2004	2005	2006
年度投资额		196,200.00	245,250.00	294,300.00	147,150.00	98,100.00	981,000.00
可还款来源						53,690.00	53,690.00
项目现金流		196,200.00	245,250.00	294,300.00	147,150.00	98,100.00	981,000.00
本币费用流		9,055.76	22,505.18	32,323.80	37,472.57	41,932.15	143,289.46
外币费用流		145.00	301.00	520.00	884.00	1,040.00	2,890.00
费用现金流		10,288.26	25,063.68	36,743.80	44,986.57	50,772.15	167,854.46
资金筹措		110,400.62	134,504.13	148,750.33	138,307.42	93,205.89	33,531.92
财政投入							
日本政府外贷(美元)							
开发软贷							
开发硬贷							
国际商贷							
本币债券							
外币债券							
本币银团							
USD 外币银团							
临时周转		110,400.62	134,504.13	148,750.33	138,307.42	93,205.89	33,531.92
贷款偿还		167,040.62	194,844.13	218,889.33	231,888.42	217,220.89	163,714.92
日本政府外贷（美元）	本金						
	利息	1,040.00	1,040.00	1,040.00	1,040.00	1,040.00	1,040.00
开发软贷	本金		20,000.00	20,000.00	2,000.00	2,000.00	2,000.00
	利息	12,880.00	12,236.00	10,948.00	9,660.00	8,372.00	7,084.00
开发硬贷	本金		14,000.00	14,000.00	14,000.00	14,000.00	14,000.00
	利息	16,891.80	16,053.20	14,376.00	12,698.80	11,021.60	9,344.40
国际商贷（人民币）	本金						
	利息						
本币债券	本金						
	利息						
外币债券	本金						
	利息						
本币银团	本金						
	利息	496.12					
外币银团（美元）	本金						
	利息						
临时周转	本金	114,164.46	110,400.62	134,504.13	148,750.33	138,307.42	93,205.89
	利息	13,768.23	13,314.31	16,221.20	17,939.29	16,679.87	11,240.63
筹资现金流		−56,640.00	−60,340.00	−70,139.00	−93,581.00	−124,015.00	−130,183.00
年度投资额							
可还款来源		56,640.00	60,340.00	70,139.00	93,581.00	124,015.00	130,183.00
项目现金流							
本币费用流		44,036.15	41,603.51	41,545.20	40,298.09	36,073.47	27,669.03
外币费用流		1,040.00	1,040.00	1,040.00	1,040.00	1,040.00	1,040.00
费用现金流		52,876.15	50,443.51	50,385.20	49,138.09	44,913.47	36,509.03

续表

年　份		2007	2008	2009	2010	2011	2012
资金筹措							
财政投入							
日本政府外贷(美元)							
开发软贷							
开发硬贷							
国际商贷							
本币债券							
外币债券							
本币银团							
USD 外币银团							
临时周转							
贷款偿还		110,658.07	69,675.00	66,267.80	62,860.60	60,333.60	23,409.00
日本政府外贷（美元）	本金	2,000.00	2,000.00	2,000.00	2,000.00	2,000.00	2,000.00
	利息	1,040.00	962.00	910.00	858.00	806.00	754.00
开发软贷	本金	2,000.00	2,000.00	2,000.00	2,000.00	20,000.00	
	利息	5,796.00	4,508.00	3,220.00	1,932.00	644.00	
开发硬贷	本金	14,000.00	14,000.00	14,000.00	14,000.00	15,000.00	
	利息	7,667.20	5,990.00	4,312.80	2,625.60	838.60	
国际商贷（人民币）	本金						
	利息						
本币债券	本金						
	利息						
外币债券	本金						
	利息						
本币银团	本金						
	利息						
外币银团（美元）	本金						
	利息						
临时周转	本金	33,531.92					
	利息	4,043.95					
筹资现金流		−110,658.07	−69,675.00	−66,267.80	−62,880.60	−60,333.60	−23,409.00
年度投资额							
可还款来源		137,439.00	146,302.00	157,602.00	174,487.00	182,880.00	191,349.00
项目现金流		26,780.93	76,627.00	91,334.20	111,626.40	122,546.40	167,940.00
本币费用流		17,507.15	10,498.00	7,532.80	4,567.60	1,482.60	
外币费用流		1,040.00	962.00	910.00	858.00	806.00	754.00
费用现金流		26,126.15	18,675.00	15,267.80	11,860.60	8,333.60	6,409.00

续表

年份		2013	2014	2015	2016	2017	2018
资金筹措							
财政投入							
日本政府外贷(美元)							
开发软贷							
开发硬贷							
国际商贷							
本币债券							
外币债券							
本币银团							
USD 外币银团							
临时周转							
贷款偿还		22,967.00	22,525.00	22,083.00	21,641.00	21,199.00	20,757.00
日本政府外贷（美元）	本金	2,000.00	2,000.00	2,000.00	2,000.00	2,000.00	2,000.00
	利息	702.00	650.00	598.00	546.00	494.00	442.00
开发软贷	本金						
	利息						
开发硬贷	本金						
	利息						
国际商贷（人民币）	本金						
	利息						
本币债券	本金						
	利息						
外币债券	本金						
	利息						
本币银团	本金						
	利息						
外币银团（美元）	本金						
	利息						
临时周转	本金						
	利息						
筹资现金流		−22,967.00	−22,525.00	−22,083.00	−21,641.00	−21,199.00	−20,757.00
年度投资额							
可还款来源		205,184.47	219,019.94	232,855.41	246,690.88	260,526.35	274,361.82
项目现金流		182,217.47	196,494.94	210,772.41	225,049.88	239,327.35	253,604.82
本币费用流							
外币费用流		702.00	650.00	598.00	546.00	494.00	442.00
费用现金流		5,967.00	5,525.00	5,083.00	4,641.00	4,199.00	3,757.00

续表

年 份		2019	2020	2021	2022
资金筹措					
财政投入					
日本政府外贷(美元)					
开发软贷					
开发硬贷					
国际商贷					
本币债券					
外币债券					
本币银团					
USD 外币银团					
临时周转					
贷款偿还		20,315.00	19,873.00	19,431.00	18,989.00
日本政府外贷（美元）	本金	2,000.00	2,000.00	2,000.00	2,000.00
	利息	390.00	338.00	286.00	234.00
开发软贷	本金				
	利息				
开发硬贷	本金				
	利息				
国际商贷（人民币）	本金				
	利息				
本币债券	本金				
	利息				
外币债券	本金				
	利息				
本币银团	本金				
	利息				
外币银团（美元）	本金				
	利息				
临时周转	本金				
	利息				
筹资现金流		−20,315.00	−19,873.00	−19,431.00	−18,989.00
年度投资额					
可还款来源		288,197.29	302,032.76	315,868.23	329,703.70
项目现金流		267,882.29	282,159.76	296,437.23	310,714.70
本币费用流					
外币费用流		390.00	338.00	286.00	234.00
费用现金流		3,315.00	2,873.00	2,431.00	1,989.00

续表

年 份		2023	2024	2025	2026
资金筹措					
财政投入					
日本政府外贷(美元)					
开发软贷					
开发硬贷					
国际商贷					
本币债券					
外币债券					
本币银团					
USD 外币银团					
临时周转		18,547.00	18,105.00	17,663.00	17,221.00
贷款偿还		2,000.00	2,000.00	2,000.00	2,000.00
日本政府外贷（美元）	本金	182.00	130.00	78.00	26.00
	利息				
开发软贷	本金				
	利息				
开发硬贷	本金				
	利息				
国际商贷（人民币）	本金				
	利息				
本币债券	本金				
	利息				
外币债券	本金				
	利息				
本币银团	本金				
	利息				
外币银团（美元）	本金				
	利息				
临时周转	本金				
	利息				
筹资现金流		−18,547.00	−18,105.00	−17,663.00	−17,221.00
年度投资额					
可还款来源		343,539.17	357,374.64	371,210.11	385,045.58
项目现金流		324,992.17	339,269.64	343,547.00	367,045.58
本币费用流					
外币费用流		182.00	130.00	78.00	26.00
费用现金流		1,547.00	1,105.00	663.00	221.00

注：1. 筹资现金流＝资金筹措－贷款偿还；
2. 可还款来源＝利润＋部分折旧和摊销＋项目建设附加费，此作参考，详见"预可报告"；
3. 项目现金流＝筹资现金流＋可还款来源；
4. （筹资）费用现金流＝各还款项目利息及其他费用之和；
5. 建设资金综合财务费用率 $FRFC$＝2.42%；
6. 建设期资金使用总量（累计）＝171.7亿元；
7. 建设期资金总成本（利息＋其他费用）＝16.79亿元；
8. 筹资成本净现值（基准贴现率：本币15%，外币10%）＝24.6亿元；筹资成本净现值（基准贴现率：本币12%，外币9%）＝26.2亿元；
9. 项目净现值 $NPV(5)$＝56.3亿元，$NPV(7\%)$＝11.3亿元，$NPV(10\%)$＝−25.3亿元；
10. 项目财务内部收益率 $FIRR$＝7.71%。

根据测算结果，各方案建设期筹资成本及综合情况见表 6-15、表 6-16。

各方案建设期筹资成本（利息＋其他费用）比较（单位：亿元）　　　表 6-15

资金方案	财政投入	企业入股	日本政府外贷（美元）	开发软贷	开发硬贷	国际商贷（人民币）	本币债券	外币债券（人民币）	本币银团	外币银团（美元）	临时周转	总成本
A			0.26	3.22	3.8395				4.43745	0.029	2.83191	16.79
B			0.26	0.7406	3.8395	2.51625		1.176	3.55823	0.029	2.8848	17.17
C			0.26			3.14531	2.5575	1.68	5.06545	0.029	2.92627	17.83
D			0.26			3.14531	2.5575		5.06545	0.029	2.71755	15.94

注：成本包括建设期利息及取得资金的其他费用。

各方案综合情况对照表（单位：亿元，%）　　　表 6-16

资金方案	建设期资金使用总量	建设期资金总成本（利息＋其他）	建设资金综合财务费用率（FRFC）	项目净现值（$i=5\%$，NPV＝）	项目财务内部收益率	项目实现自偿年份
A	171.7	16.79	2.42%	56.3	7.71%	2007 年
B	180.6	17.17	3.04%	51.98	7.49%	2009 年
C	199.8	17.83	3.37%	49.7	7.38%	2009 年
D	176.19	15.94	0.88%	65.58	8.16%	2007 年

由表 6-16 我们知道，各方案均能为项目所接受，主要是因为 30 亿的财政投入和 4 亿美元、年利率 2.3% 的日本政府对外贷款占到了总投资的近 70%，大大降低了筹资成本。筹资成本最高的方案 C 其建设资金综合财务费用率仅为 3.37%，方案 D 因增加了 10 亿资本金，相应地减少了借款，其筹资方案就更为改观。

只要投资测算与效益预测准确，财政投入、日本政府对外贷款有保证，方案 A 至方案 C 这三个方案逐渐由优到劣，其中方案 A 与方案 C 的资金使用总量相差 28 亿，利息费用相差 1 亿，实现自偿年份相差两年。

现重点对两个较好的方案 A、D 作一比较：
(1) 在建设期利息支付方面：方案 A 比方案 D 多支付近 2 亿；
(2) 在建设期周转贷款方面：方案 A 比方案 D 少需要近 4.5 亿；
(3) 项目实现自偿年份方面：方案 A 与方案 D 均为 2007 年；
(4) 在项目财务净现值方面：方案 A 比方案 D 少 10 亿多；
(5) 在项目财务收益率方面：方案 A 比方案 D 低 0.5 个百分点；
(6) 筹资的综合财务费用率：方案 A 比方案 D 高 1.5 个百分点。

外汇平衡工作目前尚无法深入，主要是：
(1) 效益预测中，外汇收入尚未测定；
(2) 日本政府对外贷款的偿还方式（统借统还、自借自还）尚未确定；
(3) 人民币资金投资缺口部分，如采用国际商贷和外币债券转换成人民币使用，还款时用外汇收入还是用人民币收入调剂成外汇未定。

6.4.5 风险分析

1. 利率及汇率风险分析

就目前而言，方案的利率与汇率风险分析尚缺乏必要的数据，如：项目效益预测中外汇收入比例尚未确定，外汇贷款的偿还方式（本币调外币还款或外汇收入直接还款）未定。因而，现时的利率及汇率风险定量分析缺乏准确性，实际意义不大。

（1）利率风险分析

外汇资金来源中，日本政府对外贷款的利率固定，国际商贷借款可通过利率互换锁定利率或动态管理。目前看，近几年外汇（美元）利率呈平稳走低趋势，并有相应的回避风险措施。

人民币利率长期以来处于"利率倒挂"状态，近几年（建设期内）放开人民币利率市场的可能性不大，人民币利率较大幅度上调的可能性也不大。且国务院、中央银行平抑物价、控制基建规模、搞活大中型企业的长期政策，对人民币利率要求也是平稳向下。

如果在还款期内能实现人民币自由兑换，届时可对人民币资金实行动态管理，进行利率或货币互换。

从目前看，利率风险中人民币的风险相对较大。

利率风险分析一般只考虑利率上升的情况。利率上升当中又有本外币一同上升，单独上升，不同比率、不同时间段的上升等情况。

对本项目而言，政府外贷及国家开发银行贷款利率固定，外汇转换外币债券可采取利率互换等措施，在此只考虑人民币利率在各时间段均衡上升的情况。详见表6-17、图6-10。

利率增大时整个还款期筹资成本净现值变化情况表（单位：亿元）　　表6-17

方案 \ 利率上升	0%	2%	5%	10%	15%	20%	风险程度（小→大）
A	24.6	24.71	25.36	26.17	27.07	28.01	2
B	27.13	27.55	28.19	29.32	30.54	31.91	3
C	28.5	29.14	30.10	31.79	33.62	35.68	4
D	21.88	22.26	24.38	25.58	26.84	27.79	1

注：1. 筹资成本包括利息及取得资金的其他费用；
　　2. 基准贴现率外汇10%，人民币15%。

由图6-10可以看出，方案A的利率风险相对较小，主要因为投资来源完全是固定利率贷款，过桥及临时周转贷款的数量相对较小；方案B、方案C利率风险逐渐增大，主要原因是浮动利率贷款比例、数量均有提高，且过桥及临时周转贷款数量较大；方案D的风险最小，主要是资本金比例提高（增加了10亿），抗风险能力提高，与方案C比减少了10亿外币债券。

（2）汇率风险分析

如果日本政府对外贷款是日元贷款，根据需要可采取货币互换回避风险。

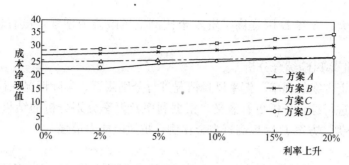

图 6-10 利率增长时整个还款期筹资成本现值变化情况

关键是测算出投资中对外汇币种、数量的需求，经营期外汇收入的时间、币种和数量，这样才能分析出汇率的中、远期风险情况。

估计近期内汇率不会有太大波动，但建设期有较大波动的可能性还是存在的。国务院、中央银行已明确表示 2000 年以前实现经常项目下人民币可自由兑换，对汇率影响应当较大，尤其是人民币自由兑换带来人民币利率市场化、汇率变动幅度"自由化"，但走向及幅度难以估计。届时可实行资金动态管理，建立警戒指标。且人民币自由兑换以后，可采取货币互换、利率互换等自由兑换货币可采取的相应的风险回避措施。

汇率风险，尤其是人民币对美元汇率风险较大。在此主要分析如果美元升值，对通过国际商贷及境内外币债券借款带来的影响。

表 6-18 把汇率变化转换成等值利率变化，图 6-11 为汇率变化对筹资成本的影响情况。

美元升值时实际筹资利率表　　　　　表 6-18

美元升值	0%	5%	10%	15%	20%	30%	40%	50%
汇率（1$/RMB）	8.5	8.925	9.35	9.775	10.25	11.05	11.9	12.75
等值利率（国际商贷）	9.15%	10.04%	10.89%	11.72%	12.51%	14.03%	15.44%	16.78%
等值利率（外币债券）	8.40%	13.82%	19.24%	24.66%	30.08%	40.92%	51.76%	62.60%
等值利率（外币银团）	7.25%	12.61%	17.80%	23.34%	28.70%	39.43%	50.15%	60.88%

注：1. 国际商贷按借款期 7 年，宽限期 3 年计；
　　2. 境内外币债券按 1 年期计。

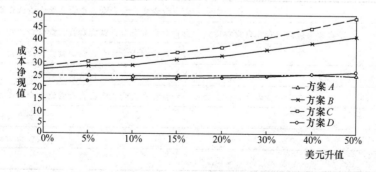

图 6-11 汇率变化时整个还款期筹资成本现值变化情况

由图 6-11 可以看出，方案 A 由于借、用、还三个环节数量一致，仅用款上有一点时间差，基本无汇率风险；方案 B 至方案 C 风险依次增大，主要因为借外汇用人民币的比例；数量依次增大；方案 D 因提高了资本金比例抗风险能力增强，虽有较高外汇借款，风险相对较小。

(3) 利率及汇率风险综合分析

以上仅对筹资方案的利率、汇率风险情况进行分别测算，实际情况往往是利率、汇率同时变化，因此进行综合分析更有意义。根据利率及汇率分别分析的结果，方案 A 至方案 C 由优逐渐变劣，方案 D 因提高资本金比例，抗风险能力最强。

2. 其他风险

(1) 政治风险：近年来，中日关系总有阴影，日元政府贷款亦有多次变化，在资金到位的时间、数量上有出现意外的可能；

(2) 政策风险：中央及地方政府在基本建设政策上的变化可能对融资带来影响；

(3) 超支风险：投资突破较大，增加融资难度；

(4) 经营风险：市场需求（客、货流量）及经营收入方面的风险，可能对还款能力带来影响；

(5) 工程风险：如工程延期，会增加融资难度。

6.4.6 基本结论与工作安排

1. 对方案选择的建议

由分析得知，方案 A 至方案 C 逐渐由优至劣，争取的难度也是由大到小。各方案虽均能为项目所承受，但前提是投资没有突破、效益预测准确。

对本项目而言方案 D 最佳，从各方面综合考虑建议争取方案 A，力争方案 B，或采取方案 A、B 与 D 的"混合方案"。

2. 资金筹措的进度安排

由于各项资金的条件、手续、时间安排不一，因此预先对各项资金的时间、进度作一初步安排是必要的。今后在项目正式筹资时，可根据项目建设进度及贷款前期工作需要预作安排。

资金筹措时间进度表　　　　　表 6-19

提前月	−12	−11	−10	−9	−8	−7	−6	−5	−4	−3	−2	−1	借款日
企业入股					☆	☆	☆	☆	☆	☆	☆	☆	♩
OECF	☆	☆	☆	☆	☆	☆	☆	☆	☆	☆	☆	☆	♩
国际商贷					☆	☆	☆	☆	☆	☆	☆	☆	♩
本币债券						☆	☆	☆	☆	☆	☆	☆	♩
外币债券			☆	☆	☆	☆	☆	☆	☆	☆	☆	☆	♩
本币银团									☆	☆	☆	☆	♩
外币银团									☆	☆	☆	☆	♩
临时周转											☆	☆	♩

3. 目前应做的工作

(1) 对日本政府对外贷款、国家开发银行贷款、财政投入宜逐块落实；

(2) 对本外币境内债券、企业入股、国际商贷贷款的操作可行性进行详细研究；

(3) 对其他筹资渠道，如：境外债券、出口信贷、子项目合资等进行研究；

(4) 加快对主要项目及大宗设备的方案确定、选型与比价工作，细化投资计划安排与效益测算，为融资工作提供依据；

(5) 研究落实对融资工作有关的各种政策、措施，如周边开发、航空城建设等；

(6) 按各类资金筹措的时间要求，作好有关准备工作。

复习思考题

1. 我国现行的房地产开发投融资政策是什么？
2. 房地产开发企业或项目的资本结构如何影响资金筹集的方式或渠道？
3. 房地产开发证券化的途径和方法有哪些？
4. 在例 6-7 中假定资本结构为：长期负债 30%，可转换债券 10%，普通股 60%，试分析确定筹措新资金的资金成本并说明资本结构变化对资金成本的影响。
5. 在例 6-8 中原筹资总额为 100 万元，现追加筹资 100 万元，其中资本结构为主权性筹资 60%，负债筹资 40%，以及主权性筹资 40%，负债筹资 60% 等两种情况。试计算其资金成本和资金利润率。

7.1 房地产开发项目的规划设计

7.1.1 城市规划的层次体系

城市规划，是城市政府为了确立城市性质、规模和发展方向，实现城市经济和社会发展目标，合理利用城市土地、协调城市空间布局和各项建设的综合部署。城市中的一切开发建设活动，都必须服从城市规划和规划管理。城市规划按其规划的深度不同可分为城市总体规划、分区规划、控制性详细规划和修建性详细规划等。

1. 城市总体规划

城市总体规划，是在较长时期内，对整个城市的发展进行的综合部署，从宏观上控制城市土地合理利用和空间布局，指导城市协调发展。它的主要任务是：研究确定城市的性质、发展目标和发展规模（包括人口规模和用地规模）；确定城市布局形式和功能分区；制定城市道路和交通系统规划，城市园林绿地系统规划，城市给水排水、防洪、供电、供热、燃气供应、邮电等专项工程规划以及城市各项工程管线设计。此外，还制定主要公共建筑位置的规划方案、地震设防城市的防震规划、城市改建规划等。

2. 分区规划

分区规划，是在总体规划的基础上，具体地划定土地使用界线，对土地使用进一步分类，对不同使用性质的用地位置和范围提出控制性要求，确定次干道及支路的红线位置、横断面、主要交叉口形式，控制点的坐标、标高；确定地上、地下各种主要管线的走向、控制管径，并综合处理平面和竖向关系；原则规定建筑高度和建筑密度，确定每块用地的建筑容积率和人口数量。

3. 控制性详细规划

控制性详细规划，是随着城市土地有偿使用和房地产开发事业的发展而形成的新的规划层次。自房地产开发业兴起后，原有的城市总体规划和详细规划不足以指导城市开发建设，如城市总体规划的规划年限与开发建设的年限不相吻

7

房地产开发项目的规划设计及其评价

合；开发建设所要求的规划设计要求和土地招标投标的条件以及有关各项技术经济指标，难以在城市总体规划原则说明中找到依据；排房子的详细规划给开发建设和建筑设计所留余地太少，不利于开发单位逐步建设和分块经营等。因此，必须补充新的规划层次，即控制性详细规划，以指导房地产开发。

控制性详细规划的任务是：将城市总体规划所明确的城市土地使用性质、发展方向、各项需要配套建设的公共服务设施和市政公用设施项目，具体明确地落实到每一块需要开发建设的土地上；落实每一块需要开发的土地建筑数量（包括容积率、建筑间距、建筑高度、建筑密度）、人口数量（人口密度）、道路红线（包括道路宽度和退缩要求）及其控制点的坐标；具体明确组织城市环境、城市特色的规划设计要求。

4. 修建性详细规划

修建性详细规划，是对即将开发的地块，根据控制性详细规划对该地块的控制指标或城市规划管理部门提出的设计条件，所编制的开发建设实施性详细规划。它的主要任务是：确定各类建筑、各项基础工程设施、公共服务设施的具体配置，并根据建筑和绿化的空间布局、环境景观设计，编制规划总平面图；对局部地区交通场站选址定线以及单项工程，综合解决各种管线在平面上、高程上的关系，市政设施的具体位置和范围以及开发小区内外各种管线的衔接关系。

上述城市总体规划、分区规划、控制性详细规划和修建性详细规划，具有从宏观到微观、从概要说明到详细布局、从整体到局部、从远期目标到近期建设实施等特点，从而构成了完整的城市规划层次体系，是指导房地产开发的重要依据。其中，城市总体规划、分区规划和控制性详细规划，是由城市政府和规划部门组织编制的具有法律效力和行政权力性的文件；修建性详细规划则是由开发企业委托城市规划设计部门编制的开发实施性文件，是开发企业向城市规划主管部门申请报建的主要文件和材料。

城市规划确定了合理的城市用地数量结构、用地功能布局、地块的开发顺序、开发强度和建筑用地技术规范，从而决定了未来城市各区位房地产开发价值和最有效利用程度。在另外一方面，城市规划及规划管理，根据城市建设需要，提出并落实开发建设程序，有效管理城市增量用地投放及存量土地建设，从而为政府提供了调控地价的有力手段。

7.1.2 居住区规划的内容

房地产开发区可能是居住区（或居住小区）、干道及其两侧的沿街地段、工业区、商业区（或步行街）、大型的体育中心和文化娱乐中心、风景旅游区以及科技工业园等。如前所述，房地产开发区的规划指开发项目实施的修建性详细规划，由于开发区的性质和范围不同，因而规划的内容也不尽相同。下面介绍居住区详细规划的内容，因为在实际中大量是居住区开发。居住区详细规划包括如下内容。

1. 确定居住区布局结构和道路系统

居住区一般实行三级布局结构，即"居住区—居住小区—住宅组团"。住宅组团是由若干栋住宅集中紧凑地布置在一起，在建筑上形成整体的、在生活上有密切联系的住宅组织形式，它是居住区中最基本的布局结构形式，通常以居民委员会的组成规模构成，约为300~700户，人口为1000~3000人，占地2~3hm²；若干个住宅组团的有机结合构成居住小区，它是由城市道路以及自然界线（如河流）划分的完整居住地段，人口规模约为

0.7～1.5万人，用地12～35hm²（图7-1）；居住小区的再次组合就是居住区，其人口规模一般为3～5万人，占地面积大致为50～100hm²。近年来，由于高层住宅建筑的兴起，土地的利用强度增大，因而机械地划分居住区结构是困难的。

从居住区的构成分析可知，房地产综合开发的适宜规模往往是居住小区。

居住区布局结构一般是通过区内的道路系统分割而成的，与居住区的布局结构相对应，居住区道路也分为居住区级、居住小区级和住宅组团级。居住区级道路是居住区主要道路，用以划分和联系各小区，并解决居住区的对外联系，道路的红线宽度不小于20m，居住小区级道路是联系其小区内各住宅组团单元的道路，红线宽度不小于16m；住宅组团级的道路是联系住宅建筑的道路，以通行自行车和行人为主，宽度一般为4～6m，此外还有通往各住宅单元门口的宅旁小路，其宽度为1.5～2m。

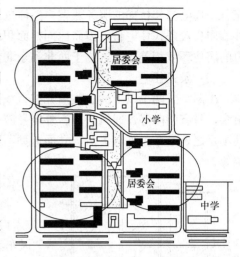

图7-1 某城市居住小区总平面

居住区道路是城市道路系统的组成部分，要与城市总体取得有机的联系，但其主要功能与城市交通干道不同。城市交通干道的主要功能是供机动车辆通行，注重其通行能力，同时起着城市功能分区的作用。居住区道路的主要功能是满足居民日常生活方面的需要，如职工上下班、购买日常生活必需品、上学和托幼等，这些出行行为一般以步行为主，因而居住区原则上不允许过境交通穿过，不能有过多的车道出口通向城市交通干道，出口间距应不小于150～200m，以保证居住区内居民的安全和安宁。当然，居住区内道路还应方便市政公用车辆的通行以及内部公共设施和生产单位的货运交通需要。

2. 住宅选型

住宅类型较多，如按层数划分，有低层住宅、多层住宅和高层住宅；按建筑形式划分，有花园式住宅（别墅）、公寓式住宅、错层式住宅、退台式住宅、跃层式住宅、复式住宅；按平面特点划分，有点式住宅、条式住宅、大进深住宅、大开间住宅；按使用对象划分，有青年公寓、铺面住宅、综合性商住楼；按面积大小划分，有小套（一室户）、中套（二室户）、大套（三室户、四室户等）；按结构形式划分，有砖混结构、砌块结构、砖石结构、大模结构、大板结构、框架轻板结构等。由于在居住小区开发中，有大量的建筑是住宅，因此，住宅选型是规划的重要内容，它直接影响到土地的经济利用、住宅需求、建筑造价、景观效果以及施工的难易程度。

常用的住宅类型有以下几种。

（1）点式住宅

宽度和长度比较接近的住宅称点式住宅。普通的点式住宅只有一部楼梯，因而这种点式住宅又称独立单元式住宅。高层点式住宅则设有电梯。点式住宅在设计上很有特色，如对基地运用性强，可依山地、坡地灵活布置，体型挺拔、景观丰富；四面临空、日照阴影宽度小，因而栋与栋之间的日照间距要求不必像条式住宅那样严；一梯可安排4～6户，充分发挥电梯和楼梯的服务效率；整体抗震性能好等。当然，点式住宅也有不足之处，如外墙周长较条式住宅长，因而比同样面积的条式住宅造价高出 5%；此外，同一层楼不同户的居住环境相差较大，位于西北和东北角住房的朝向不好。

(2) 条式住宅

由两个或两个以上的居住单元按直线邻接的住宅称条式住宅。条式住宅在实际中用得最多，具有朝向好、通风向阳、外墙暴露少、造价相对点式住宅低以及施工方便等优点，其不足之处是布置不够灵活、立面造型不如点式住宅生动、阴影大、抗震性能较点式住宅差等。

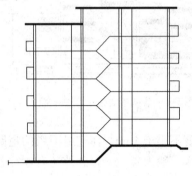

图 7-2 错层式住宅

(3) 错层式住宅

将楼层错层设置，在楼梯的休息平台处也设置住户入口的住宅称错层式住宅（图 7-2）。平面形状为"风车型"的点式住宅，常设计成错层式住宅。此类住宅的设计特点是节约了楼梯间所占面积，住户干扰极小。但施工较复杂，由于同层楼板不在同一标高上，抗震能力较差，因而在地震设防区不宜采用。

(4) 跃层式住宅

在每户的室内设置仅供本户用的小楼梯，住户占有上下两层楼面的住宅称跃层式住宅（图 7-3）。此类住宅的特点是住宅内部空间借鉴了欧美小二楼独院的设计手法，卧室、起居室、客厅、卫生间、厨房及其他辅助用房分层布置，功能明确，相互干扰较小，采光通风好。其缺点是户内楼梯要占去一定的使用面积，这样提高了造价；当发生意外灾害时，由于二层只有一个出入口，人员不宜疏散。尽管如此，跃层式住宅由于其新颖的建筑形式，颇受高收入用户的欢迎，因而在南方的一些高级住宅开发建设中，有较多的买主。

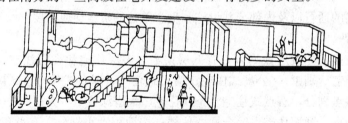

图 7-3 跃层式住宅

(5) 复式住宅

复式住宅是在跃层住宅的基础上发展而成的一种经济型住宅（图 7-4）。复式住宅的每户室内仍分为两层，但两层层高比跃层式住宅低得多，上层只有 1.2m 高，实际上是个夹层，供休息睡眠和贮藏用，下层为起居室、厨房、卫生间等，户内设多处入墙式壁柜和楼梯，家具与建筑融为整体。复式住宅的最大特点是经济，即土地利用率较一般住宅提高 40%，使用面积提高 50%~70%，综合造价大大降低。由于复式住宅是一种新型的住宅形式，还存在一些需要解决的问题，如净空低、易使用户产生压抑感、私密性和安全性较差等。

(6) 退台式住宅

住宅建筑由下至上逐层退让,退让减少的面积为该层的大平台,住宅建筑逐层退让的整体造型效果类似于台阶,故又称台阶式住宅(图7-5)。这类住宅的特点是户外活动空间大,采光通风好,建筑立面丰富,依山就势布置,可获得丰富的景观效果,是风景旅游度假区常建的中高档住宅。退台式住宅由于一部分建筑空间转为平台,建筑面积逐层减少,因此,土地利用率相对低一些。

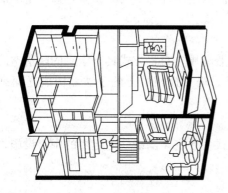
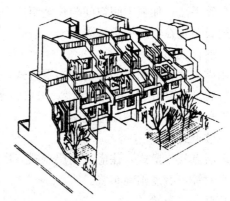

图7-4　复式住宅　　　　　　　　图7-5　退台式住宅

(7) 花园别墅

花园别墅为带有花园草坪的独院式低层高级住宅,建筑密度很低,内部居住功能完备,装修豪华,并富有变化,住宅水、电、暖供给一应俱全,还带有车库甚至游泳池,一般选址在环境幽静的郊外和风景旅游区。花园别墅体现了西方传统建筑艺术和现代建筑技术。常见的别墅有西班牙式、英国式、日本式以及其他形式。花园别墅主要满足高收入家庭、海外华商、港澳台胞和来华投资的商人的需求。

(8) 综合性商住楼

将写字楼、商场、旅馆、饭店等不同用途的非居住用房同住宅用房组合在一起的高层建筑。通常综合性商住楼的1~3层用作商场、饭店,4~10层作写字楼用,10~15层为旅馆,15层以上是住宅,停车场设在底层。综合性商住楼最大的特点是功能齐全,融住宅、办公、购物于一体,居住者不出户就可以享受到各种现代化的商业服务,从而大大节省了居住者的出行时间。综合性商住楼一般选址在市中心的黄金地段,尽管这类建筑价格较同等级的高层住宅昂贵得多,但由于它的地理优势和较强综合服务功能,使得这类住宅受一些高收入住房需求者的青睐。此外,在一些土地资源紧缺的特大城市郊区地段也建有综合性商住楼,由于市郊区的各种商业服务和文化教育很不发达,建在这里的综合性商住楼的功能更为齐全。

在选择上述住宅类型的同时,应结合住宅层数、进深、面宽、长度、体型、层高、户室比等因素综合考虑。

3. 住宅的布置

住宅的平面组合布置有五种基本形式:周边式布置、行列式布置、混合式布置、散点式布置和自由式布置。

(1) 周边式布置

住宅沿街道或街坊周围布置,并形成安静、安全、方便的内院式住宅组团。这种布置的特点是住宅组团内外绿化的联系密切，住宅组团空间丰富，土地利用率较高，但约有40%的住户朝向不好。

（2）行列式布置

住宅一律朝某一方向（一般是南北方向）成排布置。这种布置方式可以做到每户都有很好的朝向，且施工方便，虽然空间较单调，但可利用住宅方向、间距、间隔以及地形高差的变化等手法，加强宅间空间与住宅组团空间或组团外部空间的联系，减少空间的单调性。行列式布置在实际中常被采用。

（3）混合式布置

采用周边式和行列式相结合的布置方式，兼顾周边布置方式具有丰富的院落空间和行列布置方式具有良好朝向的特点，采用点、条、塔、板相结合的手法，构成立面高低错落、平面布局半敞开式的住宅院落。

（4）散点式布置

将多层点式（墩式）住宅或高层点式（塔式）住宅，围绕住宅组团的中心设施、公共绿地、水面等，有规则地布置。

（5）自由式布置

在基本满足功能要求的前提下，综合地形、地貌、周围条件，按"规律中有变化，变化中有规律"的原则布置住宅，以追求更加丰富的住宅组团空间。

以上五种住宅布置方式，各有特点，应灵活运用，使住宅组团布置经济合理、日照充分、通风良好、安静整洁、景观优美。

4. 公共建筑规划布置

布置居住区公共建筑，首先要确定居住区公共建筑的项目、数量、规模、用地面积，然后根据公共建筑的不同性质和功能，合理地布置居住区内各项公共建筑。

与居住区内等级布置结构相对应，公共建筑也分为居住区级和小区级两类。居住区级公共建筑有6大类33项，包括医疗卫生（医院、门诊所）、金融邮电（银行办事处、邮电支局、邮电所）、文化体育（电影院、科技文化馆、青少年之家、运动场）、商业饮食服务（百货商店、书店、药店、综合食品店、日用杂品店、饭馆、快餐馆、面食馆、菜场、照相馆、理发馆、浴室、洗染店、服装加工店、综合修理店）、行政经济管理（街道办事处、派出所、商业管理机构、房管所、市政管理机构）、其他（开闭所、煤气调压站、液化石油气）等。小区级公共建筑有6类23项，包括教育（托幼、小学、中学）、经济（储蓄所、邮政所）、文体（运动场）、商业饮食服务（粮店、煤店、小商店、百货店、副食店、菜店、饮食店、理发店、小修理门市部、综合服务站、自行车棚、物资回收站）、行政管理（居委会、房管段）、其他（变电所、公厕、垃圾站）等。随着人们生活水平的提高，人们的需求也在发生变化，因此，居住区内公共建筑的项目也在增加或变化。公共建筑的规模一般以每千人占一定的建筑面积计。在社会主义市场经济体制下，经营性的公共建筑的类型和规模应根据市场需求情况确定。

公共建筑的规划布置应按照使用的频繁程度分等级，按照与人口规模相适应、成套配置、集中与分散相结合的原则进行。布置的基本要求如下：

（1）各级公共建筑应有合理的服务半径，以便于居民使用。

（2）应设置在交通较方便、人流较集中的地段，符合人流走向。

(3) 产生噪声、气味、污染物的公共建筑应和住宅保持适当的距离，使住户有安宁卫生的居住环境。

(4) 在满足居住区内居民需求的同时，兼顾区外服务，提高经济效益。

根据公共建筑的不同性质和功能，公共建筑可采用下述布置方式。

居住区文化商业服务项目，可采用沿街线状布置、在独立地段成片集中布置或沿街和成片集中相结合布置。第一种方式对改变城市面貌、丰富城市景观有显著的效果，特别是采用沿街住宅带底层商店的方式比较节约用地，但在使用上和经营管理方面不如成片集中的布置方式有利；第二种方式可充分满足各类公共建筑布置的功能要求，居民使用和经营管理方便，但用地可能较沿街线状布置多些；最后一种布置方式则吸取前两种的特点。一般地，规模较大的项目可集中布置，较小的项目以分散布置为宜，就近满足居民的需要。

中小学是居住小区级公共建筑中占地面积大的项目，其规划布置应保证学生就近上学，交通安全，注意避免城市干道或铁路干线的噪声干扰，同时，应与住宅保持一定的距离，防止学校对居民的干扰。

自行车存放处要接近住宅，为了节约用地或不占好地，可存放于地下室、管道层，或布置在建筑的非向阳区内。

附属建筑物和构筑物，如锅炉房、热力点、煤气调压站、泵房等应与住宅隔开，要与外界有方便的交通联系，同时要避开城市干道，以免影响城市景观。

5. 绿地规划布置

居住区绿化是为居民创造安静、舒适、美观、卫生的居住环境必不可少的重要因素，具有改善小气候、净化空气、减少污染、防止噪声等作用。居住区绿化系统包括公共绿地（如居住区公园、居住小区公园、林荫道、住宅组团的小块绿地等）、公共建筑和公用设施专用绿地（如学校、幼托、医院、门诊所、锅炉房等用地的绿化）、宅旁和庭院绿化、街道绿化等。

居住区绿地的标准有两种确定方式，一种是以每一个居民平均占有一定平方米公共绿地面积计，根据原国家建委1980年规定，公共绿地的标准为人均$2\sim 4m^2$；另一种是以公共绿地占居住总用地面积的百分比计，一般在30%以上。在控制性详细规划中，对每一地块的最小绿地率均作了规定。目前，在房地产开发中，绿地控制标准一般按后种方式确定。

居住区绿化规划布置的基本要求如下。

(1) 要形成绿化系统，采取集中与分散，重点与一般，点、线、面相结合，地面与地上相结合的原则布置。

(2) 节约用地，尽可能利用一些劣地、坡地和洼地，充分利用建设用地中原有的绿化，注意与开发区外的绿化形成开放式空间，加强内外绿化的联系。

(3) 与经营结合起来，发挥绿化的经济效益，如在集中绿化地段设置苗圃、花房、儿童游戏场等，既美化了环境，丰富了居民的娱乐生活，又取得了一定的经济效益。

(4) 注意景观要求，合理选种、配置，花草结合，常绿与落叶树结合，乔木、灌木相间，使居住环境四季常青。

7.1.3 开发区工程勘察与设计

1. 工程勘察

工程勘察是开发项目进行规划、设计和施工的重要依据，一般由开发企业委托勘察设计部门进行。它的主要任务是：通过对开发区的地形测量、工程地质钻探、地表水和气象调查，掌握开发用地及邻近重要地段的地形地貌、地层结构、土壤性质、水文资料、地基承载能力及其稳定性、不冻季节的延续期、土壤冻结厚度等资料，并编制成图和报告，从而为开发项目的规划、建筑设计、管网设置和工程施工提供可靠的依据。

工程勘察可分为选址勘察、初步勘察、详细勘察和施工勘察。

（1）选址勘察

选址勘察是通过测绘和勘探，对工程地质的稳定性和适宜性作出评价，绘制成1：5000的地形图，为选址提供资料。选址勘察的主要工作有：①搜集区域地质、地形地貌、地震、矿产和附近地区的工程地质资料及当地的建筑经验；②在搜集和分析已有资料的基础上，通过踏勘，了解场地的地层、构造、岩石和土的性质、不良地质现象及地下水等工程地质条件；③对工程地质条件复杂，已有资料不能符合要求，但其他方面条件较好且倾向于选取的场地，应根据具体情况进行地质测绘及必要的勘探工作。

确定开发场地时，在工程地质条件方面，宜避开下列地段：①不良地质现象发育且对场地稳定性有直接危害或潜在威胁；②对建筑物抗震有危险的地段；③洪水或地下水对建筑场地有严重不良影响；④地下有未开采的有价值矿藏或未稳定的地下采空区。

（2）初步勘察

初步勘察是通过勘察，对场地是否适合用于建设作出评价，绘出1：2000的地形图，作为详细规划或建筑总平面布置以及重要建筑物地基基础设计的依据。

初步勘察前，应取得附有建筑区范围的地形图和有关工程的性质及规模的文件。初步勘察的主要工作有：①初步查明地层、构造、岩石和土的物理力学性质、地下水埋藏条件及冻结深度；②查明场地不良地质现象的成因、分布范围、对场地稳定性的影响程度及其发展趋势；③对地震设防烈度为7度及7度以上的建筑物，应判定场地和地基的地震效应。

（3）详细勘察

详细勘察是对建筑物地基进一步勘探，作出工程地质评价，为地基基础设计、地基处理加固以及不良地质现象防治提供地质资料，并绘制1：1000的地形图。

详细勘察前，应取得下列资料：①附有坐标及地表的建筑总平面布置图；②各建筑物的地面整平标高、上部结构特点及地下设施情况等；③可能采取的基础的形式、尺寸、埋置深度、单位荷载或总荷载，以及有特殊要求的地基基础设计、施工方案。

详细勘察阶段主要有如下工作：①查明建筑物范围内的地层结构、岩石和土的物理力学性质，并对地基的稳定性及承载能力作出评价；②提供不良地质现象的防治工程所需的计算指标及资料；③查明地下水的埋藏条件和侵蚀性，必要时，还应查明地层的渗透性、水位变化幅度及规律；④判定地基岩石及地下水在建筑物施工和使用中可能产生的变化及影响，并提出防治建议。

（4）施工勘察

施工勘察是对地质构造复杂、工程要求较高以及与施工有关的工程地质问题进行勘察，从而作为制定施工方案的依据。

需要进行施工勘察的情况有如下几种：①对较重要建筑物的复杂地基，需要进行施工验槽；②基槽开挖后，地质条件与原勘察资料不符，并可能影响工程质量时；③深基础施工设计及施工中需进行有关地基监测工作；④地基处理、加固时，需进行设计和检验工作；⑤地基中溶洞或土洞较发育，需进一步查明及处理；⑥施工中出现边坡失稳，需进行观测及处理。

施工勘察阶段的主要工作如下。

1）验槽时，应对基槽做地质素描，实测地层界线，查明人工填土的分布和均匀性等，必要时应进行补充勘探测试工作。

2）对深基础进行施工勘察时，应根据不同的施工方法，分别进行下列工作：①当进行大幅度、大面积人工降低地下水位时，应提供地层渗透系数，并判定降水漏斗区域内土层坍塌或建筑物产生附加沉降的可能性；②当判定深层开挖对地基变形及邻近建筑物的影响时，宜在施工过程中实测基底回弹、隆起或土的侧向位移，以及邻近建筑物的附加沉降等；③当采用沉井、沉箱基础工程方案时，应提供其与地基土的摩擦系数，并判定其正常下沉的可能性。

3）对需要进行地基处理、加固的工程，应分别进行下列工作：①采用重锤夯实时，应查明地下水位及其变动情况，并在试夯前测定土的含水量、干容重及最优含水量；②采用硅化法时应测定土的渗透系数、地下水的流动速度和pH值；③采用人工冻结法开挖地基时，应提供地下水的水位、流向、流速、水头、水力坡度、水温、化学成分及地下水位以下各有关土层的渗透系数。

工程勘察的结果用勘察报告表示，勘察报告一般包括以下内容：①文字部分：任务要求及勘察工作概况；场地位置、地形地貌、地质构造、不良地质现象、地层成层条件、岩石和土的物理力学性质及建筑经验等；场地的稳定性和适宜性、岩石和土的均匀性和容许承载力、地下水的影响、土的最大冻结深度、地震基本烈度以及由于工程建设可能引起的工程地质问题等的结论和建议。②图表部分：勘探点平面布置图；综合工程地质图或工程地质分区图；工程地质剖面图；地质柱状图或综合地质柱状图；有关测试图等。

2. 编制设计文件

设计文件的编制是在可行性研究的基础上，依据设计任务书、勘察设计的基础资料，由开发企业委托设计部门进行。它的主要作用是为开发项目的投资控制、组织实施、建筑施工提供具体的图纸和文件。

根据我国基本建设的有关程序规定，一般工业与民用建筑项目按两阶段设计，即初步设计和施工图设计。对于技术复杂的项目根据主管部门或开发单位的要求，可增加技术设计。小型开发建设项目中技术简单的，可在简化的初步设计后，进行施工图设计。对于综合开发或建筑群项目，除个体设计外，还要进行总体设计。房地产开发项目一般为民用建筑项目，常采用两阶段设计。

（1）初步设计

初步设计的主要内容有：

1）设计说明书（总设计说明书和各专业的设计说明书）。总设计说明书包括工程设计的主要依据、工程设计的规模和设计范围、设计的指导思想和设计特点、总指标，以及需提请在设计审批时解决或确定的主要问题等。各专业设计说明在专业设计中给出，若工程简单、规模小，设计总说明和各专业的设计说明可合并编写，并作适当简化。

2）总平面。包括区域位置图、总平面布置图、竖向设计图、标准横断面图、土方工程图、管道综合平面图等及其有关说明书。

3）建筑。包括建筑设计说明书和设计图纸。设计说明的内容有：设计依据及设计要求，设计参数和技术经济指标，对室内声、光、热工、通风、视线、消防、节能、人防、"三废"治理以及其他环境条件所采取的技术措施、装修标准以及室内外墙面、屋顶的做法；图纸部分有建筑平面图、立面图和剖面图，大型民用建筑工作在方案设计过程中还需绘制透视图或制作模型。

4）结构。在初步设计阶段，结构设计是以设计说明书作为交付的主要文件（少数需要概略图表示）。设计说明书中除包含设计依据和设计要求外，重点对结构设计方案进行比较和确定，如结构选型、地基处理及基础形成、主要结构材料的选用以及伸缩缝、沉降缝和防震缝的设置。

5）给水排水。说明书的内容有：设计依据、设计范围、水源情况、用水量、取水—输水—净化处理、室内外给水系统和排水系统设计方案等；设计图纸有：给水排水管道总平面图、给水排水工程局部总平面图、场外输水管线平面图、大型的和重要的民用建筑室内给水排水平面图。此外，还列出主要设备和材料表。

6）电气。设计说明书的内容有：设计依据和范围，有关供电、电力、电气照明等设计方案的说明，建筑物防雷保护措施等；设计图纸有：供电总平面图，高低压供电系统图（需确定主要设备以满足订货要求），变、配电所平面图，电力平面图及系统草图，照明平面及系统草图，自动控制和自动调节方框图或原理图。还有主要设备和材料表。

7）弱电。设计说明书的内容有：设计依据、设计范围、有关电话、广播、电视、火警、电钟等设计方案及其参数的确定；设计图纸有与说明书中内容相对应的平面布置图、系统图等。还有主要设备和材料表。

8）采暖通风。设计说明书的内容有：设计依据、设计范围、采暖系统的形式及其组成、管道敷设方式、采暖耗热量、采暖设备的选择、节能措施、有害物及其消除的措施、通风及除尘方案、通风及除尘设备的选择、空气调节及制冷的设计参数和主要指标、自动控制方案、空调及冷冻设备的选择；设计图纸有：送排风平面图、除尘平剖面图、空调、冷冻的净化装置的平面图、空调制冷系统及自控原理图。还有主要设备和材料表。

9）动力。包括锅炉房、压缩空气站、室内外动力管道的设计说明及其相应的方案图、计算书以及主要的设备和材料表。

10）工程概算书。包括土建工程概算，给水排水工程概算，电气工程概算，采暖、通风和空调工程概算，其他专业工程概算以及技术经济指标。

在初步设计阶段，应对本工程项目的设计方案或重大问题的解决方案进行综合论证，并将其主要内容在初步设计说明书中反映出来。

初步设计文件的深度应满足下列要求：确定设计方案、用地范围，进行主要设备及材料订货，确定工程造价和控制工程投资，作为编制施工图设计和进行施工准备的依据。

（2）施工图设计

施工图设计是在已批准的初步设计文件的基础上编制的,即将初步设计文件中的文字说明和初步设计图进一步用可供施工的图纸表达出来,从而作为施工的依据。因此,施工图设计的成果以图纸为主,其主要内容与初步设计相同,只是施工图设计所涉及的内容更具体、图纸要求更深。一般地,施工图设计应满足下列要求:能据此编制施工图预算、安排材料和设备、进行施工和安装。

7.2 开发项目规划设计的组织与控制

房地产开发投资决策最终通过规划设计的成果反映出来,合理的规划设计不仅充分地体现投资者的意图,而且是对投资者决策方案完善和补充。规划设计的极端重要性及其专业性的外包模式,使开发企业对规划设计过程的组织和控制能力成了有效满足市场需求的关键因素。

7.2.1 规划设计的过程

房地产开发项目的规划设计过程是从项目可行性研究阶段开始的,一个完整意义上的开发项目规划过程可以持续到项目竣工验收投入使用之时,如图7-6所示。

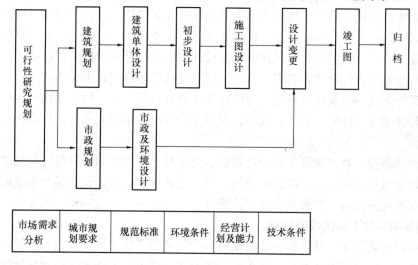

图 7-6 房地产开发规划设计过程及影响因素

从图7-6可以看出,影响房地产开发项目规划过程的因素是非常多的,包括:市场需求分析、城市规划要求、规范标准、环境条件、开发企业的经营计划和能力以及技术条件等。市场需求分析主要影响项目功能规划、规模及面积分配、设计变更;城市规划要求主要影响项目建筑技术经济指标、建筑间距、市政(道路、管网)及环境景观布置要求;规范标准主要影响项目空间尺度安排、安全性指标(消防、抗震、人防、环保、环卫)、信息网络布置安排、建筑物理功能要求、交通组织、无障碍设计要求;环境条件主要影响项目外观造型安排、朝向及间距布置、结构体系、项目开发区设施内外衔接安排;开发企业的经营计划和能力因素主要影响项目开发建设配置标准、装修标准及建筑型式;技术条件因素主要影响项目建筑及结构选型、功能要求、施工方案选择等。

为有效地对开发项目规划设计过程进行控制，开发企业要组织专业人员，以专业水准提出规划设计要求，适时评价相关设计环节，把握设计进程。开发企业规划设计的控制能力表现在以下几方面：

（1）预控能力。能正确选择规划设计组织委托方式；能正确选择规划设计合作伙伴；能准确表达市场等方面设计要求，并将其完整传递给设计合作伙伴；能保证有效执行规划设计总费用计划。

（2）过程控制能力。能激励设计伙伴采用创新手法来工作；能保证开发项目成本得到有效控制；能确保开发项目规划设计活动拥有根据市场、技术、环境等方面的变化作出相应调整的空间；能保证设计文件提供高效的施工方案；能有效进行设计过程方案比选；能督促按时提交设计文件。

（3）设计文件接收及变更控制能力。能确保接收的图纸文件质量优良；能有效管理设计变更；能保证竣工图和相应设计文件的全面归档。

7.2.2 规划设计的组织与委托

房地产开发企业对开发项目规划设计的组织与委托工作，包括以下几个环节。

1. 选择设计单位

开发企业可委托信誉好、技术力量强的专业设计院设计，或通过招标投标的形式选择设计单位，并签订合同，明确双方的权利和义务。在委托设计时，应注意以下事项：

（1）设计资格。要委托具有设计资格的设计单位进行开发项目工程设计，不得委托无证设计单位或私人进行设计，否则，城市规划与建筑管理部门将不予承认。

（2）设计等级。目前我国建设工程设计单位共分为甲、乙、丙、丁四个等级。开发企业应根据拟开发项目性质、高度、规模，对照四个等级规定的要求，进行委托。一般不得超级设计。

（3）设计范围。我国建设工程设计单位的资格证书上都注明了该设计单位的承揽设计范围，如规定该设计单位是承接民用建设工程、工业建设工程，还是某个系统内的建设工程项目。在委托设计时，开发企业应予注意。

2. 确定各项技术经济控制指标

规划中的各项技术经济指标，是衡量规划设计的质量以及开发项目经济效益好坏的重要标准和依据。在规划设计前，一些重要的控制指标已由土地管理部门和规划管理部门给出，如开发用地的总面积、容积率、控制高度、建筑密度、绿地率等，还有一些指标则由开发企业根据开发项目的要求提出，作为规划的依据，如户室比、高层比例、各类户型的居住面积、总造价、建筑工程单方造价等。上述各项技术经济指标，要综合考虑，既要保证开发企业的经济效益，又要符合有关管理部门的要求，以取得良好的社会效益和环境效益。

3. 评价和选择设计方案

设计方案是根据城市规划管理部门提供的规划设计条件和房地产开发企业对该开发项目的要求，由设计单位提出的初步设想，一般用文字说明和图纸或模型表示。其中规划设计方案包括开发项目用地范围及其位置图、现状图、规划总平面图和交通组织示意图、住宅标准层平面图和住宅正立面图、公共建筑平面和立面示意图、主要街景示意图、透视图或模型、设计说明书（包括各项技术经济指标）。建筑设计方案包括总平面位置图、平面图、立面图、主要剖面图的草图和建筑单体透视图以及设计说明书。由设计单位提出的设计方案应不少于两个，以供开发企业在对多个方案比较的基础上，选择最优方案，并作为推荐方案报送规划管理部门审定。开发企业还可邀请多个单位参加设计竞赛，经过专家和规划管理部门评议审定，确定设计方案或提出对方案的修改意见。被审定的规划设计方案作为市政工程设计和建筑单体设计的依据。建筑设计方案审定后，可进入下阶段的扩初设计和施工图设计。

4. 审查设计图纸

开发企业对设计单位提交的正式设计图纸，要认真审查，熟悉图纸和设计要求，如发现有错误或遗漏，应及早通知设计单位修改或补充。

7.2.3 规划设计审核

规划设计审核是规划设计控制工作的重要步骤，它贯穿于方案设计、初步设计、施工图设计阶段。

1. 方案图纸

开发项目的方案审核一般包括如下内容。

（1）规划方案

规划方案主要审核设计规模；总建筑面积及各组成部分的面积分配；建筑平面型式及立面构图；建筑总高度；其他如消防、交通道路规范要求等。

（2）建筑设计方案

建筑设计方案主要审核：平面布置，如各组成部分的面积比例及使用功能要求，出入口布置要求，人防的设置，消防要求等；空间布置，如使用空间的平、立、剖面形状及组成，使用空间的尺度、空间感、建筑层数及层高等；室内装修，如各类房间的内装修要求，各类房间的装修材料选择等；建筑物理功能，如采光方式、采光标准、灯具选择及布置，隔热、保温、通风等方式、标准、有关材料及布置。

（3）结构设计方案

结构设计方案主要审核：主体结构体系的选择；结构方案的设计依据及设计参数；地基基础设计方案选择；安全度、可靠性、抗震设计要求；结构材料的选择等。

2. 初步设计图纸

初步设计是方案设计的具体化。所以，对初步设计图纸的审核侧重于各专业设计是否符合预定的质量标准和要求。须着重指出由于项目要求的质量与其所支出的投资呈正相关，所以规划设计控制人员在审核图纸时，须同时审核相应的概算文件。只有既符合预定的质量要求，投资费用又在控制限额内时，设计才能得以通过。

3. 施工图设计图纸

施工图是关于项目建设的详细图纸和说明，是指导施工的直接依据，从而也是规划设计控制的一个重点。施工图的审核有如下内容。

（1）建筑施工图

建筑施工图主要审核房间尺寸及布置情况，门窗及内外装修、材料选用，要求的建筑功能是否满足等。

(2) 结构施工图

结构施工图主要审核承重构件布置情况、结构材料的选择、施工质量要求等。

(3) 给水排水施工图

给水排水施工图主要审核有关设备及管道布置和走向、加工安装的质量要求等。

(4) 电气施工图

电气施工图主要审核供、配电设备，灯具及电气设备的布置，电气线路的走向及安装质量要求等。

7.3 房地产开发项目规划设计方案的经济因素分析

房地产开发项目规划设计方案是由开发企业委托规划设计部门编制的，规划设计方案的合理与否直接关系到开发企业的投资效益。因此，开发企业应将其开发意图在规划设计方案中充分体现出来。具体途径是，在规划设计前，根据规划管理部门提出的规划设计要点以及企业的经营需要，提出规划设计要求；在规划设计方案完成后对其进行评价和选择。这样，就要求开发人员掌握影响规划设计经济效果的一些经济因素及其影响规律。

房地产开发项目规划设计方案的主要经济因素可分为两类，一类是单体建筑设计方案的经济因素，另一类是整个开发区规划设计方案的综合经济因素。这两类因素不是独立的，它们有着密切的联系，共同影响着开发项目的经济效益。下面仍以居住区规划设计为例，对其分别讨论。

7.3.1 住宅建筑设计方案的经济因素分析

在住宅小区开发中，住宅建筑造价占有相当大的比重，合理的住宅建筑设计方案对提高整个开发项目的经济效益有着显著的作用。住宅建筑设计方案的经济因素如下。

1. 外墙周长系数

外墙周长系数是指每平方米建筑面积所分摊的外墙周长，即：

$$外墙周长系数 = \frac{建筑物外墙周长\,(m)}{建筑面积\,(m^2)}$$

在住宅建筑的造价构成中，外墙造价占有较大的比重。例如，砖混结构的墙体一般占土建造价的40%，外墙造价占15%～17%。在住宅建筑的层数和层高不变的条件下，外墙周长的大小反映了外墙墙体面积的大小。外墙周长系数则是衡量外墙周长大小的参数，外墙周长系数越小，分摊在单位建筑面积上的周长就小，则住宅建筑的单位造价就低；反之，外墙周长系数越大，则住宅建筑的单位造价就高。外墙系数还受下列因素影响。

(1) 平面形状

一般地，住宅建筑平面形状简单，它的外墙周长系数就小，其单位造价就低；当住宅建筑的平面形状又长又窄，或复杂而不规则时，其外墙周长系数必将增大，伴随而来的是较高的单位造价。此外，不规则的平面形状还引起室内管线安装费用、放线挖土方费用增加，同时也不便于施工。表7-1给出了几种平面形状建筑物的外墙周长系数，其比较的结果是显而易见的。

几种平面形状的建筑物的外墙周长系数　　　　　表 7-1

平面形状	建筑基地面积 S (m^2)	外墙周长 L (m)	外墙周长系数 (L/S)	变化率 (%)
10.95×10.95	120	43.80	0.365	100
8.00×15.00	120	46.00	0.383	105
凹形 8.00/1.00 15.50	120	51.00	0.425	116

（2）进深和面宽

由表 7-1 可知，在建筑面积一定时，合理地加大建筑物的进深，可以减少外墙周长或外墙周长系数，从而达到降低造价的目的。

建筑物的面宽与进深密切相关，即建筑面积一定，面宽增大，则进深减小；面宽减小，则进深增大。合理的建筑物进深和面宽不仅减少建筑物本身的造价，而且还起着节约用地的作用。以大进深、小面宽的内天井式住宅方案和小进深、大面宽的条形住宅方案为例（图 7-7），当这两类住宅的层高均为 2.8m，间距系数为 1.94 时，它的层数增加与节约用地的关系如表 7-2 所示。

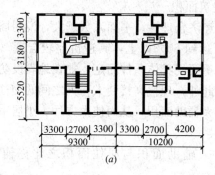 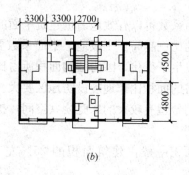

图 7-7　大进深、小面宽（a）和小进深、大面宽（b）住宅平面图

由表 7-2 可知，在间距和层数一定时，大进深、小面宽方案比小进深、大面宽方案明显节约用地。且当层数在 6 层以下时，每增加一层，每户基本用地的差别较明显，层数越低差别越大；层数越高差别越小。

两种住宅类型节约用地比较表　　　　　表 7-2

项　目	大进深小面宽住宅方案 a	小进深大面宽住宅方案 b
进深（m）	12.5	9.8
每户平均面宽（m/户）	3.9	5.4
每户建筑面积（m^2/户）	51.86	52.34

续表

	项目	大进深小面宽住宅方案 a	小进深大面宽住宅方案 b
5层	用地面积（m²）	2347.24	2416.57
	建筑面积（m²）	3631.25	3140.9
	居住户数（户）	70	60
	建筑面积净密度（m²/hm²）	15470.3	12997.35
	节约用地百分比（%）	19	0
6层	用地面积（m²）	2690.03	2794.76
	建筑面积（m²）	4357.5	3769.08
	居住户数（户）	84	72
	建筑面积净密度（m²/hm²）	16198.9	13486
	节约用地百分比（%）	20	0

当然，进深加大，面宽减小是有限的。在实际设计中，还必须考虑到建筑物内部的采光应充分，内部布置也要实用。增加房屋进深，则到达室内最深部分的自然采光就会减少，并且可能引起在使用期间人工照明费用增加。一个进深较大的建筑物，也可能出现浪费和不适合使用的房间，如窄长的卫生间。因此，设计时应综合考虑各因素。

2. 平面系数

住宅的建筑面积由居住面积、辅助面积和结构面积组成。居住面积指居室净面积，辅助面积指客厅、厨房、卫生间等室内空间的面积，结构面积为墙体和柱等结构所占的面积。居住面积与建筑面积之比为平面系数。其计算公式为：

$$平面系数 = \frac{居住面积}{建筑面积} \times 100\%$$

用平面系数可以有效地衡量建筑平面的经济合理性，平面系数越大，说明居住面积占建筑面积的比例越高。一般地，平面系数要达到50%以上，其造价比较合理。但这种认识现在也发生了变化，因为结构面积所占比重要视具体条件而定，如在地震设防地区，基础柱子所占的面积比非地震设防地区要大。此外，现代高楼使人与人之间的交往机会越来越少，人们希望有较大的家庭公共空间，扩大辅助面积，从而使大方厅、小居室的住宅普遍受到欢迎。

辅助面积一般占建筑面积的25%左右，辅助面积与居住面积之比称辅助面积系数，即：

$$辅助面积系数 = \frac{辅助面积}{居住面积} \times 100\%$$

结构面积也可用结构面积系数来表示：

$$结构面积系数 = \frac{结构面积}{建筑面积} \times 100\%$$

结构面积系数越小，设计方案越经济。不同体系的住宅建筑，结构面积系数不同，一般地，砖混结构约为19%，外砖内模体系为16%，装配式大板体系为14%，框架结构体系为11%。

3. 层高

住宅层高的变化，对其本身的造价和居住建筑用地有较大的影响。令层高为 H，降

低层高值为 ΔH，墙体造价占住宅建筑物造价比重为 k，则层高降低 ΔH 时的造价降低率为：

$$p = k \cdot \Delta H / H \tag{7-1}$$

以 5 层砖混结构住宅为例，当 $H=3m$，$k=0.4$，层高降低值 $\Delta H=0.1m$ 时，其住宅造价降低率为：

$$p = k \cdot \Delta H / H = 0.4 \times 0.1/3 = 0.0133$$

即造价较原来降低 1.33%，并且由于降低层高引起管线工程费用和减轻自重使基础费用降低未计算在内。

降低层高对节约用地有不可忽视的意义。降低层高，可以降低建筑物的总高度，从而减小住宅间的建筑间距，以达到节约用地的目的。以 6 层住宅为例，层高从 2.8m 降到 2.7m，间距系数按 1.76~2.04 计算，每公顷用地上可多建住宅 326~350m^2。对于小面积住宅，适当降低净高，能造成良好的空间比例。

降低层高是否影响夏季室内微小气候呢？研究表明：当居室形式、通风状况、周围环境等条件完全相同时，层高每差 0.5m，居室温度仅差 0.5℃。如果室内通风良好，层高略为降低，对夏季室温影响不大。

我国住宅层高普遍为 3m，净高为 2.8m，与国外住宅层高相比（表 7-3），还是有潜力可挖的。

国外住宅室内净高情况　　　　　　　　　　　　　表 7-3

国　家	原联邦德国	瑞　士	英国、法国	瑞典、美国	丹　麦	日　本	加拿大
室内净高（m）	2.2~2.35	2.5	2.2~2.6	2.4	2.5	2.2~2.6	2.5~2.8

4. 层数

住宅建筑的层数对住宅造价的影响比较复杂，并随着建筑的类型、形式和结构而变化。一般地，住宅建筑在 4 层以下时，增加楼层不影响其结构形式，根据墙、建筑面积和屋顶间的关系，单位建筑面积的造价可能会降低。如果高度超过 4 层时，结构形式需要改变，把承重墙改为框架结构或加厚承重墙的截面。超过 7 层时，需要设置电梯，补充建筑设备，增加交通面积，增加结构强度，以抵御风荷载及地震荷载，从而增加了造价。增加住宅建筑层数可提高土地使用强度，从而达到节约用地的目的。此外，修建高层住宅能使较大的建筑面积获得良好的日照条件，腾出较多的空地布置不同的活动空间和绿化，改善室外空间环境。建多层还是建高层，是一个复杂的技术经济问题，需要根据具体情况进行分析和论证。

提高住宅层数可节约用地，但层数增加到一定时，其效果逐渐降低。以某地区标准住宅设计为例，住宅建筑进深 10.1m，层高为 2.8m，长为 63.6m，每户平均面宽 5.3m，住宅单元平面不变，按行列式布置时，住宅层数与相应的用地关系如下（表 7-4）。

住宅层数与相应的用地关系　　　　　　　　　　　表 7-4

层　数	一	二	三	四	五	六	七
每户住宅用地（m^2）	94.2	63.9	53.8	48.8	45.7	43.7	42.3
本类住宅每户比前一类住宅用地节约（m^2）		30.3	10.1	5.0	3.1	2.0	1.4

由表 7-4 可知，住宅用地节约额并非按层数递增的比率上升，由 1 层增至 4 层时，节约用地的效果显著，增至 6 层以后，基底占地面积在每户建筑面积中所占的比例相对减少，因而增加层数所产生的节约用地的效果下降。

5. 单元组合

将住宅单元进行组合，组合部位的山墙减少，以致山墙的工程量按房屋长度分摊在单位面积上的数量相应减少，同时变组合前的外山墙为组合后的内山墙，从而降低了住宅单位造价。但住宅单元组合过长时，需设置沉降缝或伸缩缝，设计成双墙，降低了经济效益，且对抗震不利。因此一般应少于 5 个单元。当标准单元的建筑面积相同时，组合后的住宅单位造价可表示如下：

$$R_n = \frac{mnRA - 2(n-1)(d+t)y + (n-1)(d+t)y'}{mnA - (n-1)(d+t)mt'} \tag{7-2}$$

式中　R_n——n 个标准住宅单元组合后的单位造价，元$/m^2$；

　　　R——组合前标准住宅单元的单位造价，元$/m^2$；

　　　d——住宅进深，m；

　　　t——前后檐墙厚度，m；

　　　t'——组合部位山墙厚度，m；

　　　m——住宅层数；

　　　n——住宅组合单元数；

　　　A——组合前每个标准住宅单元的标准层的建筑面积，m^2；

　　　y——组合部位从基础到檐口的外山墙每米造价，元$/m$；

　　　y'——组合部位从基础到屋顶内山墙每米造价，元$/m$。

6. 结构形式

住宅建筑的结构和构件，对住宅建筑的技术经济效果有较大的影响，如楼板造价一般占总造价 9%～13%。选择重量轻、强度大的预制楼板，既可满足功能要求，又能缩短工期、降低造价。因此，对基础、墙体、楼板、屋面等部位的构件设计，应进行技术经济分析，择优选择方案。

对于结构形式的选择，要因地制宜，对各种结构形式进行分析后，确定最佳方案。为此，应掌握各种建筑体系的特点，表 7-5 列出了几种主要民用建筑体系的特点。

几种主要民用建筑体系的特点　　　　表 7-5

体系	优　点	缺　点
大模板建筑	(1) 工具式模板构造简单、坚固、耐用、装拆方便； (2) 混凝土墙面质量好，表面光洁，可减少抹灰面； (3) 利于提高建筑施工的组织水平，加快施工速度； (4) 建筑抗震性能好； (5) 可以提高有效面积系数	(1) 水泥和钢材用量多； (2) 大模板一次投资大； (3) 需要大型吊装设备
大板建筑	(1) 机械化施工水平高，速度快，工期短，劳动强度比砖混结构大幅度降低，用工少； (2) 抗震性能好； (3) 利于工厂化大生产和提高建筑工业化水平	(1) 预制厂一次投资大； (2) 需大型运输和吊装设备； (3) 水泥、钢材用量大； (4) 布局灵活性小； (5) 施工时安装技术要求高

续表

体系	优点	缺点
框架建筑	(1) 具有轻质、高强、多功能的特点； (2) 节约材料和运费，降低建筑自重； (3) 建筑物有效面积大，平面布置灵活，提高了面积利用率； (4) 可利用工业废料，机械化程度高，建造速度快	(1) 用钢量大； (2) 隔声、隔热性能较差
滑模建筑	(1) 节约模板，施工速度快，用工少； (2) 结构整体性好； (3) 不需要大吨位起重机械； (4) 高层建筑较适用	(1) 施工技术要求高，施工组织要求严密，需要专用设备； (2) 配筋率高，不利于冬季施工； (3) 水泥用量多
砌块建筑	(1) 建筑造价低，经济效果好； (2) 适用性强，生产工艺简单； (3) 施工简易，对施工机具要求不高； (4) 硅酸盐砌块可以消耗大量工业废料	(1) 施工机械化程度低，需要手工操作，吊次多； (2) 用工多，工期长； (3) 结构整体性差

7.3.2 住宅开发区规划方案的综合经济因素分析

住宅建筑方案直接影响到住宅开发区规划方案的经济效果，除此之外，还必须考虑住宅开发区规划方案的综合经济因素。

1. 用地容积率

简称容积率，指开发区内建筑面积与开发用地面积之比，或单位面积用地上所分摊的建筑面积。设开发用地总面积为 S_n，总建筑面积为 S_b，则容积率 NPR 为：

$$NPR = \frac{S_b}{S_n} \tag{7-3}$$

在规划方面，容积率用来控制土地的使用强度，即开发企业必须在控制性详细规划所要求的或规划管理部门提出的容积率内从事房地产开发，任何开发企业不得擅自提高容积率，否则作为违章建设处理。通过容积率控制，从而达到保护城市环境质量，并保证基础设施合理运行的目的。

在管理方面，容积率是地方政府管理部门和土地开发投资者的共同的、合理的土地价格核算方法。由于城市中各地块的容积率不尽相同，而房地产投资者的开发活动是在特定的地块上进行的，从而使不同的地块上开发效益因容积率的不同而产生差异。因此，将容积率作为计算土地价格的依据之一，即土地的价格随着容积率的增加而增加，以达到调节开发企业的开发行为的目的。

在开发建设方面，容积率是开发企业用来进行开发效益分析的主要依据。

例如，某开发用地面积为 30 亩，容积率控制为 2.5，拟在该地块上开发住宅。根据调查分析，住宅建筑面积的综合造价为 1200 元/m^2，销售价格为 1800 元/m^2，该开发项目毛利润可按如下方法估算：

根据公式（7-3）求出拟开发住宅的总建筑面积（1 亩＝666m^2）：

$$30 \times 666 \times 2.5 = 49950 \text{（}m^2\text{）}$$

每平方米综合造价按 1200 元计，其总造价为：

$$1200 \times 49950 = 5994 \text{（万元）}$$

按 1800 元/m² 的销售价格计算，其总收入为（总建筑面积的 90% 可供销售）：
$$1800 \times 49950 \times 0.9 = 8091.9（万元）$$
该项目的毛利润为：
$$8091.9 - 5994 = 2097.9（万元）$$

如果该地块的容积率从 2.5 提高到 2.8，此时，拟开发的住宅建筑面积提高到 55944m²，相应的总成本为 6713.28 万元，总收入为 9062.9 万元，毛利润则提高到 2349.6 万元。此处未考虑增加容积率，使分摊在每平方米建筑面积上的地价减少，从而使单位建筑面积造价降低。尽管如此，增加容积率对提高开发项目总收益的效果是明显的。

在某些情况下，当控制容积率与开发项目的功能要求发生矛盾时，开发企业可向规划管理部门申请增加容积率。以某城市为例，调整或增加容积率有如下办法。

(1) 容积率补偿

在开发建设中对已满足规划管理规定的各项技术经济指标要求并为城市环境或公共事业作出贡献、符合下列情况之一的，则给予容积率补偿：

1) 在开发建设用地范围内留出已满足规定指标外的公共用地，或建筑底层架空开敞用地，其目的是为城市提供公共绿地或公共活动场所的。提供的公共用地必须符合以下要求：任意方向净宽大于 10m，实际使用面积大于 100m²；常年每天 24 小时敞开为公众开放活动，不得改变使用性质。

2) 在开发建设用地范围内，在满足规定指标的条件下，提供用地作为城市公共停车场地。要求公共停车场设于地面且直接对外，停车位大于 20 泊位。

上述两项补偿容积率标准按每提供 1m² 开敞的城市公共活动空间、公共绿地和公共停车场，补偿 1.5~2.5m² 建设面积（旧城区取上限，新区取下限）。

(2) 容积率的转让

在相邻用地之间，其用地性质相同或性质相容的，可以转让容积率，转让数额不得大于用地中较小地块容积率的 10%。

(3) 容积率提高

建设方确因特殊需要，要求提高容积率和建筑高度的，需经规划管理部门审查并报市政府有关领导审批。获准后，按其超出规定指标的面积计算，由开发建设单位向政府缴纳超标增容费。

此外，有的城市在旧城开发中，对于被征收户多、还建面积大的地段，考虑到开发企业的积极性，保证开发企业的基本利益，允许开发企业向规划管理部门申请无偿增容。

2. 建筑密度

指在开发用地范围内所有建筑物的基底面积与用地面积之比。设开发用地总面积为 S_n，建筑基底面积 S_j，则建筑密度 MPR 为：

$$MPR = \frac{S_j}{S_n} \tag{7-4}$$

在居住区规划中，建筑密度通常是指居住建筑密度。它作为一项技术经济指标，可以直接反映出一定用地范围内的空地率和建筑物的密集程度。居住建筑密度指标，取决于包括绿地所占的比率、气候、防水、防震、地形条件等对住宅建筑布置的要求以及容积率、建筑层数、层高、建筑间距和排列方式等各项因素。建筑密度与容积率、平均建筑层数 $\overline{m}$

有如下关系：

$$MPR = \frac{NPR}{\overline{m}} \quad (7\text{-}5)$$

由上式可知，当容积率一定时，平均层数越少，则建筑密度越高。开发企业往往希望有较高的建筑密度，这样可以减少平均层数，使住宅建筑调整到经济层数上，从而降低建筑成本。但是，提高建筑密度则减少了空地，降低了建筑环境质量。因此，建筑密度指标是规划管理部门用来控制建筑基底面积，保证空地率的重要的规划控制指标。

3. 建筑间距

一般指前后两排居住建筑之间的水平距离。建筑间距根据所在地区的日照、通风、防止噪声和视线干扰、防火、防震、绿化、管线埋设、建筑布局形式以及节约用地等要求，综合考虑确定。其中，日照要求是确定住宅建筑间距的主要依据。

日照要求用日照量表示，日照量包括日照时间和日照质量两个指标。日照时间以该住宅在规定的某一日内受到的日照时数为计算标准。如北纬地区常以太阳高度角最低的冬至日作规定日。日照质量是指每小时室内地面和墙面阳光照射面积累计的大小以及阳光中紫外线的效用高低。按《城市规划定额指标暂行规定》的要求，新建住宅的日照标准是"在条状建筑呈行列式布置时，原则上按当地冬至日在住宅底层日照时间不小于1小时的要求，计算房屋间距"。

合理确定建筑间距是节约用地不可忽视的因素。一般地，在任何建筑层数的情况下，减小建筑间距可以提高建筑面积净密度。但过于强调减小间距则降低居住质量。有的城市采用半窗日照标准确定建筑间距，既适当满足了日照要求，又可以取得明显的节约用地效果。半窗日照标准是以原则上对居住质量不产生重大影响为前提，所谓半窗日照是指冬至日，前排建筑阴影线在后排建筑底层窗中间（满窗日照的阴影线则与底层窗台线相齐），冬至日是整个冬季前排建筑遮挡后排建筑最不利的一天，而在冬季的其他日子里，建筑阴影线则全部低于这条遮挡线，且这种遮挡在整个冬季中所占时间的比例不太大，因而不至于严重影响居住质量。

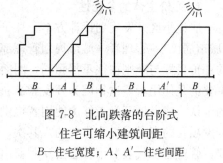

图 7-8　北向跌落的台阶式
住宅可缩小建筑间距
B—住宅宽度；A、A′—住宅间距

此外，采用台阶式住宅，当北向跌落时，建筑物上部的进深缩小，可以明显减少前排建筑物对后排建筑物的日光遮挡（图 7-8），从而缩小建筑间距，达到节约用地的目的。

4. 户室比

户室比是指各种户型住宅在总户数中所占的百分比，反映一定时期，该地区内社会对住宅需求的基本趋势和构成。如果户室比确定得不合理，就会出现住房供给与需求不相吻合，一部分住房需求者买不到或租不到自己所需要的房屋，一部分住宅却卖不出去或无人租住，因而严重地影响到开发者的投资效益。因此，在开发区规划设计时，科学地确定户室比是非常重要的。

我国各地住宅供需情况不尽相同，但户室比的变化总趋势呈"枣核状"，即两头小（一室户，三室户需求相对少），中间大（二室户、二室半户需求多）。在两个小头中，一室户需求对象主要为等房结婚的未婚青年和婚后无房的青年夫妇；三室户的需求往往是具有较高收入的住房需求者。然而，由于住房需求受经济收入、家庭人口结构、文化、习俗等多种因素的影响，因而，户室比呈"枣核状"的需求模式并非普遍存在。如在南方沿海地区，人们的经济收入水平较高，同时对居住质量的要求也较高，因此，大面积的户室，需求者易于接受。

5. 造价

这是开发区规划设计方案最重要的技术经济指标。它直接影响到开发企业的效益和住房需求者的购买能力。开发区项目的造价又分为项目的总综合造价和分摊在商品房上的综合单方造价。前者影响到开发企业的投资能力，后者则影响到需求者的购买能力和开发企业的收入水平。因此，在住宅开发区规划设计中，对住宅选型、布局，开发区内各管线布置、道路走向、配套设施的布置要精心研究和设计，在满足功能要求和兼顾景观要求的前提下，尽可能降低造价。

7.4 房地产开发项目规划设计方案的评价

房地产开发项目规划设计方案的评价，是房地产开发企业对开发项目在规划与设计阶段所进行的重要管理工作，是择优选择设计方案的前提。本节以居住小区开发为例，介绍住宅建筑设计方案和规划设计方案的评价指标体系及评价选择方案的方法。

7.4.1 开发项目规划设计方案评价的特点

1. 评价主体的多元性

居住小区开发规划设计方案，评价主体除开发者（开发企业）本身外，还涉及使用者（城市居民）、管理者（城市规划管理部门）、设计者和施工者。不同的评价主体，对方案的评价目标与准则往往不尽相同，因而导致不同的评价结果。在上述众多的评价者中，最主要的是使用者，这是因为开发者欲获得良好的经济效益，其开发项目必须能得到使用者的承认，或者说开发者能为使用者提供价廉物美的住房产品或居住环境。因此，使用者对开发项目的意见是极为重要的。其次，城市规划管理部门对开发项目的评价意见也至关重要，管理者从代表城市社会公众利益出发，以城市建设必须服从城市总体规划为原则，尽可能照顾到局部的特点，对设计方案进行评价，并通过行政程序，控制城市的各项开发建设活动。设计方案必须经城市规划管理部门审批认可后，开发项目才能建设实施。再次，设计者和施工者对设计方案的理解和看法也是不容忽视的。前者根据开发者委托的任务和设计条件，以专家的身份，通过构思，从开发项目的适用性、经济性和美观性等方面，表达了开发者的意图；后者从建设实施的角度，对开发项目施工的可能性、工效进行评价。这两者都直接关系到开发项目的效益，因此，他们也是重要的评价者。

一项设计的通过，往往是在上述多元评价主体中达到共同一致的结合点。因此，开发企业在评价设计方案时，不能仅注重本企业的经济效益，还应考虑开发项目的社会效益和环境效益，以局部利益服从全局利益。

2. 评价目标的多样性

居住小区规划设计的目标不是单一的，而是多样的。评价规划设计方案，应在综合考

虑多目标需要的基础上,以综合效益的好坏作为方案取舍的标准。其原因如下:

(1) 由于城市中存在着广泛的外在性,城市中各项开发建设活动客观上对城市社会产生影响,为了提高房地产开发活动的外在效益和减少其外在成本,代表广大城市居民利益的城市规划管理部门,必须在考虑土地利用的经济效益的同时,保证土地开发利用的社会效益和环境效益。

(2) 开发项目的经济效益、社会效益和环境效益三者之间有着密切的关系,既有矛盾的一面,更有统一的一面。如开发低档住房,虽然收益率较高档住房低,但用户多,需求量大,风险小,因而仍然能取得良好的经济效益;再如良好的小区环境可增加用户购买住房的吸引力。

因此,评价规划设计方案不能以经济效益目标作为唯一的标准。应同时兼顾社会效益和环境效益,以综合效益作为评价方案的标准。这既是从宏观上保证城市开发建设有序发展,又是从微观上实现房地产开发企业经营目标的需要。

3. 评价值的不确定性

居住小区规划设计方案评价值的不确定性包含两方面含义:一是在作为评价小区规划设计方案标准的指标体系中,有很多定性指标难以定量描述,只能根据主观判断来确定。评价者由于经验、价值观和专业水平存在着差异,往往对同一个方案,不同的评价者所作的评价结论也不尽一样。另一层含义是,对规划设计方案的评价,实际上是对方案实施后所取得的效益进行估价。由于设计方案未经实施,因而对未来情况难以准确描述,只能通过评价者对规划设计的图纸、模型等来进行分析、设想,从而作出主观判断。因此,很难保证这种预测性的判断是非常准确的。

7.4.2 开发项目规划设计方案评价的指标体系

1. 住宅建筑设计方案评价的指标体系

住宅建筑设计方案评价的指标体系可从住宅建筑的适用性、安全性、经济性和艺术性等四个方面考虑。其中住宅建筑的适用性是指住宅建筑满足住宅需求者的生活和生理需要程度,通过住宅的平面指标、空间布置、物理性能和厨卫布置等指标来评价。住宅建筑的安全性是指住宅建筑满足需求者的生理和心理需要设置的,包括私密性、结构安全、安全措施和耐久性等指标。住宅建筑的经济性是指住宅建设的劳动消耗和劳动所得,反映了开发企业将要可能投入的资金和住宅需求者的购买水平。住宅建筑的艺术性是对住宅建筑的美观所进行的评价,随着人们的生活水平的提高,人们对建筑的美观需求也越来越重视。这里,评价住宅建筑的艺术性是从住宅的室内效果、外观效果和环境效果等三方面指标来考虑的。

住宅建筑设计方案评价的指标体系如图 7-9 所示。

2. 小区开发规划设计方案评价的指标体系

小区开发规划设计方案评价的指标体系可分为小区用地面积指标、小区的主要技术经济指标和小区综合评价指标。

(1) 小区用地面积指标

小区用地面积指标是指小区中居住建筑、公共建筑、道路和绿化等所占的用地面积。通过小区用地平衡表,分析各类用地所占的比重,从而评价土地利用的合理性和经济性。某居住小区用地平衡表如表 7-6 所示。

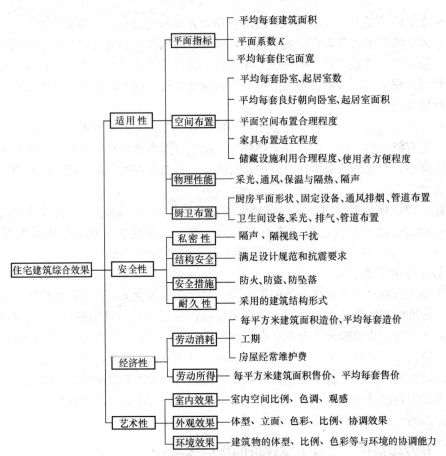

图 7-9 住宅建筑设计方案评价指标体系

某居住小区用地平衡表　　　　　　　　　　　表 7-6

项　目	面积（hm²）	人均面积（m²/人）	百分比（%）	国家指标（1980年）（m²/人）
总用地	17.10	16.18	100	16～23
居住用地	10.34	9.78	60.45	9～11
公建用地	3.57	3.38	20.00	5～7
道路用地	1.24	1.17	8.14	1～3
绿化用地	1.95	1.85	11.41	1～2

（2）小区的主要技术经济指标

1）住宅平均层数。指各种住宅层数的平均值，按各种层数住宅的建筑面积与占地面积之比计算，即：

$$平均层数 = \frac{总建筑面积}{总用地面积}$$

2）居住建筑密度。指居住建筑基底面积与居住建筑用地面积之比，即：

$$居住建筑密度(\%) = \frac{居住建筑基底面积}{居住建筑用地面积}$$

3）居住建筑面积密度。指每公顷居住用地上建造居住建筑面积，即：

$$居住建筑面积密度(m^2/hm^2) = \frac{居住建筑面积}{居住用地面积}$$

4）人口净密度。指每公顷居住用地上所容纳的居住人数，即：

$$人口净密度(人/hm^2) = \frac{居住人数}{居住建筑用地面积}$$

人口净密度与平均每人居住建筑面积有关,在相同居住建筑面积密度条件下,平均每人居住建筑面积越高,则人口密度相对越低。

5) 平均每人、每户居住用地面积。

$$\text{平均每人(或每户)居住用地面积}[m^2/(人或户)] = \frac{\text{居住建筑用地面积}}{\text{居住总人口(或总户数)}}$$

6) 建筑密度。

7) 建筑面积密度。指每公顷开发小区用地上建造的建筑面积,即:

$$\text{建筑面积密度}(m^2/hm^2) = \frac{\text{开发小区内总建筑面积}}{\text{小区总用地面积}}$$

当上述面积采用相同的计量单位时,由上式所求得的结果为容积率。

8) 住宅层数比例。

9) 绿化覆盖率。

10) 人均公共绿地面积。

11) 公共建筑面积及其与居住建筑面积之比。

12) 工程造价。包括工程总造价以及每户、每平方米建筑面积的综合造价。

此外,对旧城区开发项目,还应计算由拆(拆除旧的住宅)、建(新建的住宅)、安(安置原有居民用房)所决定的增房量、余房量及其相应的造价。

$$\text{增房量}(m^2) = \text{新建住宅数量} - \text{被征收旧住宅的数量} \times \text{折旧率}(\%)$$

$$\text{余房量}(m^2) = \text{新建住宅数量} - \text{安置原有居民用房量}$$

$$\text{增房量综合单方造价}(元/m^2) = \frac{\text{住宅建设总费用}}{\text{住宅建筑总面积} - \text{被征收旧房总面积} \times \text{折旧率}}$$

$$\text{余房量综合单方造价}(元/m^2) = \frac{\text{住宅建设总费用}}{\text{住宅总面积} - \text{征收安置用房总面积}}$$

(3) 小区综合评价指标

小区规划设计综合评价指标体系,是以追求小区开发的综合效益为目标,从社会、经济和环境等方面考查规划设计的效果而设置的。评价指标除定量指标外,还有定性指标。小区规划设计的综合评价考虑的因素较多,且视具体的评价对象不同,其评价的侧重点也有差异。因此,很难建立一套统一的和固定的评价指标体系。在实际问题中,往往根据具体情况确定评价指标。

7.4.3 开发项目规划设计方案评价方法

对开发项目规划设计方案的评价,首先要明确评价目标;其次将目标分解为相应的准则以及可以明确表述的评价内容或指标,从而构成结构明确、层次清楚的目标体系;再次,选定合适的评价方法,对方案进行分析和评价;最后,通过比较分析,判断和选择方案。

在规划设计方案评价的过程中,所涉及的评价标准有两类:相对标准和绝对标准。前者是在不同方案之间进行相互比较;后者是以国家规定的定额指标和规划管理部门提出的规划设计要点作为评价依据。

开发项目规划设计方案评价是一种综合评价,即追求多目标综合效果的评价。这与在可行性研究阶段对开发项目进行评价是有区别的。虽然,在可行性研究阶段对开发项目评价也考虑多目标因素,但其评价的重点是开发项目在经济上是否可行,财务上是否盈利,并通过一系列指标(如开发项目的性质、总建筑面积、房屋种类的构成比例等)确定开发方案。从而作为开发项目规划设计的依据。因此，在规划设计阶段对开发项目的评价，一方面，根据可行性研究的结果，审查开发项目规划设计的技术经济指标；另一方面，对开发项目的社会和环境效益也要进行评价，而后者往往是定性判别。为便于对方案进行综合评价，下面介绍的几种方法对定性指标都作了量化处理。

1. 综合评分法

对规划设计方案的各评价指标进行评分，其中定性指标采取专家打分，定量指标则转化为相应的评分，最后将各项指标的得分累加，求出该方案的综合评分值。

设有 K 个方案，每个方案有 N 个评价指标，V_i^k 为 k 方案第 i 个指标的评分，则 k 方案的综合评分为：

$$V^k = \sum_{i=1}^{N} V_i^k \quad k=1,2,\cdots,K \tag{7-6}$$

若对评价指标依其重要性赋予不同的权重 W_i（$i=1, 2, \cdots, N$），则式（7-6）改为：

$$V^k = \sum_{i=1}^{N} W_i V_i^k \quad k=1,2,\cdots,K \tag{7-7}$$

由公式（7-6）或公式（7-7）可求出各方案的综合评分值 V^k（$k=1, 2, \cdots, K$），综合评分值最大的方案为最优方案。

在实际应用中，一般采用表格方式评价规划设计方案，如表 7-7 所示。

开发小区规划设计方案质量综合评价表　　　　表 7-7

第一级指标	W_i	第二级指标	%	W_i^k	给　　值（n^k）					各方案评分			
					优	良	中	可	差	V^1	V^2	...	V^k
					1	0.8	0.6	0.4	0.2				
构思立意	12	创造性、构思巧妙、立意新颖	100	12	12	9.6	7.2	4.8	2.4				
									$\sum V_i^k$				
布局结构	13	布局结构与立地环境的配合	45	5.9	5.9	4.7	3.5	2.4	1.2	4.7			
		结构层次与各设施系统的协调性	35	4.5	4.5	3.6	2.7	1.8	0.9	4.5			
		行政管理系统与规划结构的配合	20	2.6	2.6	2.0	1.6	1.0	0.5	0.5			
									$\sum V_i^k$	9.7			
设施配置	11	公共设施分布的合理性	23	2.5									
		绿地系统的配置与效用	21	2.3									
		地区内外设施配置的平衡	17	1.9									
		设施布置与环境的协调	18	2.0									
		市政系统布置的合理与可靠性	21	2.3									
									$\sum V_i^k$				
道路交通	10	道路系统的组合与效能	18	1.8									
		住户与公共设施使用车道的近便性	14	1.4									
		地区内外道路系统的联结	17	1.7									
		道路选线与地形的配合	19	1.9									
		道路对外交通的吸引	14	1.4									
		交通对居住生活的干扰	18	1.8									
									$\sum V_i^k$				

续表

第一级指标	W_1	第二级指标	%	W_i^k	给		值 (n^k)			各方案评分			
					优	良	中	可	差	V^1	V^2	…	V^k
					1	0.8	0.6	0.4	0.2				
建筑设计	12	居住建筑的适用性	70	8.4									
		公共建筑的适用性	30	3.6									
										$\sum V_i^k$			
群体组合	12	住宅类型与群体布置的协调性	13	1.6									
		住宅的日照条件	14	1.7									
		住宅的通风与防风效果	13	1.6									
		群体空间组合与居住行为的适应性	10	1.2									
		群体布置对噪声、污染的防治	13	1.6									
		群体布置的防灾安全性	12	1.4									
		群体布置的识别性	10	1.2									
		群体布置与地形的配合	15	1.8									
										$\sum V_i^k$			
施工实施	8	施工的便利性	100	8									
										$\sum V_i^k$			
经济可行	11	人口、户数、建筑面积总量值	12	1.3									
		人口、户数的密度指标(人/hm²、户/hm²)	13	1.4									
		住宅容积指标(m²/hm²)	12	1.3									
		每人、每户用地指标(m²/人、m²/户)	12	1.3									
		分项用地指标(m²/人、m²/户)	11	1.2									
		每人、每户公共建筑面积指标(m²/人、m²/户)	10	1.1									
		建筑密度指标(%)	9	1.0									
		住宅层数比例	8	0.9									
		每人、每户、每公顷用地综合造价(元/人、元/户、元/hm²)	13	1.4									
										$\sum V_i^k$			
环境景观	11	地区空间环境的构图效果	24	2.6									
		建筑群体的统一性与多样性	27	3.0									
		内外环境景观的协调	25	2.8									
		道路线型与沿线景观组织	24	2.6									
										$\sum V_i^k$			
										$\sum\sum V_i^k$			

在评价人经验丰富的情况下,为了简便,也可直接对第一级指标进行评价,如表7-8所示。

开发小区规划设计方案综合评价表 表7-8

评价指标	最高得分	方案1	方案2	…	方案k
构思立意					
布局结构					

续表

评价指标	最高得分	方案1	方案2	...	方案k
设施配置					
道路交通					
建筑设计					
群体组合					
施工实施					
经济可行					
环境景观					
Σ					
名　次					

2. 用层次分析法评价开发项目的规划设计方案

用层次分析法评价开发项目的规划设计方案的基本思路是：按照评价问题中各类因素之间的隶属关系把它们排成从高至低的若干层次，建立不同层次元素之间的相互关系。根据对同一层次元素相对重要性比较的结果，决定层次各元素重要性的先后次序，以此作为决策的依据。

层次分析法的解题步骤如下。

(1) 建立评价模型

将评价问题分为三层：目标层、指标层与方案层。如图7-10所示。

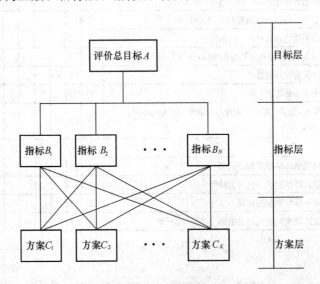

图 7-10　评价模型

(2) 构造判断矩阵

判断矩阵表示同层次元素相对上层次元素的重要程度，以指标层相对于目标层为例，其判断矩阵的形式为：

A	B_1	B_2	$\cdots$	B_N
B_1	b_{11}	b_{12}	$\cdots$	b_{1N}
B_2	b_{21}	b_{22}	$\cdots$	b_{2N}
$\vdots$	$\vdots$			$\vdots$
B_N	b_{N1}	b_{N2}	$\cdots$	b_{NN}

令 $b_{ij}=B_i/B_j$，故 b_{ij} 反映了 B_i 对 B_j 相对重要性的值表现形式，$b_{ij}=1,2,\cdots,9$，其含义为 1-B_i 与 B_j 一样重要；3-B_i 比 B_j 稍重要；5-B_i 比 B_j 重要；7-B_i 比 B_j 重要得多……显然 $b_{ij}=1/b_{ji}$。

(3) 层次单排序

根据判断矩阵，计算它的特征向量 H_A，H_A 为单排序权数。其近似算法是：

1) 将判断矩阵 A 每列正规化。

$$b'_{ij} = \frac{b_{ij}}{\sum_i b_{ij}} \quad j=1,2,\cdots,N \tag{7-8}$$

2) 将每列正规化后判断矩阵按行加总：

$$b''_i = \sum_j b'_{ij} \quad i=1,2,\cdots,N \tag{7-9}$$

3) 将 b''_i 正规化，则得特征向量 H_A，其中：

$$H_{Ai} = \frac{b''_i}{\sum_i b''_i} \quad i=1,2,\cdots,N \tag{7-10}$$

H_{Ai} 为 H_A 的第 i 个元素。

为了检验判断矩阵 A 的一致性，还须计算判断矩阵 A 的最大的特征根：

$$\lambda^A_{\max} = \sum_{i=1}^N \frac{(AH_A)_i}{NH_{Ai}} \tag{7-11}$$

计算判断矩阵的一致性指标：

$$CI = \frac{\lambda^A_{\max} - N}{N-1} \tag{7-12}$$

判断矩阵随机一致性比例 CR：

$$CR = \frac{CI}{RI} \tag{7-13}$$

式中：RI 是与判断矩阵 A 同阶的平均随机一致性指标，由表 7-9 查得。当 $CR<0.1$ 时，判断矩阵具有满意的一致性。

1～9 阶矩阵的随机一致性指标　　表 7-9

阶　数	1	2	3	4	5	6	7	8	9
RI	0	0	0.58	0.90	1.12	1.24	1.32	1.41	1.45

按上述方法分别构造指标层与方案层的判断矩阵 B_i ($i=1,2,\cdots,N$)。并计算特征向量 H_{B_i}，最大特征根 $\lambda^{B_i}_{\max}$，检验判断矩阵 B_i 的一致性。

B_i	C_1	C_2	…	C_K
C_1	C_{11}	C_{12}	…	C_{1K}
C_2	C_{21}	C_{22}	…	C_{2K}
⋮	⋮	⋮		⋮
C_K	C_{K1}	C_{K2}	…	C_{KK}

(4) 方案总排序

利用同一层次中所有层次单排序的结果，计算针对上一层而言，本层次所有元素重要性的权值，此即总排序。

总排序的结果也就是各方案的优先次序。总排序的计算方法如表 7-10 所示。

层次总排序计算方法 表 7-10

指标 方案	B_1 H_{A1}	B_2 H_{A2}	… …	B_N H_{AN}	方案总排序结果 H_c
C_1	H_{B11}	H_{B21}	…	H_{BN1}	$\sum_i H_{Ai} \cdot H_{Bi1} = H_{C1}$
C_2	H_{B12}	H_{B22}	…	H_{BN2}	$\sum_i H_{Ai} \cdot H_{Bi2} = H_{C2}$
⋮	⋮	⋮		⋮	⋮
C_K	H_{B1K}	H_{B2K}	…	H_{BNK}	$\sum_i H_{Ai} \cdot H_{BiK} = H_{CK}$

为评价层次总排序的计算结果的一致性，需计算与层次单排序类似的检验指标：

$$CI = \sum_{i=1}^{N} H_{Ai} CI_i \tag{7-14}$$

$$RI = \sum_{i=1}^{N} H_{Ai} RI_i \tag{7-15}$$

然后，再用公式（7-13）计算 CR。同样，当 $CR<0.10$ 时，认为层次总排序结果具有满意的一致性。

【例 7-1】 某开发小区的规划设计有 3 个方案：C_1、C_2 和 C_3，试根据规划设计方案的综合效果，用层次分析法选定最佳方案。

【解】 1) 将开发小区设计方案综合评价的总目标分解为 5 个指标，建立如下评价模型（图 7-11）。

2) 构造判断矩阵，并进行层次单排序。判断矩阵通过综合专家意见建立。目标——指标层判断矩阵如下：

A	B_1	B_2	B_3	B_4	B_5
B_1	1	1	1/3	1/7	1/3
B_2	1	1	1/3	1/7	1/3
B_3	3	3	1	1/4	1
B_4	7	7	4	1	4
B_5	3	3	1	1/4	1

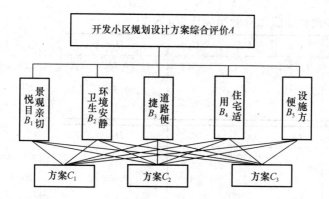

图 7-11 某开发小区规划设计方案的综合评价模型

按公式(7-8)～公式(7-10)求得的特征向量 H_A（层次单排序权数）为：

$$H_A = (0.062, 0.062, 0.168, 0.539, 0.168)^T$$

再计算矩阵 A 的最大特征根 λ_{max}^A。

$$AH_A = \begin{bmatrix} 1 & 1 & 1/3 & 1/7 & 1/3 \\ 1 & 1 & 1/3 & 1/7 & 1/3 \\ 3 & 3 & 1 & 1/4 & 1 \\ 7 & 7 & 4 & 1 & 4 \\ 3 & 3 & 1 & 1/4 & 1 \end{bmatrix} \begin{bmatrix} 0.062 \\ 0.062 \\ 0.168 \\ 0.539 \\ 0.168 \end{bmatrix} = \begin{bmatrix} 0.313 \\ 0.313 \\ 0.843 \\ 2.751 \\ 0.843 \end{bmatrix}$$

根据公式（7-11）得：

$$\lambda_{max}^A = \sum_{i=1}^{5} \frac{(AH_A)_i}{NH_{Ai}}$$

$$= \frac{0.313}{5 \times 0.062} + \frac{0.313}{5 \times 0.062} + \frac{0.843}{5 \times 0.168} + \frac{2.751}{5 \times 0.539} + \frac{0.843}{5 \times 0.168}$$

$$= 5.122$$

由公式（7-12），求判断矩阵的一致性指标。

$$CI = \frac{\lambda_{max}^A - N}{N - 1} = \frac{5.122 - 5}{5 - 1} = 0.030$$

查表 7-9，$RI = 1.12$，则：

$$CR = \frac{CI}{RI} = \frac{0.03}{1.12} = 0.03 < 0.10$$

因而判断矩阵 A 具有满意的一致性。

按上述方法，分别求得方案 C_1，C_2 和 C_3 相对于指标 B_i（$i = 1, 2, \cdots, 5$）的判断矩

阵、特征向量、最大特征值和检验指标比例 CR 如下：

B_1	C_1	C_2	C_3	H_{B1}	
C_1	1	7	9	0.790	$\lambda_{max}=3.022$
C_2	1/7	1	2	0.133	$CI=0.011$
C_3	1/9	1/2	1	0.077	$RI=0.58$
					$CR=0.019<0.1$

B_2	C_1	C_2	C_3	H_{B2}	
C_1	1	1/3	3	0.249	$\lambda_{max}=3.018$
C_2	3	1	6	0.655	$CI=0.009$
C_3	1/3	1/6	1	0.095	$RI=0.58$
					$CR=0.016<0.1$

B_3	C_1	C_2	C_3	H_{B3}	
C_1	1	1/7	1/5	0.075	$\lambda_{max}=3.014$
C_2	7	1	2	0.591	$CI=0.007$
C_3	5	1/2	1	0.333	$RI=0.58$
					$CR=0.012<0.1$

B_4	C_1	C_2	C_3	H_{B4}	
C_1	1	1/3	1/5	0.105	$\lambda_{max}=3.038$
C_2	3	1	1/3	0.258	$CI=0.019$
C_3	5	3	1	0.637	$RI=0.58$
					$CR=0.033<0.1$

B_5	C_1	C_2	C_3	H_{B5}	
C_1	1	1/3	3	0.249	$\lambda_{max}=3.018$
C_2	3	1	6	0.655	$CI=0.009$
C_3	1/3	1/6	1	0.095	$RI=0.58$
					$CR=0.016<0.1$

3）层次总排序。故总排序具有满意的一致性。由总排序结果可知：C_3 方案最优，C_2 方案次之，C_1 方案最差。

A	B_1	B_2	B_3	B_4	B_5	总排序 H_C	优先次序
	0.062	0.062	0.168	0.539	0.168		
C_1	0.790	0.249	0.075	0.105	0.249	0.175	③
C_2	0.133	0.655	0.591	0.258	0.655	0.397	②
C_3	0.077	0.095	0.333	0.637	0.095	0.426	①

根据公式（7-14）和公式（7-15），得：

$$CI = \sum_{i=1}^{N} H_{Ai} CI_i$$
$$= 0.062 \times 0.011 + 0.062 \times 0.009 + 0.168 \times 0.007$$
$$+ 0.539 \times 0.019 + 0.168 \times 0.009$$
$$= 0.014$$

$$RI = \sum_{i=1}^{N} H_{Ai} RI_i$$

$$= (0.062 + 0.062 + 0.168 + 0.539 + 0.168) \times 0.58$$
$$= 0.58$$
$$CR = \frac{CI}{RI} = \frac{0.014}{0.58} = 0.024 < 0.1$$

3. 用模糊评价法评价开发项目的规划设计方案

规划设计方案的评价具有一定程度的模糊性，如对住宅适用性很难形成一致的准确看法，前述两种方法的做法是将各个评价者的评价值进行加权平均或筛选成一个评分值。显然，这种综合评价者意见的方式具有强制性，掩盖了专家的独特看法。

用模糊评价法评价开发项目规划设计方案的思路是：从规划设计方案具有模糊性这一实际情况出发，应用模糊数学的理论，多方位地描述评价内容的模糊属性。它的最大特点是不强行综合评价者意见，保持评价过程中的客观性。

模糊评价的解题步骤为：

(1) 建立评价的目标集合 U

$$U = (u_1, u_2, \cdots, u_n) \tag{7-16}$$

其中，每个 u_i 包含 K_i 个因素（子目标），即：

$$u_i = (u_{i1}, u_{i2}, \cdots, u_{iK_i}) \quad i = 1, 2, \cdots, n \tag{7-17}$$

又设向量 A 为各目标的权系数向量，A_i 为各因素的权系数向量，即：

$$\begin{aligned} A &= (a_1, a_2, \cdots, a_n) \\ A_i &= (a_{i1}, a_{i2}, \cdots, a_{iK_i}) \end{aligned} \quad i = 1, 2, \cdots, n \tag{7-18}$$

再建立评语集合 V：

$$V = (v_1, v_2, \cdots, v_m) \tag{7-19}$$

以及评语等级的量化向量 B：

$$B = (b_1, b_2, \cdots, b_m) \tag{7-20}$$

(2) 按评语集合 V 分别作 u_i 中的 u_{ij} 的模糊评价，得 u_i 的模糊评价矩阵 R_i （$i=1, 2, \cdots, n$)

R_i	V_1	V_2	$\cdots$	V_m
u_{i1}	r_{11}	r_{12}	$\cdots$	r_{1m}
u_{i2}	r_{21}	r_{22}	$\cdots$	r_{2m}
$\vdots$	$\vdots$	$\vdots$		$\vdots$
u_{iK_i}	$r_{K_i 1}$	$r_{K_i 2}$	$\cdots$	$r_{K_i m}$

其中，r_{lj} 表示 u_i 的因素（子目标）u_{il} 获得评语等级 j 的比例。例如，10 位专家参加评定，其中有 3 位专家认为该方案的评价目标 u_{il} 达到评语等级 j，$r_{lj} = 3/10 = 0.3$。

(3) 利用模糊运算法则计算方案的复合考核的分数

先求 u_i 的综合评价 C_i （$i=1, 2, \cdots, n$)：

$$C_i = A_i \cdot R_i = (C_{i1}, C_{i2}, \cdots, C_{im}) \tag{7-21}$$

由此得二级模糊综合评价矩阵 C：

$$C = \begin{bmatrix} C_1 \\ C_2 \\ \vdots \\ C_n \end{bmatrix} = (C_{ij})_{n \times m} \tag{7-22}$$

则该问题的综合评价结果为：

$$C^* = A \cdot C \tag{7-23}$$

最后利用评语等级的量化向量 B，对综合评价结果进行讨论，得综合评分 E：

$$E = C^* \cdot B^{\mathrm{T}} \tag{7-24}$$

按上述方法求出各方案 E 值，其中最大 E 的方案为最优方案。

【例 7-2】 用模糊评价法评价某开发小区规划设计方案。

【解】 1) 建立评价目标（图 7-12）。

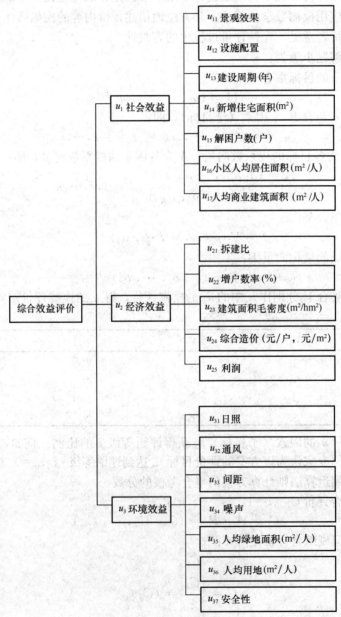

图 7-12 开发小区规划设计方案综合效益评价指标体系

权向量：
$$A = (0.40, 0.25, 0.35)$$
$$A_1 = (0.10, 0.35, 0.05, 0.15, 0.10, 0.10, 0.15)$$
$$A_2 = (0.20, 0.10, 0.15, 0.25, 0.30)$$
$$A_3 = (0.20, 0.15, 0.15, 0.15, 0.05, 0.10, 0.20)$$

再设评语集 V 分为 6 等：
$$V = (V_1, V_2, V_3, V_4, V_5, V_6)$$

其中：V_i ($i=1, 2, \cdots, 6$) 按照从差到好依次排列，V_1 为最差的等级，V_6 为最好的等级。

定义最差的等级 V_1 为 50 分，最好的等级 V_6 为 100 分，得评语等级量化向量 B：
$$B = (50, 60, 70, 80, 90, 100)$$

2) 建立模糊评价矩阵 R。依评语集所规定的等级由专家评价，然后按数理统计方法对评价数据进行处理，得出相应的隶属度。如有 10 个专家对"景观效果"指标评价，打 V_3 和 V_6 等的各有 2 人，打 V_4 和 V_5 等的各有 3 人，则该指标的模糊评价向量为（0.0, 0.0, 0.2, 0.3, 0.3, 0.2）。

对各指标进行模糊评价，将所得的评价向量按一级指标归类，得到模糊评价矩阵 R_1、R_2 和 R_3。

$$R_1 = \begin{bmatrix} 0.00 & 0.00 & 0.20 & 0.30 & 0.30 & 0.20 \\ 0.00 & 0.10 & 0.20 & 0.20 & 0.40 & 0.10 \\ 0.00 & 0.00 & 0.10 & 0.60 & 0.30 & 0.00 \\ 0.00 & 0.11 & 0.56 & 0.33 & 0.00 & 0.00 \\ 0.00 & 0.00 & 0.00 & 0.28 & 0.40 & 0.32 \\ 0.00 & 0.00 & 0.00 & 0.00 & 0.37 & 0.63 \\ 0.00 & 0.40 & 0.45 & 0.10 & 0.05 & 0.00 \end{bmatrix}$$

$$R_2 = \begin{bmatrix} 0.00 & 0.09 & 0.26 & 0.43 & 0.22 & 0.00 \\ 0.00 & 0.00 & 0.00 & 0.35 & 0.43 & 0.22 \\ 0.12 & 0.18 & 0.59 & 0.11 & 0.00 & 0.00 \\ 0.00 & 0.00 & 0.25 & 0.33 & 0.42 & 0.00 \\ 0.00 & 0.00 & 0.63 & 0.31 & 0.06 & 0.00 \end{bmatrix}$$

$$R_3 = \begin{bmatrix} 0.00 & 0.00 & 0.00 & 0.08 & 0.80 & 0.12 \\ 0.10 & 0.20 & 0.30 & 0.40 & 0.00 & 0.00 \\ 0.25 & 0.42 & 0.33 & 0.00 & 0.00 & 0.00 \\ 0.15 & 0.20 & 0.25 & 0.25 & 0.15 & 0.00 \\ 0.00 & 0.56 & 0.33 & 0.11 & 0.00 & 0.00 \\ 0.00 & 0.13 & 0.62 & 0.25 & 0.00 & 0.00 \\ 0.04 & 0.45 & 0.50 & 0.01 & 0.00 & 0.00 \end{bmatrix}$$

3) 综合评价。由公式 (7-21)，得：

$$C_1 = A_1 \cdot R_1$$
$$= (0.00, 0.11, 0.25, 0.22, 0.27, 0.15)$$
$$C_2 = A_2 \cdot R_2$$
$$= (0.02, 0.05, 0.39, 0.31, 0.21, 0.02)$$
$$C_3 = A_3 \cdot R_3$$
$$= (0.08, 0.25, 0.31, 0.15, 0.18, 0.03)$$

由此，得综合评价矩阵 C：

$$C = \begin{bmatrix} C_1 \\ C_2 \\ C_3 \end{bmatrix} = \begin{bmatrix} 0.00 & 0.11 & 0.25 & 0.22 & 0.27 & 0.15 \\ 0.02 & 0.05 & 0.39 & 0.31 & 0.21 & 0.02 \\ 0.08 & 0.25 & 0.31 & 0.15 & 0.18 & 0.03 \end{bmatrix}$$

由公式（7-23），得综合评价结果 C^*：

$$C^* = A \cdot C = (0.03, 0.14, 0.31, 0.22, 0.22, 0.08)$$

利用公式（7-24）和评语等级量化向量 B 分别对一级模糊评价结果 C_1、C_2 和 C_3 以及二级模糊评价结果 C^* 进行评分计算。

$$E_1 = C_1 \cdot B^T = 81$$
$$E_2 = C_2 \cdot B^T = 77$$
$$E_3 = C_3 \cdot B^T = 72$$
$$E = C^* \cdot B^T = 77$$

即该规划设计方案的社会效益得分为 81 分，经济效益得分为 77 分，环境效益得分为 72 分，综合效益得分为 77 分。

复习思考题

1. 城市规划有哪几个层次？房地产开发项目的规划主要指哪个阶段的规划？
2. 试述居住区规划的主要内容。
3. 一般民用建筑项目的初步设计和施工图设计分别包括哪些内容？
4. 试述开发项目规划设计过程及影响因素。
5. 影响住宅建筑设计方案的经济因素有哪些？影响住宅开发区规划方案的综合经济因素有哪些？并试分析其影响规律。
6. 房地产开发项目设计方案的评价有何特点？
7. 试述住宅建筑设计方案评价的指标体系和小区开发规划设计方案评价的指标体系。
8. 试用层次分析法和模糊评价法评价开发项目的规划设计方案。

8 房地产开发工程招标与投标

招标投标原本是市场稀缺商品交易的一种竞争方式，通常适用于大宗交易。具体实施时，由唯一的买主（或卖主）设定标的，招请若干个卖主（或买主）通过秘密报价进行竞争，从中选择优胜者与之达成交易协议，随后按协议实现标的。将此种竞争方式引用到开发工程中，就形成了开发工程招标与投标。开发企业在工程招标与投标中属招标一方，而在土地招标与投标中则属投标一方。

8.1 开发工程招投标概述

8.1.1 开发工程招标投标的基本概念及其作用

开发工程招标，是面对一项开发工程，开发企业将工程可行性研究内容或监理服务或勘察、设计要求，或设备需求，或拟建工程的建设要求等，编制成招标文件，通过发布招标广告或向承包企业发出投标邀请函的形式，招引有能力的承包企业参加投标竞争，直至签订工程发包合同的全过程。

开发工程投标，是指承包企业在获得招标信息后，根据开发企业招标文件提出的各项条件和要求，结合自身能力，提出自己愿意承包工程的条件和报价，供开发企业选择，直至签订工程承包合同的全过程。

从上可知，招标和投标是同一项业务中密不可分的两个方面。

实行招标投标的作用如下：

（1）开发企业可以从参加投标的承包企业中选择最理想的承包者，有利于保证工程质量和工期，有利于降低造价。

（2）招标投标的原则是鼓励竞争，防止垄断。"多家竞争、共同发展"的格局，能促进建设业的繁荣兴旺和健康发展。

（3）招标投标可以促进承包企业提高管理水平和技术水准，也有利于工程各项评价指标的优化，从而取得良好的社会、经济效益。

8.1.2 开发工程招标的方式

在工程实践中，工程招标的方式主要有公开招标和邀请招标两种。

1. 公开招标

这种方式是由开发企业（或其委托招标代理机构）通过发布招标公告（广告），邀请不特定的承包企业参加投标竞争，从而择优选择承包人的一种发包方式。

公开招标使开发企业有较大的选择范围，可在众多的投标单位之间选择出报价合理、工期较短、信誉良好的承包企业。这种方式有助于充分竞争，能促进承包企业努力提高工程（或服务）质量，缩短工期和降低费用；但是，其时间较长，招标中可能消耗较多的人力、物力资源。

2. 邀请招标

这种方式是指开发企业向特定的承包商发出邀请函，邀请他们参加某项工程任务的投标竞争。被邀请的数目至少3个。

由于被邀请参加竞争的投标者为数有限，这样做不仅可以节省招标费用，而且能提高每个投标者的中标机率，所以对招标投标双方都有利。不过，这种招标方式限制了竞争范围，把许多可能的竞争者排除在外，被认为不完全符合自由竞争、机会均等的原则。

另外，有些项目专业性强，有资格承接的潜在投标人较少，或者需要在短时间内完成投标任务等，也不宜采用公开招标的方式，而应采用邀请招标的方式。

8.1.3 开发工程招标工作机构

开发工程招标工作大致可分两类。一类属决策性的，如确定工程的发包范围；选择确定招标方式；选择确定合同的形式；确定标底以及决标、签订合同等。另一类属日常事务性的，如编制和发送招标文件；编制标底；审查投标者资格；组织现场勘察和解答承包企业提出的问题，接受并妥善保管承包企业的投标书；组织开标、评标以及合同谈判等。

在实践中，一般须有专门机构——招标工作机构来高效完成上述工作。该工作机构可以由开发企业自身的职员组成"招标委员会"或"招标小组"；也可以委托有相关资质的专业咨询机构组织招标事务委员会。专业的招标工作机构一般只负责技术性和事务性的工作，最终决策仍由开发企业作出。通常，如果需招标的工程任务量大且复杂，或开发企业缺乏有经验、有资质的招标技术人员，或时间紧迫等，此时开发企业应委托招标代理来组织工程的招标。

从上述招标工作内容看，实施招标工作的人员应当包括三类：一是决策人员，即开发企业的上层决策者或其授权代表；二是专业技术人员，包括建筑师、结构、设备等专业工程师和估算师等；三是助理人员，即决策者和专业技术人员的助手。

所有的工程招标投标业务都必须符合《招标投标法》、《招标投标法实施条例》、《建筑法》等相关法律和规定，同时应遵循当地的有关规定和实施细则。

8.2 开发工程监理招标

8.2.1 开发工程监理招标的分类

开发工程监理招标,按照招标项目的范围可分为全过程监理招标、设计监理招标、施工监理招标。

1. 全过程监理招标

全过程监理招标是从开发项目立项开始到建成交付的全过程的监理。这对投标人的要求很高,不仅要有会设计懂施工的监理人才,还要有能从事建设前期服务的高级咨询人才。

全过程监理招标目前在我国还比较少。设计施工全过程监理最大的优越性是监理工程师了解设计过程、熟悉设计内容及设计人员,这对协调设计与施工关系,处理施工中的设计问题非常有利。

2. 设计监理招标

招标人仅是将开发项目设计阶段的监理服务发包,设计监理投标人一般都要求有设计方面的背景或特长。前段的监理服务让业主满意后,设计监理中标人在完成设计监理任务后也可能被邀请参加施工监理投标。

3. 施工监理招标

施工监理是我国在推行建设监理制过程中,实施最早且最为普遍的监理工作,同时施工监理招标在建设监理招标中也是最早开始的。

8.2.2 监理招标文件的主要内容

为了指导投标人正确编制投标文件,招标人编制的招标文件应包括以下内容和资料。

(1) 投标人须知。包括答疑、投标、开标的时间、地点规定,投标有效期,投标书编写及封装要求,招标文件、投标文件澄清与修改的时限规定等。

(2) 工程项目简介。包括项目名称、地点和规模、工程等级、总投资、现场条件、计划开竣工日期等。

(3) 委托监理任务的范围。监理任务包括监理内容和目标。监理内容是在监理过程中的具体工作,如协助业主进行设计、施工招标、确定分包商、审批设计变更、审批工程进度、工程合同款支付签证、主持质量事故鉴定与处理等;监理目标主要是投资目标、工期目标和质量目标;此外,还包括业主授权,主要是指审批设计变更、停复工令、采购及支付等权利。

(4) 合同条件。一般采用现行《建设工程监理合同(示范文本)》(GF—2012—0202)。

(5) 评标原则、标准和方法。评标原则除应遵循客观、公平、公正、科学等评标的最基本原则外,主要依招标的目标而定。监理招标的标的是"监理服务",与工程项目建设中其他各类招标的最大区别表现为监理单位不承担物质生产任务,只是受招标人委托对生产建设过程提供监督、管理、协调、咨询等服务。鉴于标的具有的特殊性,招标人选择中标人的原则是"基于能力的选择",但依据招标项目的不同、投标人的不同,可以有不同的评标原则,如选择最优秀的监理中标人或选择取费最低的监理中标人或在监理能力和监理费用中取得平衡的最合适的监理中标人。

(6) 招标人可向监理人提供的条件。包括办公、住宿、生活、交通、通信条件等。

(7) 监理投标报价方式及费用构成。

(8) 项目的有关资料。

(9) 投标书用的表格(格式)。

8.2.3 监理招标的开标、评标与定标

1. 开标

开标应按招标文件规定的时间、地点进行。必要时,应邀请公证部门对开标进行公证。开标时招标单位应首先与投标人代表共同检查投标文件的密封完整性,并签字确认。由招标单位根据招标文件要求,启封核查投标人提交的证件和资料,并审查投标文件的完整性、文件的签署、投标保证金等,但是对于提交了"撤回通知"和逾期送达的投标文件不予启封。开标时应做好开标记录,并请公证人签字确认。开标后,应该按照招标文件规定的方法由评标委员会进行秘密评标。

2. 评标

评标由评标委员会按照招标文件中规定的原则、标准和方法进行评定。

(1) 评标内容

监理单位执行监理任务的好坏对项目建设的成败起着举足轻重的作用,因此评标过程中应侧重于能力的评定,辅以报价的审查,为保证技术能力的评审能够客观独立地进行,评标一般分为技术建议书评审和财务建议书评审两个阶段进行,只有经过技术评审认定合格后,才启封该投标单位的财务建议书进行第二阶段的评审。

技术建议书的评审主要包括以下几个方面:监理公司的资质、经验、社会信誉、所编制的监理大纲以及人员配备方案;

财务建议书的评审主要包括以下几个方面:取费项目及费率的合理性,"附加工作"补偿计算的合理性,以及要求业主提供设施和服务的合理性等。

(2) 评标方法

常用的方法是评议法、综合评分法。

1) 评议法。是由评标委员会成员集体讨论达成一致或进行表决,取多数来确定中标人的方法。当监理项目较小、技术难度及复杂程度低而投标人特点明确时,可采用此法。

2) 综合评分法。是由评标委员会对各投标人满足评价指标的程度给出评分,再考虑预先确定的各指标相对的权重得到的综合分。比较各投标人的得分高低选定中标人或中标候选人。

3. 定标

招标人根据评标委员会的报告,公示中标候选人。公示后无异议的,确定中标人。国有资金控股或者占主导地位的依法必须进行招标的项目,招标人应当确定排名第一的中标候选人为中标人。排名第一的中标候选人放弃中标,因不可抗力不能履行合同,不按照招标文件要求提交履约保证金,或者被查实存在影响中标结果的违法行为等情形,不符合中

标条件的，招标人可以按照评标委员会提出的中标候选人名单排序依次确定其他中标候选人为中标人，也可以重新招标。

8.3 开发工程施工招标

8.3.1 申请施工招标的条件

按照我国的规定，开发企业在实施施工招标前，应向当地招标投标办事机构或其他政府指定管理机构申请登记，并接受其管理。申请施工招标的工程应具备下列条件：

（1）工程建设用地的使用权已有偿取得，用地现场具备"七通一平"（或"三通一平"）的建设条件。
（2）有满足施工的施工图纸文件。
（3）开发工程项目已列入当地计划管理部门制定的年度开工建设计划。
（4）已取得《建设工程规划许可证》。
（5）建设资金、主要建筑材料和设备供应均已落实。

8.3.2 开发工程施工招标的程序

开发工程施工采用竞争性招标方式时，其实施程序如下。

1. 确定招标的工程项目

2. 组建招标工作小组

该小组无论是企业自组建的，或者是委托专业机构组建的，都应具有编制招标文件，对投标企业进行资质评审的能力，有组织开标、评标和定标的能力。

3. 向招标投标管理机构提出招标申请书的主要内容应包括：开发企业的基本情况以及负责组织招标的人员的基本情况；拟招标的开发工程已具备的条件；拟采用的招标方式和对投标企业的要求等。开发企业的招标申请经招标投标管理机构核准后，开发企业才可实施招标。

4. 编制工程招标文件、标底（招标控制价），并报招标投标管理机构审定

招标文件是开发企业向投标承包单位说明工程情况和招标要求的重要书面文件。它提供招标工程的主要技术要求、主要的合同条款、评标的标准和方法以及开标、评标、定标的程序等内容。它是承包企业投标报价和开发企业评标的主要依据，也是签订工程承包合同的基础。

标底或招标控制价是拟招标工程建筑安装造价的表现形式之一，是招标工程施工建设的预期价格。制定标底可使开发企业预先明确自己在拟建工程上应承担的财务义务，同时也提供了衡量承包企业标价的准绳和评价的尺度。

5. 发布招标公告或发送招标通知书（邀请投标函）

（1）招标公告

当采用公开招标时应当发布招标公告。招标公告应包括的主要内容有：①开发企业和招标工程的名称和地址，招标工作联系人姓名、电话；②招标工程的主要内容及承包方式、建设工期、质量要求等；③投标承包企业的资格、领取招标文件的地点、时间和应缴费用；④其他注意事项。

(2) 邀请投标函

当采用邀请招标方式时，由开发企业向预先选定的承包企业发出邀请投标函。邀请投标函的主要内容与招标公告基本相同。招标文件一般随函附寄。

6. 对申请投标的单位进行资质审查

资格审查一般分为两种：资格预审和资格后审。采用公开招标时，一般进行资格预审，即通常在发售招标文件之前进行。审查合格者才准许购领招标文件，故此类资质审查被称为资格预审。在邀请投标的情况下，则可在评标的同时进行资质审查，即进行资格后审。一般情况下进行了资格预审不再进行资格后审，除非招标文件另有规定。

对承包单位资质审查的目的在于了解承包企业的技术和财务实力及管理经验，限制不符合要求条件的承包企业盲目参加投标，并将审查结果作为决标的参考。

进行资质审查时，审查的主要内容包括：①企业简况：企业名称、地址、负责人姓名、技术装备情况、技术管理人员和技术工人的数量和技术等级等；②各种证明文件：企业营业执照、资质证书、企业经营手册、外地企业持有的承包工程许可证（工程所在地建管部门核发）、法人代表身份证（或法人代表授权委托书）等；③企业资金情况：固定资产、自有流动资金数额；④企业近年完成的主要工程及其质量情况、在建的和尚未开工工程一览表。

对承包企业的资质审查，主要是审查其承包本招标工程的实际施工能力、以往的经验和完成该项工程的潜力。审查的具体内容包括：①承包企业承建过的同种或类似工程管理经验、达到的工程质量等级、特殊工程的施工经验等，除研究承包企业提供的文件外，还应实地考察承包企业的在建工程；②承包企业以往合同的履行情况：实际工期、是否遵守有关规程和设计图要求进行施工、安全记录等；③承包企业拟派往本工程的主要负责人及工程技术人员的情况（简历、人数等）；④承包企业可用于本招标工程上的主要施工机构的种类、型号和数量；⑤承包企业的资金或财务状况。

审查方法，一般可采用逐项计分法加以评定。即先拟定审查的项目，然后逐项给出得分标准，最后给各申请投标的承包企业进行评分。可以规定一个资质审查合格的分数线。如果某个承包企业的得分达到或超过合格分数线，则可允许其参加投标（或进入下一阶段），达不到合格分数者则淘汰。

招标小组审查工作完成后，应将审查结果书面通知各申请投标的承包企业。

7. 发售招标文件

经过资质审查，对审查合格的承包企业分发招标文件及图纸和资料（公开招标时），并收取投标保证金。该保证金一般应在中标企业签订承包合同后退还承包企业，对未中标企业应在决标后退还并收回全套施工图纸、资料和招标文件。

按照招标投标法实施条例规定，招标人在招标文件中要求投标人提交投标保证金的，投标保证金不得超过招标项目估算价的2%。投标保证金有效期应当与投标有效期一致。

8. 组织投标单位踏勘现场，并对招标文件答疑

发售招标文件后，招标人应组织投标人踏勘建设现场，熟悉现场地形、道路和周围环境。

现场踏勘完成后，按照招标文件的规定召开标前答疑会。招标人组织各承包企业的代表开会，解答招标文件、施工图纸和资料以及现场考察中提出的问题。承包企业对招标文件中的疑问，一般应预先以书面形式提出，招标小组对所提疑问应一律在答疑会上公开解答，并以书面补充函方式发给各投标者，作为招标文件的补充，与招标文件具同等法律效用。补充函应至少在投标截止时间前15日送达所有投标人。

9. 开标、评标和决标

（1）开标和审查投标标书

开标是在投标截止后，根据招标文件中规定的时间和地点，邀请各投标者、当地公证机构、有关部门以及工程招标投标管理机构代表参加，当众打开标箱，由工作人员对经公证人员检查并确认密封完好、封套书写符合规定的标书逐一拆封的过程。

开标会由招标人主持。投标文件即标书拆封后，工作人员应宣读其中的主要内容，并在预先准备的表册上逐项登记，同时公布合理标底和评标、决标办法。登记表册由读标人、登记人和公证人签名，作为开标的正式记录，由开发企业予以保存，具有法律效力。

开标时投标标书如出现下列情况之一则视为无效标书：

1）投标文件逾期送达的或者未送达指定地点的；

2）投标文件未按招标文件的规定密封、标记和骑缝加盖投标人公章的；

3）投标报价高于公布标底或投标报价最高限价的；

4）投标文件承诺的工期超过招标文件中的工期要求的；

5）投标函部分的密封袋内无投标保函原件或招标人出具的已收讫投标保证金的凭证原件的，或投标保函的内容不符合招标文件的实质性要求的；

6）投标文件未按招标文件规定的格式要求加盖投标人印章，或未经法定代表人或其委托代理人签字（盖章），或由委托代理人签字（盖章）但未随投标文件一起提供"投标文件签署授权委托书"原件的；

7）联合体投标未按规定附有联合体各方共同投标协议的；

8）招标文件要求提交投标文件电子文档，但未提交或提交的电子文档不符合要求的。

（2）评标

1）评标委员会

评标由评标委员会完成。评标委员会由招标人组建，一般为5人以上的单数组成，其中技术经济方面的专家不能少于三分之二。专家必须从事相关领域工作满8年并具有高级职称或同等专业水平，同时熟悉招投标相关法律法规及评标办法。评委会专家由招标人从国务院有关部门或省、市、自治区人民政府有关部门提供的专家名册或代理机构的专家库内随机抽取。与投标人有利害关系的人不得进入相关项目的评标委员会；已经进入的应当更换。评标委员会成员的名单在确定中标结果之前应严格保密。招标人应采取必要的措施，保证评标在严格保密的情况下进行。任何单位和个人不得非法干扰、影响评标的过程和结果。

2）废标

投标人或投标文件出现下列情形，一般被认定为废标。

①投标人以他人的名义投标或出现下列串通投标、弄虚作假投标嫌疑的：

a. 投标文件中载明的项目管理班子成员与招标工程其他投标人的投标文件载明的相

关人员中有同一人的；

b. 在投标文件中的商务标上签字盖章的造价工程师与其他投标人的投标文件相同的；

②投标人资格条件不符合国家有关规定和招标文件要求；

③投标人拒不按照要求对投标文件进行澄清、说明、补正的，或评标委员会根据招标文件的规定对投标文件的计算错误进行修正后，投标人不接受修正后的投标报价的；

④投标文件中存在明显不符合技术规范、技术标准的内容的；

⑤投标文件附有招标人不能接受的条件的；

⑥投标报价中主要清单项目的报价明显高于其他投标人的相应报价的平均值或高于标底价格的。

3）评标方法

评标委员会应当根据招标文件确定的评标标准和方法，对其技术部分和商务部分进行评审、比较。常用的评标方法包括专家评议法、最低评标价法和综合评估法。

①专家评议法

专家评议法是由评标委员会的各位专家分别就各投标书的内容充分进行优缺点评论，经过专家共同的认真分析、横向比较和调查后，最终以投票的方式评选出最具实力的投标单位作为中标候选人推荐给业主。这种方法实际上是一种定性的优选法，虽然能深入地听取各方面的意见，但由于没有进行量化评定和比较，同时受到评标专家个人主观影响较大，评标的科学性较差。其优点是评标过程简单、较短时间内即可完成。该方法一般仅适用于小型工程或规模较小的改扩建项目。

②最低评标价法

最低评标价法简单地说，就是指投标单位按计划运行成本，而不是按预算运行成本进行报价，对投标文件中的各项评标因素尽可能地折算为货币量，评标单位将各投标单位投标报价进行评比之后，确定出评标价最低的投标单位，并以该最低评标价为中标价。

但需特别指出的是：最低评标价绝不是最低投标价。《中华人民共和国招标投标法》第41条规定，中标人应符合"能够满足招标文件的实质性要求，并且经评审的投标价格最低，但是投标价格低于成本的除外"。

这种方法在中小型工程项目招标中推广应用最低评标价法是市场经济发展的必然。对于那些施工技术单纯、工艺简单的工程项目，不低于成本报价，评标价最低者中标正是建设市场客观竞争的必然。最低评标价法能充分体现公平竞争的要求。"低价中标"可以淡化标底，打消投标企业到处摸标底的违规念头，简化评标、定标程序，消除人为因素的影响。

③综合评估法（或百分制评分法）

综合评估法是基于评审的内容较多，且各项内容的单位又不统一，因此是不能进行简单的数字加减就产生的。该方法的操作步骤，首先，要确定量化的形式，一般可采取折算为货币的方法、打分的方法或者其他方法，将所有参与评价的因素（技术因素、报价因素、工期因素、质量等级因素、企业评价因素等）列出。然后，评标委员会根据招标项目特点将准备评审的内容进行分类，各类内容再进一步细分为小项，并确定各类及小项的分值及评分标准。随后评委专家按照各投标人各项考评因素逐一打分并加权计算，最终以综合评估得分的高低排出次序，综合评分最高的三家投标人成为评标委员会推荐的中标候选人，再由招标人从中选定一家单位作为中标人，签订合同。综合评估法（或百分制评分法）能够综合地评定出各投标人的素质情况，既是一种科学的评标方法，又能充分体现平等竞争的招投标基本原则。

（3）决标

1）确定中标人

招标人根据评标委员会提出的书面评标报告和推荐的中标候选人确定中标人。招标人也可以授权评标委员会直接确定中标人。

中标人的投标文件应符合下列条件之一：

①能够最大限度地满足招标文件中规定的各项综合评价标准；

②能够满足招标文件的实质性要求，并且经评审的投标价格最低，但投标价格低于成本的除外。

在确定中标人前，招标人不得与投标人就投标价格、投标方案等实质性内容进行谈判。

2）核发中标通知书

中标人确定后，招标人应向中标人发出中标通知书，并同时将中标结果通知所有未中标人。中标通知书对招标人和中标人具有法律效力，通知书发出后，若招标人改变中标结果或中标人放弃中标项目的，应承担法律责任。

10. 签订合同

中标通知书发出之后，开发企业与中标的承包企业应在 30 天内签订合同。一般采用《建设工程施工合同示范文本》，也可采用工程所在地建设主管部门制定的当地工程承包合同标准文本。要求提交履约保函的，履约保证金不得超过中标合同金额的 10%。

开发企业与中标人签订合同后 5 个工作日内，退还未中标人的投标保证金。至此，招标工作即告结束。

上述采取竞争方式的施工招标程序，大致可以分为三个阶段：招标准备阶段、投标阶段和决标定标阶段，其主要程序如图 8-1 所示。

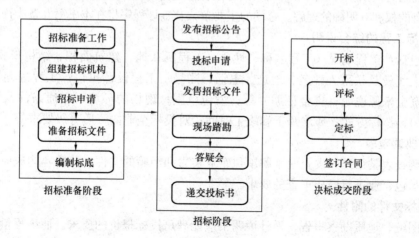

图 8-1 公开招标程序

8.3.3 开发工程施工招标文件

1. 招标文件的主要内容

施工招标文件包括：招标广告（或招标通知书）；投标须知；投标书文本或编制要求；中标通知书；主要合同条款和合同文本；工程综合说明；以及各种附件：全套施工图纸、地质勘察报告、设计说明书、工程量清单，其他文件（如直接邀请招标时使用的企业调查表）。

2. 招标广告（或招标通知书）的内容前已介绍。

3. 投标须知

是指导承包企业正确履行投标手续的文件。它的内容一般包括：投标单位填写标书，装订密封、投送标书应遵守的事项；场地踏勘答疑、投送标书、开标、决标的时间、地点；代表投标企业参加招标活动的人员要求；投标保证金的缴纳方式；投标企业询问问题的方式、范围和时间；评标和决标的原则；开发企业与中标企业签订合同的时间安排以及对未中标单位退还保证金并给予补偿的说明；无效标书的认定及处理等。

4. 投标书格式

开发企业可以提供统一的投标书文本供投标企业直接填定，或者在招标文件中明确投标书的内容要求，由投标企业自行编制其构成。投标书的内容一般包括：投标书综合说明；按工程量清单计算的单价、单项造价、工程总价及"三材"用量；保证工程质量、安全的主要技术措施和施工方案；施工组织计划书（特别是工期说明）等。投标书一经送达招标单位，不得更改和撤回。开标前，标书不得启封。另外，应明确标书的有效期。

5. 中标通知书

是由开发企业签发的通知中标企业中标的证明书。中标企业应持此书于要求的时间内与开发企业签订工程承包合同。

6. 合同条款

将主要的合同条款和合同文本列入招标文件，是为了事先使投标企业对应承担的义务、责任及享有的权利有明确的理解。合同的主要条款及签订程序将在本书第九章中详细介绍。

7. 招标工程的综合说明

主要包括：工程概况（工程名称、性质、工程所在地、建筑面积、结构形式等）；开发企业法人代表及联系人姓名、地址、电话、账号；工程设计单位；工程规划许可证编号、建设资金来源说明（资金证明）等；发包范围；现场的环境、交通条件及施工条件（三通一平）；招标方式；要求开工和竣工时间；对投标企业的资质等级要求等。

8. 企业调查表

企业调查表是帮助开发企业了解承包企业实力和经验的文件，其内容构成应能满足开发企业对承包企业进行资质审查的要求。

9. 招标文件的附件

施工图纸、地质勘察报告、设计说明书应能满足投标报价的要求。而工程量清单则是承包企业计算标价和开发企业评标的依据。它通常以每一单体工程为对象，按分部分项列出工程数量，然后由承包企业填列单价和总价。工程量清单由封面、内容目录和工程量表三部分组成。工程量表的一般格式如表 8-1 所示。

××××单体工程工程量表　　　　　　　　表 8-1

编号	项目	简要说明	计量单位	工程量	单价	总价
1	2	3	4	5	6	7

表 8-1 中 1～5 栏由招标企业填写，6、7 栏由投标企业填写。招标企业应对项目的技术要点以及材料、设备的采购供应方式（自行采购、委托采购清单以及"参考价"材料清单）作必要说明，以引导承包企业正确估算。

招标文件编制完成后，须报经当地招标投标管理部门核准后，方能生效，否则不得发送投标企业。招标文件一经批准，一般不得修改；在招标文件发出后，如出现确须修改、补充招标文件的情况，须报原招标投标管理部门再次核准，并在投标截止日期 7 日前以正式函件（视为招标文件附件）送达所有投标者。

8.3.4 开发工程施工承包企业的选择方法

评标是一个从众多投标人中选择合适承包企业的过程。在评标过程中，除了考虑标价等定量标准外，还要考虑承包企业的信誉、效率，管理人员的资质、责任等定性的因素。因此，评标过程实际上是一种包含多方面决策标准的决策过程，而这些决策标准的内容有可能是含糊的和主观的。为尽量避免一些主观因素的负面影响，下面介绍一种多指标综合评价分析和选择施工承包企业的方法。

1. 选择承包企业的标准

根据建设部有关规定和开发工程的特性，选择开发工程施工承包企业的标准应当具有全面性和科学性。开发企业以这样的标准综合评定投标企业，其评定原则（或标准）应在有关招标文件中明确。

选择承包企业的标准主要包括以下几个方面。

（1）报价

企业报价应当合理，不能太高，也不能太低，即应与标底接近，采用清单招标的，不能超过招标控制价。

（2）信誉

信誉即投标企业以往合同的履行情况、以往工程获优良的情况、承接类似工程的质量、工期、造价情况等。投标企业的信誉应当良好。

（3）工期

建设工程一般由工期定额确定，建设工程不应超过工期定额的规定。对开发工程来说，缩短施工工期，将意味着少付借贷利息、缩短投资回收期、提早产生收益。因此，开发工程的目标工期一般都有提前的要求（其提前量应恰当），而决标工期应接近标底目标工期。对于投标企业报出的工期少于标底所规定工期幅度较大时，应仔细分析其施工组织及技术措施是否可靠，否则是不适当的。

（4）质量

投标企业应具有按国家规定的合格标准完成工程的潜力。投标企业拟采取的施工方法和技术措施能满足工程的要求，并具有有效的质量监督保证体系。开发企业如要求工程质量达到优良，则须审定投标企业是否有措施保证其目标的实现。

在具体实践中，开发企业（评标人）应根据工程的情况和自身的要求和条件，具体确定选择标准，包括上述标准和其他一些特定的要求。在一般情况下，开发企业运用对投标人进行资格预审的方法就可以排除没有足够的能力和经验来承担此项工程的承包企业，这样就可以缩小候选投标人的范围。

资格预审（资质审查）的标准是基于对承包企业的全面评价。它主要建立在承包企业的以往施工经验、完成工程的成绩以及管理人员的素质的基础上，也可以说是上述一些标准的综合。

2. 选择承包企业的方法

（1）确定选择标准

根据项目的实际情况，综合研究确定选择标准。这些标准为：报价合理，工期适当，信誉良好，经验丰富。

（2）将标准量化为指标

为便于分析比较，将上述标准，通过有关指标进行量化，如表8-2所示。

各标准的量化公式　　　　　　　　　　　　　表8-2

选择标准	量化指标及计算公式
报价合理	相对报价 O_p（报价/标底）×100%
工期适当	工期缩短率 O_t〔（招标工期－投标工期）/招标工期〕×100%
信誉良好	优良工程率（近年）O_n〔优良工程数目（面积）/同期承包工程数目（面积）〕×100%
经验丰富	工程的经验 O_j〔近五年承包类似工程产值（面积）/同期承包工程产值（面积）〕×100%

（3）确定各指标的相对权重

基于开发工程的特点，各个指标的相对权重是不同的，一般应由专家讨论确定其相对权数。在此，给出某工程的各指标相对权数 $K_i(i=1,2,3,4), \sum K_i = 100$。

（4）对投标企业进行初选

为减少工作量，应对合格的投标企业进行初选。可首先给出某个选择标准（指标）的界限值，然后依此考察各个投标企业的指标得分，凡超过界限值的企业则被剔除。

（5）对投标企业进行多指标综合评价

经初选后，对未被剔除的投标企业进行多指标综合评价。

算例：某综合楼工程项目施工，经当地主管部门批准后，由开发单位自行组织公开招标。

现在A、B、C、D 4家经资格审查合格的施工企业参加投标，各投标单位的数据如表8-3所示。

各单位投标报价及工期　　　　　　　　　　　　表8-3

投标单位	A	B	C	D
标价（万元）	3420	3528	3600	3636
工期（天）	460	455	460	450

招标工作小组确定的评标指标及评分方法为:

1) 报价以标底价(3600万元)的上下3%以内有效,评分方法是:报价-3%为100分,在标底-3%的基础上,每上升1%扣5分;

2) 定额工期为500天,评分方法是:工期提前10%为100分,在此基础上每拖5天扣2分;

3) 企业信誉和施工经验已在资格审查时评定(企业信誉得分:C单位100分,A、B、D单位均为95分;施工经验得分:A、B单位为100分,C、D单位为95分);

4) 上述四项指标的总权重分别为:报价得分45%,投标工期25%;企业信誉和施工经验均为15%。

首先根据评标办法计算各单位的报价得分,如下:

每个单位的报价得分:

A单位(3420-3600)/3600 = -5% < -3%,故为废标。

B单位(3528-3600)/3600 = -2%,得分为100-5 = 95

C单位(3600-3600)/3600 = 0,得分为100-3×5 = 85

D单位(3636-3600)/3600 = 1%,得分为100-4×5 = 80

其次,计算各投标单位的综合得分,如表8-4所示。

各单位综合得分表　　　　　　　　　　　　表8-4

投标单位 项目	A	B	C	D	总权重
投标报价(万元)	3420	3528	3600	3636	0.45
报价得分(分)	废标	95/(42.75)	85/(38.25)	80/(36)	
投标工期(天)		455	460	450	0.25
工期得分(分)		98/(24.25)	96/(24)	100/(25)	
信誉得分(分)		95/(14.25)	100/(15)	95/(14.25)	015
经验得分(分)		100/(15)	95/(14.25)	95/(14.25)	0.15
总得分		96.5	91.5	89.5	1
名次	废标	1	2	3	

第三,确定中标单位。根据评标办法及标准,B单位得分最高,为96.5分,故B为中标单位。

8.4 设备与材料购置的招标

8.4.1 设备购置的招标

开发工程所用设备的招标工作,可以委托有关单位来进行(如经认可的设备成套公司)。受委托的招标承办单位应具有下列条件和能力:法人资格;有组织工程设备供应工作的经验;有相应的专业技术人员及经济管理人员;具有编制招标文件和标底的能力;具有对投标单位进行资格审查和组织评标的能力。招标承办单位应对招标设备供应过程中的协调和服务工作负责到底。开发企业如果有能力的话，也可自行组织招标。

设备购置招标的过程如下。

1. 编制招标文件

与施工招标一样，设备招标文件同样是投标和评标的主要依据。其内容应完整、准确。设备招标文件主要由以下几个部分组成：①招标书（说明），包括招标单位、工程名称和简介、招标设备简要说明（主要参数、数量、交货期等）、投标及开标的安排等；②投标须知，包括对投标者和投标文件的基本要求（包括有关格式），评标、定标的基本原则等；③招标设备清单、技术要求和图纸；④主要合同条款，包括价格计算及付款方式、交货条件、验收标准以及违约条款等，它们都将成为日后的正式合同条款；⑤其他。

2. 确定标底

设备标底应由招标承办单位会同开发企业及有关单位共同协商确定，设备标底价格以招标当年现行价格为基础，生产周期长的设备应考虑价格变化因素。

3. 发出招标公告或邀请投标函

4. 审查投标单位资格

参加投标或联合投标的厂家或设备公司，必须符合招标公告中的要求，与招标承办单位或开发企业有直接经济关系的单位及其项目设计单位不能参加投标。采用联合投标时，必须明确一个总牵头单位承担全部责任，联合各方的责任和义务应以协议形式加以确定，并在投标文件中予以说明。

5. 发送招标文件

发送招标文件和有关技术资料（邀请招标时可随函附寄），进行技术交底，解答投标单位提出的有关招标文件的疑问。

6. 组成评标机构，制定评标原则、办法和程序

7. 在规定的时间、地点接受投标文件

投标文件是评标的重要依据之一，应符合招标文件的要求。

8. 开标

9. 评标定标

根据招标文件的规定以及投标文件所提供的内容，评标机构对投标企业进行审核评议，并确定中标企业。评审的标准是综合性的，不以最低价为中标唯一标准，评审也不受设计单位推荐设备制造厂意见的限制。评标工作一般不超过10天，最多不超过30天。

10. 发出中标通知，开发企业和中标企业签订供货合同

评标定标后，招标组织单位应尽快向中标企业发出中标通知。中标企业在接到中标通知后，应在规定的时间内与开发企业签订经济合同。中标企业撤回其投标的，视为违约，可没收其保证金（一般不超过标价的2%）。合同生效后，招标组织单位可向中标企业收取服务费，金额一般不超过中标设备金额的1.5%。

8.4.2 开发工程材料采购的询价

开发工程（尤其是一些涉外工程）所需材料的采购越来越多地采用询价—报价—送审认可—签订合同的方式，这也属招标范畴。

1. 询价

开发企业，更多的情况是承建企业在采购材料之前，要研究和选择询价对象（材料厂商和代理商），对其进行多渠道调查，以确保询价对象有充足的货源且运输方便（最好是当地货），价格真实、优惠、交货及时。询价对象一般三至五家即可。

询价时应向卖方书面提供以下主要资料：①材料名称；②材料规格和性能要求；③材料质量要求，技术规范；④材料需要数量；⑤交货方式或交货地点、交货时间；⑥材料产地、制造厂商、付款条件、包装方法、报价的有效期等；⑦询价人（公司）名称、地址、电话、联系人姓名等。

在收到材料厂商或代理商的报价和有关资料后，应进行仔细审核、比较，确定一两家材料性能完全满足或接近工程要求，报价合理的厂商，与其具体磋商，确定最终供货方和价格。

询价后，并不意味着必然立即签订合同，因为询价的目的可能是承包企业为了投标，也可能确系工程实际需要。前者，可以向卖方说明情况，在工程得标后再签合同；如果是后者，可以要求卖方报送样品或样本，在获得开发企业委托的监理工程师确认后签订供货合同。有关要求内容均会在招标文件或施工合同中明确。

2. 材料的送审和认可

凡是用于永久性工程中的材料，承包企业必须向监理工程师提供样品试验和鉴定结果（样品费用及其试验费由承包企业负担），未经试验和鉴定认可的材料不允许在工程中使用。之所以如此，一是为了保证工程所用材料确实符合合同文件和技术规范的要求；二是使监理工程师保留一定的样品，以便在工程建设过程中与实际使用的材料进行对比，防止承包企业以劣充优。

样品的试验分几种情况：①有些材料不需要进行专业试验，由监理工程师检查其外观质量即可，如卫生洁具等；②有些材料凭生产厂的检验证明，获监理工程师认可即可，但这些厂家一般必须是获得国家免检资格的企业；③有些材料须进行物理或化学性能试验，承包企业可以要求供货方提供物理化学试验单，并交监理工程师进行复验，监理工程师会同承包企业共同商定抽检办法或权威性试验单位。

承包企业根据材料进货先后次序，送审样品或样本。如果监理工程师认可，则发出书面认可证明；如果有条件地认可，则应指出样品须改进的缺陷，或允许先进行小范围试用，以便作出最终决定；如果拒绝认可，则应指出样品存在哪些问题。

3. 材料的实际采购

在材料询价和样品认可后，即可进行实际订货采购等工作。

大宗和重要材料的订货合同，应包括以下条款：①材料的品名、型号、规格或性能、数量、单价和总价；②交货日期、地点、方式；③付款方式；④包装和保险要求，质量检验；⑤索赔条款、仲裁条款等；⑥双方公司全名、地址、电话、法人代表姓名、银行账户等。当地大宗常用材料的连续供货合同，可以签订一个总量，并付一定预付款，要求供应单位按规定进度按期送货到工地，按月结算并扣回一定预付款。为了确保正常供货，可以要求供货单位提供履约保证，其金额应大于预付款金额。

对于零星材料的采购，承包企业应安排专门人员负责，他们应当对当地的市场网点比较熟悉并有广泛联系，以便较快取得临时短缺的材料。

8.5 开发工程勘察与设计招标

8.5.1 开发工程勘察招标

开发工程勘察招标工作可由开发企业主持,也可委托具有法人资格符合专业要求的咨询服务位、监理公司代办。勘察任务的发包可采取竞争招标方式(公开招标和邀请招标)或协商方式。不过,由于工程勘察任务量相对施工任务量而言很小,从目前情况看,一般多采取协商方式,尽管政府一直在提倡采取竞争招标方式。

开发企业在进行工程详细勘察前,应事先取得勘察所需的资金,办妥用地手续,取得当地规划管理部门的批准文件,清除地上障碍物,弄清地下管网或其他工程状况,设置界标,提出勘察项目的内容及时间要求等。具体来说,开发企业取得下列文件和资料,具备以下条件,即可进行详细勘察任务的发包:①工程拟建地域的用地许可文件,红线图;②符合要求的地形图;③已经批准的开发工程规划设计方案;④由受委托的设计人员提出的勘察钻孔布点图及勘察内容要求;⑤拟建地域地下设施(给水排水管、煤气管、电缆、人防等)资料,此资料可到当地建设档案部门查阅;⑥现场清理,平整道路、水电供应准备完毕等。

勘察任务的承包单位必须持有国家统一颁发的"工程勘察证书"和当地营业执照,具备能满足拟建工程勘察任务要求的技术的力量、勘察装备与测试手段,近几年承担的主要工程项目完成情况及其勘察质量情况良好。

采用竞争招标方式发包开发工程的勘察任务时,按以下程序进行:①向招标管理机构办理招标登记;②组织招标工作机构或委托专业机构代理招标事宜;③组织评标小组;④编制招标文件;⑤发布招标广告或邀请投标函;⑥接受投标报名(邀请招标则无此项以及相关各项);⑦对申请投标者进行资质审查;⑧向合格的投标单位分发招标文件;⑨组织投标单位勘察现场和进行答疑;投标单位编制投标文件,开发企业接受标书;

开标、评标、决标,确定中标的勘察企业;

开发企业发出中标通知书,与中标企业签订勘察合同。

如前所述,勘察合同是委托方与承包方为完成一定的勘察任务,明确双方权利义务关系而达成的协议。开发工程勘察合同的委托方即开发企业(或其代表监理公司)或开发工程总体承包单位;而承包方是持有国家认可的勘察证书,并在当地注册的勘察单位。合同签订生效后,按规定,委托方应付给承包方定金。定金交付后合同才能成立。定金为勘察费用的 20%。合同履行后,定金抵作勘察费。委托方如不履行合同,无权要求返回定金。勘察费用计取依据和标准要按国家现行规定计算,允许一定范围浮动,结算方式可以依具体情况双方商定。合同须报管理部门审核登记。

勘察单位应按国家现行有关的标准、规范、规程和技术条例进行勘察工作,并在规定的时间内提交正式勘察报告。此报告须经规划与建设管理部门审查。

8.5.2 开发工程设计招标

对开发工程设计进行招标,有利于防止垄断,开展设计竞争,能促进采用先进技术,降低工程造价，也有利于缩短工期（包括设计周期）、降低设计费用，从而提高投资效益。

设计招标可按不同的专业性质，采取不同阶段的招标。一般来说，开发项目采用设计方案招标。通过方案竞赛，择优选定设计单位连续承担初步设计和施工图设计任务。对一些大型的基础设施项目，也可采用可行性研究方案招标，实行可行性研究方案招标后，可不再实行设计方案招标。

1. 开发工程设计招标应具备的条件

依据《工程建设项目勘察设计招标投标办法》第 9 条的有关规定，依法必须进行勘察设计招标的工程建设项目，在招标时应当具备下列条件：

（1）按照国家有关规定需要履行项目审批手续的，已履行审批手续，取得批准；

（2）勘察设计所需资金已经落实；

（3）所必需的勘察设计基础资料已经收集完成；

（4）法律法规规定的其他条件。

招标人可以依据工程建设项目的不同特点，实行勘察设计一次性总体招标；也可以在保证项目完整性、连续性的前提下，按照技术要求实行分段或分项招标。招标人将依法必须进行招标的项目化整为零，或者以其他任何方式规避招标。依法必须招标的工程建设项目，招标人可以对项目的勘察、设计、施工以及与工程建设有关的重要设备、材料的采购，实行总承包招标。

2. 开发工程设计的竞争性招标和投标

开发工程设计的招标，应尽量采用竞争性招标方式。

（1）工程设计招标的程序

1）组织招标工作小组

2）编制招标文件

其内容应当包括以下几方面：工程名称、地址、占地面积、建筑面积等；已批准的项目建议书或者可行性研究报告；工程经济技术要求；城市规划管理部门确定的规划控制条件和用地红线图；可供参考的工程地质、水文地质、工程测量等建设场地勘察成果报告；供水、供电、供气、供热、环保、市政道路等方面的基础资料；招标文件答疑、踏勘现场的时间和地点；投标文件编制要求及评标原则；投标文件送达的截止时间；拟签订合同的主要条款；未中标方案的补偿办法。在招标文件中，特别要清晰明确招标内容、具体的招标范围，应提供项目构成及总体构想的大概意向，如空间要求、结构造型、设备系统、工程投资、建设周期等设想，以给设计者提供较明确的依据；另外，投标方案是一个还是数个以及表现形式等也要具体说明。按一般规定，招标文件应报管理机构审定。

3）发布招标广告或发出邀请投标函

邀请招标须邀请三个以上单位。有条件的项目，应邀请不同地区，不同部门的设计机构参加。所有投标设计机构必须具备法定从业资格。

4）对投标设计机构进行资格审查

5）向合格的投标者发售或发送招标文件

6）组织投标者踏勘工程现场，解答投标者提出的问题

7）接受投标者的标书

8）开标、评标、决标

自发出招标文件至开标，一般不超过三个月，开标、评标，确定中标单位的时间，一般不超过一个月。开标前应组织好评标小组，评标小组主要由开发企业的专业人员和有关专家组成。评标小组须根据设计方案的优劣、投入产出效率高低、设计进度快慢、设计单位的资历和社会信誉、设计收费金额高低等因素综合评审，提出综合评标报告，并根据综合评分值或其他约定方式，确定候选的中标单位。决标则是由开发企业根据评标结果做出决策，最终择优选定中标单位。决标也可由评标小组表决进行。

9）签订设计承包合同

决标后，开发企业应立即向中标单位发出中标通知书，中标单位应在规定时间内与开发企业签订设计合同。对参加投标而未中标的单位，由开发企业通知其领回标书及有关资料，同时付给其一定的补偿费，开发企业若采用非中标单位的成果，应实行有偿转让，在招标文件中对此都应有说明。按规定，合同签订后，开发企业应付给设计单位定金，定金一般为设计费的20%，合同履行后，定金抵作设计费。设计取费，应按质论价，经双方协商可以在规定标准上下浮动，但幅度一般不超过15%。按规定，设计合同须报管理部门审核登记。

设计单位应根据设计基础资料，按国家颁发的设计标准、技术规范、规程、定额等进行设计，并应按合同规定的进度和质量要求提交设计文件（包括概预算文件、材料设备清单）。

（2）工程设计投标

持有当地建设工程设计证书的设计单位和取得有当地许可证的外省市设计单位，都可以在批准的业务范围内参加当地的开发工程设计投标，参加设计投标的单位可以独立，也可以联合申请参加投标。

投标单位的投标文件（标书）应按照招标文件规定的内容编制，一般包括：①综合说明书；②方案设计图纸：总平面图、单体项目的平面图（标准层、非标准层、首层、顶层等）和立面图、主要项目的剖面图、重要公共建筑的彩色透视图和模型、居住小区须有的规划模型等；③主要的施工技术要求；④工程投资估算、经济分析和主要材料用量、设备要求；⑤设计质量达到的等级和设计周期及其保证设计进度的措施、建设工期；⑥设计收费金额等。

投标文件的说明书、图纸和模型一律不用图签及其他任何标识，不注明单位名称、不署名，而另行备文加盖公章及法人代表印章，一并密封后送交开发企业，最后由开发企业统一编号，以确保招投标活动的公正性。

8.5.3 开发工程设计方案竞赛

开发工程设计任务的发包，除了可采取招标形式外，还可采取方案竞赛形式。特别是一些大型建筑设计的发包，习惯上多采取设计方案竞赛的方式。通常的做法是，开发企业（或委托专业机构代办）先提出竞赛的具体要求和评选条件，准备好方案设计所需的技术、经济资料，再发函或公开邀请设计机构参加竞赛。参加竞赛的设计机构，在规定的期限内向竞赛主办单位提交参赛设计方案。针对设计目标，可以组织单轮或多轮设计方案竞赛。开发企业或专业机构聘请各方有关的专家组成评审委员会，对参赛方案进行审评，就能否满足设计要求，是否符合规划管理的有关规定，以及建造和使用过程的经济性，设计机构设计资历和社会信誉影响，设计进度等方面，提出评价意见和候选名单，最后由开发企业作出评选决策。

设计竞赛的第一名优胜者往往就是扩初设计及施工图设计任务的承担者，此时，优胜单位应根据评审意见及开发企业的要求，优化其方案。设计费由双方在设计合同中商定，一般来说，中奖的奖金应在设计费中予以扣除。但是，以竞赛优胜者作为合同的签约人，也不是必然的，有时只是以优胜者的竞赛方案作为确定设计方案的基础，再以一定的方式委托设计，商签设计合同。由此可见，设计竞赛与设计招标是有区别的。不过，在实践中，人们也把设计竞赛归于设计招标范围，属设计招标方式之一。

设计方案竞赛邀请函一般应包括以下内容：建筑场地（附图说明）；设计要求，包括总建筑面积、建筑用途、层高、各类用房比例和各个单位的面积要求等；投资控制数额；参加竞赛的设计单位应提交的文件和图纸，包括设计机构简况、设计证书及营业执照、设计方案图纸、设计费报价单等；设计方案的评选方式；竞赛的时间安排和有关费用的负担，包括现场踏勘和答疑时间、竞赛收件截止时间、入选方案和未入选方案的奖金和报酬补偿标准等。

复习思考题

1. 试述开发工程招标的含义及其作用？
2. 简述监理招标文件的主要内容。
3. 进行开发工程施工招标应具备哪些条件？
4. 为什么要对参加施工投标的承包企业进行资格预审？
5. 简述施工招标程序。
6. 简述设备招标主要程序。
7. 在开发工程详细勘察任务发包前，开发企业应做好哪些工作？
8. 开发工程设计竞赛与设计招标的不同表现在哪些方面？

9 房地产开发工程合同

9.1 概述

9.1.1 房地产开发合同的概念

房地产开发合同是指在房地产开发阶段,当事人就房地产开发用地的取得和房屋建设以及房屋销售的相关事宜设立、变更、终止权利义务关系而达成的协议。根据房地产开发的阶段划分,房地产开发合同主要包括前期工作类合同、建设实施类合同以及房屋销售服务类合同。

房地产开发合同包括合同的主体、客体和内容等三大因素。

1. 合同的主体

合同的主体是指参加合同法律关系,依法享有权利、承担义务的当事人。房地产开发合同的主体可以是平等的自然人、法人及其他组织。由于房地产开发活动过程的复杂性,法律法规对具体的房地产开发合同主体的资格都有严格的要求,只有具备了相应的资质条件,才能成为房地产开发合同的主体。

2. 合同的客体

合同的客体是合同主体即签约当事人权利和义务所指向的对象,又称标的。在法律关系中,主体之间的权利义务之争总是围绕着一定的对象开展的,没有一定的对象,也就没有权利和义务之分。房地产开发合同的客体是房地产开发工程项目。

3. 合同的内容

合同的内容是合同签约当事人之间的权利和义务。权利是指权利主体依据法律规定和约定,有权按照自己的意志做出某种行为,同时要求义务主体做出某种行为或者不得做出某种行为,以实现其合法权益。义务是指义务主体依据法律规定和权利主体的合法要求,必须做出某种行为或不得做出某种行为,以保证权利主体实现其权益,否则要承担法律责任。合同当事人的权利和义务应建立在双方协商和平等互利的基础上。合同一经签署,则合同中规定的当事人权利和义务受法律保护，当事人必须全面履行合同，任何一方不得擅自变更或解除合同。

9.1.2 房地产开发合同的类型

根据房地产开发的过程，可以将房地产开发合同分为以下三种类型。

1. 前期工作类合同

主要指土地取得过程中订立的相关合同，具体有国有土地使用权出让合同、国有土地使用权转让合同、集体土地征用补偿合同、城市房屋拆迁安置补偿合同等。

2. 房屋建设实施类合同

主要是指房地产开发工程承包合同，包括勘察、设计合同、监理合同、施工合同等。

3. 房屋销售服务类合同

主要是指当事人以房地产商品进行的转让和租赁等活动中订立的合同，主要包括房屋买卖合同、商品房预售合同、房地产租赁合同、物业管理委托合同等。

9.1.3 房地产开发合同法律规范

房地产开发合同的签订是一种法律行为，应符合相关法律法规的规定。法律规范是由国家机关制定或认可，并由国家强制力保证实施的行为规则，是签订合同的依据。房地产开发合同的法律规范主要有以下几种。

1. 中华人民共和国合同法

该法对合同的订立、合同的效力、合同的履行、合同的变更和转让、合同的权利义务终止、违约责任等方面进行了详细规定。同时，在该法分则中对买卖合同、赠与合同、借款合同、租赁合同、委托合同等也进行了规定，它们可对应适用于房地产开发合同中的相关合同。对于房地产开发合同而言，总体上应适用《合同法》的规定。同时该法也规定，其他法律对房地产合同另行规定的，应优先适用。对于该法分则中没有或其他法律规范没有规定的房地产开发合同，则适用该法总则的规定，并参照该法分则或其他法律规范最类似的规定。

2. 中华人民共和国城市房地产管理法

该法分别对房地产开发用地、房地产开发、房地产交易、房地产权属登记管理等方面进行了规定。其中，在房地产开发用地的内容中对土地使用权出让合同作出了规定，在房地产交易的内容中对房地产转让合同、房地产抵押合同、房地产租赁合同作出了相关规定。

3. 中华人民共和国土地管理法

该法对土地所有权和使用权、土地利用总体规划、耕地保护以及建设用地等内容均作出了详细的规定。其中，对土地所有权和使用权以及建设用地的规定与房地产开发合同的相关方面联系较为紧密。

4. 建筑法

该法对建筑许可、建筑工程发包与承包、建筑工程监理，以及建筑安全生产管理、工程质量管理等方面作了严格规定。依据该法规定，从事建筑活动的建筑施工企业、勘察单位、设计单位和工程监理单位依法取得相应等级的资质证书后，可在其资质等级许可的范围内从事建筑活动。房地产开发合同中的工程承包合同适用该法的相关内容。

5. 中华人民共和国城镇国有土地使用权出让和转让暂行条例

该条例对土地使用权出让、转让、出租、抵押、终止、划拨土地使用权等作出了规定。国有土地使用权出让合同、转让合同、出租合同、抵押合同等房地产开发合同可适用其中相关规定。

6. 中华人民共和国招标投标法

该法律对工程的发包和承包任务的取得作了严格规定。规定了工程发包的方式主要有公开招标和邀请招标；规定了工程招标的条件、要求、程序；规定了投标的条件和要求；以及招标投标中的法律责任，为维护公平的工程承包市场环境提供了法律保障。

7. 城市房屋拆迁管理条例

该条例对城市房屋拆迁管理、拆迁补偿与安置等方面作出了详细的规定，房屋拆迁合同的相关内容适用该条例。

8. 建设工程勘察设计企业资质管理规定

该规定对工程勘察、设计企业的资质分类和分级、资质申请和审批、监督与管理等方面的问题进行了详细的规定，在签订勘察、设计合同时只有符合相应资质的企业所签订的合同才能生效，产生法律效力。

9. 建筑业企业资质管理规定

该规定对建筑企业的资质分类和分级、资质申请和审批、监督与管理等方面的问题进行了详细的规定。在签订施工合同时必须严格按照该规定对资质管理的有关要求进行。

10. 工程监理企业资质管理规定

该规定对工程监理企业的资质登记和业务范围、资质申请和审批、监督管理等方面进行了较为详细的规定，在签订工程监理合同时应参照该规定的有关条款进行。

11. 商品房销售管理办法

该办法对商品房销售条件、广告与合同、销售代理、商品房交付等方面进行了规定，对商品房买卖合同的相关内容具有规范作用。

12. 城市房屋租赁管理办法

该办法对房屋租赁合同、租赁登记、租赁当事人的权利和义务、转租等方面进行了详细的规定。其中对房屋租赁合同的主要条款作出了说明。该办法对房屋租赁合同具有规范作用。

13. 城市房地产转让管理规定

该规定对房地产转让方式、范围、程序、房地产转让合同的主要内容、以出让和划拨方式取得土地使用权的房地产转让时的土地使用权处理等问题作出了规定。

由于土地使用权出让合同以及房屋销售合同等在相关章节均已介绍，因此本章重点介绍房地产开发工程承包合同。

9.2 房地产开发工程承包合同

9.2.1 房地产开发工程承包合同的概念

房地产开发工程承包合同包括监理、勘察设计和建筑安装工程承包等合同，是指房地产开发工程建设活动中，当事人双方或多方以完成开发项目的设计与建设为目的，依法确定相互的民事权利和义务所签订的书面协议。

由于建设工程的特殊性，房地产开发工程承包合同的当事人双方必须是经国家主管部门审查、批准，具有相应资质条件，在当地工商行政管理部门进行登记并领有营业执照的、具有权利能力和行为能力的房地产开发公司、勘察设计单位、监理单位和施工单位。显然，这与一般合同中的当事人可以是具有民事行为能力的自然人是不同的。房地产开发工程承包合同中的当事人必须是具有相应资质条件的法人，无营业执照或无承包资质证书的企业不能作为建设工程承包的主体，资质等级低的企业不能越级承包工程项目。企业法人的权利能力根据其成立的宗旨、章程的规定和注册的经营范围而定。法人的行为能力由法人领导机构或法定代表人行使。我国《民法通则》规定，企业法人对其法定代表人和其他工作人员的经营活动承担法律责任。

作为房地产开发工程承包合同客体的房地产开发工程项目必须经有关管理部门批准，纳入建设计划。如订立勘察设计合同须具有主管部门批准的设计任务书；订立建筑安装工程承包合同须具有已批准的工程初步计划和总概算，且投资已列入国家计划。

房地产开发工程承包合同的当事人必须按照合同事先约定，依法行使自己的权利、履行自己的义务。当合同当事人一方或双方不履行或不完全履行合同义务时，必须承担相应的法律责任。

房地产开发工程承包合同是很复杂的合同。涉及工程技术标准、质量的监督检查、施工期限等问题以及众多法律、法规。因此，订立房地产开发工程承包合同，应当根据不同的情况作出具体规定，力求做到准确、正确，确保工程顺利进行。如对工程承包方来讲，首先要了解工程基本情况，包括发包方提供的图纸情况、工程量、工程的难易程度、工期要求、需要达到的施工力量等。对工程发包方来讲，应当审查承包方的资质等级，是否有力量承包此项工程。对于其他要求事项，也应当事先在合同中讲明。

9.2.2 房地产开发工程承包合同的特征

房地产开发工程承包合同除具有一般经济合同的法律特征外，还具有如下特征。

1. 合同标的的固定性和完整性

房地产开发工程项目以土地和房屋为主要对象，土地和房屋不可移动，具有固定性。并且房地产开发工程项目是一个不可分割的整体。即使一个工程项目中的某些单项工程和专项工程可以分开施工，但也是为了实现项目的整体功能而存在的。因此拟定合同要注意其完整性，一个项目由多家承包企业独立承包，房地产开发企业与这些承包企业分别签订承包合同时，要注意项目划分合理、责任明确，且便于协调，决不能出现含糊不清、甚至漏项的情况。

2. 合同履约方式的连续性和阶段性

房地产开发项目是一个整体，同时房地产开发项目的实施是分阶段进行的，前者决定了房地产开发工程承包合同的连续性，后者则体现合同的阶段性。

房地产开发工程承包合同的连续性和阶段性首先表现在合同系列履约的连续性和阶段性上。一个房地产开发项目往往分为勘察、设计和施工等阶段，相应地房地产开发企业与有关单位签订的合同有勘察、设计合同和工程施工承包合同。由于房地产开发的各阶段工作是相互联系着的，前者制约后者，因此，与之相应分阶段发生的一系列合同也应该是连续的，即房地产开发合同系列具有连续性和阶段性。其次，房地产开发工程承包合同的连续性和阶段性表现在其主要合同，即施工承包合同履约方式的连续性和阶段性。一般货物贸易合同的履约方式，是当事人通过交货和付款结清双方权利和义务，这种结算方式可以是一次或分数次进行，对于货物质量买方只需一次验收确认即可。或者说，货物贸易合同的履约方式，是一次集中结算或分数次结清当事人的权利和义务。

房地产开发工程的施工承包合同的履约方式则不同。房地产开发项目投资额大、工期长、隐蔽工程多，项目的施工是循序渐进的过程。据此特点，房地产开发项目的施工承包合同的履约方式应具有连续性和阶段性，即将工程的实施过程分为若干个阶段，当事人双方根据合同规定的工程进度，分阶段结算款项；对于工程质量要分阶段检查确认，特别是对隐蔽工程更要加强质量监督检查。工程质量的检查内容包括施工材料和永久性设备、施工程序和规范、施工方式以及设计要求等，最后还要进行全面的竣工验收。直到各方面质量都满足了设计要求，承包方履行的义务才算完成。

3. 合同履约的期限长和风险性

房地产开发项目的建设过程也就是实现标的、履行合同的过程。一个项目建设周期往往较长，因而履约具有风险性。例如施工承包合同的签订是在项目建设实施前进行的，其中有些条件是当事人无法估计和计算的，如货币贬值、主要建筑材料和设备的价格上涨等，直接影响着承包方的盈亏，施工承包企业担负着较大的风险，并且项目的建设期越长，其风险性可能越大。施工承包合同履约的风险性不仅存在于承包方，发包方（房地产开发企业）也承担着风险。

（1）由开发企业所选择的承包企业的信誉直接影响着工程的顺利实施，如有的承包企业的信誉不好，偷工减料，则工程质量得不到保证，给开发工程留下许多隐患。住房城乡建设部颁发的《城市房地产开发管理暂行办法》规定："房地产开发项目的质量责任由房地产开发企业承担。房地产开发企业与设计、施工单位的质量责任关系，按照有关法律、法规的规定执行。"

（2）在合同条款中明确指定的不可抗力，包括一切非人力所能控制的危险或意外事件，如战争、地震、洪水、海啸等。一旦不可抗力事件发生，承包方则可免除对开发企业所承担的履约义务，由此给开发企业带来的损失将由开发企业自负。

（3）由于开发企业经验不足，签订了对己不利且风险大的条款。

9.2.3 房地产开发工程承包合同的作用

1. 组织和协调作用

房地产开发项目的实施涉及多个方面，如勘察、设计、施工和安装等。任何一方面出现问题都将影响项目的顺利实施。房地产开发工程承包合同的一个重要作用就是组织和协调与开发项目有关的各个方面，这种组织与协调由合同中所规定的当事人必须履行的权利和义务为保证。合同一经当事人签订，当事人各方就建立起以开发项目为中心、以合同为依据的相互关系，这种关系不是道义上的关系，也不是行政上的上下级关系，而是一种法律关系。也就是说，开发项目组织与实施中各个环节的协调是以法律为依据的，从而使开发项目顺利实施有了保证。

2. 监督作用

合同是当事人的行为准则，无论是作为业主的开发企业，还是作为承包商的施工企业，其一切行为和工作都以合同为依据。因为合同所签订的是双方的法律行为，因而双方都要受法律约束。在开发项目实施过程中，当事人是否履行合同中规定的权利和义务，则以合同为依据进行监督。有如下监督方式。

（1）行政监督。指国家和地方各级经济委员会、工商行政管理部门和有关主管部门，根据行政程序，审批和鉴证合同的内容，监督合同的履行，有权对合同纠纷实行调解和仲裁，有权对合同的违法行为依法惩处。

（2）公证监督。指国家机关为保障双方合法利益，加强法律监督，对合同合法性的一种证明。

（3）银行监督。指银行通过信贷管理和划拨结算，对经济合同的履行实行监督。

3. 惩罚作用

如前所述，经当事人双方签订的合同，双方必须按合同规定的条款履行义务。如要变动合同或修改合同和内容，必须经双方同意，否则，任何一方擅自变更或修改合同均属无效。若任何一方不履行合同，或不完全履行合同的义务，都要按合同中的要求或有关规定受到惩罚，违约方要承担由此而造成的损失。

4. 解决双方纠纷的凭据

在合同的执行过程中，由于种种原因，当事人之间往往会出现这样或那样的争执和纠纷。有些纠纷通过当事人双方的协商可以解决，有些纠纷在协商后仍无结果，则需要提请合同管理部门或经济法庭调解或仲裁，甚至诉讼。对于在执行合同中所产生的纠纷，无论是请第三者调解还是仲裁，都必须以合同为凭据。

9.3 施工合同

9.3.1 施工合同的概述

1. 施工合同的概念

施工合同即建筑安装工程承包合同，它是建设单位（房地产开发企业）与施工单位为完成商定的建筑安装工程（房地产开发工程），明确双方的相互权利、义务所签订的书面协议。

当建设单位将全部工程发包给一个施工企业承建时，所签订的合同为总承包施工合同；由于工程规模较大或专业复杂，建设单位将工程分别发包给几个施工企业承建，则建设单位与各施工企业分别签订的合同为分包施工合同。

根据建设工程的种类，施工合同还可分为土建工程施工合同、设备安装工程施工合同、管线工程施工合同和装饰装修工程施工合同。

2. 施工合同的内容

根据我国《建筑工程施工合同（示范文本）》（GF—2013—0201）的要求，施工合同一般应具备以下20个主要方面的条款：

（1）一般约定主要内容有合同中词语的定义与解释、语言文字的规定、适用法律和规范标准的规定、合同文件的优先解释顺序、图纸和承包文件的约定、双方联络的有效形式、廉政要求、文物和化石处理保护要求、施工中巡查的知识产权及保密规定、工程量清单修正等 13 个方面内容；

(2) 发包人的基本责任与义务；

(3) 承包人的基本责任与义务；

(4) 监理人的工作与基本要求；

(5) 工程质量要求与保障措施；

(6) 安全文明施工与环境保护方面的约定；

(7) 工期和进度的规定，主要包括施工组织设计、进度计划、暂停施工、工期延误等方面的规定；

(8) 材料与设备：主要包括甲方、一方供应材料的管理程序、材料的验收、保管与替换、设备供应、验收等方面规定；

(9) 试验与检验：主要对实验设备与人员、取样及工艺等具体约定；

(10) 变更：主要包括变更的范围、程序、估价及承包人提供合理化的建议变更的奖励以及暂列金、暂估价、计日工等方面；

(11) 价格调整：主要对市场和法律法规变化引起的调整作了详细规定；

(12) 合同价格、计量与支付的规定；

(13) 验收和工程试车的约定；

(14) 竣工结算：主要包括竣工结算的申请、审核、甩项竣工及结清单等方面；

(15) 缺陷责任与保修；

(16) 违约条款；

(17) 不可抗力：主要包括不可抗力的确定、通知、责任承担以及因不可抗力引起的合同解除等方面内容；

(18) 保险条款；

(19) 索赔：主要包括承包人、发包人的索赔处理；

(20) 争议解决条款。

3. 签订施工合同应具备的条件

签订施工合同必须遵守国家法律、符合国家政策，并具备下列条件：

(1) 工程的初步设计和总概算已经批准；

(2) 工程已列入年度计划；

(3) 建设资金和主要建筑材料、设备来源已落实；

(4) 有能够满足施工需要的设计文件和有关技术资料；

(5) 建设场地、水源、电源、气源及运输道路已具备或在开工前完成等；

(6) 对招标工程，中标通知书已下达。

4. 施工合同的签订程序

一般经济合同的签订主要有两个步骤，即提出要约和承诺。所谓提出要约，指当事人一方向另一方表示签订合同的愿望，并提出订立合同的主要条件，提出要约的一方称为要约人。要约是一种法律行为，要约人在一定期限内受其要约条件的约束，对方若同意接收要约条件，则要约人应与对方签订合同，否则应承担法律责任，赔偿由此给对方造成的经济损失。所谓承诺，指当事人另一方同意接受要约人提出的要约内容。接受方称为受要约人，要约一经受要约人接受，合同即告成立。

在实际的合同签订过程中，合同的成立并不是要约人提出要约，然后受要约人承诺这样一个简单过程，而是经过双方讨价、还价，多次谈判，最后达成一致意见的复杂过程。要约与承诺是相对的，如发包方提出要约，承包方的承诺对发包方可能是要约，须经发包方再承诺。

在招标投标工程中，从建设单位分发招标文件、承包单位提出投标报价、到建设单位发出中标通知书的过程，就是发包方与承包方分别提出要约和承诺的过程。因此，中标通知书发出后，中标的施工企业应与建设单位及时签订合同。依照相关规定，中标通知书发出后30天内，中标单位应与建设单位依据招标文件、投标书等签订施工合同。投标书中已确定的合同条款不得更改，合同价应与中标价相一致。如中标企业拒绝与建设单位签订合同，则建设单位可不退还其投标保证金。

5. 公证与鉴证

签订合同必须以遵纪守法为原则，为了保证合同的合法性，应对双方当事人签订的合同进行公证或鉴证。

所谓公证，是指国家公证机关对合同合法性的一种证明。一般是根据合同当事人的申请，就合同签订的目的、内容等合法性和真实性以及执行的可能性进行审查，认为可以证明的，即签名盖章予以证明。否则不予公证。

所谓鉴证，是合同管理机关（工商管理部门）对当事人之间所签订的合同进行审查、鉴定并给以证明，确保合同的合法性。合同鉴证的内容为：当事人的合法资格；合同内容的合法性；业务范围；双方履约能力；是否符合平等互利、协商一致、等价有偿原则；条款是否齐全；责任是否明确；文字是否清楚；手续是否完备等。

经公证和鉴证的合同，都具有法律效力，但公证与鉴证是两个不同的概念。合同公证是国家公证机关对合同生效进行的法律监督，不负责监督履行，也不亲自调解仲裁；合同鉴证是合同管理机关对合同进行的行政监督，并有权监督合同履行，负有调解和仲裁的责任。

9.3.2 施工合同条款

1. 施工合同文本概述

为了使合同尽可能严谨、规范和准确，根据我国《合同法》和有关工程建设施工管理的法规和规章，住房城乡建设部会同国家工商管理总局制定了《建筑工程施工合同（示范文本）》（GF—2013—0201）（以下简称《示范文本》）。

《示范文本》由《协议书》、《通用条款》和《专用条款》三部分组成，并附有11个附件。其中，协议书附件1个，为附件1：承包人承揽工程项目一览表；专用合同条款附件10个，分别为：

附件2：发包人供应材料设备一览表；

附件3：工程质量保修书；

附件4：主要建设工程文件目录；

附件5：承包人用于本工程施工的机械设备表；

附件6：承包人主要施工管理人员表；
附件7：分包人主要施工管理人员表；
附件8：履约担保格式；
附件9：预付款担保格式；
附件10：支付担保格式；
附件11：暂估价一览表。

《通用条款》对合同双方权利义务作出的规定，除双方协商一致对其中的某些条款作出修改、补充或取消外，都必须严格执行。

由于合同标的的内容各不相同，工期造价也就随之变动，承发包双方的自身条件、能力、施工现场的环境和条件也都各异，双方的权力、义务也就各有特性。因此，《通用条款》也就不可能完全适用于每个具体工程，需要进行必要的修改、补充，配之以《专用条款》。《专用条款》是为《通用条款》的修改补充提供一个协议的格式，承发包双方针对工程的实际情况，把对《通用条款》的修改补充和不予采用的一致意见按《专用条款》的格式形成协议，《通用条款》和《专用条款》就是双方统一意愿的体现，成为合同文件的组成部分。

2. 通用条款主要内容

（1）词语定义及合同文件

1）词语定义

下列词语除专用条款另有约定外，应具如下定义：

①合同：是指根据法律规定和合同当事人约定具有约束力的文件，构成合同的文件包括合同协议书、中标通知书（如果有）、投标函及其附录（如果有）、专用合同条款及其附件、通用合同条款、技术标准和要求、图纸、已标价工程量清单或预算书以及其他合同文件。

②图纸：是指构成合同的图纸，包括由发包人按照合同约定提供或经发包人批准的设计文件、施工图、鸟瞰图及模型等，以及在合同履行过程中形成的图纸文件。图纸应当按照法律规定审查合格。

③已标价工程量清单：是指构成合同的由承包人按照规定的格式和要求填写并标明价格的工程量清单，包括说明和表格。

④合同当事人：是指发包人和（或）承包人。

⑤监理人：是指在专用合同条款中指明的，受发包人委托按照法律规定进行工程监督管理的法人或其他组织。

⑥设计人：是指在专用合同条款中指明的，受发包人委托负责工程设计并具备相应工程设计资质的法人或其他组织。

⑦总监理工程师：是指由监理人任命并派驻施工现场进行工程监理的总负责人。

⑧工程：是指与合同协议书中工程承包范围对应的永久工程和（或）临时工程。

⑨施工现场：是指用于工程施工的场所，以及在专用合同条款中指明作为施工场所组成部分的其他场所，包括永久占地和临时占地。

⑩工期：是指在合同协议书约定的承包人完成工程所需的期限，包括按照合同约定所作的期限变更。

⑪缺陷责任期：是指承包人按照合同约定承担缺陷修复义务，且发包人预留质量保证金的期限，自工程实际竣工日期起计算。

⑫基准日期：招标发包的工程以投标截止到日前28天的日期为基准日期，直接发包的工程以合同签订日前28天的日期为基准日期。

⑬签约合同价：是指发包人和承包人在合同协议书中确定的总金额，包括安全文明施工费、暂估价及暂列金额等。

⑭合同价格：是指发包人用于支付承包人按照合同约定完成承包范围内全部工作的金额，包括合同履行过程中按合同约定发生的价格变化。

⑮费用：是指为履行合同所发生的或将要发生的所有必需的开支，包括管理费和应分摊的其他费用，但不包括利润。

⑯总价项目：是指在现行国家、行业以及地方的计量规则中无工程量计算规则，在已标价工程量清单或预算书中以总价或以费率形式计算的项目。

⑰书面形式：是指合同文件、信函、电报、传真等可以有形地表现所载内容的形式。时间，从事件有效开始时计算（不扣除休息时间）。

2）合同文件及解释顺序

合同文件应能相互解释，互为说明。除专用条款另有约定外，组成合同的文件及优先解释顺序如下：

①合同协议书；

②中标通知书（如果有）；

③投标函及其附录（如果有）；

④专用合同条款及其附件；

⑤通用合同条款；

⑥技术标准和要求；

⑦图纸；

⑧已标价工程量清单或预算书；

⑨其他合同文件。

上述各项合同文件包括合同当事人就该项合同文件所作出的补充和修改，属于同一类内容的文件，应以最新签署的为准。

在合同订立及履行过程中形成的与合同有关的文件均构成合同文件组成部分，并根据其性质确定优先解释顺序。

3）语言文字和适用法律、标准及规范

合同以中国的汉语简体文字编写、解释和说明。合同当事人在专用合同条款中约定使用两种以上语言时，汉语为优先解释和说明合同的语言。

合同所称法律是指中华人民共和国法律、行政法规、部门规章，以及工程所在地的地方性法规、自治条例、单行条例和地方政府规章等。合同当事人可以在专用合同条款中约定合同适用的其他规范性文件。

标准规范一般适用于工程的国家标准、行业标准、工程所在地的地方性标准，以及相应的规范、规程等，合同当事人有特别要求的，应在专用合同条款中约定。

对于发包人要求使用国外标准、规范的，发包人负责提供原文版本和中文译本，并在专用合同条款中约定提供标准规范的名称、份数和时间。

4）图纸

发包人应按照专用合同条款约定的期限、数量和内容向承包人免费提供图纸，并组织承包人、监理人和设计人进行图纸会审和设计交底。

因发包人未按合同约定提供图纸导致承包人费用增加和（或）工期延误的，按照合同通用条款约定办理。

（2）发包人主要责任与义务

1）基本工作

发包人应遵守法律，并办理法律规定由其办理的许可、批准或备案，包括但不限于建设用地规划许可证、建设工程规划许可证、建设工程施工许可证、施工所需临时用水、临时用电、中断道路交通、临时占用土地等许可和批准。发包人应协助承包人办理法律规定的有关施工证件和批件。

因发包人原因未能及时办理完毕前述许可、批准或备案，由发包人承担由此增加的费用和（或）延误的工期，并支付承包人合理的利润。

2）发包人代表

发包人应按照专用合同条款中约定派驻施工现场的发包人代表。发包人更换发包人代表的，应提前7天书面通知承包人。

发包人代表不能按照合同约定履行其职责及义务，并导致合同无法继续正常履行的，承包人可以要求发包人撤换发包人代表。

3）提供现场条件

除专用合同条款另有约定外，发包人应负责提供施工所需要的条件，包括：

①将施工用水、电力、通信线路等施工所必需的条件接至施工现场内；

②保证向承包人提供正常施工所需要的进入施工现场的交通条件；

③协调处理施工现场周围地下管线和邻近建筑物、构筑物、古树名木的保护工作，并承担相关费用；

④按照专用合同条款约定应提供的其他设施和条件。

4）提供基础资料

发包人应当在移交施工现场前向承包人提供施工现场及工程施工所必需的毗邻区域内供水、排水、供电、供气、供热、通信、广播电视等地下管线资料，气象和水文观测资料，地质勘察资料，相邻建筑物、构筑物和地下工程等有关基础资料，并对所提供资料的真实性、准确性和完整性负责。

（3）承包人的主要责任和义务

1）一般义务

承包人在履行合同过程中应遵守法律和工程建设标准规范，并履行以下义务：

①办理法律规定应由承包人办理的许可和批准，并将办理结果书面报送发包人留存；

②按法律规定和合同约定完成工程，并在保修期内承担保修义务；

③按法律规定和合同约定采取施工安全和环境保护措施，办理工伤保险，确保工程及人员、材料、设备和设施的安全；

④按合同约定的工作内容和施工进度要求，编制施工组织设计和施工措施计划，并对

所有施工作业和施工方法的完备性和安全可靠性负责；

⑤在进行合同约定的各项工作时，不得侵害发包人与他人使用公用道路、水源、市政管网等公共设施的权利，避免对邻近的公共设施产生干扰。承包人占用或使用他人的施工场地，影响他人作业或生活的，应承担相应责任；

⑥按照环境保护约定负责施工场地及其周边环境与生态的保护工作；

⑦按安全文明施工约定采取施工安全措施，确保工程及其人员、材料、设备和设施的安全，防止因工程施工造成的人身伤害和财产损失；

⑧将发包人按合同约定支付的各项价款专用于合同工程，且应及时支付其雇用人员工资，并及时向分包人支付合同价款；

⑨按照法律规定和合同约定编制竣工资料，完成竣工资料立卷及归档，并按专用合同条款约定的竣工资料的套数、内容、时间等要求移交发包人；

⑩应履行的其他义务。

2）分包工作

承包人不得将其承包的全部工程转包给第三人，或将其承包的全部工程肢解后以分包的名义转包给第三人。承包人不得将工程主体结构、关键性工作及专用合同条款中禁止分包的专业工程分包给第三人，主体结构、关键性工作的范围由合同当事人按照法律规定在专用合同条款中予以明确。

承包人不得以劳务分包的名义转包或违法分包工程。

3）工程照管与保护

除专用合同条款另有约定外，自发包人向承包人移交施工现场之日起，承包人应负责照管工程及工程相关的材料、工程设备，直到颁发工程接收证书之日止。

（4）监理人的职责

1）基本规定

工程实行监理的，发包人和承包人应在专用合同条款中明确监理人的监理内容及监理权限等事项。监理人应当根据发包人授权及法律规定，代表发包人对工程施工相关事项进行检查、查验、审核、验收，并签发相关指示，但监理人无权修改合同，且无权减轻或免除合同约定的承包人的任何责任与义务。

2）监理人员

监理人应将授权的总监理工程师和监理工程师的姓名及授权范围以书面形式提前通知承包人。更换总监理工程师的，监理人应提前7天书面通知承包人；更换其他监理人员，监理人应提前48小时书面通知承包人。

（5）工程质量

1）质量要求

工程质量标准必须符合现行国家有关工程施工质量验收规范和标准的要求。有关工程质量的特殊标准或要求由合同当事人在专用合同条款中约定。

2）隐蔽工程检查

工程隐蔽部位经承包人自检确认具备覆盖条件的，承包人应在共同检查前48小时内书面通知监理人检查，通知中应载明隐蔽检查的内容、时间和地点，并应附有自检记录和必要的检查资料。

监理人应按时到场并对隐蔽工程进行检查。经监理人检查确认质量符合隐蔽要求，并在验收记录上签字后，承包人才能进行覆盖。经监理人检查质量不合格的，承包人应在监理人指示的时间内完成修复，并由监理人重新检查，由此增加的费用和（或）延误的工期由承包人承担。

除专用合同条款另有约定外，监理人不能按时进行检查的，应在检查前24小时内向承包人提交书面延期要求，但延期不能超过48小时，由此导致工期延误的，工期应予以顺延。监理人未按时进行检查，也未提出延期要求的，视为隐蔽工程检查合格，承包人可自行完成覆盖工作，并作相应记录报送监理人，监理人应签字确认。

3）重新检验

承包人覆盖工程隐蔽部位后，发包人或监理人对质量有疑问的，可要求承包人对已覆盖的部位进行钻孔探测或揭开重新检查，承包人应遵照执行，并在检查后重新覆盖恢复原状。经检查证明工程质量符合合同要求的，由发包人承担由此增加的费用和（或）延误的工期，并支付承包人合理的利润；经检查证明工程质量不符合合同要求的，由此增加的费用和（或）延误的工期由承包人承担。

4）质量争议检测

合同当事人对工程质量有争议的，由双方协商确定的工程质量检测机构鉴定，由此产生的费用及因此造成的损失，由责任方承担。

合同当事人均有责任的，由双方根据其责任分别承担。合同当事人无法达成一致的，按照合同中"商定或确定"条款执行执行。

(6) 安全文明施工与环境保护

1）安全文明施工

合同履行期间，合同当事人均应当遵守国家和工程所在地有关安全生产的要求，合同当事人有特别要求的，应在专用合同条款中明确施工项目安全生产标准化达标目标及相应事项。承包人有权拒绝发包人及监理人强令承包人违章作业、冒险施工的任何指示。

承包人应当按照有关规定编制安全技术措施或者专项施工方案，建立安全生产责任制度、治安保卫制度及安全生产教育培训制度，并按安全生产法律规定及合同约定履行安全职责，如实编制工程安全生产的有关记录，接受发包人、监理人及政府安全监督部门的检查与监督。

实施爆破作业，在放射、毒害性环境中施工（含储存、运输、使用）及使用毒害性、腐蚀性物品施工时，承包人应在施工前7天内以书面通知发包人和监理人，并报送相应的安全防护措施，经发包人认可后实施。

承包人在工程施工期间，应当采取措施保持施工现场平整，物料堆放整齐。工程所在地有关政府行政管理部门有特殊要求的，按照其要求执行。合同当事人对文明施工有其他要求的，可以在专用合同条款中明确。

2）安全文明施工费用

安全文明施工费由发包人承担，发包人不得以任何形式扣减该部分费用。因基准日期后合同所适用的法律或政府有关规定发生变化，增加的安全文明施工费由发包人承担。

除专用合同条款另有约定外，发包人应在开工后28天内预付安全文明施工费总额的50%，其余部分与进度款同期支付。发包人逾期支付安全文明施工费超过7天的，承包人有权向发包人发出要求预付的催告通知，发包人收到通知后 7 天内仍未支付的，承包人有权暂停施工，并按"发包人违约的情形"条款执行。

3）安全责任

发包人应负责赔偿以下各种情况造成的损失：

①工程或工程的任何部分对土地的占用所造成的第三者财产损失；

②由于发包人原因在施工场地及其毗邻地带造成的第三者人身伤亡和财产损失；

③由于发包人原因对承包人、监理人造成的人员人身伤亡和财产损失；

④由于发包人原因造成的发包人自身人员的人身伤害以及财产损失。

由于承包人原因在施工场地内及其毗邻地带造成的发包人、监理人以及第三者人员伤亡和财产损失，由承包人负责赔偿。

4）职业健康

承包人应按照法律规定安排现场施工人员的劳动和休息时间，保障劳动者的休息时间，并支付合理的报酬和费用。

承包人应按照法律规定保障现场施工人员的劳动安全，并提供劳动保护，并应按国家有关劳动保护的规定，采取有效的防止粉尘、降低噪声、控制有害气体和保障高温、高寒、高空作业安全等劳动保护措施。

（7）工期和进度

1）进度计划与修订

承包人应按照通用条款中施工组织设计约定提交详细的施工进度计划，施工进度计划的编制应当符合国家法律规定和一般工程实践惯例，施工进度计划经发包人批准后实施。

施工进度计划不符合合同要求或与工程的实际进度不一致的，承包人应向监理人提交修订的施工进度计划，并附具有关措施和相关资料，由监理人报送发包人。发包人和监理人应在收到修订的施工进度计划后 7 天内完成审核和批准或提出修改意见。发包人和监理人对承包人提交的施工进度计划的确认，不能减轻或免除承包人根据法律规定和合同约定应承担的任何责任或义务。

2）开工

承包人应按照通用条款约定的期限，向监理人提交工程开工报审表，经监理人报发包人批准后执行。

监理人应在计划开工日期 7 天前向承包人发出开工通知，工期自开工通知中载明的开工日期起算。

除专用合同条款另有约定外，因发包人原因造成监理人未能在计划开工日期之日起 90 天内发出开工通知的，承包人有权提出价格调整要求，或者解除合同。发包人应当承担由此增加的费用和（或）延误的工期，并向承包人支付合理利润。

3）工期延误

在合同履行过程中，因下列情况导致工期延误和（或）费用增加的，由发包人承担由此延误的工期和（或）增加的费用，且发包人应支付承包人合理的利润：

①发包人未能按合同约定提供图纸或所提供图纸不符合合同约定的；

②发包人未能按合同约定提供施工现场、施工条件、基础资料、许可、批准等开工条件的；

③发包人提供的测量基准点、基准线和水准点及其书面资料存在错误或疏漏的；
④发包人未能在计划开工日期之日起 7 天内同意下达开工通知的；
⑤发包人未能按合同约定日期支付工程预付款、进度款或竣工结算款的；
⑥监理人未按合同约定发出指示、批准等文件的；
⑦专用合同条款中约定的其他情形。

因发包人原因未按计划开工日期开工的，发包人应按实际开工日期顺延竣工日期，确保实际工期不低于合同约定的工期总日历天数。

4）不利物质条件

承包人遇到不利物质条件时，应采取克服不利物质条件的合理措施继续施工，并及时通知发包人和监理人。承包人因采取合理措施而增加的费用和（或）延误的工期由发包人承担。

5）异常恶劣气象条件

合同当事人可以在专用合同条款中约定异常恶劣的气候条件的具体情形。

承包人应采取克服异常恶劣的气候条件的合理措施继续施工，并及时通知发包人和监理人。承包人因采取合理措施而增加的费用和（或）延误的工期由发包人承担。

6）暂停施工

①发包人原因引起的暂停施工

因发包人原因引起暂停施工的，监理人经发包人同意后，应及时下达暂停施工指示。

因发包人原因引起的暂停施工，发包人应承担由此增加的费用和（或）延误的工期，并支付承包人合理的利润。

②承包人原因引起的暂停施工

因承包人原因引起的暂停施工，承包人应承担由此增加的费用和（或）延误的工期。

③指示暂停施工

监理人认为有必要时，并经发包人批准后，可向承包人作出暂停施工的指示，承包人应按监理人指示暂停施工。

④紧急情况下的暂停施工

因紧急情况需暂停施工，且监理人未及时下达暂停施工指示的，承包人可先暂停施工，并及时通知监理人。监理人应在接到通知后 24 小时内发出指示，逾期未发出指示，视为同意承包人暂停施工。监理人不同意承包人暂停施工的，应说明理由，承包人对监理人的答复有异议，按照第 20 条〔争议解决〕约定处理。

⑤暂停施工后的复工

在工程复工前，监理人会同发包人和承包人确定因暂停施工造成的损失，并确定工程复工条件。当工程具备复工条件时，监理人应经发包人批准后向承包人发出复工通知，承包人应按照复工通知要求复工。

承包人无故拖延和拒绝复工的，承包人承担由此增加的费用和（或）延误的工期；因发包人原因无法按时复工的，按照因发包人原因导致工期延误约定办理。

⑥暂停施工持续

a. 56 天以上

监理人发出暂停施工指示后 56 天内未向承包人发出复工通知，除该项停工属于承包人原因及不可抗力情形外，承包人可向发包人提交书面通知，要求发包人在收到书面通知后 28 天内准许已暂停施工的部分或全部工程继续施工。

b. 84 天以上

暂停施工持续 84 天以上不复工的，且不属于承包人原因引起及不可抗力的情形，并影响到整个工程以及合同目的实现的，承包人有权提出价格调整要求，或者解除合同。

（8）材料与设备

1）发包人供应

发包人应按照《发包人供应材料设备一览表》中明确材料、工程设备的品种、规格、型号、数量、单价、质量等级和送达地点。

承包人应提前 30 天通过监理人以书面形式通知发包人供应材料与工程设备进场。

发包人应提前 24 小时以书面形式通知承包人、监理人材料和工程设备到货时间，承包人负责材料和工程设备的清点、检验和接收。

发包人提供的材料和工程设备的规格、数量或质量不符合合同约定的，按照发包人违约约定办理。

发包人供应的材料和工程设备，承包人清点后由承包人妥善保管，保管费用由发包人承担，但已标价工程量清单或预算书已经列支或专用合同条款另有约定的除外。

2）承包人自行供应

承包人应对材料、工程设备质量负责。合同约定由承包人采购的材料、工程设备，发包人不得指定生产厂家或供应商，发包人违反本款约定指定生产厂家或供应商的，承包人有权拒绝，并由发包人承担相应责任。

承包人应在材料和工程设备到货前 24 小时通知监理人检验。

承包人采购的材料和工程设备不符合设计或有关标准要求时，由此增加的费用和（或）延误的工期，由承包人承担。

承包人采购的材料和工程设备由承包人妥善保管，保管费用由承包人承担。

3）材料和工程设备的替代

①替代情况

出现下列情况可以使用替代材料和工程设备：

a. 基准日期后生效的法律规定禁止使用的；

b. 发包人要求使用替代品的；

c. 因其他原因必须使用替代品的。

②替代工作程序

承包人应在使用替代材料和工程设备前 28 天内书面通知监理人，监理人应在收到通知后 14 天内向承包人发出经发包人签认的书面指示；监理人逾期发出书面指示的，视为发包人和监理人同意使用替代品。

③替代估价

发包人认可使用替代材料和工程设备的，替代材料和工程设备的价格，按照已标价工程量清单或预算书相同项目的价格认定；无相同项目的，参考相似项目价格认定；既无相同项目也无相似项目的，按照合理的成本与利润构成的原则，由合同当事人按协商确定价格。

(9) 变更

1) 变更范围

除专用合同条款另有约定外,合同履行过程中发生以下情形的,应按照本条约定进行变更:

  a. 增加或减少合同中任何工作,或追加额外的工作;

  b. 取消合同中任何工作,但转由他人实施的工作除外;

  c. 改变合同中任何工作的质量标准或其他特性;

  d. 改变工程的基线、标高、位置和尺寸;

  e. 改变工程的时间安排或实施顺序。

2) 变更程序

①发包人提出变更

发包人提出变更的,应通过监理人向承包人发出变更指示,变更指示应说明计划变更的工程范围和变更的内容。

②监理人提出变更建议

监理人提出变更建议的,需要向发包人以书面形式提出变更计划,说明计划变更工程范围和变更的内容、理由,以及实施该变更对合同价格和工期的影响。发包人同意变更的,由监理人向承包人发出变更指示;发包人不同意变更的,监理人无权擅自发出变更指示。

③变更执行

承包人收到监理人下达的变更指示后,认为不能执行,应立即提出不能执行该变更指示的理由。承包人认为可以执行变更的,应当书面说明实施该变更指示对合同价格和工期的影响。

④变更估价

  a. 变更估价原则

除专用合同条款另有约定外,变更估价按照本款约定处理:

  a) 已标价工程量清单或预算书有相同项目的,按照相同项目单价认定;

  b) 已标价工程量清单或预算书中无相同项目,但有类似项目的,参照类似项目的单价认定;

  c) 变更导致实际完成的变更工程量与已标价工程量清单或预算书中列明的该项目工程量的变化幅度超过15%的,或已标价工程量清单或预算书中无相同项目及类似项目单价的,按照合理的成本与利润构成的原则,由合同当事人按照协商确定变更工作的单价。

  b. 变更估价程序

承包人应在收到变更指示后14天内,向监理人提交变更估价申请。监理人应在收到承包人提交的变更估价申请后7天内审查完毕并报送发包人,监理人对变更估价申请有异议,通知承包人修改后重新提交。发包人应在承包人提交变更估价申请后14天内审批完毕。发包人逾期未完成审批或未提出异议的,视为认可承包人提交的变更估价申请。

因变更引起的价格调整应计入最近一期的进度款中支付。

3) 承包人的合理化建议

承包人提出合理化建议的,应向监理人提交合理化建议说明,说明建议的内容和理由，以及实施该建议对合同价格和工期的影响。

监理人应在收到承包人提交的合理化建议后7天内审查完毕并报送发包人，发现其中存在技术上的缺陷，应通知承包人修改。发包人应在收到监理人报送的合理化建议后7天内审批完毕。合理化建议经发包人批准的，监理人应及时发出变更指示，由此引起的合同价格调整按照变更估价约定执行。

4）工期调整

因变更引起工期变化的，合同当事人均可要求调整合同工期，由合同当事人协商并参考工程所在地的工期定额标准确定增减工期天数。

（10）价格调整

1）市场价格波动引起的调整

第1种方式：采用价格指数进行价格调整。

因人工、材料和设备等价格波动影响合同价格时，根据专用合同条款中约定的数据，按以下公式计算差额并调整合同价格：

$$\Delta P = P_0 \left[A + \left(B_1 \times \frac{F_{t1}}{F_{01}} + B_2 \times \frac{F_{t2}}{F_{02}} + B_3 \times \frac{F_{t3}}{F_{03}} + \cdots + B_n \times \frac{F_{tn}}{F_{0n}} \right) - 1 \right]$$

公式中：　　　　　ΔP——需调整的价格差额；

　　　　　　　　P_0——约定的付款证书中承包人应得到的已完成工程量的金额。此项金额应不包括价格调整、不计质量保证金的扣留和支付、预付款的支付和扣回。约定的变更及其他金额已按现行价格计价的，也不计在内；

　　　　　　　　A——定值权重（即不调部分的权重）；

B_1；B_2；B_3……B_n——各可调因子的变值权重（即可调部分的权重），为各可调因子在签约合同价中所占的比例；

F_{t1}；F_{t2}；F_{t3}……F_{tn}——各可调因子的现行价格指数，指约定的付款证书相关周期最后一天的前42天的各可调因子的价格指数；

F_{01}；F_{02}；F_{03}……F_{0n}——各可调因子的基本价格指数，指基准日期的各可调因子的价格指数。

以上价格调整公式中的各可调因子、定值和变值权重，以及基本价格指数及其来源在投标函附录价格指数和权重表中约定，非招标订立的合同，由合同当事人在专用合同条款中约定。价格指数应首先采用工程造价管理机构发布的价格指数，无前述价格指数时，可采用工程造价管理机构发布的价格代替。

第2种方式：采用造价信息进行价格调整。

合同履行期间，因人工、材料、工程设备和机械台班价格波动影响合同价格时，人工、机械使用费按照国家或省、自治区、直辖市建设行政管理部门、行业建设管理部门或其授权的工程造价管理机构发布的人工、机械使用费系数进行调整；需要进行价格调整的材料，其单价和采购数量应由发包人审批，发包人确认需调整的材料单价及数量，作为调整合同价格的依据。

第3种方式：专用合同条款约定的其他方式。

2）法律变化引起的调整

基准日期后，法律变化导致承包人在合同履行过程中所需要增加的费用由发包人承担；减少时，应从合同价格中予以扣减。基准日期后，因法律变化造成工期延误时，工期应予以顺延。

因承包人原因造成工期延误，在工期延误期间出现法律变化的，由此增加的费用和（或）延误的工期由承包人承担。

(11) 合同价格、计量与支付

1) 合同价格形式

发包人和承包人应在合同协议书中选择下列一种合同价格形式：

①单价合同

合同当事人应在专用合同条款中约定综合单价包含的风险范围和风险费用的计算方法，并约定风险范围以外的合同价格的调整方法，其中因市场价格波动引起的调整按相关约定执行。

②总价合同

一般在约定的范围内合同总价不作调整。合同当事人应在专用合同条款中约定总价包含的风险范围和风险费用的计算方法，并约定风险范围以外的合同价格的调整方法。

③其他价格形式

合同当事人可在专用合同条款中约定其他合同价格形式。

2) 预付款

①预付款的支付

预付款的支付按照专用合同条款约定执行，但最迟应在开工通知载明的开工日期前 7 天内支付。

除专用合同条款另有约定外，预付款在进度付款中同比例扣回。在颁发工程接收证书前，提前解除合同的，尚未扣完的预付款应与合同价款一并结算。

发包人逾期支付预付款超过 7 天的，承包人有权向发包人发出要求预付的催告通知，发包人收到通知后 7 天内仍未支付的，承包人有权暂停施工。

②预付款担保

发包人要求承包人提供预付款担保的，承包人应在发包人支付预付款前 7 天内提供预付款担保，专用合同条款另有约定除外。

发包人在工程款中逐期扣回预付款后，预付款担保额度应相应减少，但剩余的预付款担保金额不得低于未被扣回的预付款金额。

3) 计量

①计量原则

工程量计量按照合同约定的工程量计算规则、图纸及变更指示等进行计量。工程量计算规则应以相关的国家标准、行业标准等为依据，由合同当事人在专用合同条款中约定。

② 计量周期

除专用合同条款另有约定外，工程量的计量按月进行。

③单价合同的计量

a. 承包人应于每月 25 日向监理人报送上月 20 日至当月 19 日已完成的工程量报告，并附具进度付款申请单、已完成工程量报表和有关资料。

b. 监理人应在收到承包人提交的工程量报告后 7 天内完成对承包人提交的工程量报表的审核并报送发包人，以确定当月实际完成的工程量。

c. 监理人未在收到承包人提交的工程量报表后的 7 天内完成审核的，承包人报送的工程量报告中的工程量视为承包人实际完成的工程量，据此计算工程价款。

④总价合同的计量

a. 承包人应于每月 25 日向监理人报送上月 20 日至当月 19 日已完成的工程量报告，并附具进度付款申请单、已完成工程量报表和有关资料。

b. 监理人应在收到承包人提交的工程量报告后 7 天内完成对承包人提交的工程量报表的审核并报送发包人，以确定当月实际完成的工程量。

c. 监理人未在收到承包人提交的工程量报表后的 7 天内完成复核的，承包人提交的工程量报告中的工程量视为承包人实际完成的工程量。

⑤其他价格形式合同的计量

合同当事人可在专用合同条款中约定其他价格形式合同的计量方式和程序。

4) 进度款支付

①付款周期一般与计量周期保持一致。

②进度付款支付内容

除专用合同条款另有约定外，进度付款申请单应包括下列内容：

a. 截至本次付款周期已完成工作对应的金额；

b. 应增加和扣减的变更金额；

c. 约定应支付的预付款和扣减的返还预付款；

d. 约定应扣减的质量保证金；

e. 应增加和扣减的索赔金额；

f. 对已签发的进度款支付证书中出现错误的修正，应在本次进度付款中支付或扣除的金额；

g. 根据合同约定应增加和扣减的其他金额。

③支付程序

承包人按照约定的时间按月向监理人提交进度付款申请单，并附上已完成工程量报表和有关资料。

监理人应在收到承包人进度付款申请单以及相关资料后 7 天内完成审查并报送发包人，发包人应在收到后 7 天内完成审批并签发进度款支付证书。发包人逾期未完成审批且未提出异议的，视为已签发进度款支付证书。

发包人应在进度款支付证书或临时进度款支付证书签发后 14 天内完成支付，发包人逾期支付进度款的，应按照中国人民银行发布的同期同类贷款基准利率支付违约金。

(12) 验收与工程试车

1) 验收

①分部分项工程验收

承包人应提前 48 小时通知监理人进行验收。监理人不能按时进行验收的，应在验收前 24 小时内向承包人提交书面延期要求，但延期不能超过 48 小时。监理人未按时进行验收，也未提出延期要求的，承包人有权自行验收，监理人应认可验收结果。

②竣工验收

a. 竣工验收条件

工程具备以下条件的,承包人可以申请竣工验收:

a)除发包人同意的甩项工作和缺陷修补工作外,合同范围内的全部工程以及有关工作,包括合同要求的试验、试运行以及检验均已完成,并符合合同要求;

b)已按合同约定编制了甩项工作和缺陷修补工作清单以及相应的施工计划;

c)已按合同约定的内容和份数备齐竣工资料。

b. 竣工验收程序

除专用合同条款另有约定外,承包人申请竣工验收的,应当按照以下程序进行:

a)承包人向监理人报送竣工验收申请报告,监理人应在收到竣工验收申请报告后14天内完成审查并报送发包人。

b)监理人审查后认为已具备竣工验收条件的,应将竣工验收申请报告提交发包人,发包人应在收到经监理人审核的竣工验收申请报告后28天内审批完毕并组织监理人、承包人、设计人等相关单位完成竣工验收。

c)竣工验收合格的,发包人应在验收合格后14天内向承包人签发工程接收证书。发包人无正当理由逾期不颁发工程接收证书的,自验收合格后第15天起视为已颁发工程接收证书。

d)竣工验收不合格的,监理人应按照验收意见发出指示,要求承包人对不合格工程返工、修复或采取其他补救措施,由此增加的费用和(或)延误的工期由承包人承担。

e)工程未经验收或验收不合格,发包人擅自使用的,应在转移占有工程后7天内向承包人颁发工程接收证书;发包人无正当理由逾期不颁发工程接收证书的,自转移占有后第15天起视为已颁发工程接收证书。

③竣工日期

工程经竣工验收合格的,以承包人提交竣工验收申请报告之日为实际竣工日期,并在工程接收证书中载明;因发包人原因,未在监理人收到承包人提交的竣工验收申请报告42天内完成竣工验收,或完成竣工验收不予签发工程接收证书的,以提交竣工验收申请报告的日期为实际竣工日期;工程未经竣工验收,发包人擅自使用的,以转移占有工程之日为实际竣工日期。

2)试车

①试车程序

a. 具备单机无负荷试车条件,承包人组织试车,并在试车前48小时内书面通知监理人,通知中应载明试车内容、时间、地点。试车合格的,监理人在试车记录上签字。监理人在试车合格后不在试车记录上签字,自试车结束满24小时后视为监理人已经认可试车记录,承包人可继续施工或办理竣工验收手续。

监理人不能按时参加试车,应在试车前24小时内以书面形式向承包人提出延期要求,但延期不能超过48小时,由此导致工期延误的,工期应予以顺延。监理人未能在前述期限内提出延期要求,又不参加试车的,视为认可试车记录。

b. 具备无负荷联动试车条件,发包人组织试车,并在试车前48小时内以书面形式通知承包人。试车合格,合同当事人在试车记录上签字。承包人无正当理由不参加试车的,视为认可试车记录。

②试车中的责任

因设计原因导致试车达不到验收要求,发包人应要求设计人修改设计,承包人按修改后的设计重新安装。发包人承担修改设计、拆除及重新安装的全部费用,工期相应顺延。因承包人原因导致试车达不到验收要求,承包人按监理人要求重新安装和试车,并承担重新安装和试车的费用,工期不予顺延。

因工程设备制造原因导致试车达不到验收要求的,由采购该工程设备的合同当事人负责重新购置或修理,承包人负责拆除和重新安装,由此增加的修理、重新购置、拆除及重新安装的费用及延误的工期由采购该工程设备的合同当事人承担。

③投料试车

如需进行投料试车的,发包人应在工程竣工验收后组织投料试车。

投料试车合格的,费用由发包人承担;因承包人原因造成投料试车不合格的,承包人应按照发包人要求进行整改,由此产生的整改费用由承包人承担;非因承包人原因导致投料试车不合格的,如发包人要求承包人进行整改的,由此产生的费用由发包人承担。

(13) 竣工结算

1) 竣工结算申请

承包人应在工程竣工验收合格后 28 天内向发包人和监理人提交竣工结算申请单,并提交完整的结算资料。

2) 竣工结算审核与支付

a. 监理人应在收到竣工结算申请单后 14 天内完成核查并报送发包人。

b. 发包人应在收到监理人提交的经审核的竣工结算申请单后 14 天内完成审批,并由监理人向承包人签发经发包人签认的竣工付款证书。监理人或发包人对竣工结算申请单有异议的,有权要求承包人进行修正和提供补充资料,承包人应提交修正后的竣工结算申请单。

c. 发包人在收到承包人提交竣工结算申请书后 28 天内未完成审批且未提出异议的,视为发包人认可承包人提交的竣工结算申请单,并自发包人收到承包人提交的竣工结算申请单后第 29 天起视为已签发竣工付款证书。

d. 除专用合同条款另有约定外,发包人应在签发竣工付款证书后的 14 天内,完成对承包人的竣工付款。发包人逾期支付的,按照中国人民银行发布的同期同类贷款基准利率支付违约金;逾期支付超过 56 天的,按照中国人民银行发布的同期同类贷款基准利率的两倍支付违约金。

e. 承包人对发包人签认的竣工付款证书有异议的,对于有异议部分应在收到发包人签认的竣工付款证书后 7 天内提出异议,并由合同当事人按照专用合同条款约定的方式和程序进行复核。

3) 最终结清

①最终结清申请单

a. 承包人应在缺陷责任期终止证书颁发后 7 天内,按专用合同条款约定的份数向发包人提交最终结清申请单,并提供相关证明材料。

除专用合同条款另有约定外,最终结清申请单应列明质量保证金、应扣除的质量保证金、缺陷责任期内发生的增减费用。

b. 发包人对最终结清申请单内容有异议的，有权要求承包人进行修正和提供补充资料，承包人应向发包人提交修正后的最终结清申请单。

②最终结清证书和支付

a. 发包人应在收到承包人提交的最终结清申请单后 14 天内完成审批并向承包人颁发最终结清证书。发包人逾期未完成审批，又未提出修改意见的，视为发包人同意承包人提交的最终结清申请单，且自发包人收到承包人提交的最终结清申请单后 15 天起视为已颁发最终结清证书。

b. 发包人应在颁发最终结清证书后 7 天内完成支付。发包人逾期支付的，按照中国人民银行发布的同期同类贷款基准利率支付违约金；逾期支付超过 56 天的，按照中国人民银行发布的同期同类贷款基准利率的两倍支付违约金。

c. 承包人对发包人颁发的最终结清证书有异议的，可以按照争议解决的约定办理。

(14) 缺陷责任与保修

1) 缺陷责任

①缺陷责任期

缺陷责任期自实际竣工日期起计算，合同当事人应在专用合同条款约定缺陷责任期的具体期限，但该期限最长不超过 24 个月。

②缺陷责任期延长

工程竣工验收合格后，因承包人原因导致的缺陷或损坏致使工程、单位工程或某项主要设备不能按原定目的使用的，则发包人有权要求承包人延长缺陷责任期，并应在原缺陷责任期届满前发出延长通知，但缺陷责任期最长不能超过 24 个月。

③质量保证金

质量保证金的扣留有以下三种方式：

a. 在支付工程进度款时逐次扣留，在此情形下，质量保证金的计算基数不包括预付款的支付、扣回以及价格调整的金额；

b. 工程竣工结算时一次性扣留质量保证金；

c. 双方约定的其他扣留方式。

除专用合同条款另有约定外，质量保证金的扣留原则上采用上述第一种方式。

发包人累计扣留的质量保证金不得超过结算合同价格的 5%，如承包人在发包人签发竣工付款证书后 28 天内提交质量保证金保函，发包人应同时退还扣留的作为质量保证金的工程价款。

2) 保修

①保修期与保修责任

工程保修期从工程竣工验收合格之日起算，具体分部分项工程的保修期由合同当事人在专用合同条款中约定，但不得低于法定最低保修年限。在工程保修期内，承包人应当根据有关法律规定以及合同约定承担保修责任。

发包人未经竣工验收擅自使用工程的，保修期自转移占有之日起算。

②修复费用使用

保修期内，修复的费用按照以下约定处理：

a. 保修期内，因承包人原因造成工程的缺陷、损坏，承包人应负责修复，并承担修复的费用以及因工程的缺陷、损坏造成的人身伤害和财产损失；

b. 保修期内，因发包人使用不当造成工程的缺陷、损坏，可以委托承包人修复，但发包人应承担修复的费用，并支付承包人合理利润；

c. 因其他原因造成工程的缺陷、损坏，可以委托承包人修复，发包人应承担修复的费用，并支付承包人合理的利润，因工程的缺陷、损坏造成的人身伤害和财产损失由责任方承担。

③修复通知

在保修期内，发包人在使用过程中，发现已接收的工程存在缺陷或损坏的，应书面通知承包人予以修复，但情况紧急必须立即修复缺陷或损坏的，发包人可以口头通知承包人并在口头通知后48小时内书面确认，承包人应在专用合同条款约定的合理期限内到达工程现场并修复缺陷或损坏。

（15）违约

1）发包人违约

①发包人违约的情形

在合同履行过程中发生的下列情形，属于发包人违约：

a. 因发包人原因未能在计划开工日期前7天内下达开工通知的；

b. 因发包人原因未能按合同约定支付合同价款的；

c. 发包人自行实施被取消的工作或转由他人实施的；

d. 发包人提供的材料、工程设备的规格、数量或质量不符合合同约定，或因发包人原因导致交货日期延误或交货地点变更等情况的；

e. 因发包人违反合同约定造成暂停施工的；

f. 发包人无正当理由没有在约定期限内发出复工指示，导致承包人无法复工的；

g. 发包人明确表示或者以其行为表明不履行合同主要义务的；

h. 发包人未能按照合同约定履行其他义务的。

②发包人违约的责任

发包人应承担因其违约给承包人增加的费用和（或）延误的工期，并支付承包人合理的利润。

③因发包人违约解除合同

承包人按发包人违约的情形的约定暂停施工满28天后，发包人仍不纠正其违约行为并致使合同目的不能实现的，或出现其他约定情况，承包人有权解除合同，发包人应承担由此增加的费用，并支付承包人合理的利润。

④因发包人违约解除合同后的付款

承包人按照解除合同的，发包人应在解除合同后28天内支付下列款项，并解除履约担保：

a. 合同解除前所完成工作的价款；

b. 承包人为工程施工订购并已付款的材料、工程设备和其他物品的价款；

c. 承包人撤离施工现场以及遣散承包人员的款项；

d. 按照合同约定在合同解除前应支付的违约金；

e. 按照合同约定应当支付给承包人的其他款项；
f. 按照合同约定应退还的质量保证金；
g. 因解除合同给承包人造成的损失。

2）承包人违约

①承包人违约的情形

在合同履行过程中发生的下列情形，属于承包人违约：

a. 承包人违反合同约定进行转包或违法分包的；
b. 承包人违反合同约定采购和使用不合格的材料和工程设备的；
c. 因承包人原因导致工程质量不符合合同要求的；
d. 承包人违反相关约定，未经批准，私自将已按照合同约定进入施工现场的材料或设备撤离施工现场的；
e. 承包人未能按施工进度计划及时完成合同约定的工作，造成工期延误的；
f. 承包人在缺陷责任期及保修期内，未能在合理期限对工程缺陷进行修复，或拒绝按发包人要求进行修复的；
g. 承包人明确表示或者以其行为表明不履行合同主要义务的；
h. 承包人未能按照合同约定履行其他义务的。

②承包人违约的责任

承包人应承担因其违约行为而增加的费用和（或）延误的工期。此外，合同当事人可在专用合同条款中另行约定承包人违约责任的承担方式和计算方法。

③因承包人违约解除合同

承包人在指定的合理期限内仍不纠正违约行为并致使合同目的不能实现的，发包人有权解除合同。合同解除后，因继续完成工程的需要，发包人有权使用承包人在施工现场的材料、设备、临时工程、承包人文件和由承包人或以其名义编制的其他文件，合同当事人应在专用合同条款约定相应费用的承担方式。发包人继续使用的行为不免除或减轻承包人应承担的违约责任。

④因承包人违约解除合同后的处理

因承包人原因导致合同解除的，则合同当事人应在合同解除后28天内完成估价、付款和清算，并按以下约定执行：

a. 合同解除后，双方商定或确定承包人实际完成工作对应的合同价款，以及承包人已提供的材料、工程设备、施工设备和临时工程等的价值；
b. 合同解除后，承包人应支付的违约金；
c. 合同解除后，因解除合同给发包人造成的损失；
d. 合同解除后，承包人应按照发包人要求和监理人的指示完成现场的清理和撤离；
e. 发包人和承包人应在合同解除后进行清算，出具最终结清付款证书，结清全部款项。

3）第三人造成的违约

在履行合同过程中，一方当事人因第三人的原因造成违约的，应当向对方当事人承担违约责任。一方当事人和第三人之间的纠纷，依照法律规定或者按照约定解决。

（16）不可抗力

1) 不可抗力的确认

不可抗力是指合同当事人在签订合同时不可预见，在合同履行过程中不可避免且不能克服的自然灾害和社会性突发事件，如地震、海啸、瘟疫、骚乱、戒严、暴动、战争和专用合同条款中约定的其他情形。

不可抗力发生后，发包人和承包人应收集证明不可抗力发生及不可抗力造成损失的证据，并及时认真统计所造成的损失。合同当事人对是否属于不可抗力或其损失的意见不一致的，由监理人处理。

2) 不可抗力的通知

合同一方当事人遇到不可抗力事件，使其履行合同义务受到阻碍时，应立即通知合同另一方当事人和监理人，书面说明不可抗力和受阻碍的详细情况，并提供必要的证明。

不可抗力持续发生的，合同一方当事人应及时向合同另一方当事人和监理人提交中间报告，说明不可抗力和履行合同受阻的情况，并于不可抗力事件结束后 28 天内提交最终报告及有关资料。

3) 不可抗力后果的承担

①不可抗力引起的后果及造成的损失由合同当事人按照法律规定及合同约定各自承担。不可抗力发生前已完成的工程应当按照合同约定进行计量支付。

②不可抗力导致的人员伤亡、财产损失、费用增加和（或）工期延误等后果，由合同当事人按以下原则承担：

a. 永久工程、已运至施工现场的材料和工程设备的损坏，以及因工程损坏造成的第三人人员伤亡和财产损失由发包人承担；

b. 承包人施工设备的损坏由承包人承担；

c. 发包人和承包人承担各自人员伤亡和财产的损失；

d. 因不可抗力影响承包人履行合同约定的义务，已经引起或将引起工期延误的，应当顺延工期，由此导致承包人停工的费用损失由发包人和承包人合理分担，停工期间必须支付的工人工资由发包人承担；

e. 因不可抗力引起或将引起工期延误，发包人要求赶工的，由此增加的赶工费用由发包人承担；

f. 承包人在停工期间按照发包人要求照管、清理和修复工程的费用由发包人承担。

不可抗力发生后，合同当事人均应采取措施尽量避免和减少损失的扩大，任何一方当事人没有采取有效措施导致损失扩大的，应对扩大的损失承担责任。

因合同一方迟延履行合同义务，在迟延履行期间遭遇不可抗力的，不免除其违约责任。

4) 因不可抗力解除合同

因不可抗力导致合同无法履行连续超过 84 天或累计超过 140 天的，发包人和承包人均有权解除合同。合同解除后，由双方当事人商定或确定发包人应支付的款项，该款项包括：

①合同解除前承包人已完成工作的价款；

②承包人为工程订购的并已交付给承包人，或承包人有责任接受交付的材料、工程设备和其他物品的价款；

③发包人要求承包人退货或解除订货合同而产生的费用，或因不能退货或解除合同而产生的损失；

④承包人撤离施工现场以及遣散承包人人员的费用；

⑤按照合同约定在合同解除前应支付给承包人的其他款项；

⑥扣减承包人按照合同约定应向发包人支付的款项；

⑦双方商定或确定的其他款项。

除专用合同条款另有约定外，合同解除后，发包人应在商定或确定上述款项后28天内完成上述款项的支付。

(17) 索赔

1）承包人的索赔

①索赔程序

根据合同约定，承包人认为有权得到追加付款和（或）延长工期的，应按以下程序向发包人提出索赔：

a. 承包人应在知道或应当知道索赔事件发生后28天内，向监理人递交索赔意向通知书，并说明发生索赔事件的事由；承包人未在前述28天内发出索赔意向通知书的，丧失要求追加付款和（或）延长工期的权利；

b. 承包人应在发出索赔意向通知书后28天内，向监理人正式递交索赔报告；索赔报告应详细说明索赔理由以及要求追加的付款金额和（或）延长的工期，并附必要的记录和证明材料；

c. 索赔事件具有持续影响的，承包人应按合理时间间隔继续递交延续索赔通知，说明持续影响的实际情况和记录，列出累计的追加付款金额和（或）工期延长天数；

d. 在索赔事件影响结束后28天内，承包人应向监理人递交最终索赔报告，说明最终要求索赔的追加付款金额和（或）延长的工期，并附必要的记录和证明材料。

②对承包人索赔的处理

对承包人索赔的处理如下：

a. 监理人应在收到索赔报告后14天内完成审查并报送发包人。监理人对索赔报告存在异议的，有权要求承包人提交全部原始记录副本；

b. 发包人应在监理人收到索赔报告或有关索赔的进一步证明材料后的28天内，由监理人向承包人出具经发包人签认的索赔处理结果。发包人逾期答复的，则视为认可承包人的索赔要求；

c. 承包人接受索赔处理结果的，索赔款项在当期进度款中进行支付；承包人不接受索赔处理结果的，按照第20条〔争议解决〕约定处理。

2）发包人的索赔

①索赔程序

根据合同约定，发包人认为有权得到赔付金额和（或）延长缺陷责任期的，监理人应向承包人发出通知并附有详细的证明。

发包人应在知道或应当知道索赔事件发生后28天内通过监理人向承包人提出索赔意向通知书，发包人未在前述28天内发出索赔意向通知书的，丧失要求赔付金额和（或）延长缺陷责任期的权利。发包人应在发出索赔意向通知书后28天内，通过监理人向承包人正式递交索赔报告。

②对发包人索赔的处理

对发包人索赔的处理如下：

a. 承包人收到发包人提交的索赔报告后，应及时审查索赔报告的内容、查验发包人证明材料；

b. 承包人应在收到索赔报告或有关索赔的进一步证明材料后 28 天内，将索赔处理结果答复发包人。如果承包人未在上述期限内作出答复的，则视为对发包人索赔要求的认可；

c. 承包人接受索赔处理结果的，发包人可从应支付给承包人的合同价款中扣除赔付的金额或延长缺陷责任期；发包人不接受索赔处理结果的，按第 20 条〔争议解决〕约定处理。

(18) 争议解决

1) 和解

合同当事人可以就争议自行和解，自行和解达成协议的经双方签字并盖章后作为合同补充文件，双方均应遵照执行。

2) 调解

合同当事人可以就争议请求建设行政主管部门、行业协会或其他第三方进行调解，调解达成协议的，经双方签字并盖章后作为合同补充文件，双方均应遵照执行。

3) 争议评审

合同当事人在专用合同条款中约定采取争议评审方式解决争议以及评审规则，并按下列约定执行：

①争议评审小组的确定

合同当事人可以共同选择一名或三名争议评审员，组成争议评审小组。除专用合同条款另有约定外，合同当事人应当自合同签订后 28 天内，或者争议发生后 14 天内，选定争议评审员。

②争议评审小组的决定

合同当事人可在任何时间将与合同有关的任何争议共同提请争议评审小组进行评审。争议评审小组应秉持客观、公正原则，充分听取合同当事人的意见，依据相关法律、规范、标准、案例经验及商业惯例等，自收到争议评审申请报告后 14 天内作出书面决定，并说明理由。合同当事人可以在专用合同条款中对本项事项另行约定。

③争议评审小组决定的效力

争议评审小组作出的书面决定经合同当事人签字确认后，对双方具有约束力，双方应遵照执行。

任何一方当事人不接受争议评审小组决定或不履行争议评审小组决定的，双方可选择采用其他争议解决方式。

4) 仲裁或诉讼

因合同及合同有关事项产生的争议，合同当事人可以在专用合同条款中约定以下一种方式解决争议：

①向约定的仲裁委员会申请仲裁；

②向有管辖权的人民法院起诉。

5) 争议解决条款效力

合同有关争议解决的条款独立存在,合同的变更、解除、终止、无效或者被撤销均不影响其效力。

9.4 勘察、设计合同和监理合同

9.4.1 勘察、设计合同

1. 勘查、设计合同概念

建设工程勘察、设计合同,简称勘察、设计合同,是指委托方与承包方为完成一定的勘察设计任务,明确双方权利义务关系的协议。委托方指建设单位(开发企业),承包方指持有勘察、设计证书的勘察、设计单位。

2. 勘察、设计合同的内容

勘察、设计合同应包括如下主要条款:

(1) 建设工程名称、规模、投资额、建设地点;

(2) 委托方提供资料的内容、技术要求及期限,承包方勘察的范围、进度和质量。设计的阶段、进度、质量和设计文件份数;

(3) 勘察、设计取费的依据,取费标准及拨付办法;

(4) 违约责任。

3. 勘察、设计合同应具备的条件

(1) 勘察、设计合同当事人双方应具有法人资格。作为委托方,必须是有国家计划管理部门批准的建设项目,落实投资的企业事业单位、社会组织;作为承包方应当是具有国家批准的勘察、设计许可证,具有经有关部门核准的资质等级的勘察、设计单位。

(2) 勘察、设计合同的订立必须符合工程项目建设程序,应以国家批准的设计任务书或其他有关文件为基础。

4. 勘察合同中发包人、勘察人责任

(1) 发包人责任

1) 发包人委托任务时,必须以书面形式向勘察人明确勘察任务及技术要求,并按规定提供文件资料。

2) 在勘察工作范围内,没有资料、图纸的地区(段),发包人应负责查清地下埋藏物,若因未提供上述资料、图纸,或提供的资料图纸不可靠、地下埋藏物不清,致使勘察人在勘察工作过程中发生人身伤害或造成经济损失时,由发包人承担民事责任。

3) 发包人应及时为勘察人提供并解决勘察现场的工作条件和出现的问题(如:落实土地征用、青苗树木赔偿、拆除地上地下障碍物、处理施工扰民及影响施工正常进行的有关问题、平整施工现场、修好通行道路、接通电源水源、挖好排水沟渠以及水上作业用船等),并承担其费用。

4) 若勘察现场需要看守,特别是在有毒、有害等危险现场作业时,发包人应派人负责安全保卫工作,按国家有关规定,对从事危险作业的现场人员进行保健防护,并承担费用。

　　5) 工程勘察前，若发包人负责提供材料的，应根据勘察人提出的工程用料计划，按时提供各种材料及其产品合格证明，并承担费用和运到现场，派人与勘察人员一起验收。

　　6) 勘察过程中的任何变更，经办理正式变更手续后，发包人应按实际发生的工作量支付勘察费用。

　　7) 为勘察人的工作人员提供必要的生产、生活条件，并承担费用；如不能提供时，应一次性付给勘察人临时设施费用。

　　8) 由于发包人原因造成勘察人停、窝工，除工期顺延外。发包人应支付停、窝工费用；发包人若要求在合同规定时间内提前完工（或提交勘察成果资料）时，发包人应按每提前一天向勘察人支付元计算加班费。

　　9) 发包人应保护勘察人的投标书、勘察方案、报告书、文件、资料图纸、数据、特殊工艺（方法）、专利技术和合理化建议，未经勘察人同意，发包人不得复制、不得泄露、不得擅自修改、传送或向第三人转让或用于本合同外的项目；如发生上述情况，发包人应负法律责任，勘察人有权索赔。

　　10) 本合同有关条款规定和补充协议中发包人应负的其他责任。

　　(2) 勘察人责任

　　1) 勘察人应按国家技术规范、标准、规程和发包人的任务委托书及技术要求进行工程勘察。按本合同规定的时间提交质量合格的勘察成果资料，并对其负责。

　　2) 由于勘察人提供的勘察成果资料质量不合格，勘察人应负责无偿给予补充完善使其达到质量合格；若勘察人无力补充完善，需另委托其他单位时，勘察人应承担全部勘察费用；或因勘察质量造成重大经济损失或工程事故时，勘察人除应负法律责任和免收直接受损失部分的勘察费外，并根据损失程度向发包人支付赔偿金，赔偿金由发包人、勘察人商定为实际损失的____%。

　　3) 在工程勘察前，提出勘察纲要或勘察组织设计，派人与发包人的人员一起验收发包人提供的材料。

　　4) 勘察过程中，根据工程的岩土工程条件（或工作现场地形地貌、地质和水文地质条件）及技术规范要求，向发包人提出增减工作量或修改勘察工作的意见，并办理正式变更手续。

　　5) 在现场工作的勘察人的人员，应遵守发包人的安全保卫及其他有关的规章制度，承担其有关资料保密义务。

　　6) 本合同有关条款规定和补充协议中勘察人应负的其他责任。

5. 设计合同中发包人、设计人的责任

　　(1) 发包人责任

　　1) 发包人在规定的时间内向设计人提交基础资料及文件，并对其完整性、正确性及时限负责。发包人不得要求设计人违反国家有关标准进行设计。

　　发包人提交上述资料及文件超过规定期限 15 天以内，设计人按合同规定的交付设计文件时间顺延；发包人交付上述资料及文件超过规定期限 15 天以上时，设计人有权重新确定提交设计文件的时间。

2）发包人变更委托设计项目、规模、条件或因提交的资料错误，或所提交资料作较大修改，以致造成设计人设计返工时，双方除另行协商签订补充协议（或另订合同）、重新明确有关条款外，发包人应按设计人所耗工作量向设计人支付返工费。

在未签订合同前发包人已同意，设计人为发包人所做的各项设计工作，发包人应支付相应设计费。

3）在合同履行期间，发包人要求终止或解除合同，设计人未开始设计工作的，不退还发包人已付的定金；已开始设计工作的，发包人应根据设计人已进行的实际工作量，不足一半时，按该阶段设计费的一半支付；超过一半时，按该阶段设计费的全部支付。

4）发包人必须按合同规定支付定金，收到定金作为设计人设计开工的标志。未收到定金，设计人有权推迟设计工作的开工时间，且交付文件的时间顺延。

5）发包人应按本合同规定的金额和日期向设计人支付设计费，每逾期支付一天，应承担应支付金额千分之二的逾期违约金，且设计人提交设计文件的时间顺延。逾期超过30天以上时，设计人有权暂停履行下阶段工作，并书面通知发包人。发包人的上级或设计审批部门对设计文件不审批或本合同项目停缓建，发包人均应支付应付的设计费。

6）发包人要求设计人比合同规定时间提前交付设计文件时，须征得设计人同意，不得严重背离合理设计周期，且发包人应支付赶工费。

7）发包人应为设计人派驻现场的工作人员提供工作、生活及交通等方面的便利条件及必要的劳动保护装备。

8）设计文件中选用的国家标准图、部标准图及地方标准图由发包人负责解决。

9）承担本项目外国专家来设计人办公室工作的接待费（包括传真、电话、复印、办公等费用）。

（2）设计人责任

1）设计人应按国家规定和合同约定的技术规范、标准进行设计，按合同规定的内容、时间及份数向发包人交付设计文件。并对提交的设计文件的质量负责。

2）设计合理使用年限为____年。

3）负责对外商的设计资料进行审查，负责该合同项目的设计联络工作。

4）设计人对设计文件出现的遗漏或错误负责修改或补充。由于设计人设计错误造成工程质量事故损失，设计人除负责采取补救措施外，应免收受损失部分的设计费，并根据损失程度向发包人支付赔偿金，赔偿金数额由双方商定为实际损失的____%。

5）由于设计人原因，延误了设计文件交付时间，每延误一天，应减收该项目应收设计费的千分之二。

6）合同生效后，设计人要求终止或解除合同，设计人应双倍返还发包人已支付的定金。

7）设计人交付设计文件后，按规定参加有关上级的设计审查，并根据审查结论负责不超出原定范围的内容做必要调整补充。设计人按合同规定时限交付设计文件一年内项目开始施工，负责向发包人及施工单位进行设计交底、处理有关设计问题和参加竣工验收。在一年内项目尚未开始施工，设计人仍负责上述工作，可按所需工作量向发包人适当收取咨询服务费，收费额由双方商定。

9.4.2 监理合同

1. 监理合同的概念

建设工程监理合同简称监理合同,是指工程建设单位与监理单位就委托的工程项目管理内容签订的明确双方权利、义务的协议。其中,工程建设单位称为"委托人",承担直接投资责任和委托监理业务;监理单位称为"监理人",承担监理业务和监理责任。

根据所签订的监理合同,监理工程师在授权范围内对工程质量、工期、资金使用等方面实施合同履行过程的监督,为房地产开发企业提供服务。

2. 监理合同的特点

房地产开发企业与工程监理单位所签订的监理合同与其他房地产开发工程承包合同的最大不同点在于合同的标的。勘察设计合同、施工合同等合同的标的是产生新的物质成果或信息成果,而监理合同的标的是服务。服务的主要内容是控制工程建设的投资、建设工期和工程质量;进行工程建设合同管理,协调有关单位间的工作关系。

在监理过程中涉及三个方面的主体:房地产开发企业、承包单位和监理单位。房地产开发企业和监理单位签订监理合同,监理单位通过提供服务来获取酬金,不是建筑产品的直接经营者,不承包工程造价,对工程质量的缺陷问题也不负直接责任,仅是对工程质量进行控制和检验。而在施工合同中承包单位是建筑产品的直接经营者,在生产建筑产品过程中通过管理、技术等手段来获取利润。监理合同是房地产开发企业和监理单位之间所签订的明确双方权利、义务的协议,监理工程师通过在监理合同中所授权的范围,对工程的投资、工期、质量等进行控制和监督,并提出合理化建议,该合同不对承包商产生直接约束,监理单位与承包单位之间虽没有直接的合同关系,但监理单位与承包单位之间却存在监理与被监理的关系。

从上述分析来看,监理合同具有服务性、非承包性、非经营性和授权性等特点。

3. 监理合同文本概述

目前,在我国签订建设工程监理合同一般采用《建设工程监理合同(示范文本)》(GF—2012—0202),它是住房城乡建设部、国家工商行政管理总局对原《建设工程委托监理合同(示范文本)》(GF—2000—0202)进行修订制定的。

《建设工程监理合同(示范文本)》(GF—2012—0202)由"协议书"、"通用条件"和"专用条件"三个部分及附录 A、附录 B 组成。附录 A 是"相关服务的范围和内容"、附录 B 是"委托人派遣的人员和提供的房屋、资料、设备"。

(1)"协议书"是一个总的协议,是纲领性文件。其主要内容是当事人双方确认的委托监理工程的概况,包括工程名称、工程地点、工程规模及总投资等;词语的限定、合同签订、生效的时间;双方愿意履行约定的各项义务的承诺,以及合同文件的组成。监理合同文件的组成包括:① 协议书;②中标通知书(适用于招标工程)或委托书(适用于非招标工程);③投标文件(适用于招标工程)或监理与相关服务建议书(适用于非招标工程);④专用条件;⑤通用条件;⑥附录,即附录 A 相关服务的范围和内容、附录 B 委托人派遣的人员和提供的房屋、资料、设备;还包括合同签订后,双方依法签订的补充协议。

(2)通用条件。适用于各类建设工程监理委托,是所有监理工程都应遵守的基本条件。内容包括合同中所有词语定义、监理人义务、委托人义务、违约责任、合同支付、合同生效、变更、暂停、解除与终止、争议解决及其他需要明确的内容等。

（3）专用条件。专用条件是在签订具体工程项目的委托监理合同时，就地域特点、专业特点和委托监理项目的特点，对标准条件中的某些条款进行补充、修改。

4. 监理人、委托人的主要义务

（1）监理人主要义务

除专用条件另有约定外，监理工作内容包括：

1）收到工程设计文件后编制监理规划，并在第一次工地会议前7天内报委托人。根据有关规定和监理工作需要，编制监理实施细则；

2）熟悉工程设计文件，并参加由委托人主持的图纸会审和设计交底会议；

3）参加由委托人主持的第一次工地会议；主持监理例会并根据工程需要主持或参加专题会议；

4）审查施工承包人提交的施工组织设计，重点审查其中的质量安全技术措施、专项施工方案与工程建设强制性标准的符合性；

5）检查施工承包人工程质量、安全生产管理制度及组织机构和人员资格；

6）检查施工承包人专职安全生产管理人员的配备情况；

7）审查施工承包人提交的施工进度计划，核查承包人对施工进度计划的调整；

8）检查施工承包人的试验室；

9）审核施工分包人资质条件；

10）查验施工承包人的施工测量放线成果；

11）审查工程开工条件，对条件具备的签发开工令；

12）审查施工承包人报送的工程材料、构配件、设备质量证明文件的有效性和符合性，并按规定对用于工程的材料采取平行检验或见证取样方式进行抽检；

13）审核施工承包人提交的工程款支付申请，签发或出具工程款支付证书，并报委托人审核、批准；

14）在巡视、旁站和检验过程中，发现工程质量、施工安全存在事故隐患的，要求施工承包人整改并报委托人；

15）经委托人同意，签发工程暂停令和复工令；

16）审查施工承包人提交的采用新材料、新工艺、新技术、新设备的论证材料及相关验收标准；

17）验收隐蔽工程、分部分项工程；

18）审查施工承包人提交的工程变更申请，协调处理施工进度调整、费用索赔、合同争议等事项；

19）审查施工承包人提交的竣工验收申请，编写工程质量评估报告；

20）参加工程竣工验收，签署竣工验收意见；

21）审查施工承包人提交的竣工结算申请并报委托人；

22）编制、整理工程监理归档文件并报委托人。

（2）委托人主要义务

除专用条件另有规定外，委托人的主要义务有：

1）告知

委托人应在委托人与承包人签订的合同中明确监理人、总监理工程师和授予项目监理机构的权限。如有变更，应及时通知承包人。

2）提供资料

委托人应按照附录B约定，无偿向监理人提供工程有关的资料。在本合同履行过程中，委托人应及时向监理人提供最新的与工程有关的资料。

3）提供工作条件

委托人应为监理人完成监理与相关服务提供必要的条件。主要包括：

①按照附录B约定，派遣相应的人员，提供房屋、设备，供监理人无偿使用。

②应负责协调工程建设中所有外部关系，为监理人履行合同提供必要的外部条件。

4）委托人代表

委托人应授权一名熟悉工程情况的代表，负责与监理人联系。委托人应在双方签订本合同后7天内，将委托人代表的姓名和职责书面告知监理人。当委托人更换委托人代表时，应提前7天通知监理人。

5）委托人意见或要求

在合同约定的监理与相关服务工作范围内，委托人对承包人的任何意见或要求应通知监理人，由监理人向承包人发出相应指令。

6）答复

委托人应在专用条件约定的时间内，对监理人以书面形式提交并要求作出决定的事宜，给予书面答复。逾期未答复的，视为委托人认可。

7）支付

委托人应按本合同约定，向监理人支付酬金。

9.5 合同谈判

9.5.1 合同谈判的概念与准备工作

合同谈判是合同双方对是否签订合同以及合同具体内容达成一致的协商过程。合同谈判发生在合同的签订之前，双方通过谈判，进一步明确各自的权利和义务，并形成一致意见，为签订合同做好准备。

合同谈判前的准备工作，通常对合同谈判的成功与否起重要作用。合同谈判前主要有如下准备工作。

1. 资料收集

谈判准备工作中的重要一环就是收集整理有关合同对方及项目的相关资料。对方的资料主要包括对方的资信状况、履约能力、已有业绩等。项目资料包括项目背景、项目进度、项目的资金来源等。这些资料可以在与对方的前期接触的过程中以及相关资料中获得。

2. 具体分析

在获得需要的基础资料后，下一步所进行的工作就是资料分析，其目的是对己方和对方进行充分的了解。

对己方的分析主要是对拟建项目的分析。房地产开发企业必须按照可行性研究的有关规定，对工程水文地质状况、地形条件、项目的经济、社会、环境效益做出比较测算，在此基础上，考察项目的技术、经济可行性，并通过方案比选，确定最佳方案。在开发项目前期工作结束后，项目的技术资料和文件已经具备，开发企业便可进行承包商的选择，即进入工程招标阶段，在确定中标人后，要对即将签订合同的对方即承包方进行分析。

在房地产开发企业对对方的分析中，首先要注意考察承包方的资信能力、履约能力、已完成工程的质量和工期情况等。同时，还要对对方谈判人员进行分析，即了解此次谈判的对方人员组成以及他们的身份、职位、性格、喜好、特长、弱点等，并通过对这些情况的了解和分析，力求与对方建立良好的关系，为合同谈判创造有利的氛围。

在对己方、对方的基本情况分析完成后，还必须分析此次谈判双方的优劣势。在具体谈判中要注意利用己方的优势，避免己方的劣势，同时抓住对方的劣势，在适当的时机进行重点攻击，对对方的优势要尽量回避。

3. 谈判方案的拟定

在完成己方、对方的分析基础上，总结出谈判双方的共同利益，在哪些方面已达成共识，在哪些方面还存在分歧，据此，拟定谈判初步方案，并确定谈判的重点，以及在谈判过程中需要运用的一些策略和技巧。

9.5.2 合同谈判策略

合同谈判是双方智力的较量。对一方而言，谈判的重要目的之一是使对方承诺自己一方的要约，或否定或修正对方提出的对自己一方不利的要约，从而减少自己一方的风险。在谈判中，发生争论、争执、冲突、僵持、投机、利用等都是存在的，因此谈判人员要使用娴熟的技巧，制定出应付各种情况的策略，掌握谈判中的主动权。合同谈判中常用的策略有：低姿态策略、高姿态策略、时机性策略、最后一分钟策略、"a＋b＝c"策略、条件互换策略、"吊胃口"策略、运用代理人策略等。值得指出的是由于合同谈判是双方博弈的过程，很难说这些策略技巧是为谈判的某一方而不是另一方提供的。

1. 低姿态策略

该策略是以低姿态出现的一方先亮出某些优惠条件，以吸引对方，然后，通过谈判，讨价还价，逐步强硬，从而达到预期目标。

在房地产开发工程承包活动中，开发企业与承包企业之间的关系是商业交易中的买主和卖主之间的关系。这里，承包企业为开发企业提供承建开发项目的服务，因而是卖主，开发企业则是购买服务的买主。作为买主的开发企业总是想以最低价成交，而作为卖主的承包企业则总是想获得最高价。同其他商业交易一样，工程承包这种经营活动也存在着买主与卖主之间的供求关系。在供大于求的买方市场中，作为卖方的承包企业往往采取卖方低姿态策略，即承包方把工程中的一些难题，如特殊基础、特殊工程量等花钱最多的地方抛开，将标价降至无法与之竞争的数额（在报价单中加以注解），利用最低标价来吸引买方（开发企业），从而取得商谈的机会，然后通过谈判，不断加价。如在国际工程承包活动中，有两家承包商即 A 承包商和 B 承包商，A 承包商采取固定报价，标价 4 亿美元；B 承包商只报了 2.75 亿美元，于是业主与 B 承包商谈判，把 A 承包商放在一边。但在技术谈判中，B承包商又不断借故加价，由于业主失去了与A承包商接触的机会，最后只得以超过4亿美元的价格与B承包商成交。

类似地，在求大于供的卖方市场中，作为买方的开发企业也可采取买方低姿态策略，即买方先向卖方（承包企业）提出优惠价格或交易条件，吸引对方，并通过谈判，迫使卖方在缺乏选择买方的条件下成交。当然在房地产开发工程承包经营活动中，出现卖方市场的情况很少。

2. 高姿态策略

即在谈判一开始就以强硬姿态出现，哪怕是区区小事，也不轻易让步。这样做的目的是将有限的谈判时间消耗掉，同时由于态度强硬，在心理上削弱对方的信心，让对方感觉到，我方连一点小事都不让步，其他的更高要求也就没必要提了，从而使谈判对手在讨价还价中自我退却。

3. 时机性策略

即谈判者等待、利用和掌握时机，达到谈判的预期目的。时机性策略的主要类型有：

（1）等待时机的策略

指在条件未成熟或在不利情况下，需要等待机会或有利条件的策略。其策略技巧常有：忍耐，以免直接冲突；沉默，对问题不急于表态；测试，通过一定渠道送出信息以试探对方的反应；拖延，等待时机的转变。

（2）不利时机的策略

对自己明显不利，需要一定时间才能扭转局面甚至不能扭转时的策略。其策略技巧常有：对谈判问题的范围、方式设立限制，避开不利问题；假装撤退，实际仍在行动以创造条件；不动声地退却等。

（3）有利时机的策略

抓紧有利时机取得成功的策略。其策略技巧有：出其不意、突然袭击，使对方就范；以让为进，使对方作更大让步；造成事实，牵制对方；以限期达成协议要挟对方，如说另有重要任务，或另找合作对象等，从而迫使对方接受。

4. "最后一分钟"策略

指双方谈判进行到差不多时，要求对方同意最后一个条件或作进一步让步，我方就签字，否则不能成交。这是日本人常用的策略。运用该策略应注意谈判已进行到一定的深度，此时对方一般不会因双方争执不下而导致谈判失败，否则对方很快就会感到失望，以致谈判可能很快破裂。当然，遇到对方运用"最后一分钟"策略时，不要轻易同意，防止上当，要强调我方不能接受对方的种种理由，最后多用折衷办法解决；或者态度强硬、针锋相对，即使谈判破裂，也不接受。例如我国一代表团在日本与日方一家企业就某项工程进行商业谈判，在谈判接近尾声时，日方又提出一条件要求我方接受，此时我方谈判成员已购回国机票，时间不允许与日方进一步讨价还价，若不接受日方最后一个条件，谈判就可能破裂，我们将白白浪费时间和旅差费。当时，我方谈判人员心理上很矛盾。但我方没有轻易表示同意，经过分析，日方可能在运用"最后一分钟"策略，因此我方采取坚决不让步的策略。最后在我方代表临上飞机时，日方代表打电话到机场，表示撤回最后一个条件，这样双方成交。

5. "a＋b＝c"策略

即已知 a 和 c，利用公式 a＋b＝c 求出 b，这个极为简单的数学公式，在合同谈判中常常被发包方用来摸承包方的底。当发包方收到承包方的报价 c 后，还要求承包方另报一个子项价 a。一般地，a 的变化幅度较大，发包方难以掌握；而剩下的 b 较易确定，如施工企业的管理费。a、b、c 三项价格之间存在着一定比例关系和制约关系。发包方掌握了其中两项报价，就可推算出第三项价格。若发现承包方的各项报价出现矛盾，a＋b＝c 不平衡时，发包方就可用承包方的某项价格来压服承包方降低另一项价格。承包方由于理屈，无法解释，只好接受发包方的条件。

6. 条件互换策略

即谈判双方以条件互换或作出适当让步，以达到目的的策略。再强硬的买主或卖主，在经济谈判中，不作出让步而使谈判成功几乎是不可能的。但是，如何让步，则有其策略技巧，常用的有：调和折衷，对等让步，主次条件互换，高起点、慢让步等。

(1) 调和折衷

是指当双方就某个问题谈判到一定程度以后，虽然各方都体现了一些让步，但并没有达成协议。这时只要各方再作一点让步，就很快拍板成交，让步的方式往往采用调和折衷。如关于价格问题，采用调和折衷策略时应注意两点。

1) 不要过早地提出折衷，过早地提出折衷，往往意味着过早让步，且让步幅度大，其结果是己方吃亏。

2) 折衷价不能与期望值相差过大，在谈判过程中，谈判人员都有一个期望目标，就合同价格而言，则是期望价格。有时谈判对手出价狠，如日本人，若他们作为买方时，把价格压得很低；若他们作为卖方时，把价格提得很高，这样与本方的期望价差距较大。因此不得轻易采用调和折衷策略，应等待时机成熟后提出。

(2) 对等让步

是指自己一方准备就某些条件作出让步时，要求对方也作出相应让步。同调和折衷一样，轻易让步是不可取的，必须把对方让步作为己方让步的前提条件。

(3) 主次条件互换

是指自己次要条件的让步，以换取达到主要目的的策略。为此，在谈判中有意识地扩大谈判范围和谈判对象，提出多个备择方案，通过这种散射方式为选择最佳方案打好基础，从而达到谈判的目的。

(4) 高起点、慢让步

高起点是指谈判的起点条件高，就合同价格而言，作为卖主开价高，作为买主开价低；慢让步是指在谈判过程中，让步速度越来越慢，且让步幅度越来越小。如卖方打算降低 100 元，第一次降 50 元，第二次降 25 元，第三次降 15 元，第四次降 10 元。由于开始降价幅度大，表明卖方有诚意，谈判一开始就能吸引对方。但随着谈判的深入，卖方降低的幅度越来越小，随即增加谈判的复杂性和艰苦性。尽管如此，这种高起点、慢让步的策略在商业谈判中常常被采用。

7. "吊胃口"策略

这也是谈判中常用的一种心理战术，以此促进对方让步成交。通常的做法是通过展望今后合作前景，即吊对方胃口，使对方感到这次让步是小失，将来还有大利可图。如佯称

"我公司业务范围广,开发项目多,若此次合作愉快,以后我们双方建立起长期合作关系。"

8. 运用代理人策略

即法人代表不亲自出马谈判,而是委托代理人代表自己与对方谈判。对于代理人授权,可授予全权或授予部分权利,代理人应在自己的权限范围内工作,不得超过赋权范围,自作主张。谈判的过程和结果应及时向委托人汇报、请示,经委托人同意后才能签约。一般来说,委托人只委托代理人谈判成交,签约则由委托人本人负责。运用代理人策略的特点在于:当委托人对合同谈判标的的技术和经济业务不太熟悉时,请经验丰富的代理人谈判,可更好地保证己方的利益;代理人在谈判的第一线,对委托人而言是一种缓冲作用,这样委托人可以冷静地考虑对策。当然这种谈判方式的工作效率往往没有委托人直接参与谈判的工作效率高。

当主要负责人亲自出马谈判时,也要注意对方所提出的各种要求,不应急于表态。最好让副手到前台主谈,自己则坐下来冷静思考,寻找机会。若主要负责人发言滔滔不绝,急于表明意见,往往容易被对方钻空子,同时不能发挥其他人的临场作用。对于那些显示自己有决定权的人,若被对方看破,可能被对方吹捧几下,说几句赞扬的话后就会头脑发热,同意让步。

合同谈判策略是在实践中总结提炼出来的,同样,要掌握各种谈判策略,必须通过不断地实践,做到熟能生巧。这是因为,合同谈判是人与人打交道,是当事人双方斗智的过程,情况多样,关系复杂,仅凭读几本谈判技巧的书,背几条策略技巧是不行的,要在学习有关谈判理论的基础上不断地实践,这样才能真正提高谈判水平。

复习思考题

1. 简述房地产开发合同的概念及类型。
2. 试述房地产开发工程承包合同的特征、作用?
3. 简述施工合同、勘察和设计合同的主要内容。
4. 合同价款有哪几种计价方式?
5. 简述谈判常用的策略,结合你工作实际分析其中的一种或几种。
6. 什么是公证和鉴证,两者之间有什么区别?
7. 监理人、委托人的主要义务有哪些?

10 房地产开发项目的工程建设管理

房地产开发项目的工程建设管理的涵义有广义和狭义之分。广义的工程建设管理指从项目决策到项目建成交付使用的全过程管理;狭义的工程建设管理指项目在施工建造阶段的管理。本章指后者而言。

房地产开发项目的工程建设阶段是房地产开发中的一个重要的管理阶段。在此阶段,开发者的意图将得以实质性地实施,设计的蓝图将变成现实。虽有资料表明对房地产开发项目经济效益影响最大的是项目的策划、可行性研究、决策及设计等前期工作,但开发项目总投资的70%以上是在这个阶段投入的,工程质量也是在这个阶段形成的。其投资速度、工程质量、建设工期将直接影响到该项目投资目标的实现。因此,必须对开发项目的工程建设给予高度重视。

10.1 房地产开发项目工程建设的组织与管理方式

10.1.1 房地产开发项目工程建设的组织方式

1. 自建

所谓自建,是指房地产开发企业自己组织施工队伍,自己配备或租用施工机械,自己采购材料,自己组织施工完成开发项目的工程建设。这种方式的好处是有利于开发企业对项目开发全过程的统一领导,对工程建设的质量、投资、工期的控制比较主动,易于管理,但自建方式需要开发企业大量的财力、物力装备施工队伍,花大量的精力管理施工队伍,对于经营管理型的开发企业并非是易事,且不值得。加之开发项目的不均衡性、开发类型的多变性,不是施工力量不足就是施工任务不足,不是技术装备不相称就是技术水平不相称,不能借助专业化施工、社会化协作的优势,常常导致施工成本上升、施工质量下降。所以采用这种实施方式的开发企业主要是兼营房地产开发业务的建筑企业。这类企业具有自建开发项目的能力,经济上也合算。除此之外采用自建方式的开发企业并不多。

2. 委托施工

委托施工是开发企业将拟建工程通过招标、协商等办法委托给具有一定资质的建筑安装企业。委托的方式有完全委托和部分委托之别，即习惯上称的工程总承包和工程部分承包。

（1）工程总承包

工程总承包是开发企业把开发项目工程设计文件所包含的全部内容都一起委托给建筑承包商去完成，包括建筑材料和房屋设备的采购工作，这种承包方式可以减少开发企业许多具体工作。开发企业的工程建设施工管理工作就可放在检查监督上，可以减少管理力量的投入。这在国际上是最常用的工程施工组织方式。但在建筑市场初建的中国，市场行为尚不规范，建材设备市场还比较乱，工程一旦总承包给一家建筑承包商之后，可能被肢解分包，也可能出现材料设备以次充好、以劣代优、导致工程质量和工期失控的情况。

（2）工程部分承包

我国建筑市场上的工程承包大多是指工程部分承包，这是一种承包内容比较灵活的承包方式；可以只承包基础工程，也可以承包主体结构工程、安装工程或装修工程；可以只包工不包料，也可以包除主材之外的所有工料。这种委托施工方式，开发企业具有较大的主动权，可视条件灵活处置，把形成质量的关键要素控制在自己手中。但队伍之间、工种之间扯皮多，协调的工作量大，材料设备采购不仅工作量大，而且专业要求也高，往往给开发企业的工程建设管理工作增加了难度。

工程部分承包方式在我国建筑市场中采用最为普遍。

10.1.2　房地产开发项目工程建设阶段的管理模式

房地产开发项目进入工程建设阶段后，开发企业对项目的管理可以有两种模式，一是自行管理，一是委托管理，现分述于下。

1. 自行管理

房地产开发企业自行组织工程建设管理班子进驻施工现场，直接行使业主的全部职权，对开发项目的施工质量、工程进度、建设投资进行控制，有的还负责主材和房屋设备的采购工作。这种模式在我国房地产开发中采用得较为普遍，其原因有三：首先是我国许多房地产开发企业组建于计划经济时代，当时的房地产开发工作立项照计划，分配按计划，只有工程建设过程的管理是重头戏，因此，这些企业一开始就配备了较强的专业技术力量，对工程建设过程进行管理；其次是一些房地产开发企业认为自己聘请专业技术人员进行工程建设过程管理比较经济，比较放心；再次，我国工程建设咨询服务业以及工程总承包都起步较晚，其作用显露还需要时日。

自行管理开发项目的工程建设过程在当前条件下，其权威性更容易得到施工单位的承认，开发企业的意图也更容易得到贯彻。但一个好的工程建设管理班子应是专业配套、结构合理、经验丰富的智力型群体，每个开发企业都要拥有这样的群体并非易事，且不经济。就整个行业而言，专门人才需求量增大，而利用率下降。即使是大型房地产开发企业，也难免有开发淡季，更何况中小型房地产开发企业，这种自行管理的结果是造成专业人才资源的浪费和管理成本的提高。

2. 委托管理

委托管理是国际上工程建设中惯用的管理模式。我国工程建设监理制的推行为委托管理模式的发展提供了保证。

开发项目工程建设阶段的委托管理是把已经取得开工许可证的工程委托给有资格的工程建设咨询管理公司（我国称为工程建设监理公司），对工程建设过程实施管理。从施工管理有效性的角度，这种委托应含施工招标；从工程建设管理有效性的角度，这种委托应始于设计招标；从项目投资管理有效性的角度，这种委托应包括项目策划、可行性研究、设计管理及施工管理。

委托管理是一种由项目法人、监理单位和承建单位组成的三元管理体制。工程项目建设的投资使用和建设的重大问题实行项目法人负责制（即类似于过去的项目业主负责制）；项目建设阶段监督管理工作则由第三方监理单位负责，并实行总监理工程师负责制；工程施工实行项目经理负责制。在工程项目建设上，开发企业担当的是项目法人的角色，与建设监理单位之间是委托与被委托、授权与被授权的关系。开发企业委托建设监理单位实施监理的内容及其深度、广度可以是不同的；对建设监理单位授予的权力也可以是不同的。两个平等的、相互独立的主体之间的关系最后要以监理委托合同的形式予以确立。建设监理单位根据开发企业的委托与授权，依据建设行政法规、技术标准、政府批准的项目有关文件和依法成立的合同，综合运用法律、经济、行政和技术手段，对工程建设参与者的行为和他们的责、权、利进行必要的协调与约束，确保建设行为的合法性、科学性、合理性和经济性，以实现工程建设质量好、工期短、投资省的目标，取得最佳的投资效益。在我国，是把建设监理作为工程建设领域的一项新制度来实行的，即工程建设必须实行建设监理。建设监理单位属于智力密集型的高智能、专业化的企业，以自身的科学技术和工程实践经验为工程建设提供智力服务，并向开发企业收取相应的监理酬金。

开发项目实行建设监理，有了建设监理单位之后，对开发企业来说，意味着开发企业不再与设计和施工单位直接打交道，而是透过监理方来进行，原来所承担的项目管理、组织、控制、协调等大量工作，也大都交与监理单位负责，特别是一些具体细致的工作和现场工作。这样，开发企业再维持一套项目管理班子就没必要了。因此同监理制的实行相联系，根据委托和授权的情况，要调整建立相适应的项目组织结构，人员可以大大精简，但是合适的组织结构和组织关系还是必要的，这是确保建设监理发挥作用的重要前提。如外部关系的协调，明确项目的甲方代表（开发企业代表），工程上重大问题的决策机制，工程支付控制，以及对监理单位监理工作的检查、考核与督促等。工程建设实行建设监理在我国还是全新的开始，工程项目管理组织结构作何调整、怎么调整，需要认真地去探索和总结。

10.2 房地产开发项目工程建设进度控制

10.2.1 进度控制的概念

进度控制是指对开发项目工程建设阶段的工作内容、工作程序、持续时间和衔接关系编制计划，将该计划付诸实施，在实施的过程中经常检查实际进度是否按计划要求进行，对出现的偏差分析原因，采取补救措施或调整、修改原计划，直至工程竣工，交付使用。进度控制的最终目的是确保项目进度目标的实现，进度控制的总目标是建设工期。

由于项目的工程建设具有庞大、复杂、周期长、相关单位多等特点，因而影响进度的因素很多。可归纳为人的因素，技术因素，材料、设备与构配件因素，机具因素，资金因素，水文、地质与气象因素，其他环境、社会因素以及其他难以预料的因素等。其中人的因素影响最多。如：计划不周，导致停工待料和相关作业脱节，工程无法正常进行；图纸供应不及时、不配套或出现差错等等。

产生各种影响因素的原因可分为三大类：

（1）错误地估计了项目的特点及项目实现的条件，包括过高地估计了有利因素和过低地估计了不利因素，对项目风险缺乏认真分析。

（2）项目决策、筹备与实施中各有关方面工作上的失误。

（3）不可预见事件的发生。

项目进度受上述这些因素的影响，要有效地进行进度控制，就必须对影响进度的各种因素进行全面的分析和预测。开发企业需事先对影响进度的各种因素进行调查，预测它们对进度可能产生的影响，编制可行的进度计划，指导开发工作按计划进行。然而在执行过程中，必然会出现新的情况，难以按照原定的进度计划执行。这就要求人们在执行计划的过程中，不断进行检查，将实际情况与计划安排进行对比，找出偏离计划的原因，特别是找出主要原因，然后采取相应的措施。措施的确定有两个前提，一是通过采取措施，维持原计划，使之正常实施；二是采取措施后不能维持原计划，要对进度进行调整或修正，再按新的计划实施。这样不断地计划、执行、检查、分析、调整计划的动态循环过程，就是进度控制。

对于进度工作，应明确一个基本思想：计划不变是相对的，而变是绝对的；平衡是相对的，不平衡是绝对的。要针对变化采取对策，定期地、经常地调整进度计划。

10.2.2　进度控制的计划系统及表示方法

1. 进度控制的计划系统

（1）开发项目前期工作计划

前期工作计划是指对可行性研究、设计任务书及初步设计的工作进度安排，通过这个计划，使建设前期的各项工作相互衔接，时间得到控制。计划表格如表10-1所示：

前期工作形象进度计划表　　　　　　　　　表10-1

项目名称	建设性质	建设规模	可行性研究		设计任务书		初步设计	
			进度要求	负责单位负责人	进度要求	负责单位负责人	进度要求	负责单位负责人

（2）开发项目工程建设总进度计划

它是指初步设计被批准后，编制年度计划以前，根据初步设计，对工程项目从开始建设至竣工交付使用全过程的统一部署，以安排各单项工程和单位工程的建设进度，合理分配年度投资，组织各方面的协作，保证初步设计确定的各项建设任务的完成。它是编制年度计划的依据。

其组成包括：

1) 文字部分；
2) 工程项目一览表（表10-2）；
3) 工程项目总进度计划（表10-3）；
4) 投资计划年度分配表（表10-4）；
5) 工程项目进度平衡表（表10-5）。

工程项目一览表　　　　　　　　　　　　　　　表10-2

单项工程和单位工程名称	工程编号	工程内容	概算数（千元）						备注
			合计	建筑工程费	安装工程费	设备购置费	工器具购置费	工程建设其他费用	

工程项目总进度计划表　　　　　　　　　　　　表10-3

工程编号	单项工程和单位工程名称	工程量		××××年				××××年				……
		单位	数量	一季	二季	三季	四季	一季	二季	三季	四季	…

投资计划年度分配表　　　　　　　　　　　　　表10-4

工程编号	单项工程名称	投资额	投资分配（万元）				
			年	年	年	年	年
：							
	合计： 其中：建安工程投资 　　　设备投资 　　　工器具投资 　　　其他投资						

工程项目进度平衡表　　　　　　　　　　　　　　　　　　　　　　表 10-5

工程编号	单项工程和单位工程名称	开工日期	竣工日期	要求设计进度			要求设备进度			要求施工进度			道路、水、电接通日期				
				交付日期		设计单位	数量	交货日期	供应单位	进场日期	竣工日期	施工单位	道路通行日期	供电		供水	
				技术设计	施工图	设备清单									数量	日期	数量	日期

在此基础上，分别编制综合进度控制计划，设计工作进度计划，采购工作进度计划，施工进度计划，验收和交付使用进度计划等。

(3) 开发项目年度计划

年度计划既要满足工程建设总进度的要求，又要与当年可能获得的资金、设备、材料、施工力量相适应。年度计划包括以下内容：

1) 文字部分
2) 表格部分，其中有：
① 年度计划形象进度表（表 10-6）；
② 年度竣工投产交付使用计划表（表 10-7）；
③ 年度建设资金平衡表（表 10-8）；
④ 年度设备平衡表（表 10-9）。

年度计划形象进度表（投资：万元；面积：m²）　　　　　表 10-6

工程编号	单项工程名称	开工日期	竣工日期	投资额	投资来源	年初已完			本年计划							年末形象进度	建设条件落实情况		
						投资额	其中建安工程投资	其中设备投资	投资			建筑面积					施工图	设备	材料	施工力量
									合计	其中建安工程投资	其中设备投资	新开工	续建	竣工					

年度竣工投产交付使用表（投资：万元；面积：m²）　　　　　表 10-7

工程编号	单项工程名称	总规模				本年计划完成				
		建筑面积	投资额	新增固定资产	新增生产能力	竣工日期	建筑面积	投资额	新增固定资产	新增生产能力

年度建设资金平衡表（单位：万元）　　　　　　　　表 10-8

工程编号	单项工程名称	本年计划投资	动员内部资金	为以后年度储备	本年计划需要资金	资金来源			
						预算拨款	自筹资金	基建贷款	……

年度设备平衡表　　　　　　　　表 10-9

工程编号	单项工程名称	设备名称规格	要求到货		利用库存	自 制		已订货		采购数量
			数量	时间		数量	完成时间	数量	完成时间	

这些计划之间是相互关联的，是为了一个目的——控制项目的进度而编制的。因此，应把它们联系起来，视为一个系统来看待，即项目进度控制的计划系统。计划系统的思想应贯穿在计划的编制、执行和调整的全过程中。除此之外，计划系统的思想还表现在，项目其他参与各方（设计单位、施工单位、监理单位、材料物资供应单位等），围绕开发企业的进度计划，分别编制本单位的进度计划，并按各自计划实施。因而，各单位进度计划的控制实施必须是相互衔接和联系的，这样才能保证进度控制总目标的实现。

2. 进度计划的表示方法

进度计划的表示方法主要有两种：横道图和网络图。

（1）横道图

横道图是指计划任务中各个子项目均以一条横道表示的进度图表。图 10-1 为分成两个施工段的某一基础工程施工的用横道图表示的进度计划。

（2）网络图

网络图是由箭线和节点组成的，用来表示工作流程的有向、有序网状图形。按照表示工作的符号不同，网络图分为双代号（箭线式）和单代号（节点式）网络图两种。

1）双代号网络图，是以箭线或其两端节点编号表示工作的网络图。如果工作的持续时间以数字形式标注在箭线下面，被称为双代号标时网络图（图 10-2）。如果工作的持续时间以时间坐标为尺度绘制的则称为双代号时标网络图（图 10-3）。

2）单代号网络图，是以节点或节点编号表示工作的网络图（图 10-4）。

横道图虽简单明了，容易理解、绘制，但不能很清晰、严格地反映出各个工作之间的相互依赖、相互制约的关系。网络图则能很清晰、严格地反映出各个工作之间的相互依赖、相互制约的关系，并可使用计算机来进行绘制、计算、优化、调整，是一种先进的、通用的进度控制技术。

10.2.3　网络计划的优化

网络计划的优化是在一定的约束条件下，按既定的目标对网络计划进行不断检查、评价、调整和完善的过程。

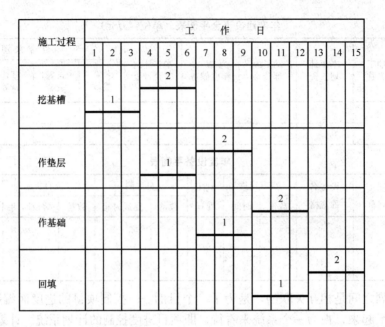

图 10-1　用横道图表示的进度计划

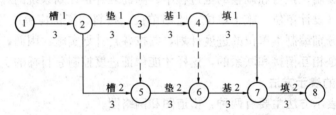

图 10-2　用双代号标时网络计划表示的进度计划

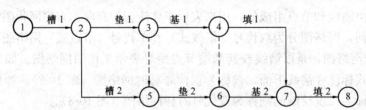

图 10-3　用双代号时标网络计划表示的进度计划

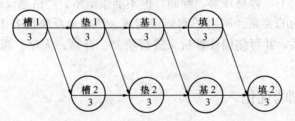

图 10-4　用单代号网络计划表示的进度计划

网络计划的优化有工期优化、费用优化和资源优化三种。

1. 工期优化

工期优化是压缩计算工期,以达到要求工期目标,或在一定的约束条件下使工期最短的过程。

工期优化一般是通过压缩关键工作的持续时间来实现的。

2. 费用优化

费用优化又叫时间成本优化,是寻求最低成本时的工期安排。

网络计划的总费用由直接费用和间接费用组成,其中直接费用随工期的延长而减少,间接费用随工期的延长而增加,如图10-5所示。这样,网络计划的总费用在一定范围内会随工期的延长而减少,当超过某一界线后,又会随工期的延长而增加。因而必定有一个总费用最少的工期,这就是费用优化所寻求的目标。

3. 资源优化

资源是为完成任务所需的人力、材料、机械设备和资金等的统称。完成一项工程任务所需的

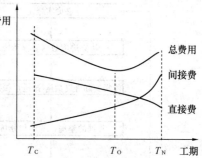

图10-5 工期与费用的关系

T_C—最短工期;T_N—正常工期;T_O—优化工期

资源量基本上是不变的,不可能通过资源优化将其减少。资源优化是通过改变工作的开始时间,使资源按时间的分布符合优化目标。通常资源优化主要有"资源有限,工期最短"优化和"工期固定,资源均衡"优化两种。

(1)"资源有限,工期最短"优化

是通过调整网络计划安排,以满足资源的限制条件,并使工期的延长值为最小。

(2)"工期固定,资源均衡"优化

是在工期不变的条件下,通过调整工作的开始时间,使资源分布尽量均衡,即在资源需要量动态曲线上,尽可能不出现短时期的高峰和低谷,力求使每天的资源需要量接近于平均值。

10.2.4 进度计划实施中的监测与调整

制定一个科学、合理的工程建设进度计划是实现进度控制的一个首要前提。然而,在项目实施过程中,由于外部环境和条件的变化,进度计划的编制者很难事先对项目在实施过程中可能出现的问题进行全面的估计。气候的变化,意外事故以及其他条件的变化等都会对工程进度计划的执行产生影响,往往造成实际进度与计划进度发生偏差,如果这种偏差不得到及时的纠正,进度总目标的实现必将受到影响。为此,在项目进度计划的执行过程中,必须采取系统的进度控制措施,形成健全的进度报告采集制度并以此来收集数据,采用有效的监测手段来发现问题以及应用行之有效的进度调整方法来解决问题。

1. 工程进度监测与调整的过程

(1)工程进度监测的系统过程

项目进度监测的系统过程见图10-6。其间主要的工作有:

1)进度执行中的跟踪检查,即在工程进度计划执行过程中,通过报表或实地检查等

形式，定期或不定期地收集反映实际工程进度的有关数据；

2) 对收集的数据进行整理、统计和分析；

3) 实际进度与计划进度的对比，通常可利用表格形成各种进度比较报表或直接绘制比较图形来直观地反映实际与计划的差距。通过比较了解实际进度比计划进度拖后、超前还是与计划进度一致。

(2) 工程进度调整的系统过程

项目进度调整的系统过程见图 10-7。其间的主要工作有：

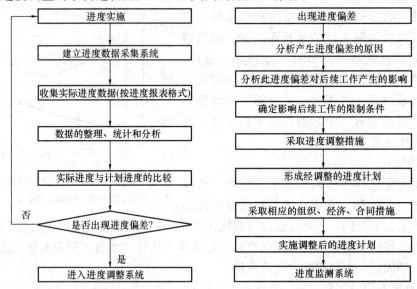

图 10-6 工程建设进度监测系统过程　　图 10-7 工程建设进度调整系统过程

1) 分析产生进度偏差的原因；

2) 分析偏差对后续工作的影响；

3) 确定影响后续工作和总工期的限制条件；

4) 采取进度调整措施；

5) 实施调整后的进度计划。

2. 实际进度与计划进度的图形比较方法

(1) 横道图比较法

横道图比较法是一种反映实施进展状况的方法，它是将项目实施过程中所观测到的实际进度用横道线直接绘于计划的进度图表上，并将实际进度与计划进度直观比较。根据横道图特点和绘制方法的不同，横道图比较法有三种不同的形式。

1) 匀速施工横道图比较法

当工程建设中各项工作是匀速进行的，即某项工作在单位时间内完成的工作量相同(或工作量完成的百分比相同)时，可采用此形式：首先按要求画出表示某工作进度计划的横道线，然后按相同的比例在其下方画出反映实际进度的横道线（涂黑部分），到规定的检查日期，即可对二者进度进行比较。如图 10-8 所示。若反映实际进度的横道线右端点在检查日期左侧，则表示实际进度拖后；反之，则表示超前。另外，根据检查日期与实际进度横道线端点差距的大小，可知进度提前或拖后的大小。

2）双比例单侧横道图比较法

当工程建设的各项工作是非匀速进行的，即某项工作在单位时间内完成的工作量不相等（或工作量完成的百分比不相同）时，可采用此种形式：首先画出反映某项工作进度计划的横道线，并在其上方标

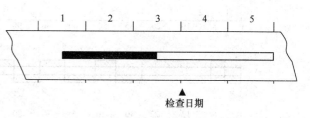

图 10-8　匀速施工横道图比较图

出不同时刻按计划累计应完成工作量的百分比；然后将反映该项工作的实际进展的横道线画在原计划横道线下方（涂黑部分），并标出不同时刻实际累计完成工作量的百分比。到检查日期，只需将计划累计完成工作量与同一位置处实际累计完成工作量进行对比，即可知道进度的实际进展情况。如图 10-9 所示。

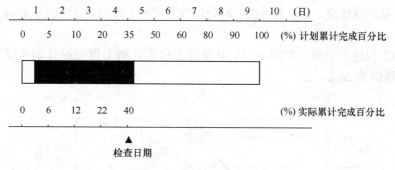

图 10-9　双比例单侧横道图比较图

3）双比例双侧横道图比较法

这是在第二种形式的基础上加以补充和完善而形成的。因为第二种形式仅是累计完成情况的比较，并不能反映出每个时间区段内工作量的完成情况，如有可能总进度提前，但某个月可能工作量又未能按计划完成，反之亦然。采用双比例双侧横道图比较法的具体做法是：首先画出反映某项工作进度计划的横道线，并在其上方标出不同时刻按计划累计应完成工作量的百分比；然后在进度计划实施中，将反映该项工作的实际进度的横道线画在原进度计划横道线下方（涂黑部分），但此时不是连续地画出横道线，而是按每一检查周期上下交替地画出，这些相互交替的横道线段长度是根据其下方坐标实际的工作完成量按比例画出的。这样，就能更加精确地描述实际工作的进展情况。如图 10-10 所示。

(2) S 型曲线比较法

在 S 型曲线中，横坐标表示时间，纵坐标表示累计完成工作量百分比（R）。因为一般工程的图形是中间陡而两头平缓的形如"S"的曲线，故得此名。

如同横道图，S 型曲线也能直观反映工程项目的实际进展情况。首先根据进度计划安排画出计划的 S 型曲线，在项目实施过程中，每隔一定时间再将实际进展情况按同样方法绘制在原计划的 S 型曲线上进行直观比较，通过比较，可以获得以下一些信息：

1）实际工程进展速度。如果按实际工程进展描出的点落在原计划的 S 型曲线左侧，则表示此刻实际进度比计划进度超前；反之，表示滞后。如图 10-11 中 a 点为提前，b 点为滞后。

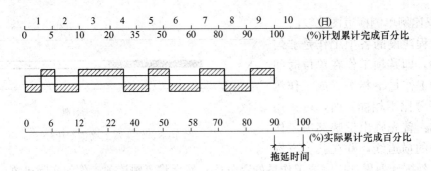

图 10-10　双比例双侧横道图比较图

2）进度超前或拖延的时间。Δt_a 表示 t_a 时刻进度超前的时间，Δt_b 表示在 t_b 时刻进度拖延的时间。

3）工作量完成情况。$\Delta Y'_a$ 表示在 t_a 时刻超额完成的工作量，$\Delta Y'_b$ 表示 t_b 时刻拖欠的工作量。

4）后期工程进度预测。如图 10-11 中虚线表示若后期工程按原计划速度实施，总工期拖延的预测值为 Δt_c。

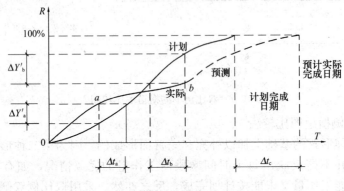

图 10-11　S 型曲线比较图

（3）香蕉曲线比较法

当按进度计划绘制 S 型曲线时，各项工作既可都按最早开始时间进行，也可都按最迟开始时间进行，两种情况都能保证工程项目工期目标的实现。这样就会得到两条不同的 S 型曲线，形如香蕉，故得此名，如图 10-12 所示。均按最早开始时间安排进度所绘制的

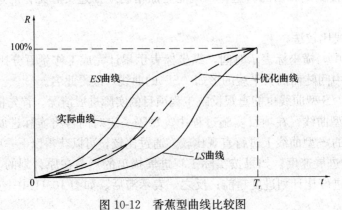

图 10-12　香蕉型曲线比较图

S 型曲线，简称 ES 曲线；均按最迟开始时间安排进度所绘制的 S 型曲线，简称 LS 曲线。除开始点和结束点外，ES 曲线上其余各点均落在 LS 型曲线的左侧，某时刻两条曲线各对应完成的工作量是不同的。

在工程实施过程中，理想的状况是任一时刻按实际进度描出的点应落在这两条曲线所包的区域内，并尽可能靠近优化曲线，这样就说明工程进度是在控制范围内。若落在 ES 曲线上方（左侧），说明实际工程进度超前了；若落在 LS 曲线下方（右侧），说明实际工程进度拖后了，预定的工期目标会完不成。

另外，还有前锋线比较法、列表比较法等多种比较方法。

3. 工程进度计划实施中的调整方法

当出现进度偏差时，需要分析此种偏差对后续工作产生的影响。偏差的大小和此偏差所处的位置，对后续工作及总工期的影响程度是不相同的。进度控制人员需针对不同影响采取相应的进度调整措施，以便获得新的进度计划并用于指导项目的实施。分析的方法主要是利用网络图中总时差和自由时差来进行判断。具体的判断分析过程如图10-13 所示。

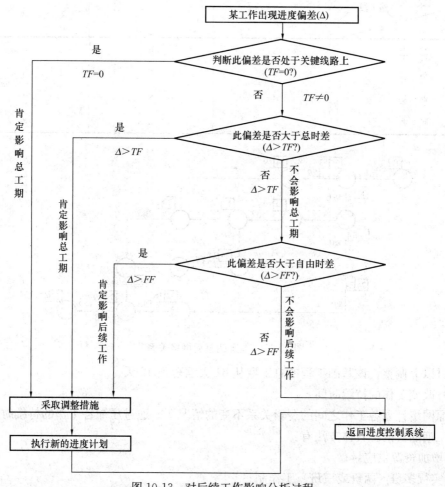

图 10-13　对后续工作影响分析过程

进度调整的方法主要有两种：

(1) 改变工作间的逻辑关系

此种方法主要是通过改变各工作间的先后顺序及逻辑关系来实现缩短工期。

【例 10-1】 某基础工程施工包括挖土、垫层、砌基础和回填土四个施工过程，各项施工过程的持续时间分别为 20、16、15 和 10 天。如果采用分别施工方式，则网络计划如图 10-14 所示。

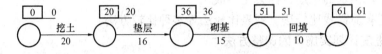

图 10-14　网络关系

为了缩短该基础工程施工的工期，可将各施工过程根据可能的施工面划分成三个施工段组织流水作业，各工作的持续时间如表 10-10 所示。每一施工过程的持续时间仍保持不变，但逻辑关系已经改变，其网络计划如图 10-15 所示。

持续时间表　　　　　　　　　　　　　　表 10-10

施工段 工作内容	一	二	三
挖 土	8	6	6
垫 层	6	5	5
砌 基	10	8	7
回 填	4	3	3

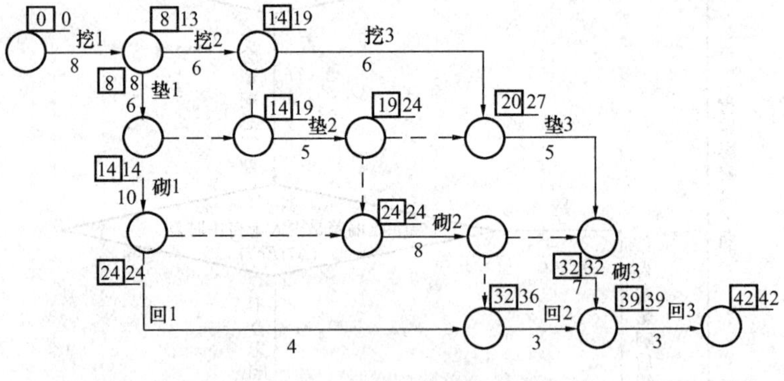

图 10-15　方案调整后网络关系

通过以上调整，该基础工程的总工期从 61 天缩短到 42 天。

(2) 改变工作的持续时间

在原网络计划各工作之间的逻辑关系不变的情况下，通过压缩各工作的持续时间来实现缩短工期的目的。具体方法有：

1) 增加资源供应量；

2) 实行多班（两班或三班）工作制；

3) 采取相关的技术措施，如新施工工艺，新施工设备等；
4) 采取有效的管理措施等。

另须注意的是，进度的变化无论是拖延还是超前，都是目标的失控。有时超前并不一定有利。例如，在一个项目施工总进度计划中，某项工作的超前，可能会打乱原计划对资源、时间、其他各项工作等的合理安排以及资金的使用和安排，对后续工作造成影响，增加协调工作的困难。因此，实际中出现进度超前时，须分析其影响，提出合理的进度调整方案。

10.2.5　施工阶段进度控制的主要工作内容

施工阶段是工程实体的形成阶段，对其进度进行控制是整个工程建设进度控制的重点。施工阶段进度控制的总任务就是在满足工程建设总进度计划要求的基础上，编制或审核施工进度计划，并对其执行情况加以动态控制，以保证项目按期竣工交付使用。

1. 施工进度控制工作内容

施工进度控制从审核承包单位提交的施工进度计划开始，直至工程项目保修期满为止。其工作内容主要有：

(1) 编制施工阶段进度控制工作细则。

其主要内容有：

1) 施工进度控制目标分解图；
2) 施工进度控制的主要工作内容和深度；
3) 进度控制人员的具体分工；
4) 与进度控制有关各项工作的时间安排及工作流程；
5) 进度控制的方法；
6) 进度控制的具体措施；
7) 风险分析等。

(2) 编制或审核施工进度计划。

施工进度计划的编制和实施的责任在承包商。但经审核确认后，即应当视为合同文件的一部分。

(3) 按年、季、月编制工程综合计划。

着重解决各承包单位施工进度计划之间、施工进度计划与资源保障计划之间及外部协作条件的延伸性计划之间的综合平衡与相互衔接问题。

(4) 下达工程开工令。

(5) 协助承包单位实施进度计划。特别是协助解决承包单位无力解决的内外关系协调问题。

(6) 监督施工进度计划的实施。这是施工阶段进行进度控制的经常性工作。

(7) 组织现场协调会。解决工程施工过程中的相互协调配合问题。

(8) 签发工程进度款。

(9) 审批工程延期。

(10) 督促承包单位整理技术资料。

(11) 办理竣工验收。
(12) 处理争议和索赔。
(13) 整理工程进度资料。
(14) 工程移交。

2. 施工进度的检查与监督

(1) 施工进度的检查方式

1) 定期地、经常地收集由承包单位提交的有关进度报表资料;

2) 由驻地人员现场跟踪检查工程项目的实际进展情况。

另外,通过召开现场会议,也是获得项目实际进展情况的一种方式。

(2) 施工进度的检查方法

施工进度检查的主要方法是对比法。

3. 施工进度计划的调整

通过检查分析,如果发现原有进度计划已不能适应实际情况时,为了确保进度控制目标的实现或需要确定新的计划目标,就必须对原有进度计划进行调整。调整方法主要有两种:

(1) 压缩关键工作的持续时间

通常需要采取一定的措施来达到目的。具体措施包括:

1) 组织措施

① 增加工作面,组织更多的施工队伍;

② 增加每天的施工时间(如采用三班制);

③ 增加劳动力和施工机械的数量。

2) 技术措施

① 改进施工工艺和施工技术;

② 采用更先进的施工方法;

③ 采用更先进的施工机械。

3) 经济措施

① 实行包干奖励;

② 提高奖金数额;

③ 对所采取的技术措施给予相应经济补偿。

4) 其他配套措施

① 改善外部配合条件;

② 改善劳动条件;

③ 实施强有力的调度等。

一般来说,不管采取哪种措施,都会增加费用。应利用费用优化的原理选择费用增加最少的关键工作作为压缩对象。

(2) 组织搭接作业或平行作业

在条件允许时部分作业间相互交错搭接或平行作业,是调整施工进度计划的有效措施。

4. 工程延期的控制

发生工程延期事件，不仅影响工程的进展，而且会给业主（开发企业）带来损失。因此，应加强工程延期的控制。

（1）申报工程延期的条件

由于以下原因导致工程拖期，承包单位有权提出延长工期的申请。

1）工程变更而导致工程量增加；
2）合同中所涉及的任何可能造成工程延期的原因，如延期交图、工程暂停等；
3）异常恶劣的气候条件；
4）开发企业造成的任何延误、干扰或障碍；
5）除承包单位自身以外的其他任何原因。

（2）工程延期的审批原则

1）合同条件。任何工程延期须符合合同条件。
2）关键线路。发生延期事件的工程部位，必须在施工进度计划的关键线路上时，才能批准工程延期。
3）实际情况。工程延期必须符合实际情况，承包单位应提交详细的申述报告（延期理由及依据），开发企业应对施工现场进行详细考察和分析，并做好有关记录。

5. 工期延误的制约

如果由于承包单位自身的原因造成工期拖延，又未按要求改变延期状态时，通常可以采用下列手段予以制约：

（1）停止付款；
（2）误期损失赔偿；
（3）终止对承包单位的雇佣。

10.2.6　物资供应的进度控制

物资供应是实现项目三大目标控制的物质基础。正确的物资供应渠道与合理的供应方式可以降低工程费用，有利于投资目标的实现；完善合理的物资供应计划是实现进度目标的根本保证；严格的物资供应检查制度是实现质量目标的前提。

物资供应进度控制的含义是：在一定的资源（人力、物力、财力）条件下，实现开发项目一次性特定目标的过程对物资的需求进行计划、组织、协调和控制。其中计划是把项目开发所需物资的供给纳入计划轨道，进行预测、预控，使整个供给有序地进行；组织是划清供给过程诸方的责任、权力和利益，通过一定的形式和制度，建立高效率的组织保证体系，确保物资供应计划的顺利实施；协调主要是针对供应的不同阶段，所涉及的不同单位和部门，沟通和协调他们的情况和步调，使物资供应的整个过程均衡而有节奏地进行；控制是对物资供应过程的动态管理，使物资供应计划的实施始终处在动态的循环控制过程中，经常定期地将实际供应情况与计划进行对比，发现问题，及时进行调整，以确保工程建设所需物资按时、按质、按量供给，最终实现供应目标。

在物资供应进度控制中应注意以下几个问题：

（1）物资的供应存在一定的风险性，因此要求编制周密的计划并采用科学的管理方法。

（2）对物资的供应需建立保证体系，并处理好物资供应与投资、质量、进度之间的关系。

（3）应与有关的供应部门认真签订合同，明确供求双方的权力与义务，并加强各单位部门之间的协调。

10.3　房地产开发项目工程建设投资控制

所谓投资控制，指在开发项目工程建设的全过程中，根据项目的投资目标，对项目实行经常性的监控，针对影响项目投资的各种因素而采取一系列技术、经济、组织等措施，随时纠正投资发生的偏差，把项目投资的发生额控制在合同规定的限额内。

10.3.1　项目投资失控的原因

（1）项目可行性研究的深度不够。在进行项目可行性研究时，收集的基础数据不足或不准确，采用的分析方法和计算方法不恰当，导致项目可行性研究的可靠性不足，这样，在项目实施后，势必造成被动和投资失控。这是项目决策阶段的问题。如何提高项目可行性研究的科学性和可靠性，使项目的第一次投资匡算比较准确，为日后的投资控制打下基础，可参见第三章内容。

（2）在各设计阶段所作的投资计算突破投资计划目标。在项目规划方案设计、初步设计和施工图设计过程中，设计人员对项目布局、建筑造型、结构形式、材料及设备选择等方面，不注意经济性设计，而开发企业又缺乏对设计过程的审核，常常导致项目计划投资额的增加。

（3）在开发项目工程建设期间社会物价水平的上涨。房地产开发项目一般规模较大，所需的建设时间较长，因此会受到社会物价水平上涨的影响。若上涨幅度超过预期的水准，就会使项目投资额突破计划值。

（4）项目的设计变更引起费用增加。开发企业要求改变原有项目的使用性质，提高其功能，或是提高项目装修设计和设施、设备水准，或是扩大原有项目的建设规模，增加项目工程量，都会引起项目建设费用的提高。

（5）项目实施过程中不可预见因素的发生。由于房地产开发周期长，涉及面广，开发企业要面临一系列千变万化的不可预测因素的影响。诸如气候变化，产生不可抗拒的自然灾害；与勘察报告不同的地质条件，引起地基处理费用的增加等，都会导致项目的计划投资失误。

（6）项目施工不能顺利进行引起费用增加。如果项目施工不能顺利进行，就会增加项目建设成本，使项目建设投资额增加。有较多因素可能妨碍项目施工的顺利进行，如设计师不能按时提交施工图纸；交通运输、供水供电等条件没有事先摸清，结果不能满足项目施工要求；开发企业自身没能及时作出必要的决策；地方建管部门、监督机构拖延审批时间等。

（7）其他原因。如政治事件、发生战争、人事纠纷、工程事故等，都毫无疑问地会增加项目成本，引起计划投资额增加。

以上对项目投资失控主要原因的分析，将有助于采取针对性措施控制项目投资。

10.3.2 工程建设投资控制的方法与步骤

1. 编制投资控制规划

投资控制规划是根据项目的工程建设进度确定和分解拟建项目的投资目标。

投资目标是开发项目预计的最高投资限额，是进行投资控制的最基本的依据，因而投资目标的确定应具有严肃性和科学性。投资控制目标应随工程建设过程的进展而分阶段地设置。即投资估算应是设计方案选择和初步设计阶段的投资控制目标；设计概算应是技术设计和施工图设计阶段的控制目标；施工图预算或工程承包合同价是施工阶段控制建安工程投资的目标。各阶段目标之间是由粗到细，前者控制后者，后者补充前者的有机联系的整体。

在项目的工程建设过程中要有效地进行投资控制，仅有总投资目标是不够的，还需要将总投资进行适当的分解和综合。把项目的总投资额如按照子项目划分、再按各子项目的不同类型的工程划分（图 10-16）；如按项目进展的不同阶段划分，再按各阶段的费用类型划分（图 10-17）；如按时间划分（图 10-18）等就构成各种类型的投资规划。由这些投资规划可得出为控制投资用的投资计划值。

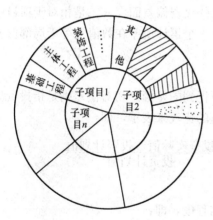

图 10-16　按子项—类型进行
投资分解示意图

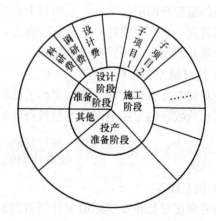

图 10-17　按阶段—费用进行
投资分解示意图

2. 费用比较

所谓费用比较，是指投资计划值与实际值的比较。在项目实施的各个阶段，应及时收集、汇总费用支出的实际值，要不断地与计划值进行费用比较。在项目施工阶段，主要是实际投资与合同价的比较。在具体工作中，应注意实际投资与实际支付费用的区别。另外，实际投资与合同价在构成方面也可能存有差异，如实际投资可能会增添一些合同价以外的费用，如技术措施费、索赔费等。在比较中应予注意。

3. 偏差分析

（1）有关偏差的基本概念

费用比较的结果总会显示出投资计划值与实际值之间存在差异，在投资控制中把这种差异称为投资偏差。对投资偏差进行分析时，会涉及到一些关于偏差的基本概念。

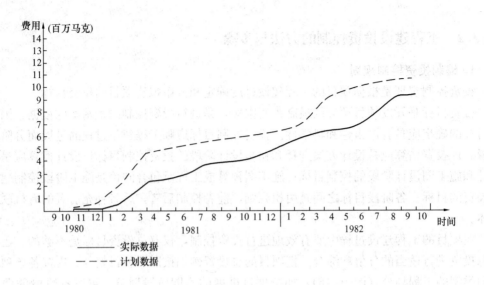

图 10-18 投资——时间计划

1) 局部偏差和累计偏差

局部偏差有两层含义：一是相对于总项目的投资偏差而言；二是相对于项目已经实施的时间而言。累计偏差是一个动态的概念，第一个累计偏差在数值上等于局部偏差，最终的累计偏差就是整个项目投资的偏差。

2) 绝对偏差和相对偏差

绝对偏差是指投资计划值与实际值比较所得到的差额。相对偏差则是指投资偏差的相对数或比例数，通常用绝对偏差与投资计划值的比较来表示，即：

$$相对偏差 = \frac{绝对偏差}{投资计划值} = \frac{投资实际值 - 投资计划值}{投资计划值}$$

3) 偏差程度

偏差程度是指投资实际值对计划值的偏离程度，即：

$$投资偏差程度 = \frac{投资实际值}{投资计划值}$$

(2) 偏差分析的方法

偏差分析常用的方法有三种：

1) 横道图法。这种方法的基本特点是用不同的横道标识不同的投资参数，其长度与其数额成正比。这种方法所反映的信息量较少，主要反映累计偏差和绝对偏差。如表 10-11 所示例图。

2) 表格法。这是最常采用的一种方法。这种方法灵活，适用性强，信息量大，便于计算机的辅助应用。如表 10-12 所示实例。

3) 曲线法。曲线法是用投资参数曲线来进行投资偏差分析的一种方法。通常如图 10-19 所示。其中，a 表示投资实际值曲线，P 表示投资计划值曲线，两条曲线之间的竖向距离表示投资偏差。还可以根据偏差分析的需要变化应用。

××项目投资偏差分析表（横道图法）　　年　月　日　　表10-11

项目编码	项目名称	各投资参数数额（万元）	投资偏差（万元）	进度偏差（万元）	原因
011	土方开挖	60 / 60 / 60	0	0	—
012	土方外运	80 / 75 / 75	5	0	①
013	桩制作	100 / 95 / 90	10	5	②
014	打桩	70 / 60 / 65	5	-5	③
015	基础	110 / 110 / 100	10	10	④
……		10 20 30 40 50 60 70 80 90 100 110			
合计		420 / 400 / 390	30	10	
		110 200 300 400 500 600 700 800 900 1000 1100			

图例：已完工程实际投资　　拟完工程计划投资　　已完工程计划投资

××项目投资偏差分析表　　表10-12

项目编码	(1)	011	012	013	014	015		01
项目名称	(2)	土方开挖	土方外运	桩制作	打桩	基础		地下工程
单位	(3)	m³	T·km	根	根	m³		
计划单价	(4)							
拟完工程量	(5)							
拟完工程计划投资	(6)=(4)×(5)	0	35	55	45	110		245
已完工程量	(7)							
已完工程计划投资	(8)=(4)×(7)	0	35	50	50	100		235
实际单价	(9)							
其他款项	(10)	0	5					5
已完工程实际投资	(11)=(7)×(9)+(10)	0	40	60	50	110		260

续表

	项目编码	(1)	011	012	013	014	015	01
投资局部偏差	绝对偏差	(12)=(11)−(8)	—	5	10	0	10	25
	相对偏差	(13)=(12)÷(8)	—	14.3%	20%	0	10%	10.6%
	偏差程度	(14)=(11)÷(8)	—	1.143	1.2	1	1.1	1.106
	原因	(15)		弃土场地处理	单价提高		雨期施工损失	
投资累计偏差	绝对偏差	(16)=∑(12)	0	5	10	5	10	30
	相对偏差	$(17)=\dfrac{\sum(12)}{\sum(8)}$	0	6.7%	11.1%	7.7%	10%	7.7%
	偏差程度	$(18)=\dfrac{\sum(11)}{\sum(8)}$	1	1.067	1.111	1.077	1.1	1.077
进度局部偏差	绝对偏差	(19)=(6)−(8)	—	0	5	−5	10	10
	相对偏差	(20)=(19)÷(8)	—	0	10%	−10%	10%	4.3%
	偏差程度	(21)=(6)÷(8)	—	1	1.1	0.9	1.1	1.043
进度累计偏差	绝对偏差	(22)=∑(19)	0	0	5	−5	10	10
	相对偏差	$(23)=\dfrac{\sum(18)}{\sum(8)}$	0	0	5.6%	−7.7	10%	2.6
	偏差程度	$(24)=\dfrac{\sum(6)}{\sum(8)}$	1	1	1.056	0.923	1.1	1.026

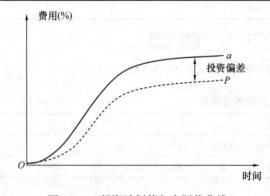

图 10-19 投资计划值与实际值曲线

（3）偏差原因

偏差分析的一个重要目的，就是要找出引起偏差的具体原因，从而有可能采取有针对性的措施，减少或避免相同原因的再次发生或再发生后的损失。要进行偏差原因分析，首先应当将已经导致和可能导致偏差的各种原因一一列举出来，并加以适当的归纳和分类。图 10-20 给出偏差原因分类的一种可能性。通过费用比较发现投资偏差以后，还要通过分析正确地确定引起投资偏差的具体原因，并要分析每种原因发生的频率（概率）及其影响程度。

4. 未完工程投资预测

所谓未完工程投资预测，是在施工过程中，根据已完工程实际投资的情况以及对偏差原因的分析，对预测时间点以后各期和全部未完工程所需要的投资进行的估计和测算。这样做可以及时了解整个项目今后各期和最终所需要的投资数额，并了解是否会超过原定的项目投资目标。

预测的根本目的在于提供决策支持。首先表现在对投资控制措施或纠偏措施的决策方面。如果预测结果表明，投资目标将被突破，就需要采取适当的纠偏措施，被突破的幅度

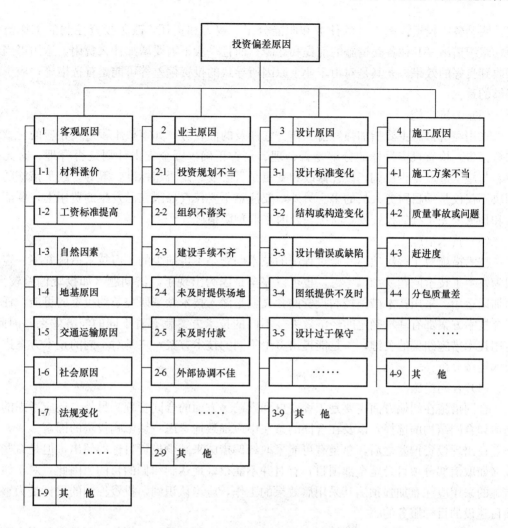

图 10-20　投资偏差原因分类及编号

越大，纠偏措施就应越多、越有力。如果虽出现了投资偏差，但预测结果表明并不会突破投资目标，那就不一定采取纠偏措施，至少不必采取特殊和极端的纠偏措施。其次，还表现在编制和调整资金使用计划方面。原有的资金使用计划是按拟完工程计划投资编制的，它与实际投资和未完工程投资预测值之间肯定有差异，如果这种差异超过了一定幅度，就必须调整资金使用计划。而资金使用计划是资金筹措的依据，只有当资金使用计划合理时，才能既保证项目的顺利施工，又不占用多余的资金。

当然，未完工程投资预测的结果与今后的实际投资之间肯定也会有差异，但并不能因此而否定预测的作用，不能苛求预测结果百分之百的准确。

5. 纠偏

所谓纠偏，是对系统实际运行状态偏离标准状态的纠正，以使实际运行状态恢复到或保持在标准状况。纠偏的措施可归纳为四个方面，其在项目实施的各个阶段的具体运用不完全相同，即：

（1）组织措施

组织措施是从投资控制的组织管理方面采取的措施。如落实投资控制的组织机构和人员，明确各级投资控制人员的任务和职能分工、权力和责任，改善投资控制的工作流程等。组织措施是其他各类措施的前提和保障，而且一般不需要增加什么费用，运用得当可以收到良好的效果。尤其是对由于业主原因所导致的投资偏差等可能是首选措施，应予以足够的重视。

(2) 经济措施

采用经济措施主要指加强经济工作。它涉及的面较宽，如审核工程量及相应的付款和结算报告，检查投资目标的分解是否合理、是否正确，资金支出计划是否合理、有无保障、与施工进度是否协调，设计修改和变更是否必要、是否超标准，等等。经济措施的运用决不仅仅是项目财务人员的事。另外，要注意不要仅仅局限在已发生的费用上，要能分析和预见未完工程的投资发生状况，及时采取预防措施。

(3) 技术措施

技术措施对于解决项目实施过程中的技术问题是不可缺少的。但技术措施并不一定是因为发生了技术问题才加以考虑，也可以完全是因为出现了经济问题（如投资偏差较大）而加以运用。采用技术措施控制投资的含义就是深入技术领域研究节约投资的可能。任何一个技术方案都有基本确定的经济效果，不同的技术方案就有着不同的经济效果。因此，运用技术措施纠偏的关键，一是能提出多个不同的技术方案，二是对不同的技术方案进行技术经济分析。

(4) 合同措施

合同措施在纠偏方面主要是工程变更和索赔等方面的合同管理。另外，还应考虑的问题诸如合同结构的选择，以及在合同的条文中应细致地考虑一切影响投资的因素。

在出现投资偏差之后，总是有可能采取纠偏措施来减少投资目标的超出，但是有些措施（如取消部分项目乃至全部项目）有时并不能很好地达到纠偏的目的。因此，对于纠偏措施的采用应注意加强预测其采用后效果的工作，应当认识到，投资控制的目标是为整个项目建设的目标服务的。

最后需要指出的是：投资控制不是事后把关，也不只是事中纠偏，而是立足于主动控制的动态控制，是全过程、全方位的投资控制。

10.3.3 工程价款的结算

1. 我国现行工程价款结算的主要方式

我国现行工程价款结算的主要方式有：

(1) 按月结算。实行旬末或月中预支，月末结算，竣工后清算的办法。跨年度竣工的工程，在年终进行盘点，办理年度结算。

(2) 竣工后一次结算。实行每月月中预支，竣工后一次结算。适用于工期短、合同价小的项目。

(3) 分段结算。即当年开工，当年不能竣工的单项工程或单位工程可以按照工程形象进度，划分不同阶段进行结算。分段结算可以按月预支工程款。

(4) 结算双方约定并经开户银行同意的其他结算方式。

施工期间，结算款一般不应超过承包工程价值的 95%，另 5% 的尾款待保修期满后清算。

2. 按月结算的方法

我国现行建筑安装工程结算中，相当一部分是实行按月结算。这种结算办法的一般程序是：预付备料款——中间结算——竣工结算。

（1）预付备料款

预付备料款制度是指由发包单位在开工前拨给承包单位一定限额的预付备料款，作为其储备主要材料、结构件所需的流动资金。

1）预付备料款的限额。备料款限额可按下式计算：

$$备料款限额 = \frac{全年施工产值 \times 主要材料所占比重}{年度施工日历天数} \times 材料储备天数$$

在工程合同签订中，一般对预付备料款限额的确定是：建筑工程为合同金额的 25%～30%，安装工程为合同金额的 10%～15%。在实际工作中，备料款的数额要根据各工程类型、合同工期、承包方式和供应体制等不同条件而定。

2）备料款的扣回

备料款属于预支性质，应以抵充工程价款的方式陆续扣回。扣款的方法是从未施工工程尚需的主要材料及构件的价值相当于备料款数额时起扣，从每次应结算工程价款中，按材料比重扣抵工程价款，竣工前全部扣清。

备料款的起扣点（即预付备料款开始扣回时的累计完成工作量金额）可按下式计算：

$$T = P - M/N$$

式中　T——起扣点；

　　　P——承包工程价款总额；

　　　M——预付备料款的限额；

　　　N——主要材料结构件费用所占比重。

为使起扣点的计算简单化，往往规定工程累计完成金额占合同金额的某个百分点后开始起扣，到规定的另一个百分点时扣完，或者依据不同情况做另外规定。因此，起扣方法应在工程合同中明确。

（2）中间结算

承包单位在工程建设过程中，逐月按完成的分部分项工程量计算各项费用，向发包单位办理中间结算手续。具体办法是，承包商在旬末或月中向业主提出预支工程款账单，预支一旬或半月的工程款，月终再提交工程款结算账单和已完工程月报表，收取当月工程价款。

按月进行结算，要对现场已完工程逐一清点，承包商提出的统计进度月报表和付款申请只是结算工程款的凭证，而非付款的依据，需经过审查签证后才能结算。

（3）竣工结算

竣工结算是承包单位在所承包的工程按照合同规定的内容全部完工、交工之后，向发包单位进行的最终工程价款结算。实际施工中发生的工程价款的变化需按合同规定对合同价款进行调整。当年开工、当年竣工的工程，只需办理一次性结算。跨年度工程，在年终办理一次年终结算，将未完工程转结到下一年度，此时竣工结算等于各年结算的总和。

3. 工程款的计量支付

（1）工程计量的一般程序

通过计量来控制项目投资支出是投资控制的一个重要环节。对于采用单价合同的项目，工程量的大小对项目投资的控制有很重要的影响。工程计量的一般程序是承包方按协议条款约定的时间，向甲方代表提交已完工程量的报告，甲方代表接到报告后 3 天内按设计图纸核实已完工程数量，并在计量 24 小时前通知承包方，承包方必须为甲方代表进行计量提供便利条件并派人参加予以确认。承包方无正当理由不参加计量，由甲方代表自行进行，计量结果仍然视为有效，作为工程价款支付的依据。如果甲方代表在收到承包方报告 3 天内未进行计量，从第四天起，承包方报告中开列的工程量即视为已被确认，可作为工程价款支付的依据，因此，无特殊情况，对工程计量不能有任何拖延。另外，甲方代表在计量时必须按约定时间通知承包方参加，否则计量结果按合同规定视为无效。

在施工过程中，应及时切实地做好工程计量与复核工作，必须根据具体的设计图纸以及材料和设备明细表及施工规范规定计算工程量，并依据合同所规定的计量方法严格计量。对承包方超出设计图纸要求增加的工程量和自身原因造成返工的工程量等，不予计量。并加强隐蔽工程的计量验收与数量测算，在隐蔽工程隐蔽前认真做好预先测算工作，为避免今后扯皮，测算结果应经双方认可，以签字为凭。

(2) 合同价款的复核与支付

承包方根据协议所规定的时间、方式和经甲方代表签字的计量表，按照构成合同价款相应项目的单价和取费标准提出付款申请，申请由甲方代表审核签字后，由甲方予以支付。承包方提出的付款申请除了对所完成的工程量要求付款以外，一般还包括工程变更费用、索赔、价格调整等，必须严格予以审核。

4. 工程价款的动态结算

所谓动态结算就是结算时要考虑到货币的时间价值，考虑通货膨胀等动态因素的影响。实行项目投资的动态结算并完善其方法是尤为必要的，要把各种动态因素渗透到结算过程中，使结算大体能反映实际的消耗费用。常用的动态结算方法有三种：

(1) 按实际价格结算法

指工程承包方可凭发票按实报销结算的办法。此法方便并按实际发生额结算，但承包方会对降低成本不感兴趣，这是其副作用。

(2) 按调价文件结算法

承发包双方采取按当时的预算价格承包，在合同工期内，按照造价管理部门调价文件的规定，进行补差。

(3) 调值公式法

又称动态结算公式法。调值公式法的思路是：

1) 明确合同价 P_0 及其可调部分和不可调部分；

2) 确定合同价的可调部分的组成元素 X_i 及其签订合同时相应的价格指数 $X_i^{(0)}$；

3) 确定 X_i 和可调部分占整个合同价的比重 a_i，不可调部分所占比重为 a_0，则：$a_0 + a_1 + a_2 + \cdots + a_i + \cdots + a_n = 1$；

4) 动态结算时，先测定出可调部分各元素 X_i 在结算时相应的价格指数 $X_i^{(m)}$，再按照下述调值公式对合同价进行动态调值结算：

$$P = P_0 \left(a_0 + \sum_{i=1}^{n} a_i \times \frac{X_i^{(m)}}{X_i^{(0)}} \right)$$

式中 n——动态调值的元素数。

例如，某设备采购合同价为 P_0，可调因素为原材料费用和生产工人人工费，不可调部分是管理费等，其占合同价的比重分别为 b、c、a，且：$a+b+c=1$。双方约定交货时采用调值公式动态结算，签订合同时原料价格指数为 M_0，工资指数为 L_0，交货时，原料价格指数为 M_1，工资指数为 L_1，则动态结算价为：

$$P=P_0\left(a+b\times\frac{M_1}{M_0}+c\times\frac{L_1}{L_0}\right)$$

10.3.4 工程变更的控制

工程变更可能来自于许多方面，工程变更包括设计变更、进度计划变更、施工条件变更和"新增工程"等。变更内容一般包括：增减合同中约定的工程数量；更改有关工程的性质、质量、规格；更改有关部分的标高基线、位置和尺寸；增加工程需要的附加工作；改变有关工程的施工时间和顺序等。一般说来，适当的及时的变更可以弥补前期工作的不足，但是，过于频繁或失去控制的变更会给项目带来重大损害甚至导致项目失败。因此，应严格控制工程变更的发生。

1. 正常和必要的工程变更

由于项目的实施过程是个开放系统，受到很多因素的影响和干扰，不可能事事都预见到，实施过程本身是个对项目的不断完善和修正过程。因此，对于项目目标的实现来说，工程变更的发生是不可避免的；从对项目目标的影响来说，有些变更是有利于项目目标实现的积极的变更，有些变更虽对目标的实现有影响，但不变更则可能使目标无法实现，变更则可避免更大的损失。这就是正常和必要的工程变更。

2. 失控的工程变更

在项目实施过程中，经常出现一些主观意志影响项目的事情，随心所欲地改变设计、变动施工计划和安排等。其根源在于投资体制的不足，反映到项目上来，表现为那些失控的工程变更。包括能做好而没做好的前期工作的误差引起的实施中的变更，对项目目标无甚益处又不会影响项目实现的地方的变更，以及未经充分协商一致，又非处在特别紧急情况下而作出的变更等等。这些变更往往导致项目无谓受损或导致项目实施过程出现困难和障碍。

3. 工程变更的控制原则

（1）尽量减少不必要的工程变更

任何变更都会影响项目实施的正常秩序。在项目实施前有关各方应就项目目标、约束条件、内外部环境、合同条款内容和风险应变措施等进行充分磋商和确认，这是减少工程变更的基础。在项目实施中，通过密切合作与沟通预见存在的问题，尽量通过计划调整、人力调整、技术设备调整和施工方案调整等应变措施，把工程变更的发生限制到最小限度。

（2）协商一致的原则

对于非发生不可的变更，应共同协商谋求一致意见，对变更的必要性、变更内容、变更方式充分交换意见，以求得能为各方共同接受的变更方案和变更条件。

（3）必要变更尽量提前的原则

变更发生的越早，造成的损失就越小；变更发生的越晚，造成的损失就越大。所有项目变更最好控制在计划设计阶段，尽量避免在实施中出现重大变更。这就要求对那些可能的必要变更，尽量提前预见并尽早做出安排。

（4）变更信息及时沟通的原则

对于所有变更都必须严格予以控制，并以正式文件形式（变更指令）通知有关各方。对变更方案及其经济后果，需经过多方案论证比较择优，选择变更损失最小的方案。

4. 工程变更的控制程序

（1）提出工程变更

工程变更可以由合同的任何一方提出。

（2）审查工程变更

为有效控制投资，无论任何一方提出的工程变更，均应由甲方委托的代表（项目控制人员）予以审查批准。

（3）编制工程变更文件

1）工程变更令。其内容包括：变更项目、理由及详细说明，估价及列支对合同价的影响，承包单位、甲方代表的意见，业主审批意见及附件等。

2）工程量清单。

3）设计图纸。

4）其他文件。凡与本工程变更有关的函件，都应列入变更文件。

10.3.5 索赔

索赔是指当事人一方由于另一方未履行合同所规定的义务而遭受损失时，通过合法的途径和正常的程序，向对方提出补偿损失或额外消耗的行为。索赔具有必然性、合法性、客观性和合法性特征。

索赔的必然性在于：房地产开发工程承包这种期货交易的价格是预先拟定的，而项目本身以及现场条件、气候、施工环境常常是复杂多变的，凡具有一定规模的工程项目在施工过程中不作任何改变而按期顺利进行的情况几乎没有，项目的改变往往使原有的预约发生较严重的不等价交换现象。所以必须通过索赔来弥补其损失。

索赔的合理性在于：在工程的实施过程中，承包方因垫支资金和发包方的部分预付款购置材料、设备，支付劳务费用，将这些价值逐渐转移到建筑产品中去，并通过结算从发包方支付工程价款中得到补偿。其间，因发包方引起的在价值转移过程中发生的额外消耗，理所当然由发包方补偿；反之，则由承包方补偿。

索赔的客观性在于：一切索赔都应建立在以事实为根据的基础上。在索赔时，索赔方必须提供依据材料，并将索赔意向通知对方，被索赔方还要进一步研究核实，在确定事实的基础上索赔才能成立。

索赔的合法性在于：一切索赔必须以法律为准绳，以双方当事人签订的合同为依据，当被索赔的一方认为对方的索赔不成立时，必须通过合同管理机关仲裁。这就保证了索赔的合法性。

索赔按提出方的不同分为施工索赔和业主索赔。

1. 施工索赔

指由于发包方（业主）或其他有关原因，使承包方在工程施工中增加了额外费用，承包方向发包方提出的索赔。

（1）施工索赔的内容。施工索赔的内容包括两个方面，即工期索赔和款项索赔，这两者往往是互相包含的。索赔成立的最终点是发包方向承包方赔偿工程款项。具体内容有：

设计差错和工程变更索赔。即由于设计差错或项目需要，对在建项目的设计进行修正和变更，从而引起项目工程量增加或工期延误，则承包方有权向发包方索取赔偿（包括赔偿费用和缩短工程）。因设计差错和工程变更引起的索赔次数最多，将近占各类索赔总次数的一半。

现场条件变化索赔。即不可预见的地质条件或障碍，如地下水量大、有流砂、有暗河、地下岩石坚硬或岩石结构不稳定、有地下管道等。当这些不是一个有经验的承包企业在正常情况下能合理预见的条件或障碍影响工程进展时，对其所造成的损失，应由发包方补偿。

缩短工期索赔。如发包方要求承包方缩短工期，若项目在合同工期之前竣工，则承包方有权要求发包方担负为提前竣工所发生的超出支出和提前竣工的奖励，且要求发包方为提前竣工提供方便条件。

延误工期索赔。在合同中，延误工期罚款往往是发包方针对承包方提出来的，即制约承包方在合同工期之内竣工。然而，有些工期延误的情况是由发包方的原因引起的。除前面所提到的因修正和变更设计引起工期延误外，还有发包方不能及时向承包方提供施工场地、施工图纸等。由于发包方的其他承包方所造成的工期延误，也应视为是发包方引起的延误。对此引起的承包方的损失，应由发包方补偿。

（2）施工索赔的依据。包括工程资料、施工合同和有关法规。工程资料是核实和审查各有关索赔事件发生的依据，在工程资料中，最为重要的是施工记录，因此，做好施工记录，对承包方能否取得索赔补偿起决定性作用。施工合同和有关法规是索赔裁决的依据，因此，在签订合同时，应考虑到索赔的可能性，并且要熟悉、吃透合同中的条款以及有关法规。

（3）施工索赔程序。施工索赔的程序通常为：提出索赔要求、提供索赔的证明材料、核实索赔的依据以及索赔的协商与裁决等。

1）提出索赔要求。在引起索赔的事件出现后，承包方要及时向发包方提出索赔要求，尤其是对一些隐蔽工程的索赔，如不及时提出，事后处理则难度较大，并且易于发生争端。

2）提供索赔的证明材料。在向发包方提出了索赔要求的意向后，承包方随即收集索赔的有关证明资料，如合同、有关法律和地方规章以及施工记录等，这是索赔的关键性工作。一项索赔是否成立，关键因素是承包方提供的索赔依据是否充分。因此，承包方在施工过程中，应做好详细的施工记录，保管好与工程项目有关的各种文件资料。在承包方向发包方提供索赔证明材料的同时还应提出索赔的额度和要求延展的工期。

3）核实索赔的依据。发包方在接到承包方的索赔要求和索赔的有关证明材料后，应及时组织有关人员，收集自己方所掌握的材料，并与对方材料进行对比分析，一方面核实对方的索赔是否成立，依据是否充分；另一方面，对不合理的索赔（包括索赔的理由不足和索赔的额度不合理）要研究对策，收集反索赔的依据。

4）索赔的协商与裁决。双方面对面地就索赔问题进行协商。力争通过协商、谈判达成谅解，顺利解决索赔问题。尽量避免用仲裁或诉讼办法解决索赔争端，因为在工程项目实施过程中，双方的整体利益往往建立在双方良好的合作关系上。只要双方实事求是、公平、合理、合法地处理索赔问题，索赔还是可以顺利解决的，并且不影响双方的良好关系。经协商、发包方认可的索赔，则办理相应的索赔手续；若双方意见不统一，承包方可向合同管理机关申请仲裁，也可向人民法院起诉，或放弃索赔。

2. 业主索赔

指由于承包方不履行或不完全履行约定的义务，使发包方（业主）受到损失时，发包方向承包方提出的索赔。业主索赔的主要内容有：

（1）拖延工期索赔。由于承包方的原因，工程不能按合同规定的时间竣工验收，对此，发包方提出索赔，要求承包方补偿拖延工期给发包方带来的损失。

拖延工期索赔的计算方法通常有两种：一是按清偿损失计算，即先在合同中确定拖延工期的日清偿损失额，拖延工期的总清偿损失额则由日清偿损失额乘以承包方引起的工期拖延日数求得。二是按拖延工期的实际损失额计算，拖延工期引起发包方的实际损失包括发包方的营业收入损失、扩大工程管理费开支、额外支付贷款利息、使用设施的机会丧失等。

（2）工程质量缺陷的索赔。工程质量不符合合同规定，发包方有权要求承包方修理或返工，由此发生的一切费用由承包方自行负担。并且，由于修理或返工造成工期延误，承包方还要按合同规定偿还逾期违约金。

（3）不合格材料的索赔。承包方采购到不合格材料，发包方有权要求承包方调换，由此发生的运输费和其他有关费用由承包方负担。

（4）保险费用索赔。为了减少工程施工过程中的风险，有的合同订立了保险条款，即在施工场地的承、发包方人员应办理生命财产保险，费用由各方自负。如果承包方未能按照合同条款进行投保，发包方可以投保并保证保险有效，由此支付的保险费可在应付给承包方的款项中扣回。

（5）承包方不正当地放弃工程的索赔。若承包方不合理地放弃工程，则发包方有权要求承包方补偿由此给发包方带来的损失。

业主索赔的依据与程序与施工索赔类似。

3. 索赔控制

作为发包方的开发企业或建设单位，要对承包方提出的索赔进行反驳，找出理由和证据否定对方提出的索赔，以推卸或减轻自己的责任，使自己不受或少受经济损失；并应加强对可能引起索赔的事件的预见，采取预防措施，减少索赔的发生。在处理索赔时，应注意以下几点：

（1）核实索赔事件的真实性。对方所提出的索赔事件是否确实存在？是否真实？对非真实的事件是不能提出索赔的。

（2）反驳索赔依据的充分性。索赔是否成立，关键是看索赔的法律依据是否充分，即在合同中能否找到依据，即使有依据也要找到在合同中对对方不利的条款，不轻易承认赔偿。

下述索赔常常是不成立的：

1）索赔依据的法律效力不足。如索赔依据是口头指令、一般谈话记录，而非双方签署的会谈纪要，未经甲方代表签署的工程文件和检查报告等。

2）片面证据。如果双方有两次会议决议，后次会议对前次会议的内容作了修改和补充，按合同变更次序，后次决议在法律上优先于前次决议，而索赔报告仅以前次内容作为依据，因而其依据是片面的、不充分的。

3）索赔超过时效期。如承包方未能在合同规定的有效期内进行索赔，故索赔无效。

4）非承包方不能控制的原因。如承包方不能按期完成工程，其原因不是承包方所不能控制的原因所致，则承包方应承担赔偿责任，不能向发包方索赔。

5）非双方原因以及不可抗力以外的原因。如延误工期不是发包方和承包方任何一方的错误所致，亦不属不可抗力原因，承包方有权要求延长工期，但发包方不承担赔偿责任。

(3) 审查索赔的合理性。当不能从根本上否定对方的索赔时，则要花大气力审查索赔值的合理性，力争将索赔值降至最低限度。所谓索赔值是否合理是指索赔值的计算方法是否恰当，计算数据是否准确。审查时应核实对方的数据是否与我方的有关工程的实际记录一致，其计算方法应与合同报价中规定的方法一致。对对方在工程报价时未注意到工程量复杂程度、质量标准、工程范围而造成的错误报价，或出于投标策略降低报价所造成的损失不予补偿，应在索赔总额中扣除。

在索赔值审查时，要防止重复计算。如对工期索赔防止工期计算重复，可采用总网络分析法消除各干扰事件对总工期的重复影响。其思路为：以开工前双方认可的网络计划为基础，考虑各干扰事件的影响，如有的活动工期延长，活动之间逻辑关系变更增加了新的活动等，最终得到一新网络。这两者总工期之差即为全部干扰事件的总影响，即为总工期的索赔值。如对工程量增加所引起的索赔，要防止费用计算重复。当工程量增加时，承包方按合同报价方式计算了相应索赔值，如果对方还要求计算增加这部分工程量所引起的延长工期索赔，则该部分索赔就是重复计算。因为工程量增加造成的工期延长以致管理费用的增加已包含在工程价格中，不可另计算。

10.4 房地产开发项目工程建设质量控制

工程建设质量是房地产开发项目建设的核心，是决定项目成败的关键。它对提高项目的经济效益、社会效益和环境效益均具有重大意义，它直接关系着国家财产和人民生命的安全，也关系着我国房地产事业的发展。

10.4.1 质量控制概述

1. 质量的概念

质量是指"产品、过程或服务满足规定或潜在要求（或需求）的特征和特性的总和"。中国质量管理协会对产品质量的定义是："产品质量是满足使用要求所具备的特性，即适用性。一般包括性能、寿命、可靠性、安全性、经济性等"。

以定义上看，产品或服务的特征和特性的总和构成了产品或服务的质量，而这些特征或特性又必须具备满足明确和隐含需要的能力。换句话说，产品或服务必须是符合其特征和特性要求的产品，即应具有符合性；同时其特征和特性又必须满足需要，即具有适用性；产品的符合性和适用性从两个角度全面反映了"质量"的涵义。

2. 工程项目质量的内涵

房地产开发项目可以归为工程项目的一个种类，工程项目的质量也就包含了房地产开发项目的质量。

工程项目的质量是指通过工程建设过程所形成的工程实体符合有关规范、标准、法规的程度和满足项目法人（或开发企业）要求的程度。

工程项目质量的内涵包括工程项目的实体质量；功能和使用价值的质量和工作质量三个方面的内容。

（1）工程项目的实体质量

任何工程项目都是由一道道工序逐步完成的，因此各道工序质量累计的结果最终通过工程项目的质量来反映。所以工程项目的实体质量是从产品形成过程和形成结果方面来反映工程项目质量。由各道工序的质量集合形成各分项工程质量，再由各分部工程质量形成具有能完成独立功能主体的单项工程质量，最后各单项工程的质量集合为工程项目的实体质量。其中分部工程的质量又包含建筑工程、安装工程和生产设备的质量。它们之间的相互关系见图10-21。

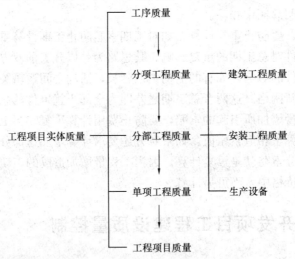

图10-21 工程项目质量相互关系图

（2）功能和使用价值质量

功能和使用价值是从建筑工程产品满足需要的能力方面来反映产品质量的。它包括工程项目的适用性、可靠性、经济性、美观和环境协调等方面（图10-22）。项目法人（开发企业）根据各自不同的需要，对功能和使用价值质量可以有不同的要求。所以，功能和使用价值的质量没有固定和统一的标准，只是相对项目法人的要求而言，看其满足要求的方面和程度如何。

（3）工作质量

工作质量是指参与工程的建设者，为了保证工程项目的质量所从事工作的水平和完善

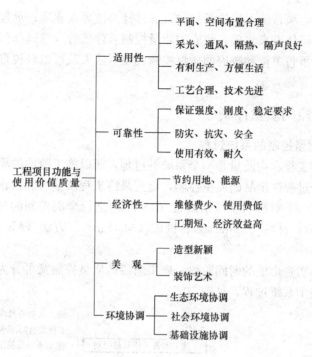

图 10-22　工程项目功能与使用价值质量系统

程度。工作质量包括社会工作（如质量社会调查、市场预测、质量回访和保修服务等）质量和生产过程工作（如质量管理工作、技术工作、后勤工作等）质量。工作质量是从工程项目质量因素中最重要、最活跃的要素——人的方面来反映产品质量的。工作质量是产品质量的保证，要通过提高工作质量来保证和提高工程项目的质量。

3. 工程项目质量形成过程

工程项目的质量是通过项目建设各阶段的系统过程形成的，是项目的决策质量、设计质量、施工质量和竣工验收质量递阶影响形成的综合质量。工程项目建设过程，就是质量的形成过程。把好建设过程中各个阶段的质量关，乃是保证工程项目质量的重要环节。各阶段对工程项目的质量影响都不容忽视。因本章是针对房地产开发项目的工程建设阶段而言，所以，项目质量控制只围绕于项目施工阶段和竣工验收阶段，但并不等于说其他阶段不重要。

4. 工程项目质量控制的概念

工程项目建设是一个极其复杂的综合过程，具有产品位置固定、生产流动、结构类型不一、质量要求不一、施工方法不一、体形大、整体性强、建设周期长、受自然条件影响大等特点，因此，工程项目的质量比一般工业产品的质量更难以控制。正是因为上述特点而形成了工程项目质量本身难以控制的特点。所以，对工程项目的质量更应加倍重视，严加控制。

所谓质量控制是指为满足质量要求所采取的作业技术和活动。对工程项目质量而言，就是为了确保合同所规定的质量标准所采取的一系列监控措施、手段和方法，使工程质量处于受控状态。

质量控制按其控制的主体可分为：项目法人的质量控制，承包单位的质量控制和政府的质量控制。其中，项目法人的质量控制可通过社会监理来实现；承包单位的质量控制靠承包单位的质量保证体系来实现；政府的质量控制靠建筑行政管理部门及各级质监站来实现。但不能因为有承包单位和政府的质量控制，项目法人就可以轻视自己的质量控制，这是一种非常错误的观念。

10.4.2 施工阶段的质量控制

1. 施工阶段质量控制的系统过程

由于形成最终工程实物质量是一个系统的过程，所以施工阶段的质量控制，也是一个由对投入品、生产过程产出品的质量控制，直至最终工程质量检验为止的全过程的系统控制过程。同时也是一个对影响质量诸因素（4M1E）进行全面控制的过程。4M1E质量因素是指：人（Man）、材料（Material）、机械（Machine）、方法（Method）和环境（Environment）。

根据工程实体质量形成的时间阶段，施工阶段的质量控制又可分为事前、事中、事后的质量控制这样一个系统过程，见图10-23。

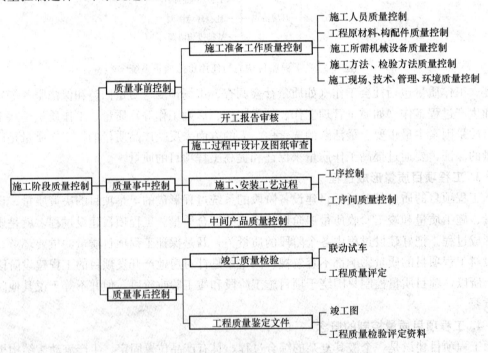

图10-23 施工阶段质量事前、事中、事后控制的系统过程

2. 事前质量控制

指在正式施工前进行的质量控制，其具体工作内容有：

（1）审查承包单位的技术资质。对于总包单位的技术资质，结合在招标阶段进行审查；对于总包单位选定的分包施工单位，需经审查认可后，方能进场施工。主要审查是否具备能完成工程并确保其质量的技术能力及管理水平。

（2）对工程所需原材料、构配件的质量进行检查和控制。凡进场材料均应有产品合格证或技术说明书。同时，还应按有关规定进行抽检。没有产品合格证和抽检不合格的材料，不得在工程中使用。有的工程材料、半成品、构配件应事先提交样品，经认可后才能采购定货。

（3）对永久性生产设备或装置，应按审批同意的设计图纸组织采购或订货。这些设备到场后，均应进行检查和验收；主要设备还应开箱查验，并按所附技术说明书进行验收。对于从国外引进的机械设备，应在交货合同的期限内开箱逐一查验。

（4）审查施工单位提交的施工组织方案和施工组织设计，对于工程质量应具有可靠的技术措施来保证。

（5）对工程中拟采用的新材料、新结构、新工艺、新技术，均应审核其技术鉴定书。凡未经试验或无技术鉴定书者，均不得在工程中应用。

（6）检查施工现场的测量标准、建筑物的定位放线以及高程水准点，重要工程还应亲自复核。

（7）协助承包单位完善质量保证体系，包括完善计量及质量检测技术和手段等。

（8）协助总包单位完善现场质量管理制度，包括现场会议制度、现场质量检验制度、质量报表制度和质量事故报告及处理制度等。

（9）组织设计交底和图纸会审。对有的工程部位尚应下达质量要求标准。

（10）对工程质量有重大影响的施工机械、设备，应审核承包单位提供的技术性能报告，凡不符合质量要求的不得使用。

（11）把好开工关。只有对现场各项施工准备检查认为合格后，才发布开工令。停工的工程，没有签发复工令，工程不得复工。

3. 事中质量控制

指在施工过程中进行的质量控制，其具体工作内容有：

（1）协调承包单位完善工序控制。把影响工序质量的因素都纳入管理状态。建立质量管理点，及时检查和审核承包单位提交的质量统计分析资料和质量控制图表。

（2）严格工序间交接检查。主要工序作业（包括隐蔽作业）需按有关验收规定，经现场检查、签署验收。

（3）重要的工程部位或专业工程应亲自进行试验或技术复核。对于重要材料、半成品，可自行组织材料试验工作。

（4）对已完成的分项、分部工程，按相应的质量评定标准和办法进行检查、验收。

（5）审核设计变更和图纸修改。

（6）按合同于必要时可下达停工令。

（7）组织定期或不定期的现场会议，及时分析、通报工程质量状况，并协调有关单位间的业务活动等。

4. 事后质量控制

指在完成施工过程形成产品后的质量控制。其具体工作内容有：

（1）按规定的质量评定标准和办法，对完成的分项、分部工程、单位工程进行检查验收；

（2）组织试用；

（3）审核承包单位提供的质量检验报告及有关技术性文件；

（4）审核承包单位提交的竣工图；

(5) 整理有关工程项目质量的技术文件，并编目、建档。

5. 施工阶段质量控制的方法

在施工阶段进行质量控制主要是通过审核有关的技术文件、报告和报表；对现场直接进行质量监督和检查或必要的试验；在需要时发布有关指令等方式来实现的。

(1) 现场质量监督检查的主要内容

1) 开工前开工条件的检查；
2) 工序交接检查；
3) 隐蔽工程检查；
4) 停工后复工前的检查；
5) 分项、分部工程完工后的检查验收；
6) 随班或跟踪检查。

(2) 质量检查的一般方法

1) 目测法。目测检查法的手段，可归纳为看、摸、敲、照四个字。
2) 实测法。实测检查法就是通过实测数据与施工规范及质量标准所规定的允许偏差对照，来判别质量是否合格。
3) 试验检查。指必须通过试验手段，才能对质量进行判断的检查方法。

6. 工序质量的控制

工程项目的施工过程是由一系列相互关联、相互制约的工序所构成，工序质量是基础，直接影响工程项目的整体质量。要控制工程项目施工过程的质量就必须控制工序的质量。

(1) 工序质量控制的概念

工序质量包含两方面的内容：一是工序活动条件的质量，即每道工序的投入质量（即4M1E）是否符合要求；二是工序活动效果的质量，即每道工序施工完成的工程产品是否达到有关质量标准。

工序质量的控制，就是对工序活动条件的质量控制和对工序活动效果的质量控制，据此来达到对整个施工过程的质量控制。

工序质量控制的作法是，通过对工序一部分（子样）质量特性的检验，来统计、分析和判断整道工序的质量，进而实现对工序质量的控制。其控制步骤如下：

1) 实测。采用必要的检测工具或手段，对抽出的工序子样进行质量检验；
2) 分析。对检验所得的数据进行统计分析，找出这些数据所遵循的规律；
3) 判断。根据对数据的分析结果，对整个工序的质量进行推测性的判断，进而确定该道工序是否达到质量标准，以及应采用什么样的控制措施。

(2) 工序质量控制的内容

1) 确定工序质量控制计划

事前应根据工艺流程拟定工序质量控制的工作计划。一般的流程是：当每道工序完成后，承包单位根据规范要求自检，自检合格后填报"质量验收通知单"，项目法人或其代表收到"通知"后到现场进行检查，并根据规范要求，进行必要的实验室检验，将结果填到"质量验收单"上，并复印一份给承包单位，作为对该道工序的质量鉴定。检查合格方准进行下道工序；反之，令承包单位返工。

2）主动控制工序活动条件

工序活动条件的控制是工序质量控制的主要内容之一。主动控制工序活动的条件，以便控制影响工程质量的主要因素，争取主动的预防性措施，避免质量问题的产生。同时要采用科学的方法对工序进行动态控制，及时发现隐患。

3）及时检验工序质量

影响工序质量的原因有两大方面，即偶然性原因和异常性原因。工序在偶然性原因影响下，其质量的波动仍处于稳定状态；工序在偶然性原因和异常性（系统性）原因共同影响下，工序的质量将呈现异常性状态。检验工序质量并对所得数据进行分析，就是判断工序的质量状态。当处于异常状态时，就必须停止进行下一道工序，采取措施纠偏。

4）设置工序质量控制点

工序质量控制点是指那些为保证工序质量而需要进行控制的重点或关键部位，或薄弱环节。对所设置的控制点，应事先分析可能造成质量隐患的原因，并制定对策，采取预防措施加以控制。

（3）工序质量控制点的设置

设置质量控制点，是对质量进行预控的有效措施。应根据工程特点，视其重要性、复杂性、精确性、质量标准和要求，全面地、合理地选择质量控制点。其涉及面较广，可能是结构复杂的某一工程项目，也可能是技术要求高、施工难度大的某一结构件或分项、分部工程，也可能是影响质量关键的某一环节。设置质量控制点应考虑的因素有：

1）工程项目工艺的复杂程度。复杂的多设。
2）工程项目施工的难易程度。难度大的多设。
3）建设标准的高低。标准高的多设。
4）施工单位水平（或信誉）。水平高的可少设。

7. 隐蔽工程的验收检查

隐蔽工程是指那些在施工过程中上一工序的工作结果，被下一工序所掩盖，无法进行复查的部位。隐蔽工程的验收检查，是防止质量隐患，避免质量事故的重要措施。隐蔽工程验收检查后，要办理隐检签证手续，列入工程档案。未经检查或检查不合格的工程，不能进行下道工序施工。

8. 工程成品的保护

在施工过程中，有些分项工程已经完成，而其他分项工程尚在施工，或者分项工程某些部位已经完成，而其他部位正在施工，如果对已完成的成品，不采取妥善的措施加以保护，就会造成损伤，影响质量。所以应对成品保护质量进行检查。通常对工程成品保护的措施有"护、包、盖、封"四种。

做好工程成品的保护，不仅要落实在成品的保护措施上，而且应合理安排施工顺序，尽可能避免后道工序对前道工序的损伤或污染。

10.4.3　工程质量验收

工程施工质量验收是工程建设质量控制的一个重要环节，它包括工程施工质量的中间验收和工程的竣工验收两个方面。通过对工程建设中间产出品和最终产品的质量验收，从过程控制和终端把关两个方面进行工程项目的质量控制，以确保达到业主所要求的功能和使用价值，实现建设投资的经济效益和社会效益。

建筑工程施工质量验收应执行现行国家标准《建筑工程施工质量验收统一标准》(GB 50300—2001) 及相配套的各专业验收规范。《建筑工程施工质量验收统一标准》规定了建筑工程质量验收的划分、合格条件、验收程序和组织。该标准共分六章、27 条、17 个术语和 7 个附录，并有 6 条强制性条文。"统一标准"、各专业规范的落实和执行，还需要有关标准的支持。工程质量验收规范体系如图 10-24 所示。

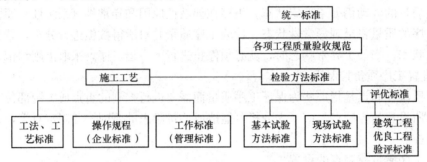

图 10-24　工程质量验收规范体系示意图

1. 工程质量验收划分

建筑工程质量验收应划分为单位（子单位）工程、分部（子分部）工程、分项工程和检验批。

(1) 单位工程划分的确定原则

1) 具备独立施工条件并能形成独立使用功能的建筑物及构筑物为一个单位工程。

2) 建筑规模较大的单位工程，可将其能形成独立使用功能的部分分为一个子单位工程。

由于建筑规模较大的单位工程和具有综合使用功能的综合性建筑物日益增多，其中具备使用功能的某一部分有可能需要提前投入使用，以发挥投资效益。或某些规模特别大的工程，采用一次性验收整体交付使用可能会带来不便，因此，可将此类工程划分为若干个具备独立使用功能的子单位工程进行验收。

具有独立施工条件和能形成独立使用功能是单位（子单位）工程划分的两个基本要求。单位（子单位）工程划分通常应在施工前确定，并应有建设、监理、施工单位共同协商确定。

(2) 分部工程划分的原则

1) 分部工程的划分应按专业性质、建筑部位确定。

2) 当分部工程较大或较复杂时，可按材料种类、施工特点、施工程序、专业系统及类别等划分为若干个子分部工程。

(3) 分项工程的划分

分项工程应按主要工种、材料、施工工艺、设备类别等进行划分。

分项工程可由一个或若干检验批组成，检验批是施工过程中条件相同并具有一定数量的材料、构配件或施工安装项目的总称，可根据施工及质量控制和专业验收需要按楼层、施工段、变形缝等进行划分。检验批可以看作是工程质量正常验收过程中的最基本单元。

建筑工程的分部（子分部）、分项工程按表 10-13 采用。

建筑工程分部工程、分项工程名称表　　　　表 10-13

序号	分部工程	子分部工程	分项工程
1	地基与基础	无支护土方	土方开挖、土方回填
		有支护土方	排桩、降水、排水、地下连续墙、锚杆、土钉墙、水泥土桩、沉井与沉箱、钢及混凝土支撑
		地基处理	灰土地基、砂和砂石地基、碎砖三合土地、土工合成材料地基，粉煤灰地基，重锤夯实地基、强夯地基，振冲地基，砂桩地基，预压地基，高压喷射注浆地基，土和灰土挤密桩地基，注浆地基，水泥粉煤灰碎石桩地基，夯实水泥土桩地基
		桩基	锚杆静压桩及静力压桩，预应力离心管桩，钢筋混凝土预制桩，钢桩，混凝土灌注桩(成孔、钢筋笼、清孔、水下混凝土灌注)
		地下防水	防水混凝土，水泥砂浆防水层，卷材防水层，涂料防水层，金属板防水层，塑料板防水层，编辑部构造，喷锚支护，复合式衬砌，地下连续墙，盾构法隧道；渗排水、盲沟排水、隧道、坑道排水；预注浆、后注浆，衬砌裂缝注浆
		混凝土基础	模板、钢筋、混凝土，后浇带混凝土，混凝土结构缝处理
		砌体基础	砖砌体，混凝土砌块砌体，配筋砌体，石砌体
		劲钢(管)混凝土	劲钢(管)焊接，劲钢(管)与钢筋的连接，混凝土
		钢结构	焊接钢结构、栓接钢结构，钢结构制作，钢结构安装，钢结构涂装
2	主体结构	混凝土结构	模板，钢筋，混凝土，预应力，现浇结构，装配式结构
		劲钢(管)混凝土结构	劲钢(管)焊接，螺栓连接，劲钢(管)与钢筋的连接，劲钢(管)制作、安装，混凝土
		砌体结构	砖砌体，混凝土小型空心砌块砌体，石砌体，填充墙砌体，配筋砖砌体
		钢结构	钢结构焊接，紧固件连接，钢零部件加工，单层钢结构安装，多层及高层钢结构安装，钢结构涂装，钢网架结构安装，压型金属板
		木结构	方木和圆木结构，胶合木结构，轻型木结构，木构件防护
		网架和索膜结构	网架制作，网架安装，索膜安装，网架防火，防腐涂料
3	建筑装饰装修	地面	整体面层：基层，水泥混凝土面层，水泥砂浆面层，水磨石面层，防油渗面层，水泥钢(铁)屑面层，不发火(防爆的)面层；板块面层：基层砖面层(陶瓷锦砖、缸砖、陶瓷地砖和水泥花砖面层)，大理石面层和花岗石面层，预制板块面层(预制水泥混凝土、水磨石板块面层)，料石面层(条石、块石面层)，塑料板面层，活动地板面层，地毯面层；木竹面层：基层、实木地板面层(条材、块材面层)，实木复合地板面层(条材、块材面层)，中密度(强化)复合地板面层(条材面层)，竹地板面层
		抹灰	一般抹灰，装饰抹灰，清水砌体勾缝
		门窗	木门窗制作与安装，金属门窗安装，塑料门窗安装，特种门安装，门窗玻璃安装
		吊顶	暗龙骨吊顶，明龙骨吊顶
		轻质隔墙	板材隔墙，骨架隔墙，活动隔墙，玻璃隔墙
		饰面板(砖)	饰面板安装，饰面砖粘贴
		幕墙	玻璃幕墙，金属幕墙，石材幕墙
		涂饰	水性涂料涂饰，溶剂型涂料涂饰，美术涂饰
		裱糊与软包	裱糊、软包
		细部	橱柜制作与安装，窗帘盒窗台板和散热器罩制作与安装，门窗制作与安装，护栏和扶手制作与安装，花饰制作与安装

续表

序号	分部工程	子分部工程	分项工程
4	建筑屋面	卷材防水屋面	保温层，找平层，卷材防水层，细部构造
		涂膜防水屋面	保温层，找平层，卷材防水层，细部构造
		刚性防水屋面	细石混凝土防水层，密封材料嵌缝，细部构造
		瓦屋面	平瓦屋面，油毡瓦屋面，金属板屋面，细部构造
		隔热屋面	架空屋面，蓄水屋面，种植屋面
5	建筑给水、排水及采暖	室内给水系统	给水管道及配件安装，室内消火栓系统安装，给水设备安装，管道防腐，绝热
		室内排水系统	排水管道及配件安装，雨水管道及配件安装
		室内热水供应系统	管道及配件安装，辅助设备安装，防腐，绝热
		卫生器具安装	卫生器具安装，卫生器具给水配件安装，卫生器具排水管道安装
		室内采暖系统	管道及配件安装，辅助设备及散热器安装，金属辐射板安装，低温热水地板辐射采暖系统安装，系统水压试验及调试，防腐，绝热
		室外给水管网	给水管道安装，消防水泵接合器及室外消火栓安装，管沟及井室
		室外排水管网	排水管道安装，排水管沟与井池
		室外供热管网	管道及配件安装，系统水压试验及调试，防腐，绝热
		建筑中水系统及游泳池系统	建筑中水系统管道及辅助设备安装，游泳池水系统安装
		供热锅炉及辅助设备安装	锅炉安装，辅助设备及管道安装，安全附件安装，烘炉、煮炉和试运行，换热站安装，防腐，绝热
6	建筑电气	室外电气	架空线路及杆上电气设备安装，变压器、箱式变电所安装，成套配电柜、控制柜（屏、台）和动力、照明配电箱（盘）及控制柜安装，电线、电缆、电缆穿管和线槽敷设，电缆头制作、导线连接和线路电气试验，建筑物外部装饰灯具、航空障碍标志灯和庭院路灯安装，建筑照明通电试运行，接地装置安装
		变配电室	变压器、箱式变电所安装，成套配电柜、控制柜（屏、台）和动力、照明配电箱（盘）安装，裸母线、堵塞母线、插接式母线安装，民缆沟内和电缆竖井内电缆敷设，电缆头制作、导线连接和线路电气试验，接地装置安装，避雷引下线和变配室接地干线敷设
		供电干线	裸母线、堵塞母线、插接式母线安装，桥架安装和桥架内电缆敷设，电缆沟内和电缆竖井内电缆敷设，电线、电缆导管和线槽敷设，电线、电缆穿管和线槽敷线，电缆头制作、导线连接和线路电气试验
		电气动力	成套配电柜、控制柜（屏、台）和动力、照明配电箱（盘）及控制柜安装，低压电动机、电加热器及电动执行机构检查、接线，低压电气动力设备检测、试验和空载运行，桥架安装和桥架内电缆敷设，电线、电缆导管和线槽敷设，电线、电缆穿管和线槽敷线，电缆头制作、导线连接和线路电气试验，插座、开关、风扇安装
		电气照明安装	成套配电柜、控制柜（屏、台）和动力、照明配电箱（盘）安装，电线、电缆导管和线槽敷设，电线、电缆导管和线槽敷线，槽板配线，钢索配线，制作、导线连接和线路电气试验，普通灯具安装，专用灯具安装，插座、开关、风扇安装，建筑照明通电试运行

续表

序号	分部工程	子分部工程	分项工程
6	建筑电气	备用和不间断电源安装	成套配电柜、控制柜(屏、台)和动力、照明配电箱(盘)安装，柴油发电机组安装，不间断电源的其他功能单元安装，裸母线、堵塞母线、插接式母线安装，电线、电缆导管和线槽敷设，电线、电缆导管和线槽敷设，电线、电缆导管和线槽敷线，电缆头制作、导线连接和线路电气试验，接地装置安装
		防雷及接地安装	接地装置安装，避雷引下线和变配电室接地干线敷设，建筑物等电位连接，接闪器安装
7	智能建筑	通信网络系统	通信系统、卫星及有线电视系统、公共广播系统
		办公自动化系统	计算机网络系统、信息平台及办公自动化应用软件、网络安全系统
		建筑设备监控系统	空调及通风系统、变配电系统、照明系统、给水排水系统、热源和热交换系统、冷冻和冷却系统、电梯和自动扶梯系统、中央管理工作站和操作分站、子系统通信接口
		火灾报警及消防联动系统	火灾和可燃气体探测系统、火灾报警控制系统、消防联动系统
		安全防范系统	电视监控系统、入侵报警系统、巡更系统、出入口控制(门禁)系统、停车管理系统
		综合布线系统	缆线敷设和终接、机柜、机架、配线架的安装、信息插座和光缆芯线终端的安装
		智能化集成系统	集成系统网络、实时数据库、信息安全、功能接口
		电源和接地	智能建筑电源、防雷及接地
		环境	空间环境、室内空调环境、视觉照明环境、电磁环境
		住宅(小区)智能化系统	火灾自动报警及消防联动系统、安全防范系统(含电视监控系统、入侵报警系统、巡更系统、门禁系统、楼宇对讲系统、住户对讲呼救系统、停车管理系统)、物业管理系统(多表现场计量及远程传输系统、建筑设备监控系统、公共广播系统、小区网络及信息服务系统、物业办公自动化系统)、智能家庭信息平台
8	通风与空调	送排风系统	空气处理设备安装、消声设备制作与安装、风管与设备防腐、风机安装、系统调试
		防排烟系统	风管与配件制作、部件制作、风管系统安装、防排烟风口、常闭正压风口与设备安装、风管与设备防腐、风机安装、系统调试
		除尘系统	风管与配件制作、部件制作、风管系统安装、空气处理设备安装、消声设备制作与安装、风管与设备防腐、风机安装、系统调试
		空调风系统	风管与配件制作、部件制作、风管系统安装、空气处理设备安装、消声设备制作与安装、风管与设备防腐、风机安装、风管与设备绝热、系统调试
		净化空调系统	风管与配件制作、部件制作、风管系统安装、空气处理设备安装、消声设备制作与安装、风管与设备防腐、风机安装、风管与设备绝热、高效过滤器安装、系统调试
		制冷设备系统	制冷机组安装、制冷剂管道及配件安装、制冷附属设备安装、管道及设备的防腐及绝热、系统调试
		空调水系统	管道冷热(媒)水系统安装、冷却水系统安装、冷凝水系统安装、阀门及部件安装、冷却塔安装、水泵及附属设备安装、管道及设备的防腐及绝热、系统调试

续表

序号	分部工程	子分部工程	分项工程
9	电梯	电力驱动的曳引式或强制式电梯安装工程	设备进场验收、土建交接检验、驱动主机、导轨、门系统、轿厢、对重(平衡重)、安全部件、悬挂装置、随行电缆、补偿装置、电气装置、整机安装验收
		液压电梯安装	设备进场验收、土建交接检验、液压系统、导轨、门系统、轿厢、对重(平衡重)、安全部件、悬挂装置、随行电缆、电气装置、整机安装验收
		自动扶梯、自动人行道安装	设备进场验收、土建交接检验、整机安装验收

(4) 室外工程的划分

可根据专业类别和工程规模划分单位（子单位）工程。室外单位（子单位）工程可按表 10-14 采用。

室外工程划分　　　　表 10-14

单位工程	子单位工程	分部（子分部）工程
室外建筑环境	附属建筑	车棚、围墙、大门、挡土墙、垃圾收集站
	室外环境	建筑小品、道路、亭台、连廊、花坛、场坪绿化
室外安装	给水排水与采暖	室外给水系统、室外排水系统、室外供热系统
	电气	室外供电系统、室外照明系统

2. 工程施工质量验收要求

按照《建筑工程施工质量验收统一标准》(GB 50300—2001)的规定，建筑工程施工质量验收应按下列要求进行验收：

(1) 建筑工程施工质量应符合本标准和相关专业验收规范的规定。
(2) 建筑工程施工单位应符合工程勘察、设计文件的要求。
(3) 参加工程施工验收的各方人员应具备规定的资格。
(4) 工程质量的验收均应在施工单位自行检查评定的基础上进行。
(5) 隐蔽工程在隐蔽前应由施工单位通知有关单位进行验收，并形成验收文件。
(6) 涉及结构安全的试块、试件以及有关材料，应按规定进行见证取样检测。
(7) 检验批的质量应按主控项目和一般项目验收。
(8) 对涉及结构安全和使用功能的重要分部工程应进行抽样检测。
(9) 承担见证取样检测及有关结构安全检测的单位应具有相应资质。
(10) 工程的观感质量应由验收人员通过现场检查，并应共同确认。

3. 工程质量验收

(1) 检验批合格质量应符合的规定
1) 主控项目和一般项目的质量，经抽样检验合格。
2) 具有完整的施工操作依据、质量检查记录。

由于检验批质量基本均匀一致，因此可以作为检验的基础单位组合在一起，按批验收。检验批检查时应进行资料检查和实物检验。资料检查主要是检查从原材料进场到检验批验收的各施工工序的操作依据，质量检查情况以及控制质量的各项管理制度等，由于资料是工程质量的记录，资料检查实际是对过程控制的检查确认，是检验批合格的前提。实物检验，应检验主控项目和一般项目。其合格指标在各专业质量验收规范中给出。对具体的检验批来说，应按专业质量验收规范对各检验批主控项目、一般项目规定的指标逐项检查验收。

检验批的合格质量主要取决于对主控项目和一般项目的检验结果。主控项目是对检验批的质量起决定性影响的检验项目，因此必须全部符合有关专业工程验收规范的规定。即主控项目不允许有不符合要求的检验结果，其检查结论具有否决权。如果发现主控项目有不合格的点、处、构件，必须返修、返工或更换，最终使其达到合格。

（2）分项工程质量验收合格应符合的规定

1）分项工程所含的检验批均应符合合格质量的规定。

2）分项工程所含有的检验批的质量验收记录应完整。

（3）分部（子分部）工程质量验收合格应符合的规定

1）分部（子分部）工程所含分项工程的质量均应验收合格。

2）质量控制资料应完整。

3）地基与基础、主体结构和设备安装等分部工程有关安全及功能的检验和抽样检测结果应符合有关规定。

4）观感质量验收应符合要求。

（4）单位（子单位）工程质量验收合格应符合的规定

1）单位（子单位）工程所含分部（子分部）工程的质量均应验收合格。

2）质量控制资料应完整。

3）单位（子单位）工程所含分部工程有关安全和功能的检测资料应完整。

对涉及安全和使用功能的分部工程，应对检测资料进行复查。不仅要全面检查其完整性而且对分部工程验收时补充进行的见证抽样检验报告也要复核，这体现了对安全和主要使用功能的重视。

4）主要功能项目的抽查结果应符合相关专业质量验收规范的规定。

使用功能的检查是对建筑工程和设备安装工程最终质量的综合检验，也是用户最关心的内容。因此，在分项、分部工程验收合格的基础上，竣工验收时应再做一定数量的抽样检查。抽查项目在基础资料文件的基础上由参加验收的各方人员商定，并用计量、计数等抽样方法确定检查部位。竣工验收检查，应按照有关专业工程施工质量验收标准的要求进行。

（5）观感质量验收时应符合的要求

竣工验收时，须由参加验收的各方人员共同进行观感质量检查。检查的方法、内容、结论等已在分部工程的相应部分中阐述，最后共同确定是否通过验收。

4. 工程质量验收程序和组织

（1）检验批及分项工程的验收程序与组织

检验批及分项工程应由监理工程师（建设单位项目技术负责人）组织施工单位项目专业质量（技术）负责人等进行验收。

检验批和分项工程是建筑工程施工质量基础，因此，所有检验批和分项工程均应由监理工程师或建设单位项目技术负责人组织验收。验收前，施工单位应先填好"检验批和分项工程的验收记录"（有关监理记录和结论不填），并由项目专业质量检验员和项目专业技术负责人分别在检验批和分项工程质量检验记录的相关栏目中签字，然后由监理工程师组织，严格按规定程序进行验收。

(2) 分部工程的验收程序和组织

分部工程应由总监理工程师（建设单位项目负责人）组织施工单位项目负责人和技术、质量负责人等进行验收；由于地基基础、主体结构技术性能要求严格，技术性强，关系到整个工程的安全，因此规定与地基基础、主体结构分部工程相关的勘察、设计单位工程项目负责人和施工单位技术、质量部门负责人也应参加相关分部工程验收。

(3) 单位（子单位）工程的验收程序和组织

1) 竣工预验收的程序

当单位工程达到竣工验收的条件后，施工单位应在自查、自评工作完成后，填写工程竣工报验单，并将全部竣工资料报送项目监理机构，申请竣工验收。总监理工程师应组织各专业监理工程师对竣工验收资料及各专业工程的质量情况进行全面检查，对检查出的问题，应督促施工单位及时整改。对需要进行功能检验的项目，监理工程师应督促施工单位及时进行实验，并对重要项目进行督促、检查，必要时请建设单位和设计单位参加；监理工程师应认真审查实验报告单并督促施工单位搞好成品保护和现场清理。

经项目监理机构对竣工资料及实物全面检查、验收合格后，由总监理工程师签署工程竣工报验单，并向建设单位提出质量评估报告。

2) 正式验收

建设单位收到工程验收报告后，应由建设单位（项目）负责人组织施工（含分包单位）、设计、监理等单位（项目）负责人进行单位（子单位）工程验收。单位工程由分包单位施工时，分包单位对所承包的工程项目应按规定的程序检验评定，总包单位应派人参加。分包工程完成后，应将工程有关资料交总包商。建设工程经验收合格后，方可交付使用。

建设工程验收应当具备下列条件：完成建设工程设计和合同约定的各项内容；有完整的技术档案和施工管理资料；有工程使用的主要建筑材料、建筑构配件和设备的进场实验报告；有勘察、设计、施工、工程监理等单位签署的质量合格文件；有施工单位签署的工程保修书。

在一个单位工程中，对满足生产要求或具备使用条件，施工单位已预验，监理单位已初验通过的子单位项目，建设单位可组织进行验收。有几个施工单位负责施工的单位工程，当其中的施工单位所负责的子单位工程已按设计完成，并经自行验收，也可组织正式验收，办理交工手续。在整个单位工程进行全部验收时，已验收的子单位工程验收资料应作为单位工程验收的附件。

在竣工验收时，对某些剩余工程和缺陷工程，在不影响交付的前提下，经建设单位、设计单位、施工单位和监理单位协商，施工单位应在竣工验收后的限定时间内完成。

参加验收各方对工程质量验收意见不一致时，可请当地建设行政主管部门或工程质量监督机构协调处理。

(4) 单位工程竣工验收备案

单位工程质量验收合格后,建设单位应在规定时间内将工程竣工验收报告和有关文件,报建设行政管理部门备案。

1) 凡在中华人民共和国境内新建、扩建、改建的各类房屋建筑工程和市政基础设施工程竣工验收,均应按有关规定进行备案。

2) 国务院建设行政主管部门和有关专业部门负责全国工程验收的监督管理工作。县级以上地方人民政府建设行政主管部门负责本行政区域内工程的竣工验收备案管理工作。

10.4.4 工程质量事故分析及处理

凡工程质量不符合规定的质量标准或设计要求,即称为工程质量事故。由于工程项目在施工过程中影响质量的因素较多,也易于产生系统因素变异,所以,不可避免地会出现工程质量事故。而且,建筑工程质量事故更具有复杂性、严重性、可变性和多发性的特点。

工程质量事故分析和处理就是针对已发现的工程事故调查分析其原因,针对原因找出处理的对策,确定处理的方案,实施质量事故的处理,并对工程质量事故的性质和处理后的状况下一个明确的结论。

质量事故分析、处理的程序,一般可按图10-25所示进行。

事故处理的目的是消除隐患,保证结构安全可靠,保证施工顺利进行。因此,事故处

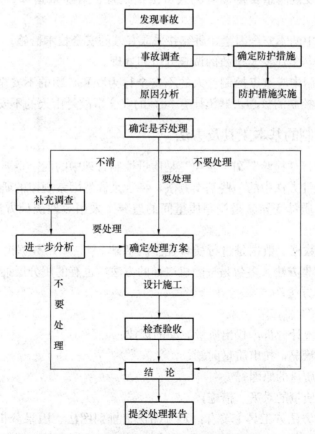

图10-25 质量事故分析、处理程序框图

理的基本要求是：安全可靠，不留隐患，满足建筑功能和使用要求，技术可能，经济合理，施工方便。

10.4.5 施工阶段的安全控制

在工程建设活动中，没有危险，不出事故，不造成人身伤亡和财产损失，这就是安全。通过宣传教育和采取技术组织措施，保证生产顺利进行，防止事故发生，即谓安全生产。安全生产控制是通过安全法规、安全技术和工业卫生三方面组成的安全生产控制体系来实现的。

在工程项目施工阶段重视安全控制有着重大的积极意义，同项目的其他目标并不矛盾。安全事故往往会使进度受到严重影响，造成极不好的社会反应；还可能导致费用支出的增加，并直接影响项目的对外发售招租。

安全控制中的主要工作如下：

（1）协助施工单位从立法和组织上加强安全管理，建立和完善有关安全生产制度。

（2）审核施工组织设计、施工方案和施工技术措施时，同时要审核有无安全技术措施方案，使之符合安全施工的要求。

（3）审核新技术、新材料、新设备、新工艺、新结构等方案时，同时要审核有无相应的安全技术操作规程。

（4）在现场如发现隐患要督促有关人员限期处理；对违章指挥、违章作业，应立即停止。

（5）针对施工中的不安全因素，研究并采取有效的安全技术措施；做好安全控制监督检查工作，及时参与组织安全事故的调查分析和处理。

（6）在安全控制中应重点控制"人的不安全行为"和"物的不安全状态"，其中以人的不安全行为作为控制的核心。据统计有88%的安全事故是由人的不安全行为造成的。

10.4.6 质量控制的基本工具及方法

对工程质量进行"检验"和"预控"是质量控制管理中的两个重要方面，这两个方面都要借助于数理统计方法中的一些基本方法，特别是偶然因素规律的研究是揭露质量变异规律的基本方法。质量变异就是产品质量间的差异。采用数理统计方法来控制质量的步骤是：

（1）收集质量数据。数据是进行质量控制的基础，"一切用数据说话"才能作出科学的判断。数据的收集方法大多数是按随机取样的方法，也有用分层抽样、二次抽样、系统抽样等其他抽样方法；

（2）数据整理；

（3）进行数据统计分析，找出质量波动的规律；

（4）判断质量状况，找出质量问题；

（5）分析影响质量的原因；

（6）拟定改进质量的对策、措施。

这期间运用的方法或工具主要有：直方图法、排列图法、因果分析图法、管理图法、相关图法、调查分析法、分层法等。限于篇幅，不一一介绍。如有意掌握这些内容可参见参考文献书目及有关著作。

复习思考题

1. 房地产开发项目工程建设的组织方式有哪些？
2. 房地产开发项目工程建设阶段的管理模式有哪些？
3. 什么是工程建设监理？开发单位与监理单位的关系为何？
4. 什么是进度控制？影响进度的因素有哪些？
5. 需编制哪些进度计划？为什么强调用网络图来编制进度计划？
6. 什么叫网络计划的优化？
7. 如何在实施过程中对项目进度计划进行监测与调整？实际进度与计划进度的图形比较方法有哪些？
8. 施工阶段进度控制的主要工作内容有哪些？
9. 物资供应的进度控制怎样进行？
10. 引起投资失控的原因有哪些？
11. 投资控制的方法和步骤是怎样的？
12. 怎样办理项目投资的结算？
13. 工程变更的控制原则是什么？怎样控制工程变更？
14. 怎样处理施工索赔和业主索赔？
15. 质量的内涵和质量控制的含义是什么？
16. 施工阶段质量控制的具体工作内容有哪些？
17. 什么是工序质量控制？如何设置工序质量控制点？
18. 怎样进行工程质量评定？
19. 工程质量事故分析及处理的过程是怎样的？
20. 为什么要重视施工阶段的安全控制？安全控制中的主要工作有哪些？

11 房地产销售

从开发程序来看,房地产销售是房地产开发活动的最后环节,但从投资角度看,房地产开发项目的收益能否通过销售取得,则是开发企业首先要考虑的问题。即在项目的策划和可行性研究阶段就要研究项目如何满足市场需求,在项目实施过程中要制订和实施项目的市场推广策略,并进行项目的销售活动。这种以满足市场需求为目标,从市场调查、分析、决策、定价到销售的全过程工作,称为市场营销活动。房地产销售是房地产市场营销活动的重要组成部分,也是本章的重点,因为有关市场营销的其他内容已在其他配套教材中介绍。

11.1 房地产收益的获取方式

11.1.1 房地产收益获取方式及其分析

房地产收益的获取分出租、出售和营业三种方式。

1. 出售

出售是指开发企业将其投资开发的项目或商品房转让或销售给需求者,以求获得项目收益的行为。采用出售方式,开发企业能尽快收回投资,但也可能会损失项目或房屋的增值,对某些项目或房屋而言,也损失了商业经营收益。这是与采用出租或自主经营方式获取房地产开发收益的结果是不同的。

当房屋分割转让出售时,应委托(或成立)物业管理公司来维持物业的正常运行。特别应指出的是:对于大型现代化商业房地产,不应分割出售。否则,将由于多个所有权属关系,使专业经营管理机构难以参与(不可能,或成本太高),从而不可避免地导致整体经营和管理的乏力,最终使物业服务体系崩溃,丧失商业房地产应有的价值和定位,甚至引起不良的社会反应。事实上,一些其他类型的大型物业的分割也有类似弊端。

出售收益,可以发生在项目完工以后,也可实行预售(卖楼花),在项目建设中就获取收益。对于成片开发的土地,则在投入达到一定程度后,才会发生转让收益。在符合国家和项目所在地政府有关规定的前提下，应尽可能提前出售房地产。这是开发企业分散风险、保证收益、筹措后续建设资金的有效方法。但同时，也使开发企业可能损失未来的房地产增值。

出售收益的大小是由可出售面积和售价水平决定的。可出售的面积应按建筑面积计算。建筑物分割出售时，应按实得建筑面积加上分摊的公共部位与公用房屋建筑面积计算。其售价由开发企业根据未来房地产的区位、功能、预计的投入成本和市场状态等因素合理确定（国家限价的除外）。最终售价，按规定应经当地物价部门审核。

2. 出租

出租是指房地产开发企业作为出租人将其投资开发的房地产出租给承租人使用，由承租人向出租人支付租金的行为。适合出租的房地产包括住宅、商场、写字楼和工业厂房等，开发企业如果能承受资金压力，则可采取出租方式经营其开发的房地产。这样，既适应了相关需求，又不至于损失未来可能的增值，并维持长期效益，分享房地产经营收益。当房地产分割出租时，应委托（或成立）物业管理公司来维持物业的正常运行；对分割出租的商场物业类，则应委托专业管理公司（当开发企业缺乏相应能力时）来负责其日常经营，以维护物业形象和完整的服务体系。

出租收益，一般发生在开发项目完工之后，但也可实行预租。采取预租时，开发企业可提供优惠来吸引用户。

出租收益的大小由可出租的面积和租金价格水平决定。出租面积可按使用面积计算，也可按建筑面积计算。住宅用房的租赁，应当执行国家和房屋所在城市规定的租赁政策。出租从事生产、经营活动的房屋，可由开发企业与用户协商议定最终租价和其他租赁条款。

3. 营业

开发酒店、商场、旅游、娱乐类收益性房地产，开发企业可采取直接经营收益性房地产的方式，即营业方式来回收投资，并赚取利润。这种方式使开发企业在拥有房地产的同时，直接获得房地产的全部经营收益。如果经营得当，这种收益将会是长期的、稳定的、不断增长的。采用营业方式，要求开发企业富有经营能力和经验，否则，就应委托专业管理公司经营。

营业收入发生在开发项目竣工之后，且一般要经过一段时间后，才会进入稳定收入阶段。需要说明的是：某些特殊房地产的经营（如经营码头、公路等），要求得到政府的特殊许可。

营业收入的大小，在方案分析阶段，根据项目特征、经营内容、经营管理能力、预计的市场状况、目前类似物业的经营状况等方面进行分析和合理预测来确定。

在实践中，开发企业可依房地产类型、规模，市场状况、自身的实力（含资金实力、融资能力）和经验，采用某种方式或综合采用两种、三种方式计算收益。

11.1.2 房地产租售方式

房地产租售方式，最简单地可划分为开发企业自行租售和委托租售代理两种。

1. 开发企业自行租售

由于委托租售代理要支付一定数额的佣金，所以在下述情况下开发企业愿意自行租售。

（1）大型房地产开发企业，往往拥有自己专门的市场推广队伍和较大区域范围的销售网络，开发企业提供的自我服务有时比委托租售代理更为有效。

（2）在市场高涨时，所开发的项目很受投资置业人士欢迎，而且开发企业预计在项目竣工后很快便能租售出去。

（3）当开发企业所发展的项目已有较明确，甚至是固定的销售对象时，也无需要再委托租售代理。

2. 委托租售代理

房地产租售代理负责开发项目的租售业务。尽管有些开发企业也有自己的销售队伍，但往往还要借助于租售代理的帮助，利用租售代理机构所拥有的某些优势。

房地产代理机构通常拥有熟悉市场情况、具备丰富的租售知识和经验的专业人员，是房地产买卖双方都愿意光顾的地方。开发企业如果想从大城市中吸引工商企业的居民到一个新开发区去安家落户，借助城市中的房地产代理机构的服务常能收到较好的效果。

优秀的房地产代理机构往往对其所擅长的市场领域有充分的认识，对市场当前和未来的供求关系非常熟悉，或就某类房地产的销售有专门的知识和经验。此外，为了更有效地提供服务，代理机构需要经常地关注市场状况。

房地产代理的方式主要有如下几种：

（1）独家销售权代理

即代理公司有独家销售房地产的权利，此类型的最突出特征是在合同有效期间内，不论是谁将房地产出售，作为委托人开发企业都必须支付佣金给代理公司。

（2）开发企业与代理公司独售权

此类合同的特点是，尽管代理公司有独家销售权，但如果在合同期限内开发企业自行找到买主，则不需付给代理公司任何服务费。但开发企业只能与一家代理公司签订委托合同，不可同时与一家以上的代理公司签约。

（3）净值销售权

即开发企业对其房屋没有固定价格，无论代理公司售出价为多少，只需将开发企业所设的固定数额交给开发企业即可。换句话说，即卖主答应支付任何超出其固定数额的差价作为代理公司的佣金，但代理公司必须将此差额告知卖方。

（4）联合专卖合同

为了开发企业能在短时期内将房屋出售，因此各大小类型的房地产代理公司联合行动，共同收集、分析、整理信息，组成联合专卖服务。其签约方式采取"独家销售权"的合同类型。

（5）优先选择权

当代理公司与开发企业签订委托合同后，若开发企业欲以较低的价款将房地产出售给他人，则必须先通知受委托的代理公司，因为在此种代理类型下，代理公司有优先承购该房地产的权利。

不论是采用哪种代理或代理组合，很重要的一点是在开发项目一开始就应确定下来，以便使代理公司能就项目发展的规划、设计和评估有所贡献。代理公司可能会依市场情况对项目的开发建设提供一些专业性意见，使物业的设计和功能尽可能满足未来入住者的要求;代理公司也可能会就开发项目预期可能获得的租金售价水平、当地竞争性发展项目情况以及最有利的租售时间等给开发企业提供参考意见。此外,通过让代理机构从一开始就参加整个开发队伍的工作,能使他们熟悉其未来要推销的物业,因为倘若租售代理不能为潜在的买家或承租人提供有关房地产的详细情况,则十分不利于代理公司开展推销工作。

通常开发企业与其确定的代理公司之间都有一个合同关系,该代理合同应载明代理权存在的时间长短、代理方式及终止的条件,列出开发企业所需支付的相关费用及支付条件等。不过,在签订合同之前,开发企业应仔细审定代理公司是否具备合法地位,以确保工作质量和工作的顺利进行。按照《房地产管理法》的规定,专业代理机构(经纪机构)应当具备下列条件:有自己的名称和组织机构;有固定的服务场所;有必要的财产和经费;有足够数量的专业人员;法律、行政法规规定的其他条件。设立房地产经纪机构,应当向工商行政管理部门申请设立登记,领取营业执照后方可开业。

11.2 房地产促销

房地产促销是房地产开发企业将其开发的房地产向用户进行宣传、报道和说明,促进和影响用户的消费和投资行为的活动。房地产促销方式主要有两种,即借助于各种传播媒介的广告促销和人员主动推销。

11.2.1 促销广告的策划

1. 促销广告策划的作用

尽管广告策划会花费一些资金,但在金额巨大的房地产开发活动中,租售速度及营业额的大小往往关系到利息负担的多少,而这种利息的负担往往远远超过广告上的花费,同时房地产涨跌受外来干扰因素太多,风险性甚高,时机稍纵即逝,因此开发企业多半宁愿花费大量广告费,以求得风险的降低与利息支出的减少。

优秀的广告制作能刺激需求者的欲望,而品牌的塑造也有助于争取需求者的认同与追随。因此一项房地产的广告策划,从土地(项目)命名开始到广告推出,应是一系列有计划的活动。从头到尾都要互相呼应,每一环节,既要发挥个别的效用,也要具有引导整体的功能。

毫无疑问,影响房地产广告成败的基本因素在于项目本身的规划质量。但是广告策划的优劣也直接影响到需求者对物业的印象。当一则房地产广告让需求者产生不佳的印象之后,该物业将不易促销成功。主要原因是:目前的开发市场,多半为预售、预租的产品,预租、售之所以能够存在,乃是建立在供需双方互相信任的基础之上,若广告的形象不好,可能导致需求者对开发企业的信赖不足,使需求者怀疑未来房屋建成以后能否如预期般的理想。

2. 广告策划的内容

一项成功的广告主要包含两大部分:一是对房地产特性的良好表达;二是恰当的创意和标题。

(1)预租、售房地产广告应强调的特点

1)强调质量。当房地产价格并不便宜的时候,开发企业尤其要强调房屋的精致与优秀。而即使地段并不算好，功能并不完善，也要设法找出一些特点，一般地说，此时建材的使用将变成宣传的重点。

2) 强调地段。地段的好坏关系到房地产价格的高低。其原因是地段的好坏直接关系到人口的聚集程度，人口多的地段，基本客源就多；人口少的地段，基本客源也少。从消费者角度看，买地段差的房地产增值前途就不如地段好的乐观。

3) 强调价格。特别是在房地产不景气时，很多需求者持观望态度，更使得价格的因素变得十分重要。在这种环境下，开发企业若要尽快回收资金，就须将利润降至最低，并且加强成本控制，以期能以低于行情的价格推出房屋或服务。在租售方面，若开发企业欲完全转售物业，则须强调买房胜过租房，并予以具体的价格分析。

4) 强调付款。除了强调价格外，相关的就是强调如何付款了。付款条件宽松，可扩大需求面。有不少房地产因成本高的缘故，价格无法下降，偏高于行情之上，此时就应以优惠的付款方式来吸引需求者。

5) 强调交通。地段好的工地，交通条件原本就很便捷，因此不需要刻意去强调。但若交通条件不佳，地点稍为偏僻的地段，就需要大张旗鼓地强调地段距市中心有多近、交通如何便捷，未来的交通规划等。应注意的是，在宣传中应真实的点出地段交通上的优点，若一味夸大宣传，而未能解开需求者心中忧结，则最终不能取得良好的销售业绩。

6) 强调环境。随着收入的提高，生活、工作的品质愈来愈被重视。人们除了注重房屋的内在美外，即注重内部的布置、通风、采光、装修等，还要求外在环境，即自然景观、公共设施、园林布置、社会风气等。因此，开发企业在推出一项物业时，除了规划良好的平面布局外，还应规划良好的环境和设施——如会所之类等，并着力强调。

7) 强调特色。如生态社区、数字社区、教育社区。

8) 强调信誉。由于大部分房屋是预租售，因此开发企业的信誉显得十分重要。而需求者之所以重视开发企业的信誉，原因是怕钱缴了但项目不能如期建成，以及工程质量问题等。因此，开发企业应强调和重视自己的信誉，并加以大肆宣传，以吸引客户。

(2) 房地产开发项目的命名

房地产开发项目的名称，是开发项目相互区别的标志。为开发项目确定一个恰当的名称，是开发企业的一项很重要的工作。一个气派，响亮，富有新意的名称，将突显物业特性、增强吸引力。

给开发项目命名，一要注意突出项目的特色，二要考虑到传播效果，注意易读、易听、易写、易说、易记。

开发项目的名称一般由一个称呼和一个修饰词（组）构成。

开发项目的称呼是根据项目本身的规模和特征确定的。高层建筑可以称大楼、大厦、公寓，也可称苑、花园等；由若干建筑组成的建筑群可以称新村、小区，也可称城、园、林等；豪华庭院住宅则称别墅、院、花园等；商业性高层建筑或建筑群可以称中心、广场、世界等；由项目功能称酒店、商场、市场等等。

开发项目名称中的修饰词（组），既要考虑其规模和特征，还要注意项目所处的社会、经济环境、宣传特色等方面。以下结合名称中的称呼、具体介绍几种名称中的修饰词（组）：路名型，如民意广场、三阳中心等；地域型，如武汉广场、中国大酒店等；名人型，如中山广场等；古典型，如王府饭店、地王大厦等；公司型，如佳丽广场、万科城市花园等；吉利型，如天安假日酒店、德福花园等；财利型，如财神广场、金丰大厦等；雄伟型，如世界贸易中心、国际贸易大厦等；山水园林型，如东湖山庄、梅苑小区、虹景花园等；玉石型，如钻石广场、水晶大厦等；优雅型，如碧丽花园、玉华花园等。

须特别指出的是，项目的名称应符合政府的有关规定，这些规定主要是指：禁用一些不良名称，以及约束、限制规范一些含义不清、易滥用的名称，如"广场"等。同时，开发企业为保护名称及商标的专用权，也考虑到物业名称大多具有地名属性，应注意申请登记。

（3）房地产广告文案

文案是广告活动中用文字表达的部分，包括标题与正文两大方面。

1）标题

在众多的广告文案中，首先映入消费者眼中的即是标题。成功有效的标题能加深需求者的印象，激发他们的兴趣，诱导其进一步关心广告正文。营销广告的标题一般可按下述方法拟写：

① 向需求者承诺其所能获得的利益。在标题中向需求者许诺使用该物业的利益，能够引起对此利益感兴趣的需求者的注意，如离市区仅两公里，楼价是市区的一半。

② 高度概括正文的内容。把最大的信息贯注于标题之中，人们看过标题后就算不看正文，也能理解广告主要讲了些什么。如"金城高级商厦，外形设计优美，间格四正实用，中央冷气系统"。

③ 激起需求者的好奇心。如果使用一些富有魄力的标题，需求者的视觉或听觉在好奇心的驱使下，就会很自然的过渡到正文。如"厦门的中环，鹭岛之银座"，这个标题只要被有心交易的需求者注意到，其追根究底的心理便会立即产生，了解这物业到底好在什么地方。

④ 运用一些能产生冲击力的词和词组。如，隆重推出、最佳选择、从速、当今等等。

拟定标题，只要做到简短扼要，具体突出，创意新颖，就会充分达到其作用。

2）正文

广告正文是标题的发挥和延伸。如果说标题的作用在于吸引，那么正文的作用就在于说服。正文由开头、中间、结尾三部分组成。开头部分一般是承标题而来，开门见山地切入主题，或提纲挈领引出具体的内容。中间部分是陈述信息量最多的核心段落，以正面描述房屋的功能、特征为主，所描述的内容以事实为依据，但又要注意引人入胜。结尾大多是介绍各种优惠措施。至于开发企业和代理机构名称、电话、地址等，作为一种随文，安排在正文之后。广告正文通常包括以下具体内容：

物业本身的情况。如类型、面积、档次、户型、室内设施及设备、所用材料以及所要求的售价或租价等。

物业的外部环境情况。即物业所处的地理位置、自然景观以及交通、商业、医院、学校、安全、会所等设施的配套情况。

营销前后的服务项目及优惠措施。如组织有意向的客户参观工地或样品房，提供完善的物业管理项目，协助解决客户户口及价格折扣等问题。

当然，上面所列举的各项内容不一定都要写进正文，应视具体情况予以取舍。若物业有与众不同的优势，或者促销方式独特，便可作为重点表述内容，而其他一般性内容则淡写或不写。

一般来说，当开发企业拥有一处良好的房地产开发项目时，如地段处中心区、平面、立面很适合这个区域，也很适合未来的购买者，那么广告是很容易做的。此时创意、标题都会水到渠成。广告策划人员在与规划单位、建筑师共同研究这些物业时，就已有很多的广告标题、创意了。等到定案以后，再来做广告作业，不是件困难的事。只需选择最有效的媒体、用最有效的方式、最经济的预算，把一些信息、资料传给大众，给那些潜在的需求者就可以了。

(4) 可供选择的主要广告媒体

1) 印刷广告

利用印刷品进行宣传，是促销工作的主要形式。报纸、杂志、专业书刊以及开发企业自行印刷的宣传材料，都是很有效的媒体。

由于每一出版物的发行范围和读者的层次都有差别，所以要依据房地产的特性，选择恰当的传媒工具。同时，为取得最佳效果，要注意应用组合传播的手段。

在媒体（可能是组合的）确定后，接下来就要确定广告在媒体中的版位、版面以及发布、发送的时间和频数等。一般来说，报纸头版和末版的位置较佳，但要注意尽量不要与其他内容不相关的广告混在一起；而先登几次大幅广告，再用登小幅广告的方式持续一段时间，则不仅节省费用，也能给人留下较深印象。

2) 广播、电视

这些媒体传播的信息，一般不能为需求者所保留且使用这些媒体费用昂贵，因此，这些传媒工具在房地产广告中很少采用。

3) 招贴广告

招贴广告是指那些贴在某些特定位置的广告。这些位置可能是在项目现场的周围地带，或是在城市交通枢纽中，或是在展览会、体育赛场等。通常人们很少有时间研究招贴广告的内容。因为人们注视广告的时间可能只有几秒钟，所以对这类广告的设计要求特别高。

值得一提的是，最好的广告是比上述硬广告更具有诱惑力的软广告，即记者的新闻报道之类。从需求者角度看，以新闻报道方式介绍物业并对物业状况作出评价，比普遍广告宣传更具可信度。开发企业做好这项工作，常可收到事半功倍的效果。

毫无疑问，广告不是变魔术，房地产销售能否成功是众多因素决定的，但项目本身是关键。所以广告创意不是唯一要素。在具体工作中，营销策划人员还须注意一些操作方式，在项目规划设计阶段，广告策划就应参与，对项目深入的了解，就会获得丰富的创意来源。决定了一个标题、一个广告以后，接下去就要考虑执行细节方面，如报纸版位、督促派报等。

最后，还要指出的是，发布房地产广告应当遵守国家工商管理部门颁发的《房地产广告发布暂行规定》。该规定要求，发布房地产广告，需要具有或者提供以下文件：一是房地产开发企业、房地产中介服务机构的营业执照或者其他主体资格证明；二是建设主管部门颁发的房地产开发企业资质证书；三是土地主管部门颁发的项目土地使用权证明；四是工程竣工验收合格证明；五是发布房地产项目预售、出售广告，应当具有地方政府建设主管部门颁发的预售、销售许可证明等。

4）网络

随着信息技术的发展，网络正逐渐成为人们日常生活中不可缺少的一部分，同时也为商家提供了丰富的促销手段。在房地产领域，网络促销正成为一种发展趋势。通过网络，开发商可以把开发项目的信息及时、准确、全面地传递给潜在消费者，可以与消费者实现互动式的沟通，也可以为消费者提供个性化的销售服务。房地产开发企业通过设立网页、建立网站或设立电子邮箱等网络广告形式，将开发产品的信息在网络上发布，从而达到向消费者宣传产品的目的。网络广告与传统广告媒体相比，除了广泛性、成本低等特性外，最重要的是可以及时的接受消费者的反馈信息，从而了解消费者的消费倾向。同时，还可以准确的统计出消费者的浏览次数，对广告投放效果进行有效的监测和评估。

房地产开发企业可以通过各种途径来开展网络促销活动。开发企业可以建立自己的企业网站，并链接到尽可能多的房地产门户网；可以根据开发项目的需要建立项目网站，宣传项目信息；可以在一些知名网站上发布广告；房地产开发企业还可以通过建立访问者跟踪系统，获取尽可能多的顾客的电子邮件，并及时询问他们的意见和建议。在网站上除了宣传产品的特性外，还可以让消费者及时了解企业发展动向，将企业的重要活动或举措在网站上发布，如开盘、房型展示、新闻发布会以及优惠活动等。当然，网络社会还刚刚起步，对房地产开发企业而言，必须将传统促销方式与网络促销方式有机的结合，才能最大程度的实现促销目标。

11.2.2 人员主动推销

人员主动推销，即营销人员与顾客面对面地进行交流和沟通。

房地产营销人员首先要使自己与房地产市场保持紧密的联系，对当地市场价值、供求状况有比较清楚的了解，及时掌握置业人士的潮流和品味及其发展趋势，经常与金融机构、物业代理机构的人员交换意见。换句话说，必须将一个手指按在市场的脉搏上。

有一系列的组织机构值得保持接触。如各类物业管理机构、房地产咨询机构和物业代理，常向顾客就寻找新的营业、办公、生产或居住地点提供咨询；一些金融机构、保险公司和其他投资信托基金组织，也常就投资置业向顾客提供咨询服务；一些行业协会也常被邀请提供咨询意见。所以市场营销人员如果能及时使上述组织机构随时了解自己所开发的项目情况，将是十分有益的。

房地产开发企业确定了人员推销工作的目标之后，应积极开展推销工作。在众多的推销理论指导下，应用最广泛的是程序化推销理论，这种理论把推销过程分成七个不同步骤（图11-1）。

图 11-1 人员推销程序

1. 发掘

推销工作的第一步就是寻找潜在的消费者。一般可能通过报纸上登载的租房启事或通过妇联、街道婚姻登记处了解结婚需求住宅情况，或通过现有满意消费者的介绍，或通过电话与规模较大的企事业单位和行政部门联系，了解住房的需求情况。

2. 准备

在推销之前，推销人员必须具备三类基本知识和充分的心理准备。即：

（1）住宅商品房知识。如设计方案、设计标准、设计特点、施工质量、材料装修、内部设施以及本企业的基本状况，等等。

（2）消费者情况。包括潜在消费者的个人情况，所有企事业单位外部环境情况等。

（3）竞争者情况。竞争对手的商品房的特点、竞争能力和竞争地位等。

（4）心理准备。每次推销工作开始前心理要放松，要加强信心，自己尽可能感到已具有"推销的感觉"，"成功的感觉"，并将这种感觉在推销工作中传递给消费者。

3. 接近

这是指推销人员与消费者开始进行面对面的交谈，此时推销人员头脑里要有两个主要目标及"一个信任感"。即：

（1）给对方一个良好的印象。消费者很难把推销员和他推销的住宅商品房区分开来，如果消费者觉得推销员可靠，那么也就觉得他推销的商品房可靠；如果消费者喜欢推销员，也就可能喜欢他推销的商品。

（2）验证在准备阶段所得到的全部情况正确与否。如果与准备阶段所得到情况差异很大，便要及时调整方位，为后面进一步谈话做好准备。

（3）"一个信任感"，便是消费者对推销员的"信任感"。一旦消费者信任了你，便应加强这种信任。消费者信任你，就能自己找到购买商品房的充分理由；消费者不信任你，就会从防御观点来寻找不购买商品房的借口。

4. 介绍

介绍阶段是推销过程的中心。商品房要想使消费者能够很快地接受，并产生购买欲望必须要用一些图集、小册子、照片，以及用一系列经济指标列成的表格直接向消费者介绍。可通过消费者的各种感官接受此种信号，从实践来看，消费者所接受的全部印象中，通过视觉得到比重最大，所以要重视收集、整理一些视觉图片资料。

5. 解疑

所谓解疑就是解决消费者所提出的各类问题。一个有经验的推销员能根据消费者提出的有关问题，快速地弄清购买者的思想状况及最终目标，熟练地运用自己的洽谈技巧，回答消费者所提出的各类问题，使消费者消除隔阂，相信自己。

6. 成交

这是对方订货购买的阶段。很多推销人员都认为，接近和成交是推销过程中两个最困难的步骤。在洽谈过程中，推销人应高度集中精力观察，分析消费者的态度和思想，并促使他们做出购买商品房的决定。如发现对方有愿意购买的表示，应说服消费者现在就可采取行动，为了促使成交，这时，推销人员还可以提供一些优惠条件，比如价格优惠，层次优惠等等促成交易。

7. 跟踪

所谓跟踪，就是售后的继续服务阶段。如果推销人员能保证对消费者的承诺，那么"跟踪"就必不可少。积极从事"售后跟踪服务"能提高本企业的信誉度，进一步赢得消费者的信任，这也是扩大市场占有率的重要方法。

11.3 商品房租售

11.3.1 商品房销售

商品房销售分为预售和现房销售。商品房预售是指开发企业按有关规定并经审批后，将尚处于建设期的商品房出售给承购人，由承购人支付定金或房价款的行为，商品房预售，俗称为"卖楼花"。现房销售是销售已经过工程质量监督部门验收，并取得质量合格证明文件，可以立即使用的商品房。

1. 商品房预售

由于房地产开发一次性投资较大，且风险甚高，因此，开发企业都会尽量开展商品房预售，以获得资金的部分回收，买家则通常会因购买预售中的房屋而得到其升值带来的收益。

（1）商品房预售应具备的条件

按照《城市商品房预售管理办法》的规定，商品房预售应当符合下列条件：

1）已交付全部土地使用权出让金，取得土地使用权证书；

2）持有建设工程规划许可证和施工许可证；

3）按提供预售的商品房计算，投入开发建设的资金达到工程建设总投资的 25％以上，并已经确定施工进度和竣工交付日期。

开发企业申请办理《商品房预售许可证》时，应当提交下列证件及资料：土地使用权证书；建设工程规划许可证和施工许可证；投入开发建设的资金达到工程建设总投资的 25％以上的证明材料；开发企业的《营业执照》和资质等级证书；工程施工合同；商品房预售方案，预售方案应当说明商品房的位置、装修标准、竣工交付日期、预售总面积、交付使用后的物业管理等内容，并应当附商品房预售总平面图、分层平面图。

主管部门在接到开发企业的申请后，应当详细查验各项证件和资料，并到现场进行查勘。经审查合格的，应在接到申请后 10 日内核发《商品房预售许可证》。需向境外预售的，应当在《商品房预售许可证》上注明外销比例。

按规定，开发企业进行商品房预售时，应当向承购人出示《商品房预售许可证》。售楼广告和说明书必须载明《商品房预售许可证》的批准文号。

（2）商品房预售程序及相关问题

开发企业在办完必要手续，取得预售许可证后，即可进行商品房预售。商品房预售一般经过洽谈、签订购销合同、办理产权登记等过程。

开发企业与拟购方首先进行接触洽谈。拟购方在调查和认可开发企业的实力、信誉、拟购商品房的有关建设文件及资料后，即可与开发企业就价格及付款方式等问题进行协商。拟购方与开发企业经洽谈，达成一致后，签订商品房购销书面合同。合同的形式应为标准示范合同。预售的商品房交付使用之日起 90 日内，承购人应当持有关凭证到县级以上人民政府房地产管理部门和土地管理部门办理权属登记手续，并在结算之日起 15 日内将成交价格如实向主管部门申报。购房者在实际接受商品房之日起，在规定的期限内向产权登记机关办理商品房所有权及该商品房相应占有的土地使用登记手续，开发企业给予协助。按照法律规定，登记、发证机关可以制作、颁发统一的房地产产权证书。

在商品房预售中，开发企业按合同所收的楼款，必须用于有关的工程建设。即预售款项要专款专用，真正用于商品房的开发建设。

当开发企业推出大型的楼花发售时，往往会有银行向买主提供即时购房抵押贷款，开发企业在这方面有时要作些努力，以使银行能提供成数高、期限长的贷款，增强物业的吸引力。购房者有了抵押贷款，对开发企业来说，相当于买主一次性付款，因此许多开发企业亦乐于向买主提供优惠折扣。

按照我国《房地产管理法》，商品房预售的，商品房预购人将购买的未竣工的预售商品房再行转让的问题，由国务院规定。也就是说，在一定条件下，楼花买主可以转售楼花。转售楼花的方式有两种：一是新买主直接与原买主达成协议，以高于开发企业原有的订价，向原买主买入与开发商所订的原有购销合同的一切权益；二是原买主与开发企业签署一份协议，取消原来订立的合同，然后由新买主再与开发企业另订购销合同。

在商品房竣工验收合格后，在交付使用之前，开发企业应完成房屋使用说明书的编制。在说明书中应注明合理使用房屋要注意的方面，并附上竣工的图纸。在房屋结构方面，应特别指出哪些墙体在装修中是不准改动的；哪些是属于可以移动的灵活隔断，怎样移动安全。电气应注明总容量、线路图及注意事项等。开发企业可在交接商品房时，将该使用说明书提供给买主以及管理房屋的物业公司。

值得注意的是，由于楼花是未建成的建筑物，因此，买卖楼花是有一定风险的。开发企业应洞察买主的心理，要努力强调自己的良好信誉。而买主应尽量选择自己熟悉的、有实力的开发者。

一般来说，购买房屋必须注意房屋所在地点、楼龄、结构、价格、能否转售等，购买楼花更不例外。开发企业应对这些事项详加说明，买主则须对这些事项加以研究比较。

开发者为增强买主对自己的信心，通常会邀请买主参观自己已建的房屋，或是在建工程工地，对此，买主应积极参与。买主在参观已建房屋时，应注意室内设施、管线是否完善、合理，墙面是否有渗水线，内表面装修是否平整以及物业管理机能等等，从而考察开发者广告宣传的可信度及其施工管理水准。在参观在建工地时，应留心工地场地是否井然有序，工人工作热情如何等，这些方面既是开发商实力的间接表现，也是未来房屋质量的保证。

另外，买主还应仔细阅读购销合同的条款，有关金额及时间的条款当然首先是要留心的，而有关房屋的材料及设备、房屋面积指标等也绝不能忽视。对此开发企业应事先有所准备。对于政府所规定的有关商品房预售的证书、证明文件，以及物业管理规定等，开发企业必须具备齐全，并主动提供给买主审阅。买主对政府的有关规定也应有所熟悉和了解，并有权要求开发企业出示有关证书和证明文件等，以减少买楼花所承担的风险。

2. 现房销售

现房销售是指开发企业将已经过工程质量监督部门验收，并取得质量合格证明文件，可以立即交付使用的商品房出售给承购人，由承购人支付房价款的行为。

现房销售一般由开发企业和买主自由协商、达成协议，签订商品房购销合同（标准示范合同）。在正式签订合同前，开发企业应出示有关商品房合法性的文件：如土地使用权证、工程建设规划许可证、外销商品房许可证、质量合格证明文件等。

开发企业应当在合同签订之日起的规定期限内将成交价格向主管部门申报。买者应在合同签订之日起的规定期限内办理房地产权属登记手续。

买主购买现楼,尽管无风险可言,但也要注意一些问题。

(1) 要细心检查房屋质量,包括装修情况、设施设备及所用材料是否与合同要求一致等。

(2) 要注意单位的面积指标,不要只听介绍如何,最好实地测量。

(3) 若购房自住,要特别考察房屋四周的环境及房屋将来的运行管理措施。

(4) 应对开发企业明确房屋包修、保修的具体要求,包括项目、期限和条件等。

对开发企业而言,最重要的是抓住房价上涨的时段,这样的时段通常出现在:政府的重大政策出台时;物业所在地区将有新的社会、经济发展计划;物业所在地周围的环境将有显著改善时,如道路交通改善;物业邻近地带将计划实施某项大型开发工程时。

3. 商品房销售面积计算及公用面积分摊规则

开发企业在售房时(预售或现房销售),除以说明书评列商品房的设备和所用材料外,还会说明商品房的建筑面积和使用面积。

按照当前规定,商品房销售以建筑面积为面积的计算单位。建筑面积应按国家现行《商品房销售面积计算及公用面积分摊规则》进行计算。商品房整栋销售,商品房的销售面积即为整栋商品房的建筑面积(地下室作为人防工程的,应从整栋商品房的建筑面积中扣除);商品房按"套"或"单元"出售,商品房的销售面积即为套内或单元内建筑面积(实得建筑面积)与应分摊的公用建筑面积之和。

套内建筑面积是指独立使用的每套空间相应的房屋建筑面积,其共用墙从墙体中线计算,非共用墙从墙体外侧计算。

公用建筑是指电梯井、地下室、变电室、公共门厅和过道等为整栋商品房服务的建筑空间。整栋建筑物的建筑面积扣除整栋建筑物各套(单元)套内建筑面积之和为 A,并扣除已作为独立使用空间销售或出租的地下室、车棚及人防工程等建筑面积,即为整栋建筑物的公用建筑面积 B。

称 B/A 为公用建筑面积分摊系数,用 C 表示。$C \times$ 套内建筑面积,即为购房者(按套购)应合理分摊的公用建筑面积。

在商品房买卖合同中,应载明购房者所购置的商品房的建筑面积,并注明该商品房的实得建筑面积及应合理分摊的公用建筑面积。

须指出,商品房销售以建筑面积为面积计算单位亦存在不足,如不利于新型墙体材料的发展和推广应用等。

4. 商品房买卖合同及付款方式

(1) 商品房买卖合同

为规范商品房买卖行为,保护合同当事人的合法权益,减少商品房买卖合同纠纷,国家建设部与国家工商行政管理局于 2000 年联合制订和颁发了《商品房买卖合同示范文本》。商品房的买卖应当采用此示范文本或当地依此示范文本制定的标准合同。

一般来说,开发企业在买主支付定金后,会与其签订买卖临时协议。在买主确定支付一定数额的房价时,开发企业会与其正式签订商品房买卖合同。当合同甲、乙一方或双方为境外组织或个人的,合同应经该商品房所在地公证机关公证。

（2）购买商品房的付款方式

购买商品房的付款方式，在实践中多种多样，但从大的方面来说有两种，即一次性付款和分期付款，另外还有一种特别的方式就是楼宇按揭。

1）一次性付款和分期付款

一次性付款即买主在签订合同后一次支付所有楼款，这种形式开发企业最乐于见到，故开发者通常会以正常楼价的折扣价出售给买主。现房销售时，开发企业大多要求采用一次性付款方式。分期付款方式是指买主分阶段向开发企业支付楼款，其具体的支付比例和时段每每有所不同。在商品房预售时，大多采用分期付款方式，开发企业一般要求在入伙时，付清全部楼款。

2）按揭付款方式

按揭是 mortgage 的音译，指抵押贷款。在这里，"按揭"特指"购房抵押贷款"。

按揭涉及三方利益：买方（按揭人），开发企业和银行等金融机构（按揭权人）。开发企业在售房前会先与金融机构就房屋按揭事宜签订协议。售楼时，按揭人先与开发企业签订商品房买卖合同，并支付部分购楼款（按金，一般不少于全部楼款的 10%），然后，按揭人凭合同与按揭权人签订按揭合同，由按揭权人负责付清余下的购楼款项给开发企业，而按揭人必须保证每月在按揭权人的机构里存一定数额的款（摊还按揭权人代付购楼款项的本利和），直到按揭期终止（按揭期一般都大于 10 年）。在此期间，房屋所有权及相应的土地使用权归按揭权人；按揭人在此期间有房屋使用权和买房权。按揭期终，按揭双方清算债务完毕，由按揭人取回房屋所有权及相应的土地使用权，按揭人购房过程结束。

房屋按揭后，买主向银行摊还贷款本息（俗称"供楼"）是按月来进行的，而每月的供楼款项也是相对固定的，仅随利率变动有小幅度升降。那么每月的供楼款额又是怎样计算得来的呢？请看下面算例。

【例 11-1】 现有一套 $50m^2$ 的普通住宅单位，平均售价为 11 万元，以按揭八成，分 15 年供楼，年利率 10% 计，每月供楼款为多少？

【解】 ① 售价 11 万元，按揭八成，故贷款额为：$11 \times 80\% = 8.8$（万元）

② 首期须付楼款额为：$11 - 8.8 = 2.2$（万元）

③ 分 15 年供楼，即供楼期为 $15 \times 12 = 180$（月）

④ 定额回收因子为：

$$(A/P, i, n) = \frac{i(1+i)^n}{(1+i)^n - 1}$$

式中　A——等值额；

　　　P——现值；

　　　i——贴现率；

　　　n——计算期。

⑤ 每月供楼款：

$$A = \frac{0.1 \div 12 \times (1 + 0.1 \div 12)^{180}}{(1 + 0.1 \div 12)^{180} - 1} \times 88000 = 945.65 \text{（元）}$$

即购买此套住宅单位，首期须付款楼为 2.2 万元，以后每月供楼款约为 945 元，供楼期 15 年。

【例 11-2】 某家庭拟购买一套住宅，售价为 75 万元。银行为其提供 15 年期按揭，年利率为 5.04%，按揭比例为 80%。银行根据购楼者未来收入的增长情况为他安排了等比递增偿还抵押贷款计划，月还款增长率为 0.37%，求该家庭第 10 年最后一个月的月还款额。

【解】 ① 住宅售价为 75 万元，按揭 8 成，故向银行贷款额为：$75 \times 80\% = 60$（万元）

② 按揭期限为 15 年，按揭期为 $15 \times 12 = 180$（月）

③ 根据公式：$P = A_1 \cdot \dfrac{1}{i-s} \cdot \left[1 - \left(\dfrac{1+s}{1+i}\right)^n\right]$ $(i \neq s)$

或

$$P = n \cdot \dfrac{A_1}{1+i} \quad (i = s)$$

此处 $P = 600000$，$i = 5.04\%/12$，$s = 0.37\%$，$n = 180$。代入上述公式（$i \neq s$），可以计算出 $A_1 = 3498.74$ 元。

④ 第 10 年最后一个月的月还款额

$$A_{120} = A_1 \cdot (1+S)^{119} = 5429.74 \,（元）$$

即购买此住宅，按照等比递增还款计划，该家庭第 10 年最后一个月的月还款额为 5429.74 元。

金融机构提供按揭扩大了开发企业自有资本的效能，也扩大了房地产消费市场，进而能促进房地产开发业的发展。

在实践中，开发企业为扩大一些开发项目的销售，筹集资金，规定当买主一次性付款达到一定程度以上时，开发企业可实行（或安排）回租（包租）方案。回租业务，实际上是由两项并行的活动组成的。一是开发企业将物业出售给买主，这是买卖关系；二是买主又将购入的物业再出租给开发企业（或安排的其他机构），这又是租赁关系。这种方式可使开发企业立即回收部分（或全部）的开发投资，并获得一个较长期的经营收益机会。买者作为物业的所有权人，在租期内，只要开发企业经营管理状况好，就可获得较高租金收益（普遍高于金融利息收益），期满后，他仍可以再出租和出售收回的物业而获得收益（付清全部楼款时）。这种方式较好地实现了购屋行为具有的投资功能和消费、使用功能。对买者极具吸引力。

值得指出的是，目前有关回租（包租）方面的法律规定，尚属空白，因而当事人双方的操作行为具较大风险。

11.3.2 房屋租赁

房地产开发房屋的租赁，是指开发企业作为出租人将其开发的房屋出租给承租人（客户）使用，由承租人向开发企业支付租金的行为。

开发房屋的租赁，一般发生在房屋建成之后，但也可以在房屋建设中实行预租，预租时，开发企业通常会给予客户一定折扣优惠。

1. 确定出租策略和租金方案

确定出租策略和租金方案是开发房屋租赁的首要步骤。

(1) 出租策略

出租策略包括如下内容：

1）将物业未来的客户进行分类，针对物业的特性和自身经营计划，确定物业的首选客户类型以及客户组合，并制定相关的配合措施，如宣传推广措施、承租方式、定价方案等。

2）确定物业租期。一般来说，短租租金水平较高，但同时，物业空置风险、经营体系崩溃风险等都较大；而长租，尽管租金也可以定期调整，其水平依然相对较低。为降低风险，获得较大收益，开发企业应确定物业短租面积和长租面积的恰当比例。

3）确定提供服务的内容和程度。包括提供何种程度的装修，提供使用设施的水平，提供维持物业正常运行的服务种类和程度，如清洁、保安、维修等方面的服务内容。

4）确定投资回报水平，即明确投资收益率的要求。

5）其他。包括差别租金的确定原则；计租面积单位；合格签约承租人评定标准等。

(2) 租金方案

1）租金的确定

物业的租金收益必须能抵偿所有投资成本，并为开发企业带来合理的投资回报。因而租金的确定是基于运营成本、固定的税费和开发企业希望的投资收益率之上的。但是，市场上同类物业（尤其是一些经改造的旧建筑）的供求状况会对本物业的租金水平产生强烈影响。开发企业应全面考虑上述两方面因素、运用前述定价方法，综合确定物业的基本租金。

开发企业必须为物业确定一个合理的租金水平，过高或过低的租金都可能导致开发企业收益的损失。但也要认识到，要精确地找到合理的标线，几乎是不可能的。

基本租金确定后，再根据前述的定价策略，对物业整体租金和各分割面积的租金进行调整，确定签约租金。

2）出租后租金的调整

根据市场供求关系变化情况、通货膨胀水平以及出租物业在市场中地位变化等因素，适时调整已出租物业的租金，是开发企业的一项重要工作。

开发企业应谨慎决策，确定何时开始调整，以后间隔多长、调整幅度多大。一般来说，每隔一至两年调整一次，首次调整时间距签约时间可适当长一些。而对于短期租客，调整可频繁些，每次调整的幅度不宜过大，以减缓后续调整的压力。

有关调整的原则，应在租赁合同中予以明确。

3）租金收取方式

租金一般在房屋租赁后，按月末月初收取。对长租租客，也可按有吸引力的折扣优惠收取一年或数年租金；实行预租时，开发企业也应提供优惠，以吸引租户，尽快回收资金，缓解投资压力。

在实际签约时，开发企业会要求租户提供一定数额的押金（一般为1~3倍月租），以保证租约的履行。

2. 租赁推广和选择承担客户

开发企业可根据相关策略，选择适当的宣传媒介，进行宣传推广，告知和吸引客户。

开发企业应注意将拟出租物业整理好（工地也应整洁、规范），以供客户"看楼"。要安排专人负责做好客户来访的接待工作，耐心解答客户的问题。物业本身及管理人员的工作情况和服务效率，会给客户留下异常重要的第一印象。

在选择承租户方面，要注意承租人的合法资格（或身份）、承租人的经营状况（或收入状况、职业背景等）、经营范围、经营规模和能力、承租人的信用情况等等。已有选择标准的，应按标准进行选择工作。这项工作十分重要，它直接影响物业的租赁收入及后续管理工作，关系到物业的形象和经营计划的实现。

3. 谈判签约

按照房地产管理法规定：房屋租赁，出租人和承租人应当签订书面租赁合同，约定租赁期限、租赁用途、租赁价格、修缮责任等条款，以及双方的其他权利和义务，并向房产管理部门登记备案。

因此，开发企业在确定合适的承租客户后（确定方式可以协商或竞投），接下来的租赁工作，就是与客户就租赁合同的内容进行最后谈判，达成一致后，双方签订租赁合同。

物业出租后，开发企业应按合同提供（自行或委托专业机构）专业管理工作，以维持物业的正常进行。

复习思考题

1. 简述房地产收益获取的方式及特点。
2. 委托租售代理的优势有哪些？
3. 简述促销广告策划的作用。
4. 何谓人员主动推销？如何进行人员主动推销？
5. 商品房预售应具备的条件是什么？
6. 何谓"按揭"付款方式？

12 房地产开发信息化

12.1 网络经济与房地产行业信息化

12.1.1 网络经济概述

网络经济目前尚未形成一个统一规范的定义。从国民经济构成和主导产业的意义上说，网络经济也被称为"信息经济"；从经济活动的技术含量和知识资本的作用来说，网络经济可以理解为"知识经济"；从信息网络被广泛应用于经济活动的角度来看，网络经济也常被称作"媒介经济"。综合目前关于网络经济的各种描述，可以从狭义和广义两个层面对网络经济定义如下：

从狭义层面看，网络经济是与互联网有关的经济，信息技术产业和信息服务业是网络经济的主导产业，网络时代的所有企业都将依靠网络生存，并推动各种产业的信息化和网络化。

从广义层面看，网络经济是从经济的角度对未来社会的描述，即由当前工业经济向未来网络经济的转化。传统工业经济强调将生产者和消费者在时间和空间上分割开来，这的确大大促进了企业的专业化、规模化发展，但由于层层的中间环节，交易成本也随之增加，生产者和消费者在某种程度上产生了一定的隔阂；信息技术的发展使生产者和消费者得以通过互联网直接沟通，不仅可以大大降低交易成本，而且可以使交易双方在时间和空间上有更大的选择范围。因此，网络经济是没有时空、地域限制的生产者和消费者直接交流的经济，这是一种区别于农业经济、工业经济的新型经济形态。

12.1.2 网络经济对房地产业的影响

作为一种新经济模式，网络经济在社会上所引发的种种变革，也是房地产行业无法回避的。微软公司创始人比尔·盖茨曾说："房地产业将会由于技术的进步而发生改变，这种改变已经开始并以极快的速度进行，只有意识到这一点的人，才能在房地产业生存下去。"以信息技术为基础的网络经济对房地产业的影响主要在以下两个层面：

1. 信息技术改善房地产产品功能

应用数码科技开发的数码住宅和宽频社区，正在成为房地产业中的新卖点。许多国际著名厂商已纷纷推出"互联网家庭"、"电子化住宅"，向人们展示21世纪房地产业的发展趋势。如美国思科系统公司于2000年正式推出了"互联网家庭"，向世界展示了由高速、不间断的互联网连接以及众多带有网络功能的家用电器所带来的激动人心的生活方式。2000年3月，香港理工大学也推出了香港首个智能家居原型，该原型是一个由计算机网络控制的枢纽中心，它以互联网为基础，将家居的各个生活设施组合在一起，形成一个自动化系统，为使用者提供全面的家居控制和管理服务。

2. 网络经济改变着传统的房地产经营方式

（1）网络经济对房地产开发企业经营方式的影响

信息技术的广泛使用，将使房地产开发企业的经营活动产生重大变革。如在房地产市场调研阶段可通过互联网大规模收集潜在购房者信息，然后根据其家庭生命周期、收入层次进行精确的市场细分；在前期策划阶段则可以根据潜在购房者对产品和价值的认知，有针对性地为项目定位；通过网上虚拟社区可归集个性化项目设计要求，在与消费群体和消费个体交流的过程中完成项目的前期规划设计，从消费心理学角度来说，把购房者"前期请入"有利于与之形成一定的利益共生关系，通过实现客户的"参与感"而获得认同，进而促成后期的购买决策。另外，网络经济时代的项目施工可以以柔性生产（在低成本条件下满足多种市场需求的能力）来应对小批量多品种的设计要求。总而言之，对差异化需求的整合能力和高弹性的施工组织能力将成为房地产开发企业的核心竞争力。

（2）网络经济对房地产中介企业经营方式的影响

网络经济带来的信息直接沟通共享能力将给房地产中介行业带来深刻的变革。经纪业是消费者与企业沟通的桥梁，其生存基础是信息不对称背景下的市场信息；而网络经济打破了信息供求的隔阂，传统经纪业务将逐渐萎缩；整合大量个体的购房意愿作为与开发商协商要价的资本，或与管理咨询业务相结合很可能成为房地产经纪人未来的经营思路；销售代理是企业面向消费者的门户，虽然其对产品信息的加工产生了新的附加值，但同时也增加了交易成本，"网上房市"的出现将对传统的营销代理机构产生巨大冲击；在网络经济时代，评估业务也将会产生一个新的分支——网上房产评估，对于不须承担法律责任的房产评估需求有望通过专家系统实现自动评估报价，这将使大规模小额度的普通住宅交易的评估需求得到满足，从而大大加快房地产评估的速度和准确性。此外，从信用认证的角度，"网上房市"也将促进新的中介部门充当起中立、权威、公正的交易参照角色。因此，在网络经济时代，传统的房地产咨询很难独立存在，它会逐渐与经纪、代理、评估甚至法律服务有机地融为一体。

（3）网络经济对房地产物业服务方式的影响

网络经济将使物业服务由"管物为主"转为"人、物并重"。信息技术的广泛应用将会在生活服务需求、安全防卫需求、医疗保健需求、情感交流需求、居家办公需求等方面为物业服务引入新内容。

12.1.3 房地产业信息化的现状与趋势

1. 我国房地产行业信息化现状分析

伴随着我国房地产业的快速发展，信息技术在中国房地产业中的应用已拉开序幕，在政府的牵头和推动下，房地产业各界积极参与，目前已呈现全面信息化的发展状态。

（1）房地产政务信息化成效显著

近年来，许多城市利用信息技术，开发了房地产政务管理的计算机软件，如城市房地产交易管理系统、商品房预售管理系统以及住房补贴管理软件系统等，这些软件系统的应用有效地改进了行政管理，提高了工作效率，完善了政府对房地产市场的监控和预测能力。

（2）房地产企业信息化取得长足进展

各种针对房地产企业的计算机软件，如房屋销售软件、物业服务软件、租赁软件、房地产可行性分析软件以及房地产开发管理软件等正在得到越来越广泛的开发和应用；另外，一大批商业软件公司也在适应房地产企业的迫切需求，开发并推出了商品化的房地产企业信息化应用解决方案。

（3）初步建立了房地产宏观监测系统

为适应我国房地产业发展的内在要求，针对市场信息零散、盲目投资行为大量存在等状况，我国已建立了包括中房预警系统、中房指数、国房景气指数等在内的房地产宏观监测系统。2006年6月，建设部下发了《关于加强房地产市场监测分析工作的通知》，要求从2006年6月起，各省、自治区建设厅和40个重点城市房地产主管部门要借助房地产市场监测系统的运行，按季度向建设部上报本地区房地产市场形势分析报告，按月上报房地产市场情况简报，为房地产宏观调控提供决策支持。

（4）房地产网站蓬勃发展

目前，中国的房地产网站主要可分为四大类：

1）专业性房地产网站，旨在从专业角度为开发商与消费者提供信息服务。

2）综合网站的房地产板块。为了迎合浏览者的专业信息需求，各大门户网站基本都开设有专门的房地产频道。

3）房地产开发商或投资商开设的企业网站。这类网站在房地产网站中占多数，主要是为所属公司直接服务的，针对性很强，但是这类网站的信息量一般比较少，不能满足消费者多方面的信息需求。

4）房地产行业主管部门设立的政府网。这类网站数量不多，但信息量大、涉及地区广，主要用于行业动态和政策信息的发布。

2. 我国房地产业信息化发展趋势展望

房地产行业信息化未来的发展趋势体现在以下几个方面：

（1）人们对家居的要求将更趋智能化

在21世纪，发展智能化住宅具有极大的市场潜力，住宅的智能化功能将被列为评价楼盘综合性能不可缺少的一个重要指标，社区提供与外界进行数据交换的软硬件设施和服务是家居功能向外拓展的必要条件；智能化的物业服务将深入到各单位住宅，真正实现建筑智能化到社区管理的智能化。

(2) 房地产电子商务将大有可为

随着信息化建设的推进，电子商务市场在全球范围内急剧扩大，各发达国家都把发展电子商务作为拓展全球市场的有效手段。在这样一个良好的外部环境下，房地产电子商务将会成为21世纪整个产业发展的一大亮点和推动产业发展的巨大动力。房地产电子商务可以从企业与企业间的电子商务方式、企业对客户的服务方式、网上信息发布、建立虚拟企业及虚拟政府等层面展开。

(3) 房地产网站功能将更加丰富

房地产网站改变了传统的购房方式，互联网行将成为房地产信息发布的主要渠道，适应这一发展趋势，房地产网站将会继续扩大充实房地产信息服务的内容，建立全天候的房地产在线咨询服务系统，引入城市电子地图，实现网上售楼；另外，互补性的房地产专业网站之间有望深入合作，使房地产网站在市场、技术、内容上获得发展机会，房地产企业上网的数量将明显增加。

(4) 房地产经营管理业务将会实现高度信息化

对于传统的房地产产业来说，企业信息化程度的高低是决定企业成败的关键。与未来网络社会相适应，不论是普通的消费者还是专业的房地产企业，都要求房地产业相关业务处理的高度信息化。

12.2　房地产开发产品信息化

12.2.1　房地产开发产品信息化概述

在社会信息化进程日益发展的今天，人们对居住、生产、办公和商务等各类房地产产品提出了更高的要求。如何适应社会经济信息化发展的趋势，将先进的信息技术与传统的房地产产品有机结合，为人们提供舒适、安全、便捷的工作、生活环境，创造更加符合人们要求的高品质、个性化的工作、生活模式，已成为房地产开发商面临的新机遇和新挑战。

房地产开发产品信息化的本质是传统房地产产品与信息技术的有机结合，按房地产产品分类，大体可分为住宅商品房、非住宅商品房两大类；其中，住宅商品房又可分为高端、中端、低端不同档次的商品住宅，非住宅商品房又可分为写字楼、商业服务用房、旅游设施用房等。在业界，住宅商品房与信息技术结合而成的产品形式通常被称为智能住宅、智能小区，而非住宅商品房与信息技术结合而成的产品形式通常被称为智能大厦。

房地产产品信息化并不是诸多电子设备和信息系统的简单堆砌，产品功能体系设计的核心在于客户对房地产产品不断增长的需求，主要包括产品使用者安全、舒适和方便的需求，开发商物业增值和销售宣传的需求，物业服务主体在管理效率方面的需求以及政府在社会治安、经济增长点以及城市信息化建设方面的需求。可以说，不断挖掘客户需求才是房地产产品信息化持续发展的根本动力所在。

12.2.2 智能小区与智能住宅

1. 基本概念

智能小区是传统住宅小区与信息技术有机结合形成的一种新型房地产产品形态，其本质是住宅小区的智能化。建设部住宅产业化办公室提出的关于住宅小区智能化的基本概念是："住宅小区智能化是利用 4C（即计算机、通信与网络、自控、IC 卡）技术，通过有效的传输网络，将多元信息服务与管理、物业服务与安防、住宅智能化系统集成，为住宅小区的服务与管理提供高技术的智能化手段，以期实现快捷高效的超值服务与管理，提供安全舒适的家居环境"。智能小区的基本要素构成如图 12-1 所示。

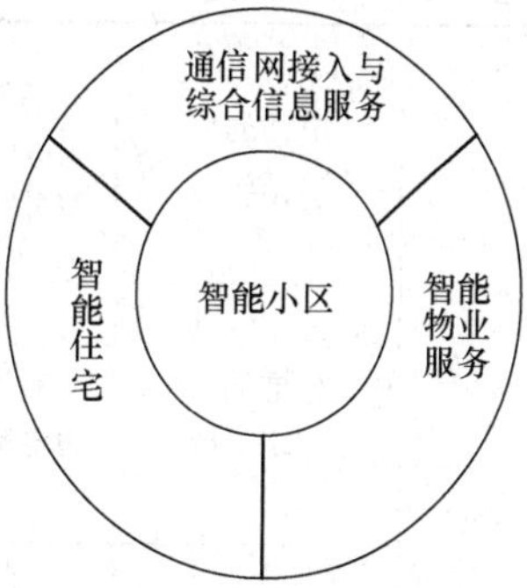

图 12-1 智能小区的构成

其中，智能住宅是智能小区的核心组成部分，是传统住宅与信息技术有机结合的产物。目前关于智能住宅的称谓多种多样，诸如：电子家庭（Electronic Home）、数字家园（Digital Family）、家庭自动化（Home Automation）、家庭网络（Home Net/Networks for Home）、网络家居（Network Home）、智能化家庭（Intelligent home）等等几十种。美国麻省理工学院将智能化住宅界定为具有适应性、预测性的智能服务系统，其实现目标是将家庭中各种与信息有关的通信设备、家用电器和家庭保安装置通过家庭总线技术连接到一个家庭智能化系统上，进行集中的或异地的监视、控制和家庭事务管理，并保持这些家庭设施与住宅环境的和谐与协调。国内有专家认为智能化住宅其实就是人—设备—建筑相协调的产物，即由一个智能化系统构成的安全、舒适、便利的信息化居住空间。尽管名称和解释五花八门，但智能住宅的含义和所要完成的功能大体是相同的。所谓智能住宅，是已注入现代网络信息技术的一种特殊的房地产商品，即通过一个高度集成化的计算机网络，将住宅中所有物业、家务、生活及工作设备连接起来，并保持这些设施与住宅的协调，住户能自由、安全、协调地使用住宅内所有服务设施，从而形成的方便快捷、安全舒适的信息化居住空间。

通信网接入与综合信息服务是指依赖于公共通信接入网，建立电话、电视和数据"三网合一"的综合通信接入网平台，通过整合与住户生活相关的信息资源，为住户提供丰富多彩的信息服务。

智能物业服务是指利用小区内现代化的设施和自动化系统，采用高效、完善、节能的管理手段，建立科学、先进的管理模式，为住宅小区内每一个家庭提供优质超值的服务。

2. 智能小区功能特征

综观国内外的智能化住宅小区，大都具有如下共同的功能特征：

（1）住宅内部具备综合了安防、防灾设施与生活服务的智能控制器，住宅与小区和社会之间具有高度的信息交互能力。

（2）小区内部具备完善的安防设施、全面的公用设施监控管理和信息化的小区服务管理。

（3）能为小区内住户提供丰富多彩的信息服务。

3. 智能住宅的功能目标要素

智能住宅的功能目标要素如表 12-1 所示。

智能住宅的功能目标体系　　　　　　　　　表 12-1

功能模式	功能要素	功能描述
使用功能体系	电话通信系统	基于用户交换设备、通信线路网络及用户终端设备，为住户提供防止误接与打扰、来电响铃区分、内线互拨、代接转接、通话保密、三方通话、定时叫醒、门铃开锁等服务
	住宅局域网络系统	利用一条网线，采用有线或无线模式，实现多房间同时上网、电脑信息资源共享，为电脑全宅智能管理、Internet 远程监控、操作和维护提供网络支持
	家庭数字影院点播	依托 HFC（混合光纤同轴电缆网）构建"三网（电信网、广电网和互联网）合一"基础设施，运用先进的微电脑技术、无线遥控技术和红外遥控技术，在程序指令的精确控制下，把机顶盒、卫星接收机、DVD、电脑等多路信号源，能够根据用户的需要，发送到每一个房间的电视机、音响等终端设备上。各个房间可共享家庭影音库、互联网影视资源库、有线、数字、卫星电视信号，住户可根据自己的个性化需求进行视频点播，利用可视对讲门铃装置，家里的每一台电视还可查看门口摄像头的视频监控图像
	家庭背景音乐系统	利用嵌入式电脑控制面板、DSP 音乐信号处理软件和隐藏的智能布线系统，将同一音源的音乐传送至住宅的每个房间，每个房间均可通过独立的控制面板对背景音乐进行个性化调节
	住宅安防监控系统	1）对家庭人身、财产等安全进行实时监控； 2）在发生入室盗窃、火灾、燃气泄漏以及需要紧急求助时，自动拨打用户设定的电话，通过语音及时报告险情； 3）可灵活地全部及局部、本地及远程布、撤防，远程监听功能，互联网远程实时动态摄像监控与监看功能； 4）提供可视门铃智能化电视监控功能
	家庭智能照明系统	实现对全宅灯光的智能管理，可以用遥控等多种智能控制方式实现对全宅灯光的遥控开关、调光、（区域）全开全关及"会客、影院"等多种一键式灯光场景效果的实现；并可用定时控制、电话远程控制、电脑本地及互联网远程控制等多种控制方式实现功能，从而达到智能照明的节能、环保、舒适、方便的功能
	家用电器控制系统	把所有能控制的电器组成一个管理系统，除了可以实现本地及异地红外家电的万能遥控外，还可以用遥控、场景、定时、电话及互联网远程、电脑等多种控制方式实现电器的智能管理与控制
	电动窗帘控制系统	对住宅内的窗帘进行智能控制与管理，可以用遥控、定时等多种智能控制方式实现对全宅窗帘的开关、停止等控制，支持一键式场景效果的实现，配合事件管理模块，窗帘每天可自动定时开关

续表

功能模式	功能要素	功能描述
控制功能体系	传统手动控制方式	保留智能住宅内所有灯及电器的原有手动开关、自带遥控等各种控制方式,对住宅内所有灯及电器进行控制调节,充分满足家庭内不同年龄、不同职业、不同习惯的家庭成员及访客的操作需求;避免因为局部智能设备的临时故障,导致不能实现控制的尴尬
	智能无线遥控系统	采用一个遥控器,实现对所有灯光、电器及安防的智能遥控以及一键式场景控制,实现全宅灯光及电器的开关、临时定时等遥控,配合数字网络转发器,实现本地及异地万能遥控
	一键情景控制系统	一键实现各种情景灯光及电器组合效果,可以用遥控器、智能开关、电脑等实现"回/离家、会客、影院、就餐、起夜"等多种一键式控制
	电脑全宅管理系统	通过电脑软件实现对全宅灯光、电器、安防等系统的各种智能控制与管理,实现对整个数字住宅系统的本地及 Internet 远程配置、监控、操作和维护以及系统备份与系统还原;包括用电脑对灯光系统,电器系统,安防系统,音视频共享系统等各大系统的智能管理与监控
	电话远程控制系统	用电话或手机远程控制整个智能住宅系统以及实现安防系统的自动电话报警功能,无论您在哪里,只要一个电话就可以随时实现对住宅内所有灯及各种电器的远程控制
	Internet 远程监控	通过互联网实现远程监控、操作、维护以及系统备份与系统还原,通过用户授权,可以实现远程售后服务。无论在世界各地,只要通过 Internet 网都可随时了解家里灯及电器的开关状态,可随时根据个性需求更改系统配置、定时管理事件,还可随时修改报警电话号码;若授权工程师服务人员,可以让他们协助远程售后服务
	事件定时管理系统	可以个性化定义各种灯及电器的定时开关事件,将每天、每月甚至一年的各种事件设置进去,充分满足用户的实际需求。如可设置早上定时起床模式,晚上自动关窗帘模式,还有出差模式(模拟有人在家以防小偷)等

4. 智能小区物业服务功能目标要素

住宅小区智能化物业服务的功能目标要素如表 12-2 所示。

住宅小区智能化物业服务功能目标要素　　　　表 12-2

功能目标要素	描　　　　述
完善的综合物业服务系统	1) 小区物业与房产管理； 2) 小区房屋维修保养管理； 3) 小区收费管理
小区安全防范综合管理体系	1) 实现小区周界（四周围墙）防卫，在小区围墙上安装红外对射报警探测器，当发生非法闯入时，可实时报警； 2) 在小区大门外、主干道、小区周界、公共场所、停车场入口处，以及公寓楼入口门厅安装闭路电视监控系统（CCTV）摄像机，可与 24 小时安全防范监视与报警系统联动，完成录像记录功能； 3) 在小区各主要出入口通道和公寓楼入口处设置巡更点，以强化保安值勤人员的防盗与安全巡视的责任感，同时提供值勤巡查保安人员的人身安全保障措施； 4) 在每幢公寓入口处安装可视对讲系统，访客需经主人确认后，方可进入公寓内； 5) 实现家庭内部的防盗与紧急求助报警信息的联网，当家庭内发生盗警或安全报警时，报警信息可以实时传送到小区物业服务中心
小区内公共机电设备的监控与运行维护管理	1) 采用楼宇设备自控系统（BAS）的方式，实现对小区内公共机电设备：电梯、水箱、水泵和低压配电设备的运行状态的监视、故障报警的处理与相关的控制； 2) 提供公共机电设备的运行与维护的资料，建立设备维修、维护文档，确保小区公共机电设备始终处于完好状态； 3) 实现小区内广播系统综合管理，提供广播通知、紧急广播和背景音乐； 4) 建立小区内综合信息（包括小区通知、气象等内容）的电子广告显示屏
小区停车场出入与保安管理	1) 采用车辆管理系统，对进入小区内的车辆进行控制管理； 2) 在停车场内设置车牌识别电视监视系统，通过影像记录方式复核出入停车场车辆的车型和车牌号码
住宅三表集中数据采集和统一收费管理	在小区的物业服务中心，可以自动完成对小区内每一个住户单位进行远程的三表（水表、电表、气表）的数据采集和按月统计收费金额
住宅小区"一卡通"	在小区内可实现采用 IC 卡的付费和财务结算的功能，并可以实现与停车场管理、公寓楼出入口安全识别与控制的一卡通功能

5. 智能小区网络接入与综合信息服务功能目标要素

智能小区网络接入与综合信息服务功能目标要素如表 12-3 所示。

智能小区网络接入与综合信息服务功能目标要素 表 12-3

功能目标要素	描述
小区综合信息服务数据库	1) 交通、食宿信息库； 2) 购物指南及小区周边地区商业网点与商品价格数据库； 3) 影视剧院信息库； 4) 网络游戏库； 5) 电子教学与信息资料库
基于 Internet 网络的 Web 服务器（ISP）	1) Internet 代理服务和信息下载； 2) 综合信息查询与 Internet 发布

6. 智能小区产品分类

建设部住宅产业现代化办公室已于 2004 年公布了住宅小区智能化示范工程技术含量的具体要求，技术的全面性、先进性分为普及型、先进型、领先型三类，如表 12-4 所示。

智能住宅小区产品分类 表 12-4

产品类型	功能要求
普及型	应用现代信息技术实现以下功能要求： 1) 住宅小区有计算机自动化管理中心； 2) 水、电、气、热等自动计量、收费； 3) 住宅小区封闭，实行安全防范系统自动化监控管理； 4) 住宅的火灾、有害气体泄漏等实行自动报警； 5) 住宅设置紧急呼叫系统； 6) 对住宅小区关键设备、设施实行集中管理，对其运行状态实施远程监控
先进型	应用现代信息技术和网络技术实现以下功能要求： 1) 实现普及型的全部功能要求； 2) 实行住宅小区与城市市区域联网、互通信息、资源共享； 3) 住户通过网络端实现医疗、文娱、商业等公共服务和费用自动结算（或具备实施条件）； 4) 住户通过家庭电脑实现阅读电子书籍和出版物等（或具备实施条件）
领先型	应用现代信息技术、网络技术和信息集成技术实现以下功能要求： 1) 实现先进型的全部功能要求； 2) 运用 HICIMS（住宅现代信息集成建造系统）技术，建立住宅小区开发生命周期的现代信息集成系统，达到住宅小区建设提高质量、降低成本、缩短工期、有效管理、改善环境的目标，增强推进住宅产业现代化力度，保障有效供应

房地产开发商可根据企业发展战略和目标客户需求任选一类。

12.2.3 智能大厦

1. 基本概念

智能大厦是非住宅类房地产产品与信息技术有机结合的产物，目前并无完全统一的概

念界定,以下是几个较具代表性的定义:

定义一:智能大厦是将结构、系统、服务、运营及其相互关系进行全面综合,以达到最佳组合,而获得高效率、高性能与高舒适性的智能建筑大楼(美国智能化建筑学会)。

定义二:智能大厦是指通过对建筑物的四个基本要素,即结构、系统、服务和管理,以及它们之间的内在联系的分析,以最优化的设计,提供一个投资合理又拥有高效率的优雅舒适、便利快捷、高度安全的环境空间。智能建筑物能够帮助大厦的主人、财产的管理和拥有者等都意识到,他们在诸如费用开支、生活舒适、商务活动和人身安全等方面将得到最大利益的回报(国际智能建筑物研究机构)。

定义三:智能大厦是为提高楼宇的使用合理性与效率,配置有合适的建筑环境系统与楼宇自动化系统、办公自动化与管理信息系统以及先进的通信系统,并通过结构化综合布线系统集成为智能化系统的大楼。

2. 基本构成要素

一般讲智能大厦除具有传统大厦建筑构成要素外,通常要具备以下基本构成要素:
(1)舒适的工作环境;
(2)高效率的管理信息系统和办公自动化系统;
(3)先进的计算机网络和远距离通信网络;
(4)具有多种监控功能的楼宇自动化系统。

3. 功能目标体系

智能大厦的一般功能目标体系如表 12-5 所示。

智能大厦功能目标体系　　　　　　　　　　　　表 12-5

构成要素	功能要素	功 能 要 素 描 述
楼宇设备自动化系统	空调监控系统	利用空调处理机组监控系统、中央制冷监控系统和通风机监控系统,根据楼宇内外实时情形,对大楼空调通风设备系统进行开关与相关技术参数调节,保障大楼空调通风系统的高效运行
	给水排水监控系统	通过计算机控制及时地调整系统中水泵的运行台数,以达到供水量和需水量、给水量和排水量之间的平衡,实现泵房的最佳运行,实现高效率、低能耗的最优化控制,从而达到经济运行的目的
	供配电监控系统	检测大厦供配电设备和备用发电机组的工作状态及供配电质量,根据监控装置中计算机软件设定的功能,以节约电能为目标对系统中的电力设备进行管理,主要包括:变压器运行台数的控制,合约用电量经济值监控,功率因数补偿控制及停电复电的节能控制
	照明监控系统	1)环境照度控制,为了保证建筑物内各区域的照度及视觉环境而对灯光进行的控制,通常采用定时控制、合成照度控制等方法来实现; 2)照明节能控制,以节能为目的对照明设备进行的控制;提供区域控制、定时控制等多种控制模式

续表

构成要素	功能要素	功能要素描述
楼宇设备自动化系统	电梯监控系统	1) 按时间程序设定的运行时间表运行电梯; 2) 实现多台电梯群控管理; 3) 配合消防系统协同工作; 4) 配合安防系统协同工作
	消防系统	贯彻"以防为主,防消结合"的方针,及时发现并报告火情,控制火灾的发展,尽早扑灭火灾,确保人身安全,减少财产的损失,将火灾消灭在萌发状态
	安防系统	1) 出入口控制系统; 2) 防盗报警系统; 3) 闭路电视监控系统
	楼宇设备系统综合管理	1) 自动监视并控制各种机电设备的启停,显示或打印当前运转状态; 2) 自动检测显示打印各种设备运行参数及其变化趋势或历史数据; 3) 根据外界条件、环境因素、负载变化自动调节各种设备,保证始终处于最佳状态; 4) 检测并及时处理各种意外突发事件; 5) 实现对大楼内各种设备的统一管理、协调控制
通信网络自动化系统	电话信息服务系统	1) 缩位拨号; 2) 热线服务; 3) 叫醒服务; 4) 呼出限制; 5) 恶意电话跟踪; 6) 免打扰服务; 7) 无应答转移; 8) 截接服务; 9) 遇忙回叫; 10) 跟随转移; 11) 缺席服务; 12) 留言; 13) 三方通话; 14) 会议电话; 15) 防止电话; 16) 呼叫计费
	电缆电视系统CCTV	对大楼内部关键部位进行实时远距离监视,并作图像的录像,以便最大限度地处理突发事件及事后复查
	广播音响系统	满足大厦各楼层的使用需求,各区域既可单独进行区域的局部广播,也可部分区域或者大厦全区域进行集中广播。兼顾背景音乐、局部广播与紧急广播的不同要求,按紧急广播、通常业务广播及其他广播的优先等级进行控制播出。当有呼叫广播或更优先级的火灾紧急情况发生时,能按原程序的逻辑组合,自动地将所需播达地区的正在进行的低优先级的广播节目内容中断,转入紧急广播(消防广播)播出,并按照用户预置的要求分层楼广播

续表

构成要素	功能要素	功能要素描述
通信网络自动化系统	综合业务数字网及应用	1）数字电话； 2）可视图文； 3）数字传真； 4）智能用户电报； 5）会议电视和可视电话； 6）各种数据业务
	计算机网络与数据通信	建立公共一体化系统高速通信网络，以提供全面的数据、语音、图像等综合服务
	电子化信息服务系统	1）VOD； 2）电子信箱与语音信箱； 3）可视图文与传真系统； 4）视频会议系统； 5）桌面型视频会议系统
办公自动化系统		1）文字处理； 2）语音处理； 3）图形和图像处理； 4）电子邮件； 5）电子表格处理； 6）日程管理； 7）文档管理； 8）通信网络管理等
智能大厦集成控制中心（SIC）		智能大厦系统集成中心具有各个自动化系统信息总汇集和各类信息综合管理功能，具体要达到以下三方面要求： 1）汇集建筑物内外各种信息。接口界面要标准化、规范化，以实现各智能化系统之间的信息交换及通信协议（接口、命令等）； 2）实现对建筑物内各个智能化及自动化系统的综合管理； 3）实现对建筑物内各种信息及数据通信的网络化管理，具有很强的信息处理及数据通信能力

12.3 房地产开发企业信息化

12.3.1 房地产开发企业信息化概述

房地产开发企业信息化是指房地产企业以市场信息为基础，通过深入挖掘先进的管理理念，应用先进的计算机网络技术来整合企业现有的生产、经营、设计、管理，及时地为企业的决策系统提供准确而有效的数据信息，以便对市场需求作出迅速反应，其核心目的是增强房地产企业的核心竞争力。

房地产开发企业信息化的地位体现在以下两个方面：一方面，房地产是一种复杂产品，消费者购买房产时需要获得大量的信息，如房屋产权的合法性、销售合同的规范性与公证力、产权证的办理状态、住宅设计的合理性、装修的性价比、工程质量水平、公共设施的完备性、物业管理水平、房地产售价、付款方式的灵活性等方面。显然，房地产开发企业提供的信息越全面、越细致则越有利于把握消费者。另一方面，由于房地产行业上下产业链很长，在房地产业内部又以房地产开发企业为中心，分布着房地产中介、物业管理等其他职能性主体。因此，房地产业是一个时刻与资金流、物流、人流发生错综复杂关系的行业。在这一行业中信息的流通与企业、行业之间的沟通效率就显得更为迫切与重要，这正是对房地产企业信息化的根本牵引力。如果一个信息系统能帮助企业以比竞争者更低的成本提供产品或服务，或帮助企业以同竞争者相同的成本提供比竞争者更好的服务，那么这样的信息系统就具有战略意义。

房地产开发企业信息化具有如下作用。

第一，信息系统能使企业决策准确，避免项目运作出现偏差。房地产开发项目接触面广，从项目的立项到物业管理，都会生成大量的第一手数据，通过对这些数据的清理、综合与合理转换，可以提炼出辅助决策的参考数据信息。

第二，信息系统能降低企业的经营成本。譬如，房地产物资计划调度系统可以让建筑材料和建筑设备供应商直接将项目所需要物资准确及时地送到施工现场，最大限度地降低仓储和库存成本；计算机辅助设计系统可以有力支持房地产产品设计与设计变更管理，节约设计成本；房地产营销管理系统通过更有效率的定位市场扩展活动来减少市场营销成本；通过互联网网上可视会议、网上交流、电子信息传递等软件应用，可以大大降低异地沟通成本；网上招标系统的应用则可以降低企业的采购成本等。

第三，信息系统能够促进管理科学化、自动化。通过实现办公活动自动化，最大限度地提高办公效率，改进办公质量，改善办公环境和条件，并应用科学的管理方法，借助各种先进技术，提高管理和决策的科学化水平。

第四，信息系统可以形成营销新模式。房地产企业通过网络实现企业的价格策略、广告策略、销售策略，从而扩大营销范围，提高服务质量，使越来越多的服务逐步转移到网络上。

第五，信息系统能为客户提供更好更快捷的服务。以客户为中心的经营模式将是新一代房地产企业信息化的标志，在竞争激烈的房地产行业，实施有效的客户关系管理对提高客户忠诚度，为企业进行市场细分及调整项目结构布局奠定坚实的信息基础。

综上所述，对房地产企业而言，无论是技术创新、机制创新，还是管理创新，都离不开信息化的支持与推动。

12.3.2 房地产开发企业管理系统设计

1. 房地产开发企业管理系统的需求与目标定位

房地产开发企业信息化系统的需求定位是：将企业运作机制、管理制度、业务流程规范化，通过信息平台将企业决策中心、各职能部门、异地分公司甚至客户紧密联系起来，实现企业资源共享、信息共享，使企业对各项业务实现集中协调与监控，为企业战略计划与决策提供支持，以便全面提升企业核心竞争力、在激烈的市场竞争中取得差异化优势。

房地产开发企业信息化的发展目标一般定位如下：

（1）共享信息资源。建立企业共享的网络基础设施，综合开发与利用各种信息资源，在企业内部形成较完整的产业价值链。

（2）统一标准规范。加强数据规划，从基础数据、业务应用和信息展示三个层面进行标准化与规范化，实现企业内部业务集成和企业间协作的拓展。

（3）提供综合化的客户服务。有效整合企业的产品、渠道和服务，为客户提供综合多元化的服务，最大限度地实现客户满意，进而提高企业竞争力。

（4）提供专业化的后台业务处理。提供专业化、高水平、高效率的运算处理和运行维护，满足企业快速响应市场变化的要求。

（5）实现集中扁平管理模式。促进企业业务流程优化与管理规范，实现数据的集中化管理和信息管理层次的扁平化，提高管理效率。

2. 房地产开发企业管理系统设计思想

基于房地产开发企业管理系统的需求与目标定位，其设计思想可概括如下：

（1）以企业协同办公平台为载体

由于房地产开发企业各业务流程相关性强、人员分散且独立承担各专业职能等特点，使得搭建协同办公平台的需求更为迫切，也更容易从中获益。这个平台应该包括日常办公管理系统、专业委员会沟通系统、邮件系统、实时联络系统等等，支持按个人、部门、事项进行信息的自动分类管理。对企业日常工作及各项事务进行详细的记录、统计，为企业决策提供信息支持。

（2）以辅助各级决策的报表为核心

信息化要为企业业务管理服务，为领导决策提供信息支持，其核心就是要为各级管理者定制辅助决策的信息汇总报表，并与各应用系统相关联，逐步实现各类经营指标的实时汇总。当各级决策者可以通过系统简洁明了、客观快捷地掌握当前企业运行状况以及各个项目的进展现状时，信息化才能真正发挥其应有作用。

（3）以三条关键业务信息流为支撑

为了保证辅助决策核心职能的实现，需要塑造如下三条关键信息流：

首先是精确的资金信息流。房地产开发企业是资金密集型企业，企业的经营活动总是以充足的资金作保证的，所以实现对资金信息的实时掌控应该是房地产开发企业信息化首先要解决的问题。只有实现对资金的实时精确把握，才能利用有限的资金运转更多的项目，以实现资金价值的最大化。

其次是全面的客户信息流。对于客户信息的高度关注是网络经济环境下房地产开发企业提升竞争力的内在要求。客户关系管理系统涵盖了与客户有关的各类业务，在客户关系管理系统中，以客户为信息元贯穿各个业务模块，客户与企业发生的所有信息点均应能被系统获取并汇总，使得各业务承担部门信息对等，有利于为客户提供更加连贯、有效的服务，同时也为提高客户忠诚度、挖掘目标客户提供有效手段。

第三是深入的项目管理信息流。项目管理信息集中反映了房地产开发企业对项目操控的水平。房地产项目管理系统需要关注两个重点：一是提供项目动态成本分析的功能，以提高成本分析的预测能力；二是将项目计划管理与成本管理相结合，将成本的实际发生情况与现实工程进度作对照，以便全面、客观地反映项目现状与发展趋势。

3. 房地产开发企业管理系统总体架构设计

根据上述设计思想,房地产开发企业管理系统总体架构参考设计如图 12-2 所示。

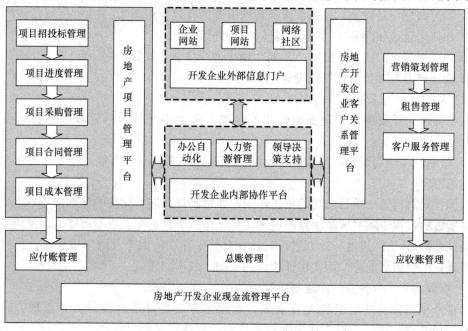

图 12-2　房地产开发企业管理系统总体架构设计方案

12.3.3　房地产开发企业项目管理系统

1. 房地产开发项目管理概述

房地产项目管理是工程项目管理的一个分类,是房地产项目的管理者运用系统工程的观点、理论和方法,对房地产项目的建设和使用进行全过程和全方位的综合管理,实现生产要素在房地产项目上的优化配置,为用户提供优质产品。

(1) 房地产开发企业项目管理的职能定位

在现代房地产项目中,由于项目本身的复杂性和庞大性,它往往涉及许多专业部门,不仅仅是项目建设单位或项目投资单位。在项目的建设过程中,尽管不同的参与者所承担的工作任务不同,但是各参与者及其工作任务共同构成了房地产项目管理的完整体系。房地产项目开发企业是站在投资主体的立场对项目进行综合性的管理,它不单指开发企业内部与项目相关的业务,更包括广义的企业间协作,其管理是通过一定组织形式,采用多种方法和措施,对整个项目所有利益相关主体及相关业务过程进行计划、协调、监督、控制和总评价,以保证项目质量、工期、投资效益目标的实现。

(2) 房地产开发项目管理的目标定位

房地产开发项目管理的目标定位如下:在限定的预算、工期条件下,合理有效地利用各种资源,保证项目实施按计划、有秩序地进行,最终交付为使用者所接受、认可的产品,同时照顾到项目各利益相关主体的利益与期望,尽量使各方都感到满意。

(3) 房地产开发项目管理的难点

房地产开发企业项目管理面临的难点问题主要有:

1) 如何将一个复杂多变的项目开发过程变成可控制的过程？
2) 如何防止变更黑洞，使开发成本变为可控、在控？
3) 如何调配项目资金，提高资金和稀缺资源的有效利用率？
4) 如何定量地预测并降低项目实施过程中的风险？
5) 如何对项目的资金、成本、工期、销售进行科学有效的预测分析？

2. 房地产开发项目管理系统设计

(1) 系统目标需求定位

基于房地产开发项目管理面临的难点问题，房地产开发项目管理系统目标需求定位为：

1) 以项目生命周期理论为基础，通过 PDCA 循环来实现对房地产项目多角度、多要素的动态管理

强调计划对房地产项目成功的重要作用，通过制订详细、完善的计划来指导项目的实施；在实施的过程中随时搜集项目的进度信息（包括工程进度、成本进度、形象进度和交付成果进度），将实际进度与计划进行对比，对其中存在的偏差及时予以纠正，使得项目总是在计划的轨道上前进，切实保证项目的工期、成本和质量。

2) 有效实现项目各方的沟通与协调

房地产项目涉及的组织和人员众多，除业主方之外，还有设计方、监理方、施工方、材料设备供应商等，业主作为项目的核心，自然也是信息处理的中心，大量的信息从其他各方传递给业主，业主要对这些信息加以分析处理，同时也要将大量的信息传递给有关各方，信息传递的速度和准确性将直接影响项目的决策，同时也对项目的完成时间和成本产生影响。项目有关各方通过网络可随时获取相应数据，及时、准确地沟通协调，从而有效缩短项目周期，降低项目成本。

3) 强化对项目资金的管理，实现项目管理系统与企业财务系统的无缝对接

在房地产项目中，随时掌握项目资金的需求、供应、使用和回款情况，保证资金动态平衡是至关重要的。通过对资金计划、资金到位、资金支出和回款情况的全面把握，随时提供项目资金状况，帮助房地产开发企业有效地实现资金平衡，降低项目风险和成本并通过财务接口与企业的财务系统实现无缝对接，满足房地产项目财务管理的需要。

4) 实现项目全过程成本控制

在投资立项、征地拆迁、设计报建、工程建设等各个阶段，提供成本估算、成本目标、工程预算、成本计划、成本实际发生及成本预测等功能，可以随时反映项目任意时刻的动态成本与工程进度，从而全面实现对开发项目各个阶段的成本控制与工程进度的掌控。

5) 提供丰富的项目管理工具和方法

推动以责任矩阵、甘特图、网络图、关键线路法、净值分析、蒙特卡洛分析等为代表的先进项目管理工具和方法在房地产项目管理实践中的广泛应用，提高房地产开发企业项目管理的水平。

(2) 房地产开发项目管理系统功能结构设计参考方案

根据房地产开发企业项目管理的目标需求，确定房地产开发企业项目管理系统的功能结构设计参考方案如图 12-3 所示：

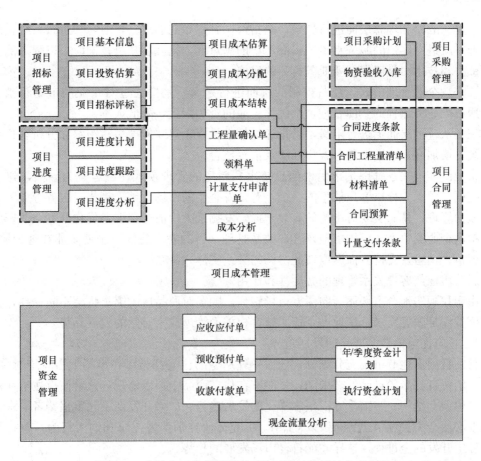

图 12-3　房地产开发项目管理系统功能结构设计参考方案

12.3.4　房地产客户关系管理系统

1. 房地产客户关系管理概述

随着房地产市场竞争的加剧,以及开发企业之间技术、营销手段差别的缩小,开发企业间的竞争必将从产品价格与质量层面向客户服务层面转变。房地产客户关系管理,作为一种旨在改善企业与客户之间关系的新型管理模式,越来越受到开发企业广泛的关注,它一方面通过优质的服务,来增强客户的满意度,吸引和保持更多的客户;另一方面通过对企业流程的全面管理、提高企业的运营效率,降低企业的经营成本,从而提高企业的核心竞争力。

所谓客户,有外延和内涵之分,外延的客户是指市场中广泛存在的、对开发企业的产品或服务有不同需求的个人或群体消费者;内涵的客户则是指开发企业的材料设备供应商、中介代理机构以及开发企业下属的不同职能部门、分公司、分支机构等。在大多数情况下,房地产开发企业的客户是指在房地产销售服务阶段涉及的购房者或租房户,即所说的外延客户。下面基于外延客户来讨论客户关系管理。

(1) 房地产客户关系管理的概念

客户关系管理(CRM,Customer Relationship Management)可以从以下三个层面来理解。

一是从战略和理念层面进行界定，是指遵循客户导向的战略，对客户进行系统化的研究，通过改进对客户的服务水平，提高客户的满意度，拓展客户群；同时，以强大的信息处理能力和技术力量确保企业业务行为的实施。

二是从企业管理模式、经营机制的层面进行定义，是指通过对企业的市场营销、销售、服务等业务流程的全面管理，来优化企业的资源配置，降低成本。

三是从应用层面上进行定义，是指通过技术投资，建立能搜集、跟踪和分析客户信息的系统，增加客户联系渠道、客户互动及信息整合。

房地产客户关系管理是指借助信息技术和新型的管理模式，以客户为导向，建立收集、挖掘、跟踪、分析客户信息的系统，对开发企业的市场营销、销售、服务等业务流程进行全面管理，从而实现对市场的有效把握，发掘最大价值客户群，优化开发企业资源配置，提高企业竞争力。应用房地产客户关系管理，目的在于建立一个使企业在客户服务、市场竞争、销售及支持方面形成彼此协调的关系实体。

（2）房地产客户关系管理的必要性和作用

由于我国房地产市场逐渐向买方市场转变，顾客对商品房的需求将会不断提高，为最大程度地满足顾客需求，房地产企业实施客户关系管理成为必然的发展趋势。

1）适应住宅消费多样化的发展趋势

目前我国房地产市场充分细分，任何一种户型的住宅都难以在市场上占有绝对优势，并且，消费者都希望自己的需求和偏爱能够在住宅商品中得以体现，这就使得住宅在建筑风格、户型、结构、装饰等方面呈多样化的发展趋势。如果开发商不注重消费者需求，在市场上必然会失去竞争优势。引入CRM，可充分研究消费者需求和购买行为，并将其贯穿于住宅开发的全过程，这样才能符合市场发展的趋势。

2）实现房地产开发企业现代化管理的要求

房地产企业开发经营活动中，通常会遇到许多难以解决的问题，如销售人员无法跟踪众多情况复杂或销售周期长的购房者；销售人员的辞职常会带走重要的客户和销售信息；对于分散在各个部门的客户信息和企业内部信息，也很难实现有效的整合利用，不能更好地为企业决策服务等。客户关系管理的实施，将有助于解决上述问题，提升房地产企业的现代化管理水平。

3）房地产开发企业竞争的要求

随着经济全球化的发展，国外大型房地产开发企业将进入中国市场，我国房地产开发业的竞争将会加剧，国内房地产开发企业要想应对国外企业的竞争，必须引入客户关系管理，更深入地了解客户需求和偏好，提高企业核心竞争力。

房地产客户关系管理的作用体现在以下几个方面：

①改善企业客户服务水平

借助客户关系管理系统，开发企业通过了解客户的信息，能向客户提供个性化、专业化的服务，通过在线交流更好地实现客户定制，从而提高客户的服务水平。

②提高企业各环节的运营效率，降低成本

通过客户关系管理系统平台，实现企业与客户的在线信息交换，从而可以发展"一对一"营销等新型业务形式，提高企业工作质量和营销效率，降低营销运作成本。

③挖掘和保持企业客户

通过客户关系管理系统对数据仓库中信息的整理和分析，能较为准确地对目标市场潜在的顾客群进行识别，借助良好的技术手段，引导客户需求。

④为企业提供决策支持

利用客户关系管理系统数据信息，可方便有效地对市场竞争状况作出分析，了解目标市场客户信息，这将为企业决策人员作出决策提供依据。

2. 房地产客户关系管理的实施步骤

房地产客户关系管理的实施，主要解决两个方面的问题：一是管理理念问题，一是向新的管理模式提供信息技术支持问题。具体来说，房地产开发企业要实施客户关系管理，一般可以分为以下几个基本部分：

(1) 规划 CRM 战略目标，制定战略实施计划

房地产 CRM 的实施，首先应该明确利用 CRM 系统所要实现的目标，如了解客户需求和偏好，提供客户个性化服务，缩短产品销售周期等。然后将每个目标进行量化，分阶段制定目标，根据这些细分目标制定战略计划，对实施 CRM 进行可行性评估，从总体上对引入 CRM 作出规划和安排。

(2) 建立 CRM 应用环境

在企业内部，创造应用 CRM 良好的环境。这主要包括两个方面的内容：一是建立以客户为中心的企业文化，在企业内部创造一个实施 CRM 的良好氛围，即解决管理理念方面的问题；二是调整企业组织机构，改变并重组企业业务流程。

(3) 设计 CRM 系统结构

CRM 的实施主要通过企业的营销、销售和服务部门之间的相互合作、协调，共同为客户提供满足客户需求的服务；同时，企业的其他相关部门如生产、财务部门也应与这些部门紧密合作。此外，CRM 系统结构的设计，应结合房地产行业自身的特点和企业本身的情况，以及实施 CRM 所确定的目标来设计。

(4) 选择合适的软件及配套设施，并注意人员的培训

开发企业应根据所设计的 CRM 的功能结构、房地产自身的特点及与企业现有系统集成的要求，来进行相关软件的配置及设施建设工作。

对项目的参与者和使用者进行培训是项目成功实施的一个先决条件，CRM 人员培训的重点主要表现在三个方面：一是通过培训改变观念，二是培训专业技术，三是培训创新能力。

(5) CRM 系统的运行和维护

在 CRM 运行阶段，开发企业的投资经营活动在以客户为中心的经营理念的指导下进行，各个部门按照新的业务流程展开工作，配合 CRM 系统使其发挥出核心作用。同时在运行过程中应注意 CRM 系统的维护，使 CRM 能以最优状态发挥作用。

(6) CRM 实施效果的评价与方案的改进

CRM 在运行过程中，可能会出现一些不合适之处，如功能设计在某些方面不合理，因此，必须对 CRM 的实施效果进行评估，检查哪些功能没有实现或达到预期的效果，目前的功能是否完善，是否还需要增加功能等，根据这些评价，对 CRM 方案作出一些调整，使其更加完善。

3. 客户关系管理应用系统的基本架构

房地产客户关系管理，通常由以下几个基本部分组成：客户端、业务操作模块、数据仓库、技术支持。其系统结构体系如图12-4所示。

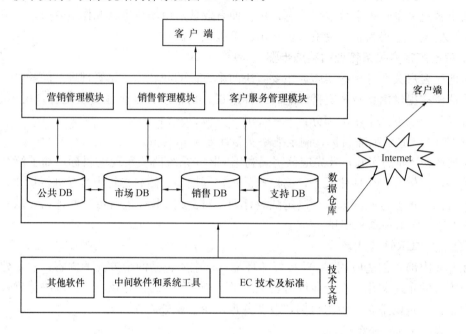

图 12-4　CRM 系统框架图

（1）客户端

客户端是 CRM 系统同客户进行交互的界面层，获取或输出信息的接口。它主要是为实现客户接触点的完整管理、客户信息的获取、传递、共享和利用以及渠道的管理，具体涉及开发企业不同职能部门的管理信息体系、联络中心、Web 渠道的信息集成、处理等问题。业务信息管理系统，主要是针对开发企业某项业务处理要求，进行数据处理，为决策和业务操作应用系统提供支持。联络中心的功能是与客户进行互动，期望完成客户信息的全面收集与分析，并在一定程度上提供对客户的服务和支持。Web 集成管理，是指开发企业自身在网络上的推广、宣传、客户接触、互动等进行统一全方位的网络应用的解决方案，CRM 系统可通过 Web 支持，销售商品和服务，并不断扩展销售和服务体系。

（2）业务操作管理模块

业务操作管理模块的应用，主要是为实现基本商务活动的管理与优化，它涉及三个基本的业务流程：市场营销管理、销售实现管理、客户服务管理。房地产市场营销，主要实现以下功能：针对企业客户定位制定市场营销战略和目标；设计针对性强、效率高的市场推广活动；对房地产营销活动的进程进行管理和调整；评估活动结果，找出效果最佳的营销活动形式；获得潜在客户的互动资料；进行营销活动的市场分析，提出决策参考意见。对销售环节，CRM 主要为企业提供一个管理销售诸流程的全面解决方案。在客户服务环节，CRM 要求房地产企业提供具有竞争力的客户服务支持，以提高客户的满意度。

(3) 数据仓库

数据仓库是 CRM 的核心，其功能是存储开发企业内外部数据并对数据进行分析与处理，它实现了企业各部门之间信息的共享，保证企业及时、准确地管理和应用各类数据。数据仓库通过对来自客户服务中心、市场管理部门、销售部门和服务部门等所有客户接触点的客户信息和客户交易的历史资料的集中、分析、整理，形成有助于企业决策的数据。

(4) 技术支持

技术支持主要对 CRM 系统的实施、运行、维护、管理提供技术支持，以保证系统正常、有效地运行。由于客户关系管理的各功能模块和相关系统运行都必须有先进的技术、设备、软件来保障，因此对于技术支持管理也成为 CRM 的有机组成部分。在这部分，主要可分为以下几类：其他软件管理，如数据库管理系统、电子软件分发系统等；中间软件和系统工具的管理，如中间软件系统、系统执行管理工具等；电子商务技术和标准管理，如 Internet 技术及应用、EDI 技术及标准、通信标准管理等。

总的来讲，房地产开发企业实施 CRM 战略，将有助于整合企业现有资源，通过挖掘客户信息，充分把握客户的购买行为，为企业建立良好的客户关系网，保证企业充足的客户源，从而在买方市场占有更多的市场份额，实现企业的经营目标。

12.4 房地产市场信息化

12.4.1 房地产市场信息化的内涵与目标

所谓房地产市场信息化是指以城市为单位，通过科学合理的市场信息平台建设，依托房地产管理的各业务系统，将分散于房地产开发、转让、租赁登记备案、权属登记等管理环节的市场信息有机整合起来，同时纳入与房地产市场发展相关的土地、金融等其他信息，形成全面客观地反映各地房地产市场运行状况的信息系统。在此基础上，通过数据的分析和历史的比较，及时发现市场运行中存在的问题，准确判断市场发展趋势，有针对性地提出调控对策；通过市场信息的发布，增加房地产市场的透明度，引导企业理性投资和消费者理性消费。

房地产市场信息化建设的目标主要包括以下四个方面：

(1) 实现信息共享，提高信息透明度；

(2) 提高市场运转效率与政府服务水平；

(3) 规范房地产租售行为，保障交易安全；

(4) 增强政府管理、调控市场的能力。

12.4.2 房地产市场信息系统功能架构

基于房地产市场信息化建设基本目标，房地产市场信息管理系统的功能架构设计如图 12-5 所示。

其中，房地产登记管理的基本职能是依据各地区关于房地产登记管理的法律法规，依当事人申请或者依职权，对土地使用权、房屋所有权、房地产他项权利和其他依法应当登

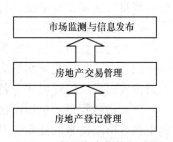

图 12-5 房地产市场管理系统功能架构参考方案

记的房地产权利以及与此相关的事项进行记载和公示。

房地产交易管理则是对参与房地产交易的若干主体的资格合法性、交易过程的规范性与透明性、交易结果的合法性与完整性进行管理。

市场监测与信息发布是指充分利用房地产市场信息系统生成的动态数据，借助网站平台、短信服务平台等渠道，实现向公众发布房地产市场各种信息以及各种指标、指数。

12.4.3 房地产交易管理系统

房地产交易管理系统是房地产市场信息系统的基础与核心，其直接目标是通过运用先进的信息与通信技术使房地产交易、管理与查询汇总统计更加方便快捷有效，它既为房地产市场主体提供高效快捷的交易服务，同时也为房地产市场信息系统的其他模块提供完整准确的基础数据支撑服务。

房地产交易管理系统的一般功能结构体系如图12-6所示。

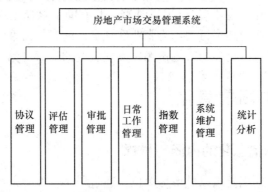

图12-6 房地产市场交易管理系统参考功能结构

其中各功能模块描述如下：

（1）协议管理：包括租赁协议和转让协议的验证管理，支持按照相关证号查询验证已登记的相关信息。

（2）评估管理：包括使用权价格评估、公有商业用房价格评估、房改房价格评估、二手房价格评估、赠与价格评估、继承价格评估、集资房安居房价格评估、公有房屋价格评估等专业评估支持功能。

（3）审批管理：包括房地产预售许可证审批、使用权转让审批、商品房交易审批、房改房继承审批、其他继承审批、房改房交易审批、二手房交易审批、赠与交易审批、判决交易审批、互换交易审批、自管房交易审批等相关市场审批支持功能。

（4）工作管理：包括工作计划编制、责权分配管理及绩效考核等。

（5）统计分析：包括签署协议明细表、使用权评估明细表、私房评估明细表、使用权转让明细表、私房交易明细表、使用权评估报表、私房评估报表、使用权转让报表、私房交易报表、成交统计报表等各类报表的生成与按权限检索。

（6）指数管理：包括房地产综合指数、房地产价格指数、房地产规模指数、房地产按揭指数等市场指数的计算、发布与管理。

（7）系统管理：包括用户管理和日志管理等。

复习思考题

1. 简述房地产开发企业信息化的内涵。
2. 简述智能小区的功能特征。
3. 房地产开发项目管理系统的一般目标需求是什么?
4. 试述房地产客户关系管理的作用与内容。
5. 何谓房地产市场信息化?
6. 简述房地产交易管理系统的一般功能结构体系。

参 考 文 献

[1] 陈怡等. 房地产融资理论与实务[M]. 北京：中国建筑工业出版社，2005.
[2] 陈琳，潘蜀健. 房地产开发项目投资(第二版). 北京：中国建筑工业出版社，2004.
[3] 贾士军. 房地产开发项目策划. 北京：高等教育出版社，2004.
[4] 曹振良. 中国房地产业发展与管理研究. 北京：北京大学出版社，2002.
[5] 刘洪玉. 房地产开发经营与管理. 北京：中国物价出版社，2001.
[6] 赖明. 房地产企业信息化与数字社区. 北京：中国建筑工业出版社，2002.
[7] 沈建忠，张小宏. 房地产基本制度与政策. 北京：中国物价出版社，2001.
[8] 毛鹤琴等. 工程建设质量控制. 北京：中国建筑工业出版社，1997.
[9] 杨劲等. 工程建设进度控制. 北京：中国建筑工业出版社，1997.
[10] 徐大图等. 工程建设投资控制. 北京：中国建筑工业出版社，1997.
[11] (美)Gaylon E. Greer 等著. 龙胜平等译. 房地产投资决策分析. 上海：上海人民出版社，1997.
[12] 梅建平等. 不动产投资概论. 上海：上海人民出版社，1996.
[13] 黄沛钧等. 公司制企业的经营和管理. 武汉：武汉工业大学出版社，1995.
[14] 居住区详细规划课题组. 居住区规划设计. 北京：中国建筑工业出版社，1995.
[15] 林文俏. 项目投资经济评价与风险分析. 广州：中山大学出版社，1995.
[16] Dabvid Cadman. Property Development. 3rd. London：E&. FN Spon. 1991.